W0062964

Wir danken dem LUCHTERHAND-VERLAG und besonders Herrn Wieland Eschenhagen für die freundliche Genehmigung zur Neuherausgabe dieses Buches in unserem Verlag.

Augustin Souchy
»Vorsicht: Anarchist!«
Ein Leben für die Freiheit
Politische Erinnerungen

Trotzdem ★ Verlag

1. Auflage 1982 im TROTZDEM-Verlag (insgesamt 4. Aufl.)
Erstausgabe 1977. Sammlung Luchterhand
Lektorat: Wieland Eschenhagen, Achim von Borries
Herausgeber: Wolfgang Haug
Druck: Klaus Stowasser, 6334 Asslar-Werdorf

ISBN: 3—9222 09—50—5

INHALT

Mein Vater war einer der ältesten Sozialdemokraten Schlesiens. Als mir eines Tages – ich mochte acht Jahre alt gewesen sein – ein Junge beim Kinderdisput das Wort »Sozialdemokrat« an den Kopf warf und ich die Mutter fragte, warum das ein Schimpf sein sollte, legte sie geheimnisvoll den Finger an den Mund und erzählte uns, daß die Sozialdemokraten früher verboten gewesen seien. 1890, zwei Jahre vor meiner Geburt, war das »Sozialistengesetz« aufgehoben worden. Die Mutter berichtete von den Schikanen, denen die Familie während der Dauer des Gesetzes ausgesetzt gewesen war. Häufig kam die Polizei ins Haus, um nach verbotenen Schriften zu suchen. Doch illegale Broschüren und Briefschaften lagen auf dem Boden gut verborgen, und die sozialdemokratische Zeitung war im Vogelbauer so ingeniös versteckt, daß die Hüter des Gesetzes nie etwas gefunden hatten.

Nach der Niederschlagung der russischen Revolution des Jahres 1905 kamen flüchtige Revolutionäre aus Kongreßpolen – damals Rußland – in unsere nahegelegene Grenzstadt Ratibor. Ihre Erzählungen und die Diskussionen in unserm Hause über Revolution und Sozialismus waren für den andächtig lauschenden Dreizehnjährigen ein Erlebnis und eine Offenbarung; eine neue Welt erstand vor seinem geistigen Auge. Revolutionär und Sozialist zu werden war von nun an mein Traum.

Meine erste Rebellentat sollte nicht lange auf sich warten lassen: Als einige Monate später mein ältester Bruder Karl und ich auf einer Kaisers-Geburtstags-Feier beim Singen von »Heil dir im Siegerkranz« nicht aufstanden und nicht mitsangen, wurden wir mit Krach aus dem Saal gewiesen. Stolz über unsere Zivilcourage sangen wir auf dem Nachhausewege den vom Vater gelernten Refrain des Studentenliedes von 1848:

»Wenn dich die Leute fragen, was macht der Absalom (Wilhelm)
dann kannst du ihnen sagen, ei der baumelt schon;
doch an keinem Baume und an keinem Strick,
sondern an dem Traume der deutschen Republik.«

Unsere Renitenz hatte Aufsehen erregt, und in der Schule folgte ein heftiges Nachspiel.

In den folgenden Jahren kamen von Zeit zu Zeit sozialdemokratische Redner von auswärts zu Versammlungen und Vorträgen, die ich nie versäumte, denn solch ein Ereignis bot uns wochenlang Gesprächsstoff. Am deutlichsten ist mir ein Propagandavortrag des sozialdemokratischen Reichstagsabgeordneten Adolf Hoffmann* [1] in Erinnerung geblieben. Seine schlagfertigen Zwischenrufe im Reichstag und seine Schrift über die Zehn Gebote (Die zehn Gebote und die besitzende Klasse, 1891) hatten ihn zu einem der populärsten Politiker gemacht. Er war um sarkastische Ordnungsrufe – »Herr Oldenburg-Januschau lügt, daß sich die Balken biegen!« – nie verlegen, was ihm zahllose Ordnungsrufe einbrachte. Der klerikale Lokalanzeiger präsentierte ihn mit der revolutionären Brandfackel in der einen und seiner atheistischen Zehn-Gebote-Bibel in der anderen Hand, um die honetten Bürger vor ihm zu warnen. Doch das war die beste Propaganda, die sich mein Vater, einer der Organisatoren der Versammlung, wünschen konnte. Der Saal war überfüllt. Und der Redner verstand es ausgezeichnet, Ziele und Wege der Sozialdemokratie leicht verständlich darzulegen.

Als Vierzehnjähriger hatte ich August Bebels* »Aus meinem Leben« gelesen. Bebel genoß in unserm Hause großes Ansehen, war er doch, ehe er Politiker wurde, Drechslermeister gewesen wie mein Vater auch. Wahllos verschlang ich alles, was mir an sozialistischer Literatur in die Hände fiel. In mir regten sich die ersten Zweifel an der Unfehlbarkeit der christlichen Glaubenssätze, Zweifel, die mich schließlich zum Agnostizismus [2] führten. Den Anstoß dazu gab mein Bruder Franz, der mir am Morgen eines Sommersonntags vorschlug, nicht in die Kirche, sondern zum Eichendorffdenkmal zu gehen. Die von uns bei diesem Spaziergang im Walde gesungene romantische Hymne »O Täler weit o Höhen, du schöner grüner Wald« war ein Gebet an die Natur, das uns seelisch mehr erquickte als das Absingen mystischer Kirchenpsalmen. Dem atheistischen Vater wäre unsere Eskapade recht gewesen, doch die katholische Mutter hätte uns zurechtgewiesen. So zogen wir es vor, zuhause nichts zu sagen.

Lange hielt es mich nicht in der Kleinstadt. Wissensdurst und Er-

---

1 Namen mit * = Biographische Erläuterungen zur Person im Anhang, S. 268.
2 Agnostizismus: Die Auffassung, daß das Wesen des Seienden (das Göttliche, Übersinnliche) der menschlichen Erkenntnis entzogen bleibt.

lebnishunger zogen mich hinaus. Eine Nachtreise vierter Klasse brachte mich für 9,50 Mark nach Berlin. Hier begann ein intensives Militantenleben mit Versammlungen und Flugblattverteilung, mit Diskussionen und Schulungsgesprächen. Als »Sohn eines alten Parteigenossen« und Sozialist der zweiten Generation lernte ich neben Adolf Hoffmann, den ich bereits kannte, Eduard Bernstein*, Karl Liebknecht*, Julian Borchardt, Klara Zetkin* und andere Koryphäen der Sozialdemokratie kennen. Bei einem Gespräch mit Fidus* anläßlich einer Sonnenwendfeier in Friedrichshagen kam die Rede auf Gustav Landauers* Essay »Durch Absonderung zur Gemeinschaft«. Mit der Lektüre dieser Schrift ging ein neuer Stern an meinem geistigen Horizonte auf. Nun las ich Max Stirners*, Eugen Dührings* und Peter Kropotkins* Werke und lernte durch sie neue Varianten des Sozialismus kennen. Am stärksten sprach mich die Verlagerung der Verantwortlichkeit – bei der Verwirklichung des Sozialismus – vom Zentrum zur Peripherie, von den gesetzgebenden Körperschaften zum arbeitenden Volke selbst an. Es wurde mir klar, daß die Freiheit aller nur erreicht werden kann, wenn sie sich auf das Selbstbewußtsein jedes einzelnen stützt. Übernimmt der gewählte Vertreter die Verantwortung für eine Reihe von Jahren, wie es in der repräsentativen Demokratie der Fall ist, dann wird die Selbstbestimmung des Volkes oft zu einer Fiktion. Der Sozialismus, wie ich ihn jetzt verstand und herbeisehnte, sollte – über die Lösung der Brot- und Butterfrage hinaus –, zu einer alle Probleme des Gemeinschaftslebens erfassenden praktischen Sozialphilosophie werden. Ich begann, an der Allgemeingültigkeit der materialistischen bzw. ökonomischen Geschichtsauffassung und an einem objektiven, determinierten Geschichtsablauf zu zweifeln.

Da ich bereits vorher den Glauben an die christlichen Dogmen verloren hatte, trat ich aus der Kirche aus, sobald ich großjährig war. Eine Zeitlang bekannte ich mich zum Monismus [1], der damals in allen fortschrittlichen Kreisen akzeptierten Weltanschauung. Später aber kam ich, vor allem durch das Buch des französischen Philosophen J. H. Boex-Borel (Rosny) über den

---

1 Monismus: Einheitslehre, d. h. die Lehre, daß die Vielheit der Erscheinungen auf ein einziges Prinzip (Materie oder Geist oder Wille) zurückzuführen ist. Hier im Sinne der Identität von Geist und Materie gemeint.

Pluralismus (Le Pluralisme. Essai sur la Discontinuité et l'Hete-rogenité des Phénomènes, 1909) auch vom Monismus ab, in dem ich nicht mehr der Weisheit letzten Schluß sah. So hatte ich mich vom Einheitsprinzip, sowohl philosophisch als auch politisch – ein Gott, ein kosmisches Leitmotiv, ein (auserwähltes) Volk, ein Führer – abgewandt, lange bevor der Faschismus daraus seine to-talitäre Gesellschaftsdoktrin entwickelte. Die Welträtsel hatte ich nicht lösen können, doch das vermochten auch die theologi-schen und atheistischen Philosophen nicht.

Auf einer Wahlversammlung in Neukölln, auf der Klara Zetkin für die Sozialdemokratische Partei warb und Landauer seine Ideen über den Sozialismus vortrug, entschied ich mich für die letzteren. Gustav Landauers Persönlichkeit entsprach den Vor-stellungen, die ich mir nach der Lektüre seiner Bücher und Auf-sätze von ihm gemacht hatte. Seine hohe schlanke Gestalt mit den fein geschnittenen, von einem Christusbart umrahmten Ge-sichtszügen, die durchgeistigte Stirn, aus der visionäre Augen eine utopische Ferne zu suchen schienen, verliehen seiner Er-scheinung ein markantes Charisma. Zweieinhalb Jahre vorher, 1908, hatte er mit Gleichgesinnten einen auf Gedanken Proud-hons*, Bakunins* und Kropotkins fußenden »Sozialistischen Bund« gegründet, dessen Programm von ihm selbst stammte. Für ihn war der Sozialismus eine neue Kultur, die sich auf Bünde selbständiger, untereinander in Gerechtigkeit tauschender Wirt-schaftsgemeinschaften stützen und an die Stelle der Staaten und des Kapitalismus treten sollte. Das Ziel war eine sozialistische Republik, die Landauer als »Anarchie« im ursprünglichen Sinne des Wortes, als »Ordnung der Bünde durch Freiwilligkeit« ver-stand.

Das war der Sozialismus, zu dem ich mich intuitiv hingezogen fühlte. Einen formellen Beitritt mit Mitgliedsbuch und einge-klebten Marken für bezahlte Beiträge gab es nicht. Abends half ich im Expeditionslokal Wrangelstraße 135, Berlin S.O., beim Versand der von Landauer redigierten Halbmonatsschrift »Der Sozialist«. Der Schriftsetzer Max Müller stellte für Kost und Lo-gis den Satz her, der Kleindruckereibesitzer Wilhelm Habicht übernahm die Drucklegung zu ermäßigtem Preis, Landauer er-hielt als Redakteur keinen Pfennig Lohn. An unseren Versand-abenden waren Rauchen und Alkohol verpönt. Unter uns war ein junger Serbe, der, wie er uns erzählte, in der väterlichen

Schankwirtschaft unter den Gästen Abstinenz gepredigt hatte, worauf ihn der Vater in die Welt hinausschickte, damit er sich die Hörner abstoße.

Der »Sozialistische Bund« war keine auf Wählerfang ausgehende politische Partei. Er hatte fünfzehn Ortsgruppen, eine davon war von Erich Mühsam* unter dem Namen »Tat« in München gegründet worden. Wir waren keine Revoluzzer, die eine neue Gesellschaftsordnung mit Gewalt einführen wollten, aber auch keine weltfremden Träumer. Wir standen auf dem Boden der Wirklichkeit. Die Sozialdemokratische Partei hatte, nach unserer Meinung, bei wichtigen Gegenwartsaufgaben aus Dogmatismus oder Opportunismus versagt. Dogmatisch war ihre Vernachlässigung der Genossenschaftsbewegung, die ihre obersten Ideologen Karl Marx und Friedrich Engels als bürgerliche Quacksalberei abqualifiziert hatten. Erst als 1910 der internationale Sozialistenkongreß in Kopenhagen unter Abwerfung marxistischer Eierschalen sich für die Gründung von Genossenschaften aussprach, erfolgte auch in Deutschland die Öffnung. Als opportunistisch verurteilten wir die Vernachlässigung der besonders im militaristischen Preußen eminent wichtigen antimilitaristischen Propaganda. Hier setzte unsere Tätigkeit ein. Darüber hinaus standen wir der Bodenreformbewegung nahe. In der Gründung landwirtschaftlicher Genossenschaftssiedlungen sahen wir keine Patentlösung für alle sozialen Probleme, wohl aber geeignete Modelle für eine sozialistische Gesellschaftsordnung.

Wir nahmen an allen Volksbewegungen für soziale Gerechtigkeit, kulturellen Fortschritt und vor allem für die Erhaltung des Friedens teil. Als die Expansion des Welthandels zu Reibungen zwischen den konkurrierenden Mächten führte, häuften sich die Symptome eines heraufziehenden Weltbrandes. Das Auftauchen eines deutschen Kriegsschiffes im Hafen des französisch-marokkanischen Agadir, der Tripoliskrieg zwischen Italien und der Türkei, der Balkankrieg, in dem sich Österreich und das von Rußland unterstützte Serbien gegenüberstanden, waren untrügliche Zeichen herannahenden Unheils. Die Völker allein hätten durch direktes Eingreifen den Frieden sichern können, und das Land, von welchem die Initiative hätte ausgehen müssen, war Deutschland, das über das größte Kriegspotential verfügte. Von den »nationalen« Parteien war freilich keine Friedensaktion zu erwarten, diese Rolle fiel der Sozialdemokratischen Partei zu, die im Reichstag mit einer großen Zahl von Abgeordneten vertreten war und mit den ihr eng verbundenen mächtigen Gewerkschaften rechnen konnte. Welche Haltung nahm die Partei zu diesen schicksalsschweren Fragen ein?

Auf dem Kongreß der Sozialistischen Internationale in Stuttgart 1907 wurde auf Initiative des französischen Antimilitaristen Gustave Hervé über Antikriegsaktionen der Sozialisten, vor allem über einen Generalstreik gegen den Krieg diskutiert. Die deutschen Sozialdemokraten waren dagegen, für sie war Generalstreik nichts anderes als »Generalunsinn«. In marxistischen Kreisen Deutschlands argumentierte man dogmatisch: Der Krieg, den man als notwendige Folge des Kapitalismus betrachtete, könne nur, so meinte man, durch eine sozialistische Gesellschaftsordnung zum Verschwinden gebracht werden. Gegen einen Angriff von außen, besonders von dem politisch rückständigen und wirtschaftlich weniger entwickelten Rußland, würden die deutschen Sozialdemokraten ihr Vaterland verteidigen. Mit dieser Argumentation war der Sozialpatriotismus geboren. Bei den »nationalen« Parteien hieß es: Am deutschen Wesen wird die Welt genesen. Aber auch den »Sozialpatrioten« lag die nationale Militäruniform näher als die internationale rote Sozialistenbinde. Ein Resolutionsentwurf, der die Arbeiter zu direkten Antikriegsaktionen aufrief und die sozialistischen Abgeordneten ermahnte, im Parlament gegen Kriegserklärung und Kriegskredite zu stimmen, wurde durch das Veto der deutschen Sozialdemokraten abgelehnt. Der enttäuschte Hervé resignierte und wurde später Nationalist. Die einzigen prominenten Sozialdemokraten, die sich für Antikriegsaktionen einsetzten, waren Rosa Luxemburg und Karl Liebknecht.

Auf dem internationalen Sozialistenkongreß in Kopenhagen 1910 wiederholte sich das gleiche Spiel. Diesmal war es der Engländer Keir Hardie, der im Namen seiner Partei die Sozialisten aller Länder aufrief, gemeinsam gegen Krieg und Militarismus zu kämpfen. Er forderte nicht nur Abrüstung, sondern auch vollständige Ausmerzung des militaristischen Geistes. In einem von ihm und dem Franzosen Vaillant vorgelegten Entschließungsentwurf wurde neben einer internationalen Antikriegskampagne der Generalstreik in der Kriegsindustrie und im Verkehrswesen als wirksamstes Mittel gegen den Krieg vorgeschlagen. Auch diesmal waren es die deutschen Sozialdemokraten, die den Vorschlag ablehnten, während selbst die schwedischen Sozialdemokraten ihm positiv gegenüberstanden. Um eine Spaltung der Internationale zu vermeiden, verzichtete man auf eine Abstimmung. So waren die deutschen Sozialdemokraten die Hauptgegner einer konsequent antimilitaristischen Strategie. Bebel begnügte sich damit, im Reichstag die glänzenden Knöpfe der Uniformen, die dem Feinde als Zielscheibe dienen könnten, zu kritisieren. Er erklärte, daß er selbst auf seine alten Tage noch das Gewehr schultern würde, wenn es gegen das zaristische Rußland ginge.

Wir Jungsozialisten in Berlin stellten uns an die Seite der französischen und englischen Gesinnungsgenossen. Wir wollten Krieg und Militarismus ernsthaft bekämpfen. Der »Sozialistische Bund« bildete einen Ausschuß zur Einberufung eines deutschen Arbeitertages, auf dem internationale Friedensaktionen beraten werden sollten. Auch wir meinten, wie die englischen und französischen Sozialisten, daß ein allgemeiner Streik einem allgemeinen Krieg vorzuziehen sei. Wir waren sicher, daß sich die antimilitaristisch eingestellte, syndikalistisch orientierte französische Arbeiterbewegung mit einer von Deutschland ausgehenden Antikriegsaktion solidarisieren würde. Von Deutschland und Frankreich aber hing der Weltfriede ab.

Gustav Landauer hatte einen Aufsatz »Die Abschaffung des Krieges durch die Selbstbestimmung des Volkes. Fragen an die deutschen Arbeiter.« geschrieben, von dem wir 100 000 Exemplare drucken ließen. [1] Doch noch vor der Verbreitung wurde die Flugschrift, die durch den Spitzel Prawitz-Reimann in die Hände der Polizei gefallen war, am 4. Dezember 1911 wegen Aufforderung zum Generalstreik beschlagnahmt. Die Beschlagnahme war ungesetzlich, denn im deutschen Strafgesetzbuch gab es keinen Paragraphen, der Kündigung des Arbeitsverhältnisses und Einstellung der Arbeit unter Strafe stellte. Trotzdem bestätigte die Strafkammer des Landgerichts I, Berlin, am 25. März 1912 das Urteil. Die Flugschrift blieb verboten, die fertiggestellten Exemplare sowie der Satz wurden vernichtet. Personen

---

1 Der Aufsatz erschien, ungeachtet des Verbots der Flugschrift, in »Der Sozialist«, Nr. 19/1912 (1. Oktober 1912). Siehe jetzt: *Gustav Landauer, Erkenntnis und Befreiung. Ausgewählte Reden und Aufsätze,* Frankfurt 1976.

konnten nicht bestraft werden, da Landauers Text anonym gedruckt worden war. (Erst 1919, in dem Aufsatzband »Rechenschaft«, erschien er unter Gustav Landauers Namen.)
Ich unterbreche die sachliche Darstellung, um von einer persönlichen Erfahrung zu berichten. Als ich am 18. März 1912 mit Gesinnungsfreunden im Friedrichshain an den Gräbern der Märzgefallenen von 1848 einen Kranz niederlegte, wurde ich beim Verlassen des Friedhofs von der Polizei festgenommen. Erst als sich nach mehrstündigem Verhör auf der Polizeiwache und bei Nachforschungen ergab, daß ich in Deutschland geboren, polizeilich gemeldet und unbescholten war, wurde ich freigelassen. Grund meiner Festnahme: Ich war als Grünling in der Bewegung den Polizeibehörden nicht bekannt. Zugehörigkeit zu einer freiheitlich-sozialistischen Gruppe war nicht gesetzlich verboten, doch wer von diesem verfassungsmäßigen Recht Gebrauch machte, hatte im preußisch-deutschen Obrigkeitsstaat zu gewärtigen, von der Polizei beschattet, festgenommen, kontrolliert und molestiert zu werden.
1912 konnte die Ausweitung des Balkankonflikts zu einem europäischen Krieg vermieden werden. Nach dem Attentat des serbischen Nationalisten Princip auf den österreichischen Erzherzog Franz Ferdinand und dessen Frau am 28. Juni 1914 in Sarajewo aber war die Gefahr eines kriegerischen Zusammenstoßes der Großmächte akut geworden. Jetzt mußte sich entscheiden, ob der Friedenswille der Völker stärker war als der nationalistische Chauvinismus, ob die Ideale des humanistischen Sozialismus über die internationalen Kapitalinteressen siegen würden.
Am 29. Juli 1914 trafen sich die Repräsentanten der Sozialistischen Internationale in Brüssel, um zu der akuten Kriegsgefahr Stellung zu nehmen. In den Diskussionen zeigte sich, daß vor allem bei den deutschen und österreichischen Sozialdemokraten die nationalen Gefühle stärker waren als der sozialistische Internationalismus. Karl Legien, der Vertreter der deutschen Gewerkschaften, gab seinem französischen Kollegen Leon Jouhaux unmißverständlich zu verstehen, daß die deutschen Arbeiter marschieren und nicht streiken würden, während sich noch wenige Tage vorher »La Bataille Syndicaliste«, das Organ der französischen Gewerkschaften, für die Verhinderung des Krieges durch den Generalstreik ausgesprochen hatte. Die deutsche Sozialdemokratie, stärkste Sektion der Sozialistischen Internatio-

nale, übernahm durch Bewilligung der Kriegskredite im Reichstag (wo sie 110 Abgeordnete stellte) am 4. August ihren Teil der Verantwortung für den Krieg. Die zahlreichen telegrafischen Appelle ausländischer Gewerkschaften an die Adresse des Allgemeinen Deutschen Gewerkschaftsbundes, durch eine gemeinsame Aktion den Krieg zu verhindern, fanden kein Echo. Das Verhängnis nahm seinen Lauf. Vier Monate später, am 2. Dezember, stimmte die sozialdemokratische Fraktion im Deutschen Reichstag erneut für zusätzliche Kriegskredite. Nur Karl Liebknecht und Otto Rühle erklärten sich dagegen. Später kamen noch einige andere hinzu.

Ich befand mich bei Kriegsausbruch in Wien, wo ich die von Rudolf Großmann (Pierre Ramus)* gegründete Gruppe kommunistischer Anarchisten besuchte. Obwohl die Polizei wußte, daß es sich um eine Bewegung gewaltloser Kropotkinianer und Tolstoianer handelte, waren wir Verfolgungen ausgesetzt. Kurz nach Ausbruch der Feindseligkeiten wurde ich verhaftet und in mein Geburtsland abgeschoben. Man fesselte meine rechte Hand an die linke eines Leidensgefährten. Auch während der Nacht befreite man uns nicht von der Fessel. Nach zwei Tagen wurde ich dem Kommandanten des schlesischen Garnisonsstädtchens Neustadt als unsicherer Kantonist übergeben. Auf meinem Steckbrief stand rot angekreuzt: »Vorsicht: Anarchist«. Das Etikett hätte man mir an die Stirn kleben sollen, denn im Koffer hatte ich keinen Sprengstoff. Mit einer akuten, aber nicht lebensgefährlichen Herzerkrankung lag ich einige Wochen im Militärlazarett. Zur Genesungskur beurlaubt, wartete ich nicht, bis man mich aufs neue holte. Der Krieg »für Kaiser und Vaterland« war nicht mein Kampf. –

Ein Wort noch über Gustav Landauer, der immer noch mißverstanden wird, weil er nicht im Parlament den Ort sah, wo das verwirklicht werden sollte, was er unter Sozialismus verstand. Ihm fehlten zwei für einen Politiker unerläßliche Attribute: persönliche Eitelkeit und das Verlangen nach einem bequemen modus vivendi. Landauer lebte arm und starb arm. Wenn Rudolf Krämer-Badoni ihn als »Propheten eines kurios sentimentalen Anarchismus« bezeichnet [1], dann weiß er offenbar nicht, daß

1 In seinem Buch *Anarchismus. Geschichte und Gegenwart einer Utopie*, Wien, München, Zürich 1970.

Landauer als einer der ersten die Gründung eines Völkerbundes zur Sicherung des Friedens vorgeschlagen hat. Weihnachten 1916 richtete er ein Schreiben an den amerikanischen Präsidenten Woodrow Wilson, in dem es unter anderem hieß:

»Jetzt sollten die Regierungen aller am Krieg beteiligten, d. h. der kriegführenden und nicht minder der neutralen Staaten im Einverständnis mit ihren Volksvertretungen darauf bestehen, daß im Friedensvertrag bedungen wird, es müsse unverzüglich, innerhalb einer bestimmten Frist, ein internationaler Staatenkongreß einberufen werden, dessen Beschlüsse bindende Kraft haben sollen und der, ganz unabhängig von dem provisorischen Friedensvertrag, zwei Gebiete, die man bisher verhängnisvollerweise als innere Angelegenheit der einzelnen Staaten behandelt hat, als gemeinsame Sache aller Völker dauernd unter seine Jurisdiktion (Rechtsprechung) bringen soll: 1. Das Rüstungswesen, und 2. die Überwachung des Verfassungsrechts der einzelnen Staaten, in der Hinsicht, daß die Verantwortung des gesamten Volkskörpers für die Politik und Regierung seines Reiches durch gesicherte Einrichtungen gewährleistet sein muß.«

Landauer forderte in diesem Brief eine internationale Abrüstungskonferenz. »Rüstungen«, sagte er, »dürfen im Interesse des Weltfriedens nicht lediglich innere Angelegenheiten sein. Rüstungen müssen durch öffentlich-rechtliche Institutionen eines internationalen Kongresses geregelt werden, dessen Beschlüsse obligatorisch sind und erzwungen werden können.«

Ob Landauers Brief in Wilsons Hände kam, ist nicht bekannt. Doch einige Wochen später veröffentlichte Wilson sein bekanntes Friedensmanifest, das die gleichen Gedanken enthielt. Und zwei Jahre später kam es zur Gründung des Völkerbundes in Genf.

In der guten alten Zeit, die nur die ihrer Jugend nachtrauernden Alten gut nennen, waren die Armen ärmer und die Lebensbedingungen der Massen härter als heute. Doch es gab vor dem Ersten Weltkrieg gewisse Freiheiten, die uns verlorengegangen sind. Vor 1914 konnte man ohne Personalausweis, nur mit dem Eisenbahnbillett durch ganz Europa und mit einer simplen Schiffskarte von Kontinent zu Kontinent reisen. Einreisepapiere waren nur für die Kolonien und für das zaristische Rußland erforderlich. An allen anderen Grenzen fahndete man nur nach suspekten Individuen. Nach dem Attentat des polnischen Anarchisten Leo Czolgosz* auf den amerikanischen Präsidenten Mc Kinley im Jahre 1901 wurden verdächtige Zureisende bei der Ankunft in den Vereinigten Staaten kontrolliert. Kontrolliert? Als ein deutscher Einwanderer gefragt wurde, ob er Anarchist sei, und er mit gewollt ahnungsloser Miene erwiderte, er sei Tischler, ließ man ihn unbehelligt einreisen. Dank dieser liberalen Freizügigkeit, die noch während der ersten Kriegsmonate andauerte, konnte ich mich 1914 ohne größere Schwierigkeiten nach Schweden absetzen.

In Stockholm landete ich bei Emil Manus Svensson, der als Kriegsdienstgegner in Schweden ähnliche Erfahrungen gemacht hatte wie ich vorher in Preußen. Er war der Aufforderung zur Musterung nicht nachgekommen. Als die Polizei ihn abholen wollte, rollte er sich in einen Teppich ein, der aber so kurz war, daß seine Beine zu sehen waren. Er wurde mitgenommen und in die Kaserne gebracht, nach kurzer Zeit aber entlassen. Wir blieben zeitlebens Freunde.

Schweden

Schweden war zu jener Zeit vom Wohlfahrtsstaat noch weit entfernt. Der Lebensstandard der Arbeiter war niedrig, die Arbeitslosigkeit groß, Arbeitslosenunterstützung gab es nicht, die Sozialversicherung steckte in ihren Anfängen. Die tägliche Arbeitszeit betrug neun, zehn und sogar elf bis zwölf Stunden. Häufig kam es zu Konflikten zwischen Arbeitern und Unternehmern.

Bei dem großen Hafenarbeiterstreik 1908 hatten die Reeder professionelle Streikbrecher aus England angeworben. Die schwedischen Arbeiter appellierten an ihre englischen Kollegen, ihnen bei ihrem Kampf für Lohnerhöhungen nicht in den Rücken zu fallen. Als ihre Ermahnungen erfolglos blieben, griffen drei schwedische Arbeiter zu einem Abschreckungsmittel. Sie legten auf dem im Hafen von Malmö den Streikbrechern als Unterkunft dienendem Schiff »Amalthea« eine selbstgefertigte Bombe. Bei der Explosion wurde eine Person getötet und es gab mehrere Verletzte. Zwei der Attentäter, Anton Nilson und Algot Rosberg, wurden zum Tode, der dritte, Alfred Stern, zu lebenslänglichem Zuchthaus verurteilt. Die Todesurteile wurden jedoch nicht vollstreckt. Bald nach der Verurteilung der »Amaltheamänner« setzte im ganzen Land eine Kampagne für ihre Freilassung ein. Es sollte jedoch neun Jahre dauern, ehe sie begnadigt wurden. Ich konnte den Tag ihrer Befreiung miterleben, er war ein Jubelfest für die freiheitlichen und fortschrittlichen Kräfte Schwedens.

Auf der untersten Stufe der sozialen Rangordnung standen die »Rallare«, Holzfäller und Eisenbahnstreckenarbeiter, die meist die Woche über oder noch länger von ihrer Familie getrennt in primitiven Hütten den Unbilden der harten Natur ausgesetzt waren. »Du kommst wie ein Frühlingsvogel in unsere kalte Nordnacht«, sagte mir nach meinem Vortrag ein Waldarbeiter, der auf seinem primitiven Petroleumkocher Wasser für den Kaffee heiß machte. Als ich fast vierzig Jahre später aufs neue in Nordschweden Vorträge hielt, lud mich ein Waldarbeiter in sein schmuckes Einfamilienhaus ein. Nun fuhren die Holzfäller entweder im eigenen Auto oder in einem gemeinsamen Wagen morgens zu ihrer Arbeitsstätte und abends zurück in ihr Heim. Die Bäume werden mit mechanischen Sägen gefällt, die Arbeit hat ihre frühere Härte verloren. 1974 gelang es den Holzfällern, durch einen Streik ein festes Monatsgehalt zu erkämpfen.

In der Beurteilung der durch den Weltkrieg von 1914 aufgeworfenen Probleme herrschten große Meinungsverschiedenheiten. König Gustav V. und die Königsfamilie machten aus ihrer Deutschfreundlichkeit kein Hehl. Das Militär, die Konservativen und die oberen Klassen standen an ihrer Seite. Die Liberalen und vor allem die Sozialdemokraten waren prowestlich eingestellt. Die Meinungsverschiedenheiten zwischen der Krone und dem liberalen Ministerpräsidenten Staaff führten zu einer Regierungskrise. Die daraufhin vom König eingesetzte konservative Regierung gab grünes Licht für den Eintritt Schwedens in den Krieg an der Seite Deutschlands. Doch die sozialdemokratische Arbeiterpartei, die Gewerkschaften und die aktiven Gruppen von Pazifisten, Antimilitaristen, Jungsozialisten und Syndikalisten kämpften für Neutralität und Frieden. Die Regierung suchte diese Opposition gewaltsam zum Schweigen zu bringen. Zeitungen, die zu direkten Aktionen gegen einen eventuellen Eintritt Schwedens in den Krieg aufriefen, wurden beschlagnahmt. Die Wortführer des sozialdemokratischen Jugendverbandes, Zeth Höglund, Ivan Oljelund und Erik Hedén, wurden wegen »Hochverrats« zu Gefängnisstrafen verurteilt, weil ein von ihnen einberufener Friedenskongreß den Beschluß gefaßt hatte, »alle Vorbereitungen für außerparlamentarische Massenaktionen gegen die Kriegspläne der Regierung zu treffen«.

Politisch stand das alte Schweden dem Preußen des Dreiklassenwahlrechts näher als den westlichen Ländern. 1909 hatten nur 19 Prozent der männlichen Bevölkerung das Wahlrecht. Die 1889 gegründete Sozialdemokratische Arbeiterpartei entwickelte sich indes rasch. Bereits bei Ausbruch des Ersten Weltkriegs war sie die stärkste Partei und 1920 kam sie zum erstenmal an die Regierung, freilich nur für sechs Monate.

1910 gründeten oppositionelle Gewerkschafter unter dem Einfluß anarchistisch gesinnter Jungsozialisten und gestützt auf die Erfahrungen des Generalstreiks vom vorangegangenen Jahr eine syndikalistische Organisation, die noch heute besteht: Sveriges Arbetares Centralorganisation (S.A.C.). [1] Während des Ersten Weltkriegs trennte sich eine radikal marxistische Gruppe von der sozialdemokratischen Partei. Der sozialdemokratische Jugendverband entsandte 1915 Vertreter zur internationalen Konferenz oppositioneller Sozialdemokraten in Zimmerwald. Aus dieser linkssozialistischen Gruppe ging später die Kommunistische Partei Schwedens hervor. Die Linksfront propagierte außerparlamentarische Kampfmethoden.

Während des Krieges kam es zu einer großen Lebensmittel-

---

1 Die Zahl ihrer Mitglieder betrug 1924, auf dem Höhepunkt ihres Einflusses, 37 000 und in den 50er Jahren noch mehr als 20 000. Die S.A.C. gab die Tageszeitung »Arbetaren« heraus, die heute wöchentlich erscheint.

knappheit. Brot und Grundnahrungsmittel wurden rationiert. In mehreren Städten gab es Hungerrevolten. Die Arbeiter forderten Herabsetzung der Lebensmittelpreise und Bereitstellung von Gemeindeland für den Kartoffelanbau. In Stockholm demonstrierten sie für »das Parlament der Straße«. Nach dem Sturz des Zarismus in Rußland erreichte die Agitation ihren Höhepunkt. Konservative Elemente organisierten ein Schutzkorps mit Hauptquartier in der Kriegsakademie. Das alarmierte die außerparlamentarische Linke. Im Volkshaus verbrüderten sich Arbeiter und Soldaten. Marinesoldaten erklärten, sie würden den Gehorsam verweigern, sollten sie gegen Arbeiterdemonstrationen eingesetzt werden. Der 1. Mai 1917 wurde mit Hoffen und Bangen erwartet. Hunderttausend Kriegsgegner kamen zur Demonstration, doch alles verlief friedlich. Die Massen stürmten nicht das Schloß, Polizei und Militär hielten sich zurück. Schweden, ein Land ohne revolutionäre Tradition, wollte auch jetzt und in Zukunft den Fortschritt auf evolutionärem Wege erreichen.

In jenen Tagen hatte Stockholm seltene Gäste. Aus der Schweiz kam Lenin* mit seinen Genossen. Wir bereiteten ihnen einen begeisterten Empfang. Wie konnten wir ahnen, welche Diktatorengaben der Führer der Bolschewisten für das russische Volk in petto hielt! Die Hoffnung der kaiserlich-deutschen Regierung, daß die russischen Marxisten mit ihr Frieden schließen würden, ging in Erfüllung. Doch daran, daß die Revolution auch über sie selbst hereinbrechen könnte, dachte sie nicht. Aus seinem Londoner Exil kam mit Frau und Tochter Peter Kropotkin. Das waren die Prominentesten von den vielen, für die Stockholm die letzte Etappe auf dem Rückweg in ihre von der zaristischen Autokratie befreite Heimat bedeutete.

Wenig später traf auf dem Stockholmer Bahnhof im Austauschverfahren aus Rußland ein Zug mit verwundeten und kranken deutschen Kriegsgefangenen ein, um von hier die Fahrt nach Deutschland fortzusetzen. Die Presse hatte über den Gefangenenaustausch und die Ankunft des Zuges in Stockholm berichtet. Ich beschloß, ein Flugblatt in deutscher Sprache zu verfassen, das unter den Rückkehrern verteilt werden sollte. Sein Text lautete:

»Warum?«

Unzählige Opfer sind dem Moloch Krieg gebracht worden. Unaussprechliche Trauer liegt schwer und drückend auf Millionen von Familien. Mütter und Schwestern fragen sich: Warum müssen unsere Söhne, Gatten und Brüder töten und sich töten lassen?

Das Elend wird größer, die Staatsschulden der kriegführenden Länder steigen mehr und mehr. Bald wird Europa wirtschaftlich von Amerika abhängig sein. Warum das alles? Wozu das grenzenlose Vernichten von Menschenleben und materiellen Werten? Es wird Zeit, daß wir deutschen Arbeiter und Bauern diese Frage an uns richten. Letztenendes sind wir es, die im Krieg und nach dem Kriege die schwersten Lasten tragen müssen. Die ungeheuren Schulden, die Zinsen, der Unterhalt für Witwen und Invaliden, alles muß aus dem arbeitenden Volk herausgeschunden werden. Die oberen Zehntausend dagegen verdienen durch den Krieg Geld und nochmals Geld.

1912 hatte Bertha Krupp nicht weniger als 21 Millionen Jahreseinkommen! Kaiser Wilhelm II., größter Aktienbesitzer der Firma Krupp, hatte aus dieser Quelle noch höhere Einnahmen! Hat er etwa deshalb seine kriegerischen Reden gehalten? Warum hat die Firma Krupp der französischen Presse hohe Summen gezahlt, damit sie kriegshetzerische Artikel veröffentlicht? Ist es nicht bedenklich mit der Vaterlandsliebe bestellt, wenn die ›Deutsche Waffen- und Munitionsfabriken‹ in Frankreich die ›Société française pour la fabrication de roulement de billes‹ gründete, in der kriegsnotwendige Maschinen gegen den ›Erbfeind‹ hergestellt wurden? Die gleiche Firma lieferte 50 % ihrer Produktion nach Rußland und 200 000 Gewehre an Serbien! In diesem Kriege werden also deutsche Arbeiter und Bauern mit von Deutschen verfertigten Waffen erschossen. Sagte nicht der Großindustrielle Thyssen, daß die kaiserlichen Kriegsreden dazu dienen, das Parlament zu veranlassen, neue Aufträge an die Firma Krupp zu bewilligen? Je mehr Kriegsrüstungen um so größer die Profite. Während des Krieges hat das Haus Krupp sein Aktienkapital von 180 auf 250 Millionen Mark erhöht. Der Krieg ist teuer. Jeder Soldat, der im Kriege fällt, kostet 50 000 Mark!

Man sagt uns, dieser Krieg sei ein Verteidigungskampf. Jeder Staat behauptet, er sei der Angegriffene. Wer und wo ist dann der Angreifer, wenn alle angegriffen sind? Wenn wir uns gegenseitig töten müssen, um uns voreinander zu verteidigen, dann muß zunächst die Frage gestellt werden: Sind wir denn Feinde? Will der französische, russische und der englische Arbeiter und Bauer nicht ebenso wie wir friedlich seine Arbeit in der Werkstatt und auf dem Felde verrichten? Nein, wir sind keine Feinde! Wenn es auf uns ankäme, gäbe es keinen Krieg.

Wir, die alle Opfer bringen müssen, haben das Recht, daß man auf unsere Stimme hört. Wir fragen: Was will und was beabsichtigt die Regierung? Die Grenzen unseres Landes sind frei von Feinden. Warum wird der Krieg fortgeführt? Wir wollen keinen Eroberungskrieg. Wenn ein Land ein Friedensangebot machen kann, dann ist es Deutschland.

Es ist höchste Zeit, das sinnlose Menschenschlachten zu beenden. Die

Arbeiter aller Länder sehnen sich nach Frieden. Wir wollen nicht länger Opfer einer verbrecherischen Politik, nicht länger Werkzeuge der Herrschenden sein, die mit unserem Blut zu Geld, Ehre und Ruhm kommen. Wir, das arbeitende Volk Europas und der ganzen Welt, sind keine Feinde! Wir wollen Friede, Freiheit, Gerechtigkeit und Menschlichkeit, die wir im Sozialismus, in einer freien Gesellschaftsordnung zu finden hoffen.

> Auf zum Kampf für Friede und Freiheit!
> Krieg dem Kriege!
> > Eine Gruppe deutscher Arbeiter
> > durch die Partei der
> > Jungsozialisten Schwedens

Die heimkehrenden Soldaten waren nicht die einzigen, unter denen dieses Flugblatt verteilt wurde; auch Angehörige der deutschen Botschaft, die ihre Landsleute begrüßten, erhielten es. In der für den Text verantwortlich zeichnenden jungsozialistischen Partei war ich, wie die Polizei wußte, der einzige Deutsche. Ich wurde verhaftet und aus Schweden ausgewiesen.

Ein Polizeibeamter brachte mich im Zug bis an die norwegische Grenze, wo er mich freiließ. Die neue Freiheit sollte aber nur wenige Stunden dauern. Auf dem Bahnhof in Christiania, dem heutigen Oslo, boten sich drei seriöse Herren an, mich zu begleiten. Auf der Polizei, wohin sie mich führten, wurde ich fünfzig in Zivil gekleideten Polizeiagenten vorgestellt und dann in eine Zelle gebracht. Keine Erklärung. Der mich abführende Diensthabende gab mir zu verstehen, daß ich nach Kopenhagen abgeschoben werden sollte. Eine Woche mußte ich im Gefängnis auf ein Schiff warten.

In Kopenhagen wurde mir die Einreise verweigert. Die dänische Polizei setzte mich auf die Fähre nach Schweden. Bei der Landung in Malmö gab es zwei Ausgänge, einen für Skandinavier und einen für nichtskandinavische Ausländer. Als ich beobachtete, daß die Skandinavier kein Papier vorzuzeigen brauchten, benutzte ich ihren Ausgang. »Svensk?« fragte der Kontrolleur, »Jaha!« war meine Antwort. Ich kam glatt durch. Doch in Schweden, von wo ich acht Tage vorher ausgewiesen worden war, konnte ich nicht bleiben. Meine Gesinnungsfreunde von der freigeistigen Malmöer Zeitung »Nya Folkviljan« rieten mir, am Wochenende nach Dänemark zurückzukehren. Viele Schweden reisten sonnabends nach Dänemark, um sich bei dänischem

Aquavit zu amüsieren, denn Schweden hatte ein strenges Alko-
holverbot eingeführt. Von diesen Ausflüglern verlangte man in
der Regel keine Ausweispapiere. Ich fuhr mit der Bahn nach Hel-
singborg und mit der Fähre über den Sund nach Helsingör auf
der dänischen Seite. Unbehelligt kam ich nach Kopenhagen.

Dänemark

In den ersten Wochen ging es mir mies. Ein schwedischer Gesinnungsfreund, der in einem Hotel als Geschirrspüler arbeitete,
versorgte uns – Manus Svenson aus Stockholm, der nun auch in
Kopenhagen lebte, war arbeitslos – mit Butterbroten. Um arbeiten zu können, mußte man Legitimationspapiere haben, denn in
der modernen Zivilisation kann gesetzlich nur existieren, wer
amtlich registriert ist. Da ich als Deutscher keine Aufenthaltsgenehmigung erhalten hätte, verschaffte ich mir mit Hilfe meines
Freundes Ernst Johan Lundkvist, Chefredakteur der Stockholmer Illustrierten »Folket i Bild«, schwedische Papiere. Lundkvist sandte mir seinen Geburtsschein, mit dem ich mich auf
dem schwedischen Konsulat in Kopenhagen unter seinem Namen vorstellte. Man schöpfte keinerlei Verdacht: Lundkvist und
ich waren gleichaltrig und ich sprach das Schwedische mit nord-
ländischem Akzent. Ohne Schwierigkeiten erhielt ich einen Paß.
Nun lebte ich »legal« in Dänemark.
Die Berlitzschule, wo ich Stunden gab, vermittelte mir einen
Hauslehrerposten bei dem Gutsbesitzer Munch auf der Insel
Lolland. Als geborener Städter hatte ich keine Ahnung von
Landwirtschaft. In den weiten, von polnischen Saisonarbeitern
bebauten Zuckerrübenfeldern und in den Genossenschaftsmol-
kereien, in die auch große Gutsbesitzer ihre Milch brachten,
wurde zum erstenmal mein Interesse für die Landprobleme
wachgerufen, die ich später während des Bürgerkrieges in Spani-
en, danach in Lateinamerika und auch in Israel studiert und in
verschiedenen Büchern beschrieben habe.
Während ich mich mit den Agrarproblemen und dem dänischen
Genossenschaftswesen beschäftigte, kam es in Deutschland zum
Zusammenbruch des Kaiserreiches. Dieses Ereignis löste in ganz
Skandinavien, vor allem in Schweden, große Nachwirkungen
aus. Am 20. November 1918 forderte eine Tagung der sozialistischen Linken aller Schattierungen in Stockholm die Abschaffung
der Monarchie und des Militärs, eine auf Arbeiter- und Soldaten-

räten basierende Regierung, das Einkammersystem, den gesetzlichen Achtstundentag, Sozialisierung der Banken und Schlüsselindustrien, Verteilung von Ackerboden an eigentumslose Landarbeiter und anderes mehr. Der alten sozialdemokratischen Partei, die die Mehrheit der Arbeiter hinter sich hatte, gingen diese Forderungen zu weit. Der später zum Minister aufgerückte Sozialistenführer Hjalmar Branting und der Vorsitzende des Gewerkschaftsbundes distanzierten sich öffentlich von den radikalen Postulaten der sozialistischen Linken, die nur eine Minderheit in der Arbeiterbewegung war. Das einzige, was durchgesetzt wurde, war das Gesetz über den Achtstundentag und ein verbessertes Wahlrecht. Das Einkammersystem sollte erst ein halbes Jahrhundert später Wirklichkeit werden. Alles andere blieb auf dem Papier.

Im Agrarland Dänemark brauchten selbst die ärmeren Bevölkerungsschichten nicht zu hungern. Dennoch hatte auch hier das Volk unter den Folgen des Krieges zu leiden. Die Stillegung von Wirtschaftsunternehmen führte zu Arbeitslosigkeit. Auf Preissteigerungen folgten Lohnforderungen, Streiks und Aussperrungen. Die Erwerbslosen forderten eine wöchentliche Unterstützung von dreißig Kronen, Mietzuschuß und Brennstoff, und da ihre Forderungen nicht bewilligt wurden, zogen sie en masse auf die Straße. Am 11. Februar 1918 organisierten zweitausend Arbeitslose einen Sturm auf die Kopenhagener Börse. Ihr Unwille richtete sich gegen das Spekulantentum, in dem sie die Ursache ihrer Misere sahen. Die Anführer des Zuges drangen in den Maklersaal ein und wollten, wie weiland Jesus die Wechsler aus dem Tempel, die Jobber hinaustreiben. Auch auf dem Kultorvet, dem Gröntorvet und dem Faellespark kam es zu Demonstrationen. Die Organisatoren wurden vor Gericht gestellt und wegen Gefährdung der öffentlichen Ordnung zu Gefängnis- und Geldstrafen verurteilt. Das Aufbegehren der Unzufriedenen beschränkte sich indes auf sporadische Aktionen. Eine revolutionäre Situation gab es in Dänemark nicht. Die Mehrheit der Bevölkerung wollte von einer Sozialrevolution nichts wissen. Die Worte meines Flurnachbarn »Wir haben es doch eigentlich gut in dem kleinen Dänemark« drückten die typische Einstellung des Durchschnittsdänen aus.

Ganz erfolglos waren die direkten Aktionen jedoch nicht. Eine der wichtigsten Forderungen, Herabsetzung der täglichen Arbeitszeit, die bis dahin zehn und mehr Stunden betragen hatte, wurde mit der Einführung des Achtstundentags am 1. Januar 1920 erfüllt. Von der eschatologischen sozialen Umwälzung war man weit entfernt, kleine Fortschritte aber konnten stückweise errungen werden.

Der Kommunismus war zu jener Zeit in Dänemark nicht existent. Den radikalen Flügel der Arbeiterbewegung repräsentierte die syndikalistisch eingestellte Gewerkschaftsopposition. In ihrer Tageszeitung »Solidaritet« hatten auch die Antimilitaristen ihren Platz. Der Geschäftsführer der Zeitung, Carl Iversen, und seine prächtige Frau gewährten mir während meiner ersten Kopenhagener Wochen in ihrer bescheidenen Wohnung – Prins Jörgengade – Unterkunft.

Bewundernswert war das Engagement der jungen dänischen Kriegsdienstverweigerer, die nicht töten und sich auch nicht töten lassen wollten, ja sich nicht einmal im Kriegshandwerk ausbilden ließen. Ihre Zahl war von 73 im Januar 1918 auf 203 im April 1919 angestiegen. Die Vereinigung konsequenter Antimilitaristen hatte mehr als tausend Mitglieder. Im Gefängnis, mit dem viele von ihnen Bekanntschaft machen mußten, kam es oft zu Hungerstreiks. Johannes Nielsen verweigerte vierundvierzig Tage die Nahrungsaufnahme. Ein anderer Dienstverweigerer erzählte mir, daß man ihn mit Gewalt fütterte, wobei ihm einige Zähne ausgebrochen wurden. Dem beharrlichen Kampf dieser Idealisten war es zu verdanken, daß Dänemark bereits 1917 den Zivildienst als Alternative zum Militärdienst einführte, eine Reform, die in anderen westlichen Ländern noch Jahrzehnte, in Frankreich ein halbes Jahrhundert auf sich warten ließ, und die in den kommunistischen Staaten bis heute kaum in den Anfängen steckt. Die konsequentesten dänischen Antimilitaristen lehnten aber auch den obligatorischen Zivildienst ab. Sie waren Gegner des Militärs als Institution.

Elise Ottesen Jensen – frühe Kämpferin für die Rechte der Frau
Im Sommer 1919 wurden Albert Jensen* – seine Lebensgefährtin war Elise Ottesen Jensen* – aus Dänemark ausgewiesen. Jensen, ein bekannter schwedischer Publizist, war konsequenter Antimilitarist, ein faszinierender Redner und ein unermüdlicher Agitator für den freiheitlichen Sozialismus. Elise war dynamisch und hatte einen starken Geist. Sie wurde später als Kämpferin für

Sexualaufklärung, Geburtenkontrolle und Familienplanung eine international bekannte Persönlichkeit.

Als siebzehntes Kind einer norwegischen Pastorenfamilie hatte sich das junge Mädchen auf den zahnärztlichen Beruf vorbereitet. Eine Laborexplosion, bei der sie einige Finger verlor, zwang sie zum Berufswechsel. Anfang des Krieges mit ihrem Gefährten Jensen nach Kopenhagen gekommen, arbeitete sie als Korrespondentin norwegischer Blätter und übersetzte Bücher von Upton Sinclair und anderen amerikanischen und englischen Autoren. Ihr Lebenswerk aber, die Aufklärungsarbeit unter den Frauen, begann 1920 in Schweden. Der Anfang war schwer. Zwar hatten Anton Nyström, Knut Wicksell und auch Hinke Bergegren das Terrain bereitet, doch in bürgerlichen und selbst in sozialdemokratischen Kreisen stieß die Propaganda für Geburtenregelung auf Widerstand. So konnte »Ottar« (wie sie bald genannt wurde) sich zu Beginn ihrer Tätigkeit nur auf die jungsozialistischen Klubs und die syndikalistischen Organisationen stützen. Nach mehr als einem Jahrzehnt intensiver Aufklärung gab es vielerorts Sexualberatungsstellen. 1933 konnte in Stockholm der »Reichsverband für Sexualaufklärung« gegründet werden. Damit waren die Voraussetzungen geschaffen für eine zeitgemäße Gesetzgebung zur Sexualaufklärung in den Schulen und zur Regelung der Geburtenkontrolle. Die Pionierarbeit Ottars und ihrer Mitarbeiter war von Erfolg gekrönt.

Schweden wurde zum Zentrum gleichgerichteter Bewegungen in der ganzen Welt. 1953 fand in Stockholm ein internationaler Kongreß statt, auf dem Ärzte, Wirtschaftswissenschaftler und Sozialexperten über das Problem der Geburtenregelung im Weltmaßstab berieten. Der Kongreß beschloß die Gründung der »Internationalen Föderation für Familienplanung« (IPPF), deren Präsidentin Ottar jahrelang gewesen ist, bis sie aus Altersgründen zurücktrat. 1958 verlieh die Universität Uppsala Ottar die Ehrendoktorwürde. Ich kenne kein anderes Land, in dem Vorkämpfer der Geburtenregelung in solcher Weise geehrt werden.

Zurück nach Kopenhagen im Jahr 1919. Mit meinem schwedischen Paß auf den Namen Ernst Johan Lundkvist fühlte ich mich in meiner deutschen Haut sicher. Bald sollte ich erfahren, wie ich mich getäuscht hatte. Die spanische Grippe, die damals in ganz Europa viele Opfer forderte und auch Skandinavien nicht verschonte, hatte mich niedergeworfen. Was mir dabei widerfuhr, habe ich erst 1968 aus Elise Jensens Memoiren »Och livet skrev« (Und das Leben schrieb) erfahren. Sie berichtet:

»Zu jener Zeit trat ein neuer Flüchtling in unser Dasein, Augustin Souchy, ein junger deutscher Antimilitarist. Souchy war in Schweden in der jungsozialistischen Bewegung tätig und wurde unter der allgemeinen Panik nach Norwegen, dann nach Dänemark und wieder nach Schweden abgeschoben . . . Als die spanische Grippe grassierte, wurde auch er von der Krankheit befallen und schwebte zwischen Leben und Tod. Er lag in einem kleinen, ganz kleinen Zimmer mit einem Fenster zu einem grauen Hinterhof in Nörrebro. Ich mußte meinen Arzt einweihen. Schließlich konnten wir ihn im katholischen Krankenhaus unterbringen, wo er auf den Namen Lundkvist eingetragen wurde. Natürlich besuchte ich ihn täglich, doch er lag im Fieber, redete irr und erkannte mich nicht. Die Krankenhausschwestern waren deutsche Nonnen. Eines Tages sagte eine von ihnen zu mir: ›Ich verstehe nicht, daß er in der Fieberphantasie immer deutsch spricht.‹ Ich erwiderte frech: ›Ja, ja, er hat mehrere Jahre in Deutschland studiert und war so eifrig bemüht, die deutsche Sprache zu lernen, daß er sie selbst im Schlafe spricht.‹ Im gleichen Augenblick erwachte er, erkannte mich und sagte: ›Ottar, vergiß nicht, Lundkvist darf nicht sterben!‹«

Jensens Ausweisung aus Dänemark ist nur zu verstehen, wenn man sich die politische Unrast vergegenwärtigt, die nach dem Sturz des Zarismus und dem Zusammenbruch des deutschen Kaiserreiches die skandinavischen Königreiche erfaßt hatte. Die Nervosität der Polizei war beträchtlich. Jensen hatte sich in Dänemark nicht politisch betätigt. Anlaß seiner Ausweisung war ein aus Schweden an ihn gesandter Brief, in dem von Demonstrationen gegen das Militärregime des Generals Mannerheim in Finnland die Rede war. Dieser Brief kam der dänischen Polizei zu Gesicht. Jensen wurde den schwedischen Behörden übergeben und festgenommen, da er eine Gefängnisstrafe von vier Monaten wegen antimilitaristischer Propaganda abzusitzen hatte.

Hinter schwedischen Gardinen

Als Albert Jensen nach Verbüßung seiner Strafe in die Freiheit zurückkehrte, veranstalteten seine Gesinnungsfreunde in Malmö für ihn einen festlichen Empfang, an dem ich in Gesellschaft von Kopenhagener Freunden teilnehmen wollte. Selbstsicher wies ich bei der Kontrolle in Malmö meinen schwedischen Paß auf den Namen Lundkvist vor. Der Beamte zeigte mir ein aufgeschlagenes Polizeialbum mit meiner Photographie und meinem wirklichen Namen darunter. »Kennen Sie den hier?«, fragte er mich, wobei er mit dem Finger auf das Photo wies. »Donnerwetter, der sieht mir ähnlich!« »Das will ich meinen, Sie sind es selbst!« Leugnen half nichts. Ich löste Albert Jensen in der Gefängnis-

zelle ab. Das Landgericht in Malmö verurteilte mich wegen Paß-
vergehen und unerlaubter Wiedereinreise zu sechs Monaten
Haft.

Als ich im Gefängnis saß, brach in Deutschland die Revolution
aus. General Ludendorff floh mit einem falschen schwedischen
Paß auf den Namen Lundström nach Schweden, ohne dort verurteilt zu werden. Auf diesen Präzedenzfall wies mein Rechtsanwalt Georg Branting, ein Sohn des späteren Ministerpräsidenten Hjalmar Branting, hin. Da man Ludendorff nicht bestrafen
wollte, beschloß der Oberste Gerichtshof in Stockholm, das Urteil des Malmöer Landgerichts gegen mich aufzuheben. Inzwischen hatte ich aber mehrere Monate gesessen. Doch die Zeit war
nicht verloren. In der Einsamkeit der Zelle schrieb ich ein Buch –
in Schwedisch – über Gustav Landauer, der am 2. Mai des gleichen Jahres (1919) in München bei der Liquidation der Räterepublik ermordet worden war.

Der schwedische Strafvollzug war damals nicht so human wie
heute. Während meiner Haft hatte ich nie Besuch empfangen.
Ich saß in Einzelhaft. Außer dem Gefängniswärter, der mir das
Essen brachte, sah ich keinen Menschen. Beim halbstündigen
Spaziergang im Gefängnishof waren die Gefangenen durch
dichte Bretterzäune voneinander getrennt. Keiner konnte den
andern sehen. Das war Isolierungshaft im reinen Sinne des Wortes. Doch ich litt nicht unter der Einsamkeit.

Aus der Haft entlassen, war ich dennoch nicht frei. Ich hatte einen Antrag auf Aufenthaltserlaubnis in Schweden gestellt, über
den die Regierung in Stockholm entscheiden mußte. Im Polizei-
gefängnis ließ man mich auf den Entscheid warten. Es war ein
kurioser Zustand zwischen Gefangenschaft und Freiheit. Tagsüber konnte ich mich in den Büroräumen des Polizeireviers frei
bewegen und in Begleitung eines Beamten in der Stadt spazieren-
gehen. Für die Nacht wurde ich in eine vergitterte Zelle einge-
schlossen.

Die Polizei hatte eine Gewerkschaft, die eine Zeitung herausgab.
Der Redakteur des Blattes, ein Polizeibeamter, bat mich um einen Artikel. Ich schrieb über die Stellung der Polizei in einer
freien Gesellschaft, der Artikel erschien freilich nicht unter meinem Namen. Eines Tages lud mich der Polizeiwachmann in seine
Wohnung ein, wo wir unsern täglichen Spaziergang beendeten.
Als wir uns verspäteten, meldete sich am Telefon der Kommis-

sar, der befürchtete, ich sei entwichen. »Nein, wir trinken zusammen Kaffee, kommen aber wieder zurück.« Der Kommissar war beruhigt und wie sonst schlief ich auch diese Nacht in meiner Polizeizelle.

Am Weihnachtsabend war nur ein einziger Polizeibeamter auf dem Revier. Als die Ablösung sich verzögerte, bat er mich, ihn bis zum Eintreffen seines Kollegen zu vertreten, denn er wurde zuhause erwartet. Meine Flucht hätte er mit einer Disziplinarstrafe bezahlen müssen. Er hatte Vertrauen zu mir, ich habe ihn nicht enttäuscht. Nun war ich mein eigener Aufseher – Gefangener und Polizist zugleich!

Ich blieb nicht lange allein. Es klopfte. Ein junger Mann trat schüchtern ein. Er erstattete Anzeige gegen ein Mädchen, das ihn angesteckt hatte. Ich dachte an das arme Mädchen, das sich der Tragweite seines Handelns sicher nicht bewußt war, und wollte ihm die Anzeige ausreden. »Die Bestrafung des Mädchens macht Sie nicht gesund.« Unser Gespräch dauerte einige Minuten. Er mußte sich über den merkwürdigen Beamten gewundert haben, der seine Denunziation nicht entgegennehmen wollte. Doch bald kam der Inspektor, der die Sache zu Protokoll nahm.

Am nächsten Morgen um sechs Uhr holte mich mein täglicher Begleiter wieder ab. Wir gingen in die Kirche, wo nach schwedischer Sitte am ersten Weihnachtsfeiertag ein Kirchenkonzert stattfand. So kam ich zu meinem Weihnachtskonzert mit Brahms und Bruckner.

Die Wartezeit unter Polizeiaufsicht dauerte zehn Tage. Der Entscheid der Regierung war negativ. Am 2. Januar 1920 wurde ich auf das Fährschiff gebracht, das nach Saßnitz (auf der deutschen Insel Rügen) fuhr. Ich hoffte, bei Eintritt der Dunkelheit unbemerkt an Land gehen zu können, denn ich fürchtete, in Deutschland als »Fahnenflüchtiger« inhaftiert zu werden. Doch das Schiff fuhr sofort nach Schweden zurück und kam in Trälleborg an. Eine Stunde später sagte mir ein Matrose, der von meinem Fall in der Zeitung gelesen und mir sein Rasiermesser geliehen hatte (mit dem ich mir den Gefängnisbart abrasierte), die Luft sei rein. Er hatte sich geirrt. Als ich an Land sprang, flammten ein halbes Dutzend Taschenlampen auf. Die Schützleute brachten mich ins Ortsgefängnis und am folgenden Tag wieder aufs Schiff. Ich wurde den deutschen Behörden in Saßnitz ausgeliefert. Nach kurzem Verhör und einem Telefonanruf bei meinen Eltern gab mich der Amtsmann frei. Die deutsche Republik, sagte er, verfolge keine Deserteure des Kaiserreichs.

Ähnlich wie die große Französische Revolution am Ausgang des 18. Jahrhunderts war die Russische Revolution das welterschütternde Ereignis im zweiten Jahrzehnt des 20. Jahrhunderts. Sie war die große Passion, die uns alle mitriß. Im Osten ging, so glaubten wir, die Sonne der Freiheit auf. Wir hofften, daß sich die Prophezeiungen der sozialistischen Ideologen und Theoretiker des 19. Jahrhunderts erfüllen würden. Der Kapitalismus, Fluch der Epoche, sollte abgeschafft werden, und mit ihm würden Ausbeutung und Unterdrückung ein Ende nehmen. Der Sozialismus, die erhoffte Gesellschaft der Freiheit, des Wohlstands und des sozialen Glücks aller sei im Entstehen. »Hände weg von Sowjetrußland, keine Intervention im Lande der Revolution und des werdenden Sozialismus« – riefen wir den Mächtigen der Erde zu. Mit Begeisterung setzten wir uns für die Verteidigung des Landes ein, das als erstes die Fahne der sozialen Revolution entfaltet hatte.

Im Laufe von zwei Jahren aber hatten die Ereignisse im Lande der Revolution eine Wendung genommen, die uns beunruhigte. Bei den Rivalenkämpfen zwischen den revolutionären Fraktionen waren die Bolschewisten Sieger geblieben und hatten ihre Alleinherrschaft etabliert. In seinem Buch »Staat und Revolution« (1917) erklärte Lenin, zur Durchführung des Sozialismus sei die Diktatur des Proletariats als Übergangsperiode unumgänglich, um die Feinde der Revolution endgültig zu vernichten. Doch es zeigte sich, daß sich die von ihm organisierte Diktatur nicht nur gegen die Feinde der Revolution richtete, sondern auch gegen ihre Freunde und Vorkämpfer, die über den Weg zum Sozialismus anderer Auffassung waren als er und seine Parteigenossen.

In einer 1919 in Schweden veröffentlichten Schrift »Diktatur och Socialism« (Diktatur und Sozialismus) hatte ich zu diesen Problemen im Sinne des freiheitlichen Sozialismus Stellung genommen. Ich erklärte mich für den Sozialismus, aber gegen die Diktatur. Mir war jedoch klar, daß eine realistische Beurteilung der Russischen Revolution ohne Kenntnis der wirklichen Verhältnisse in Rußland selbst nicht möglich war. So entschloß ich mich zu einer Studienreise in das umstrittene Revolutionsland. Ich reiste als Beauftragter mit einem Mandat der »Freien Arbeiter Union Deutschlands/Anarchosyndikalisten« (FAUD).

Die Reise zu organisieren war nicht schwer. Nach einem Vortrag Ende April 1920 vor syndikalistischen Seeleuten in Stettin besorgte mir der Sekretär des Seemannsbundes, Otto Rieger, einen Platz auf einem Ostseeschiff, das russische Kriegsgefangene in ihre Heimat brachte und deutsche Kriegs- und Zivilgefangene aus Rußland zurückholte. Ich nahm den australischen Gewerkschaftsführer Paul Freeman mit, der aus seiner fernen Heimat zu uns gekommen war, um mit unserer Hilfe ins revolutionäre Rußland weiterreisen zu können.

Unsere Tischgesellschaft auf dem Schiff gelangte später zu einer gewissen Prominenz. Da waren der deutsche Nationalökonom Alfons Goldschmidt*, der später im Auftrag Radeks* zwei Bücher über seine Erfahrungen in Sowjetrußland schrieb, und Michael Borodin*, der die Kommunistische Partei Chinas aus der Taufe hob. Der Dritte, Nikolaus Scheinin, ein in Wien geborener Sohn russischer Emigranten, saß ein Vierteljahrhundert später als Beauftragter Stalins in Nürnberg über Göring und Genossen zu Gericht.

Unser Wunsch, an der Maifeier in dem von Revolutionslegenden umwobenen Petrograd, dem heutigen Leningrad, teilzunehmen, sollte sich nicht erfüllen. Wohl kam das Schiff in der Nacht zum 1. Mai in Reval (heute Tallin), der Hauptstadt Estlands, an, doch die Eisenbahnfahrt nach der Newa-Metropole, normalerweise nur wenige Stunden lang, dauerte einen ganzen Tag. Weil Kohle fehlte, mußte der Zug unterwegs mehrere Male halten, um Holz für die Lokomotive aufzuladen; die Reisenden halfen dabei mit. Als wir nach Einbruch der Dunkelheit in Petrograd ankamen, war die Maifeier beendet.

Am folgenden Tag suchte ich Victor Serge* auf, der mir aus seiner anarchistischen Militantenzeit vor dem Krieg unter seinem ursprünglichen Namen Kibaltschisch bekannt war. Nun war er Sekretär Sinowjews*, des Vorsitzenden des Petrograder Sowjets. Einen Tag später konnte ich mit Sinowjew selbst sprechen. Ich wußte, daß von Arbeitern übernommene Fabriken der Kontrolle der Betriebsräte entzogen und der staatlichen Zentralverwaltung unterstellt worden waren. Darin sah ich eine Degeneration des Sozialismus. Ich scheute mich nicht, diese Ansicht auch gegenüber dem Vorsitzenden des Petrograder Sowjets zu vertreten. Sinowjew antwortete:

»Die Belegschaftsangehörigen zu Besitzern zu machen, käme einem Wechsel vom Privatkapitalismus zum Kollektivkapitalismus gleich, die kapitalistische Wirtschaftsordnung aber würde weiter bestehenbleiben. In unseren Putilow-Werken würden beispielsweise wenige Großaktionäre von einer größeren Anzahl Privilegierter abgelöst werden, die Privilegien als solche aber bestehenbleiben. Das wäre kleinbürgerlicher Proudhonismus. Wir marxistischen Kommunisten wollen den Kapitalismus mit der Wurzel ausrotten. Land, Produktionsmittel, Bergwerke, Banken, Handelsunternehmungen, alles muß verstaatlicht werden, und die Zügel des Staates müssen in den Händen der Kommunistischen Partei bleiben. So nur kann die marxistische Lehre von der Diktatur des Proletariats verwirklicht werden, ohne die es keinen Sozialismus und keinen Kommunismus gibt.«

Sinowjews Interpretation des Sozialismus war die blankpolierte Vorderseite einer Medaille, deren rauhe Rückseite sich dem flüchtigen Blick entzog. Unter dem Leninschen System des »demokratischen Zentralismus« wählten 25 000 Bauern einen Delegierten in den Gouvernementssowjet und 125 000 Staatsbürger einen Abgeordneten in den gesamtrussischen Sowjet, doch die Gesetze wurden nicht von den Delegierten, sondern vom Zentralkomitee der Partei ausgearbeitet und die Volkskommissare (Minister) für Wirtschaft und Politik vom Ausschuß des Parteivorstandes eingesetzt. Freie Wahlen gab es nach Ausbruch der Revolution nur ein einziges Mal. Zur Zeit der Oktoberrevolution hatten im Kronstädter Sowjet die Maximalisten 105, die Bolschewisten (Lenins Partei) 95, die Sozialrevolutionäre 74 und die Anarchisten 12 Sitze. Nach der Niederschlagung des Kronstädter Aufstandes 1921 (s. u.) wurde der frei gewählte Sowjet aufgelöst.

Überall hörte ich die gleichen Klagen über Gewaltmaßnahmen bei den Wahlen zu den Sowjets. Im Moskauer Stadtsowjet vertrat Anfang 1920 der Anarchist Gordin die Arbeiter einer Fabrik. Die oberste Sowjetbehörde annullierte die Wahl. Bei den Neuwahlen wurde Gordin wiedergewählt. Daraufhin verurteilte man ihn als Demagogen zu zwei Monaten Gefängnis. Gordin lachte bitter, als ich mich darüber aufregte. Die Fabrik blieb während der ganzen Legislaturperiode ohne Vertretung im Stadtsowjet.

Am 31. Mai kam ich nach Samara an der Wolga. Hier erfuhr ich von einer Gruppe linker Sozialrevolutionäre, Maximalisten und Anarchosyndikalisten, daß ihr Lokalsowjet aufgelöst worden war, weil die herrschende Partei der Bolschewiki darin nicht die Mehrheit hatte. Eine Gruppe von Wolgadeutschen, erfreut über den Besuch aus Deutschland, bat mich, ihnen etwas aus der Heimat ihrer Vorväter zu erzählen. Als ich erwähnte, daß sich bei uns alle Parteien und Organisationen, selbst Anarchisten und Syndikalisten, frei betätigen könnten, schnitt mir der offizielle Begleiter, Genosse Petrow, kurzerhand das Wort ab. Ein Jahr später ging Petrow zur Opposition über und mußte das »Vaterland des Weltproletariats« verlassen. Er kam nach Berlin, wo wir schnell Freunde wurden. Nun hatten wir die gleiche Auffassung über den Leninschen Sowjetstaat.

Über den Ursprung der Sowjets berichtete mir in Moskau Wollin*: Unter der Zarenherrschaft waren Gewerkschaften nicht zugelassen. Während der Revolution von 1905 gründeten Vertrauensleute der Putilow-Werke und einiger anderer Fabriken in St. Petersburg im Zimmer Wollins, der zu dieser Zeit dort studierte, einen Aktionsausschuß, dem sie den Namen »Sowjet« (Rat) gaben. Zu seinem Vorsitzenden wurde der Kontorist Krustlow-Nosser ernannt. Keiner der Gründer war Mitglied einer politischen Partei. Als der Sowjet später an Bedeutung gewann und Krustlow verhaftet wurde, übernahm Leo Trotzki*, der dem menschewistischen Flügel der sozialdemokratischen Partei angehörte, den Vorsitz. Nach der Niederschlagung der Revolution wurde der Sowjet aufgelöst. Erst nach Ausbruch der Februarrevolution 1917 organisierten die Petersburger Arbeiter erneut einen Sowjet, und von nun an breiteten sich die Sowjets auf das ganze Land aus. [1]

Die Sowjetidee hatte gesiegt. Der aus der Revolution geborene neue Staat gab sich den Namen »Sowjetunion«. Wie das Sowjetsystem in der Praxis funktionierte, darüber gibt eine Resolution des Anarchisten-Kongresses, der vom 3. bis 8. September in Charkow abgehalten wurde, Aufschluß:

1 In seinem Buche *La Révolution Inconnue* gibt Wollin eine ausführliche Darstellung dieser Vorgänge. Eine deutsche Übersetzung seines Buches ist 1975/77 unter dem Titel *Die unbekannte Revolution* (Hamburg 1975, drei Bände) erschienen. – Vgl. auch das Standardwerk von *Oskar Anweiler* über *Die Rätebewegung in Rußland 1905–1921*, Leiden 1958.

»Anfangs hatten wir der Sowjetmacht großes Vertrauen entgegenge-bracht. Doch im Laufe von drei Jahren hatte die neue Staatsmaschinerie die Revolution erdrosselt. Sie ersetzte die Herrschaft der Bourgeoisie durch die Diktatur einer Partei und eines kleinen Teils des Proletariats über das ganze Proletariat, ja über das gesamte Volk. In den Händen der Partei Lenins wurde das Sowjetsystem zu einer den Willen des arbeiten-den Volkes unterdrückenden Gewaltherrschaft.

Die Revolution ging ihrer schöpferischen Kräfte, durch die allein es mög-lich wäre, die vielfachen Aufgaben des gesellschaftlichen Neuaufbaues zu lösen, verlustig. Die Sowjetmacht ist für die Arbeiter aller Länder eine Lehre und eine Warnung. Die Konferenz schlägt den Genossen vor, die der Regierung unterstellten Verwaltungsräte zu boykottieren und sich stattdessen einzig und allein den Interessen der Arbeiter zu widmen. (. . .)

In Rußland vollzieht sich eine traurige Zersetzung der Revolution. Statt einer einheitlichen Arbeiterschaft haben wir eine ausgeprägte Scheidung in Regierende und Regierte, in Herrscher und Untertanen, in Herren und Knechte. Das Recht der Arbeiter und Bauern, sich freie Räte zu wählen, ist eine Fiktion geworden. Frei gewählte Delegierte gibt es weder in den Gewerkschaften noch auf den Bauernkonferenzen. Alles wird von der Partei manipuliert. Man errichtete ein gigantisches Spionagenetz. Unter dem Vorwand, die Konterrevolution zu bekämpfen, hat die Partei be-sondere Komitees geschaffen, die die gesamte arbeitende Bevölkerung überwachen. Die Presse ist geknebelt, man darf weder auf der Straße noch auf Versammlungen und auch nicht bei der Arbeit seine Meinung sagen. Auf der Straße spioniert die Tscheka [1], im Hause das Hauskomi-tee (Domkom), in der Fabrik das Fabrikkomitee (Fabkom). Und weit ab von den Arbeitern thront der Rat der Volkskommissare (Sownorkom), der sich auf eine starke Armee stützt.«

So war es 1920, so ist es 1976. Bereits damals sprach man vom »Sowjetmenschen«, wie vorher vom »russischen Menschen«. Ich konnte während meines halbjährigen Aufenthaltes in Rußland im Verhalten der russischen Menschen keine besonderen Züge, keine spezifischen Eigenschaften entdecken, die nicht auch bei Menschen anderer Länder zu finden waren. Die Russen reagier-ten auf äußere Herausforderungen in gleicher Weise wie die Menschen woanders. Mangel und Lebensmittelknappheit waren die elementaren Probleme der Moskauer. Jeder suchte seine klei-

---

1 Tscheka: Außerordentliche Kommission zum Kampf gegen Konterrevolution und Sabotage, 1917 gegründet; 1922 trat an ihre Stelle, mit den gleichen Funktio-nen, die GPU; heute heißt sie KGB.

nen Rationen auch unter Zuhilfenahme illegaler Mittel zu vergrößern. Die Arbeiter in den verstaatlichten Bäckereien »organisierten« Teig, aus dem ihre Frauen zuhause Brötchen buken, die sie auf der Sucharewka, dem zentralen Lebensmittelmarkt, verkauften. Die Parteielite, höhere Beamte, Bürokraten und Technokraten und auch wir, die ausländischen Delegierten und Gäste, kannten als Privilegierte keinen Mangel. Die tägliche Ration von 20 Zigaretten hatte ich als Nichtraucher anfangs liegengelassen, später aber doch für meine russischen Freunde genommen. Nicht wenige Butterbrote landeten in den ausgestreckten Händen der Bettler vor unserem Hotel Delawoj Dwor. Regte sich darob mein Gewissen, dann brachte es der Gedanke zum Schweigen, daß ich unter den übrigen ausländischen Hotelgästen Komplizen hatte.

Offiziell wurden die Versorgungsschwierigkeiten mit der allgemeinen Lage, der Erbschaft der Vergangenheit, den Zerstörungen durch den Krieg, dem Widerstand der kapitalistischen Elemente, der Rückständigkeit der Massen, der Unerfahrenheit der Arbeiter beim Aufbau einer neuen Gesellschaft und auch mit dem Boykott des kapitalistischen Auslands erklärt. In alledem mag etwas Wahres gelegen haben, doch die ganze Wahrheit war es nicht. Wir Ausländer, Freunde des russischen Volkes, fühlten uns anfangs nicht berufen, die Wirtschaftspolitik des Gastlandes offen zu kritisieren. Doch die von höchsten Stellen geübte Kritik an der Bürokratenwirtschaft ließ aufhorchen. Sinowjew wetterte vor einem Parteigremium über die Mißwirtschaft. Er sprach von Klagen der Petrograder Bevölkerung über den Mangel an frischen Fischen, ein Mangel, der nach seinen Worten auf den Amtsschimmel zurückzuführen war. »Kommen die Fischer mit ihrem Fang in den Hafen«, sagte er, »dann werden die Fische erst registriert, dann streut man ihnen Salz auf den Schwanz, darauf sieht man sich nach Verpackungs- und Versandmöglichkeiten um, danach denkt man an den Transport, und da niemand etwas ohne die Genehmigung der Behörden tut, fängt der Fisch zu faulen an, ehe er versandt wird.«

Meine Hoffnung, auf einer Reise nach der Ukraine auch in das von Nestor Machno* kontrollierte Gebiet zu kommen, erfüllte sich leider nicht. Den Kleinbauern war – zehn Jahre vor der Stalinschen Zwangskollektivierung – ihre eigene Scholle noch nicht genommen worden. Sie klagten aber über die vielen Abgaben, die sie zu leisten hatten, und über den Mangel an in der Stadt produzierten Konsumgütern. Vom Kommunismus wollten sie nichts wissen. In Poltawa hörte ich ein auf den Kommunismus gezieltes Wortspiel. Auf die Frage »komu?« (wem?) antwortete man spöttisch »nas« (uns). Man meinte damit augenzwinkernd die »Lederjacken«, die im Namen der kommunistischen Regierung den Zehnten und oft noch mehr abholen kamen.

In Jekaterinoslaw erzählte man sich einen subtilen Bauernwitz. Ein kommunistischer Agitator erklärt den Bauern was Kommunismus sei. »Wenn Du zwei Pferde hättest und Dein Nachbar keines, wäre es nicht gerecht, wenn Du Deine Pferde mit ihm teiltest?« »Warum nicht?« »Wenn Du nun zwei Kühe hättest, würdest Du ihm nicht auch eine abgeben?« »Könnte ich!« »Und wenn Du zwei Schweine hättest, dann würdest Du ihm natürlich auch eins davon geben, nicht wahr?« »Nein!« fährt der Muschik auf. »Nanu, Pferde und Kühe willst Du mit ihm teilen, die Schweine aber nicht? Wie soll ich das verstehen?« »Ganz einfach – Pferde und Kühe besitze ich nicht, Schweine aber habe ich!«

In Kiew bat man Paul Freeman und mich, auf einem Meeting unter freiem Himmel einige Worte an die Versammelten zu richten. Ich sprach von dem letzten großen politischen Ereignis in Deutschland vor meiner Abreise, vom Kapp-Putsch (März 1920), der durch den Generalstreik der Arbeiter niedergeschlagen worden war. Paul Freeman schloß seine kurze Ansprache über Australien mit den Worten: »Alles, was die Arbeiterklasse tut, ist all right (gut, in Ordnung), alles dagegen, was die Kapitalistenklasse tut, ist all wrong (schlecht, Unrecht).« Er erntete donnernden Applaus. Ich hatte bei dieser demagogischen Verallgemeinerung ein ungutes Gefühl.

Angesichts der außenpolitischen Isolierung Sowjetrußlands in den Jahren 1919/20 waren die Sympathien der internationalen Arbeiterbewegung für Moskau wertvoller denn je. Im März 1919 war die III., oder Kommunistische, Internationale (KI) gegründet worden, eine Frühgeburt, die in Moskau ihren Kopf, in der nicht-russischen Welt aber noch keinen Körper hatte, denn kommunistische Parteien gab es zu jener Zeit so gut wie gar nicht. Den linken Flügel der internationalen Arbeiterbewegung repräsentierten Syndikalisten und Anarchisten, um deren Gunst Lenin warb.

Im Sommer 1920 wurde in Moskau der II. Kongreß der Kom-

munistischen Internationale abgehalten, an dem Vertreter syndikalistischer Organisationen aus Frankreich, Italien, Spanien und
anderen Ländern sowie der Schreiber dieser Zeilen als deutscher
Delegierter teilnahmen. Eigentlich waren wir am falschen Platze,
denn die Komintern war nach ihren Statuten eine Internationale
politischer (kommunistischer) Parteien, die Syndikalisten aber
lehnten politische Parteien als Instrumente zur Machteroberung
ab, ihre Organisationsform war die Gewerkschaft. Einig waren
wir mit den Kommunisten in der Verteidigung der Russischen
Revolution, die, so glaubten wir, den Kapitalismus beseitigt
hatte und dabei war, eine freie sozialistische Gesellschaftsordnung aufzubauen. In den westlichen Ländern aber wollten wir
nach dem Sieg der Revolution, von dem wir überzeugt waren,
unseren eigenen Weg zum Sozialismus gehen.

Die Russen schlugen die Gründung einer »Roten Gewerkschafts-Internationale« (RGI) [1] vor, die neben dem russischen
Gewerkschaftsbund und den syndikalistischen Organisationen
auch kommunistische Oppositionsgruppen der reformistischen
Gewerkschaften einschließen sollte. Diesem Plan grundsätzlich
nicht abgeneigt, forderten die Syndikalisten für ihre Internationale organisatorische und strategische Autonomie. Lenin und
seine Partei indes wollten eine ideologisch und administrativ vom
Kreml abhängige, der Kommunistischen Internationale unterge-
ordnete, in jedem Land von den Kommunisten kontrollierte Organisation. Diese beiden Standpunkte waren unvereinbar. Gegen
das kommunistische Oberkommando in der internationalen Arbeiterbewegung erklärten sich nicht nur die Vertreter der französischen, deutschen, spanischen und amerikanischen Syndikalisten, sondern auch die Delegierten der englischen Betriebsräte
(Shop Stewards) und später die syndikalistischen Organisationen
Italiens, Hollands, Schwedens und Argentiniens. Selbst Otto
Rühle*, dem Delegierten der oppositionellen Kommunisten
Deutschlands (KAPD = Kommunistische Arbeiterpartei
Deutschlands), der sich zu jener Zeit in Moskau aufhielt, ging der
Führungsanspruch der Kommunistischen Internationale zu
weit. Er konnte sich mit Lenin nicht einigen, nahm an den Kon-
greßtagungen nicht teil und verließ bald danach Rußland. Ich

---

1 Die Rote Gewerkschafts-Internationale (auch Profintern genannt) wurde im Juli
1921 gegründet.

blieb bis Ende September 1920 im Lande.

Im Laufe des darauffolgenden Jahres vertiefte sich der Graben zwischen Syndikalisten und Kommunisten im bolschewistischen Rußland. Revolutionäre, die die Politik der herrschenden kommunistischen Partei zu kritisieren wagten oder in syndikalistischen, sozialrevolutionären und sozialdemokratischen Oppositionsgruppen tätig waren, wurden inhaftiert. Nach dem Tode Kropotkins am 8. Februar bedurfte es energischer Demarchen um zu erreichen, daß die gefangenen Anarchisten an der Beerdigung ihres verehrten Lehrers teilnehmen konnten.

Während des III. Kongresses der Kommunistischen Internationale drängten französische und spanische Delegierte Trotzki, die gefangenen Sozialrevolutionäre und Anarchisten aus den Gefängnissen zu entlassen. Die Unterredung fand am 23. Juli 1921 in Moskau statt. Trotzki erklärte: »Alle Anarchisten sind Kanaillen und Verbrecher. Keiner von denen, die im Gefängnis sitzen, kann freigegeben werden.« Als der französische Delegierte Gaston Leval* nach Beweisen fragte, entgegnete Trotzki: »Wer sind Sie, Leval? Ich kenne Sie nicht und bin Ihnen keine Rechenschaft schuldig.« Den spanischen Delegierten Arlandis, der sich zum Kommunismus bekannte, aber auch Mitglied der syndikalistischen Gewerkschaft war, zog Trotzki an beiden Rockzipfeln und herrschte ihn an: »Ich als Volkskommissar habe Ihnen keine Erklärungen zu geben. Mein Wort muß Ihnen genügen. Die Delegierten des Internationalen Gewerkschaftskongresses haben kein Recht, die Freiheit dieser konterrevolutionären Banditen zu fordern. Wir hier in Rußland sind für unsere Taten verantwortlich, und wir handeln im Interesse der Revolution, deren Macht mit uns ist.« [I] Natürlich schlossen sich die spanischen Syndikalisten der Roten Gewerkschafts-Internationale nicht an.

Lenin will mich von meiner »Kinderkrankheit« heilen

Ich war überrascht, als mir eines Tages im Büro der Komintern in Moskau mitgeteilt wurde, daß Lenin mich zu sprechen wünsche. »Wonderful« (wunderbar) rief Paul Freeman, denn er war mit eingeladen. Als eingefleischter Antiautoritärer hatte ich eine Ab-

---

I Einen Artikel über diese Unterredung mit Trotzki, von der mir die Delegierten unmittelbar nach ihrer Rückkehr aus Moskau berichteten, habe ich im August 1921 in »Der Syndikalist« veröffentlicht.

neigung gegen jeden Personenkult. Ich nahm die Mitteilung gelassen auf und fragte mich nur, weshalb Lenin mich rufen ließ. Das Gespräch im Kreml gab mir die Antwort. Als Syndikalist hatte ich auf dem Kongreß den Parlamentarismus abgelehnt, was mich in ideologische Nähe zur KAPD brachte. In dieser Tendenz sah Lenin eine »Kinderkrankheit« des Kommunismus, ein Thema, mit dem er sich zu jener Zeit intensiv beschäftigte. [I] Er wollte meine Argumente hören und mich gleichzeitig von dieser »Kinderkrankheit« heilen; er war fünfzig, ich achtundzwanzig Jahre alt.

Wir wurden im Auto von unserem Hotel abgeholt. Auf der Fahrt – ich saß neben dem Chauffeur – zog ich spielend vom Schaltbrett einen Knopf heraus, wobei ich mir den Finger anbrannte. Es war ein Zigarrenanzünder, ein damals seltener Luxus. Kein Wunder, das Automobil hatte vorher dem Zaren gehört, wie der Fahrer mir sagte. Obwohl der Wächter am Eingang der Kremlmauer Lenins Wagen und Chauffeur kannte, mußte er sich trotzdem erst im Innern des Kreml telefonisch vergewissern, ob wir wirklich erwartet wurden, ehe er den Weg freigab. Byzantinischer Brauch oder Furcht vor einem konterrevolutionären Anschlag? Vielleicht beides . . .

Mit Rücksicht auf Paul Freeman wurde das Gespräch in englischer Sprache geführt, die Lenin nicht so gut beherrschte wie das Deutsche. Das H sprach er guttural wie ein russisches CH aus. Wir brauchten keine Fragen zu stellen. Er bestimmte das Gesprächsthema. Mitstenographieren konnte ich nicht, aber gleich nach der Rückkehr ins Hotel machte ich mir Notizen über die Unterredung.

In eindrucksvoller Diktion gab Lenin uns eine Lektion und erklärte uns das ABC des Kommunismus. Er betonte – ein Seitenhieb auf unseren Syndikalismus – vor allem die Notwendigkeit der Eroberung der politischen Macht. In der Übergangsperiode zum Kommunismus sei die Diktatur des Proletariats unerläßlich, und zur Ausübung dieser Diktatur bedürfe es einer zentralistisch organisierten kommunistischen Partei. In den bevorstehenden Kämpfen gegen Kapitalismus und Imperialismus müßten die Kommunisten auch mit Nationalrevolutionären zusammenar-

---

I Siehe dazu seine Schrift *Der ›Linke Radikalismus‹, die Kinderkrankheit des Kommunismus* (1920).

beiten. Isolierte Aktionen seien »Kinderkrankheiten, die überwunden werden müßten.

Ich unterbrach seinen Monolog. In einer Revolution, sagte ich, sind direkte Aktionen entscheidend, nicht parlamentarisches Palaver; das zeigt gerade die Russische Revolution. Lenin: Richtig, aber nach dem Siege braucht das Proletariat eine zentralisierte Macht- und Zwangsorganisation, einen proletarischen Staat zur Unterdrückung der Konterrevolution und zur Erziehung der Arbeiter und Bauern durch den Marxismus.

Der in den Kategorien der syndikalistischen I.W.W. (Industrial Workers of the World) denkende Paul Freeman stellte die Frage, ob die russischen Arbeiter zur erfolgreichen Durchführung der sozialen Revolution reif seien. Lenins Antwort: Auf Erreichung dieses Zieles richten sich alle unsere Anstrengungen – Rätesystem plus Elektrifizierung ergibt Kommunismus. Das war damals sein vielzitiertes Schlagwort.

Ich konnte mich nicht enthalten, die delikate Frage nach der Haltung der kommunistischen Partei zu den Anarchisten zu stellen. Lenins Ansicht war für mich keine Überraschung: In der ersten Phase der Revolution, erwiderte er, sind die Anarchisten nützlich, ja von unschätzbarem Wert. Wenn sie aber in der zweiten Phase die revolutionäre Staatsmacht nicht respektieren, müssen sie als Konterrevolutionäre betrachtet werden.

Das etwa zwanzig Minuten während Gespräch bestätigte mir, was ich von Lenin und über ihn bereits gewußt hatte. Sein Denken bewegte sich (wie auch seine Schrift »Staat und Revolution« zeigte) ausschließlich in marxistischen Kategorien. Er erwähnte mir gegenüber mehrfach Karl Marx. Alle Philosophen und Schriftsteller, die geschichtlichen Ereignisse aller Zeiten, alles sah er durch die Brille seines dogmatischen Marxismus. Was bleibt, fragte ich nach dem Gespräch Paul Freeman, wenn man das marxistische Gedankengut aus seinem Denken, Trachten und Tun entfernt? Ohne den Sieg der Petrograder Arbeiter und der Kronstädter Matrosen im Oktober 1917 säße Lenin heute nicht im Kreml! Du bist ein Skeptiker, ein Ketzer, meinte Paul, als ich ihm mit diesen Betrachtungen meinen Eindruck von unserm Gespräch wiedergab. Ein Skeptiker war ich nicht, doch ich betrachtete Lenin mit den kritischen Augen eines freiheitlichen Sozialisten. Und ich hatte von der sozialen Revolution mehr als eine bloße Ablösung der zaristischen Autokratie durch eine autoritäre Parteidiktatur à la Robespierre erwartet.

Die Revolution war vor drei Jahren ausgebrochen. Der Zar war tot, das zaristische Unterdrückungssystem beseitigt, die Revolution befand sich in ihrer konstruktiven Phase, der Aufbau des Sozialismus hatte begonnen. Das Volk hätte die Möglichkeit haben müssen, seine schöpferischen Kräfte in Freiheit zu entfalten. Jeder Gruppe hätte das Recht gewährt werden sollen, freie Kollektivunternehmen oder Genossenschaften zu gründen. Doch was sahen wir? Jene, die für einen freiheitlichen Sozialismus eintraten, wurden als Konterrevolutionäre verfolgt, ihre Publikationen und Versammlungen verboten. Die Tscheka, Nachfolgerin der Ochrana, der verhaßten zaristischen Geheimpolizei, wütete gegen menschewistische Sozialdemokraten, gegen rechte und linke Sozialrevolutionäre, gegen Maximalisten, Syndikalisten und Anarchisten, die alle den Zarismus bekämpft hatten und auf dem Boden der Revolution standen. Für diese Entwicklung, die eine Degeneration der Revolution bedeutete, trug Lenin die Hauptverantwortung.

Paul Freeman, der sich später zu einem glühenden Verteidiger der Leninistischen Sowjetmacht entwickeln sollte, erwiderte in seiner nonchalanten Art: »Let them go to hell!« (Zur Hölle mit ihnen!) Damit war unser Gespräch beendet.

Von der Verfolgung zum Massenterror

Russische Gesinnungsfreunde berichteten mir von Machtmißbrauch der Tscheka und vom organisierten Massenterror. Informationen aus erster Hand erhielt ich von Isaak Nachman Steinberg*, linker Sozialrevolutionär und Volkskommissar für das Justizwesen in der einzigen Koalitionsregierung nach der Oktoberrevolution. [1] Er zeigte mir einen anderen Lenin als den der Panegyriker. Was Steinberg mir 1920 berichtete, hat er später in mehreren Büchern ausführlich dargestellt. [2] In seinem Buche »In the Workshop of the Revolution« (New York 1953) schildert

---

1 Von Dezember 1917 bis zum Frieden von Brest-Litowsk im März 1918 bildeten die linken Sozialrevolutionäre zusammen mit den Bolschewiki die Regierungskoalition.

2 siehe u. a.: *Als ich Volkskommissar war. Episoden aus der russischen Revolution*, München 1929; *Gewalt und Terror in der Revolution*, Berlin 1931 (Neudruck Berlin 1974).

er den Verlauf einer Sitzung des Ministerrats in Petrograd am 21. Februar 1918. Zur Beratung stand ein von Trotzki verfaßter Aufruf mit dem Titel ›Das sozialistische Vaterland ist in Gefahr‹. Darin hieß es, daß ›jeder, der sich der Revolutionsregierung widersetzt, auf der Stelle vernichtet werden soll‹.

»Ich erklärte, daß diese brutale Drohung dem Aufruf das ganze Pathos nehme. Lenin erwiderte: ›Im Gegenteil, gerade hierin liegt das revolutionäre Pathos‹. Als er den Terror im Namen der revolutionären Justiz verteidigte, rief ich entrüstet aus, daß man in diesem Falle kein Justizministerium benötige und einfach von einem Kommissariat zur Vernichtung politischer Gegner sprechen solle. Lenin gab zurück: ›So sollte es eigentlich heißen, doch das können wir nicht offen sagen.‹« (S. 145)

Diesen Worten sollten bald entsprechende Taten folgen. Nach dem Abschluß des Friedensvertrages von Brest-Litowsk am 3. März 1918 (zwischen dem revolutionären Rußland und dem kaiserlichen Deutschland) traten die linken Sozialrevolutionäre aus der Regierung aus. Die von Lenin geführte Kommunistische Partei hatte nun die Regierungsmacht allein inne. Jetzt wurden nichtkommunistische Sozialrevolutionäre aller Schattierungen unnachsichtig verfolgt.
Am 9. August 1918 telegraphierte Lenin an den Stadtsowjet von Nischni-Nowgorod:

»In Nischni-Nowgorod bereiten Weißgardisten eine Erhebung vor. Sie müssen alle Kräfte mobilisieren, ein Triumvirat von Diktatoren errichten, sofort Massenterror einführen, Hunderte von Prostituierten, die Offiziere und Soldaten mit Wodka traktieren, erschießen und deportieren. Zögern Sie nicht einen Augenblick, handeln Sie rasch. Haussuchungen in Massen und hinrichten, wo man Waffen findet. Massendeportationen von Menschewisten und deren Verbündeten.« [1]

Als der Massenterror von oben um sich griff, wuchs die Unruhe von unten. Am 30. August 1918 fiel der Leiter der Petrograder Tscheka, Uritzki, einem Anschlag zum Opfer. Zur gleichen Zeit unternahm die Putzmacherin Dora Kaplan in Moskau ein Attentat auf Lenin. Die Attentäterin, eine unter dem zaristischen Regime wegen revolutionärer Tätigkeit verfolgte Sozialrevolutio-

---

1 Nach *Steinberg*, a. a. O. S. 149.

närin, war durch die Revolution aus dem Gefängnis befreit worden. Lenin wurde nur leicht verwundet, Dora Kaplan hingerichtet.

Auf diese Attentate reagierte die Tscheka mit Geiselerschießungen. Das offizielle Tscheka-Bulletin Nr. 6 des Jahres 1918 teilte mit, daß in Petrograd 512, in Moskau 15 und später noch einmal 90 sowie in Nischni-Nowgorod 46 Geiseln erschossen worden seien. Die Erschießungen wurden in allen Teilen des Landes fortgesetzt.

Namhafte Vertreter des russischen Geisteslebens lehnten den Massenterror ab. Bei einer Diskussion zwischen Maxim Gorki und Lenin über die Todesstrafe, die Gorki verwarf, kam es zum Bruch ihrer langjährigen Freundschaft. [1] Auch Kropotkin protestierte in einem Brief an Lenin gegen den Terror. Die Proteste blieben wirkungslos. Lenins Wort »Man kann keine Revolution ohne Erschießungen machen« blieb der Leitgedanke seines Nachfolgers Stalin. Der Vater des Massenterrors zur Durchsetzung des kommunistischen Herrschaftsanspruchs in Rußland aber ist Wladimir Iljitsch Lenin.

Auch die Geistesfreiheit wurde nun drastisch beschränkt. Die von Lenins Frau, der Krupskaja, geleitete Kulturkommission säuberte die Bibliotheken von nichtrevolutionären Schriften. Aus den öffentlichen Büchereien wurden mit Lenins Einverständnis die Werke Platons, Kants, Schopenhauers, Ruskins, Nietzsches, Tolstois und Ljeskows entfernt. [2]

Besuch bei Peter Kropotkin

Endlich sollte ich den grand old man persönlich kennenlernen, dessen Werke mir so viel bedeuteten und über dessen Herzensgüte und gewinnendes Wesen mir gemeinsame Freunde so viel berichtet hatten. Der Besuch bei Peter Kropotkin war der Höhepunkt meiner halbjährigen Rußlandreise. Sein Buch »Ideale und Wirklichkeit in der russischen Literatur« [3] hatte ich mir mitgenommen. Das gab mir die Möglichkeit, während meines fünftä-

1 Siehe dazu das Buch von *Bertram Wolfe, The Bridge and the Abyss*. (Deutsch: *Brücke und Abgrund – Maxim Gorki und Lenin*, Wien, Frankfurt, Zürich 1970)
2 Einen ausführlichen Bericht über diese »Säuberung« findet man in dem schon erwähnten Buche von Bertram Wolfe.
3 Neudruck Frankfurt 1975 (edition suhrkamp).

gigen Aufenthalts in seinem bescheidenen Häuschen in Dimitrov bei Moskau durch die Gespräche mit ihm meine Kenntnisse über dieses Thema zu vertiefen. Der Empfang war herzlich noch ehe ich ihm den Empfehlungsbrief von Rudolf Rocker* übergeben hatte. Welch ein Kontrast zwischen Kropotkins warmer Menschlichkeit und dem kalten Machtmenschen Lenin!

Im Gespräch mit Kropotkin erhielten die Revolutionsprobleme humane Züge. Beim siedenden Samowar erzählte mir der Alte von seinen Deutschstunden im fürstlichen Elternhaus. Trotz seiner 79 Jahre erinnerte er sich noch an die Worte des Goetheschen »Erlkönigs«. Als er sich erhob und, leicht auf- und abschreitend, in fließendem Deutsch zitierte: »Wer reitet so spät durch Nacht und Wind? Es ist der Vater mit seinem Kind« – stand ich unter dem magischen Eindruck, einen leibhaftigen Erlkönig vor mir zu haben.

Am meisten beschäftigte uns das Schicksal der russischen Revolution. Peter Alexandrowitsch beklagte sich bitter über die Machtkonzentration in den Händen der kommunistischen Partei und über die diktatorischen Regierungsmethoden. Freie Sowjets gebe es nicht mehr. In dem kleinen Dimitrov seien praktisch nur die Belegschaften der wenigen Betriebe berechtigt, Delegierte in den Lokalsowjet zu wählen, wobei die Wahlen noch manipuliert würden. Er selbst habe nicht die Möglichkeit, über die öffentlichen Angelegenheiten mitzuberaten und mitzubeschließen.

Kropotkin sagte weiter, Rußland benötige autonome Gemeinderäte, freie Kommunalsowjets, die sich in ihren Kreisen und Gauen zum gegenseitigen Nutzen frei zusammenschließen. Freie Vereinigungen selbständiger lokaler Einheiten (Gemeinden) seien viel besser imstande, die gemeinsam interessierenden Probleme zu lösen als ein staatlich zentralisierter Verwaltungsapparat. Das zeige sich besonders in Zeiten schlechter Ernte, wenn Versorgungsschwierigkeiten auftreten. Er habe Lenin vorgeschlagen, freie Föderationen von Kantonalverbänden zuzulassen, doch seine Anregung sei nicht beachtet worden. Lenin behaupte, das Ziel der Kommunisten und der Anarchisten sei letztlich das gleiche; er selbst aber sei anderer Meinung. Unter der gegenwärtigen Parteidiktatur werde die Staatsmacht nicht abgebaut, sondern mehr und mehr verstärkt. Halte diese Tendenz an, dann entferne sich Rußland immer mehr von den ursprünglichen Zielen der Freiheit, Gleichheit und Brüderlichkeit, den Idealen der großen Französischen Revolution, die nach einem Jahrhundert Entwicklung der sozialistischen Bewegung zu erfüllen die Russische Revolution berufen sei. Das russische Volk habe sich durch die Revolution von der zaristischen Zwangsjacke befreit, doch die kommunistische Partei lege ihm eine neue Zwangsjacke an.

Als ich mich von ihm, seiner Frau Sophie und seiner Tochter Sascha verabschiedete, sagte er: »Wir werden Freunde bleiben, das fühle ich.« Fünf Monate später starb er, kurz vor der Vollendung seines achtzigsten Lebensjahres. Sein Ideal, »an Stelle eines vom Kreml beherrschten autokratischen Riesenreiches eine Föderation freier Gemeinden und freier Städte erstehen zu lassen«, ist nicht Wirklichkeit geworden.

Einige Monate vor seinem Tode hatte Kropotkin in einem »Brief an die Arbeiter Westeuropas« seine Ansichten über die russische Revolution dargelegt. [1] Darin forderte er unter anderem die Aufnahme diplomatischer Beziehungen zwischen den westlichen Ländern und dem revolutionären Rußland, eine Forderung, die, wie er sagte, von den Arbeitern und allen fortschrittlichen Kreisen des Westens erhoben werden sollte. Weiter heißt es in diesem Brief:

»Was nun unsere gegenwärtige politische und wirtschaftliche Lage anbetrifft – die Russische Revolution muß als eine Fortsetzung der beiden großen Revolutionen in England und Frankreich betrachtet werden –, so versucht Rußland dort einen Schritt weiter zu gehen, wo Frankreich stehenblieb, als es verwirklichen wollte, was es die wahre Gleichheit (égalité de fait) nannte, nämlich die wirtschaftliche Gleichheit.

Unglücklicherweise ist der Versuch, jenen Schritt zu tun, in Rußland unter der streng zentralisierten Diktatur einer Partei – der sozialdemokratischen Maximalisten – unternommen worden; und der Versuch wurde unternommen nach den Richtlinien der äußerst zentralistischen und jakobinistischen Verschwörung Babeufs [2]. Über diesen Versuch fühle ich mich verpflichtet euch offen zu sagen, daß, meiner Meinung nach, das

---

1 Dieser Brief wurde zum erstenmal im »New Leader« (London) vom 22. Juli 1920 veröffentlicht.
2 *François Noel Babeuf* (genannt Gracchus), 1760–1797, seit 1793 in Paris, propagierte in seiner Zeitung »Le Tribun du Peuple« eine radikale revolutionäre Aktion und die Errichtung einer »Republik der Gleichen«. Die von ihm angeführte »Verschwörung der Gleichen« gegen das Direktorium im Mai 1796 scheiterte, Babeuf und einige Mitverschwörer wurden zum Tode verurteilt und hingerichtet.

Experiment, eine kommunistische Republik gemäß den Richtlinien eines streng zentralisierten Staatskommunismus unter der eisernen Herrschaft der Diktatur einer Partei aufzubauen, erfolglos bleiben wird. Aus den russischen Verhältnissen lernen wir, wie der Kommunismus nicht eingeführt werden sollte, obgleich die durch das alte Regime verseuchte Bevölkerung bei dem Experiment der neuen Regierung keinen aktiven Widerstand leistete.« [1]

Wie klar der alte Theoretiker die Entwicklung vorausgesehen hat! Die Welt hat sich seitdem verändert, tiefgehende Transformationen haben sich vollzogen; in der zweiten industriellen Revolution erscheinen die sozialen Probleme in neuem Licht. Kropotkins Grundgedanken einer sozialen Erneuerung und einer freien Gesellschaftsstruktur sind aber heute noch so aktuell wie vor 56 Jahren. Die internationale Arbeiterbewegung kann aus der Russischen Revolution nur eine Lehre ziehen: wie sie nicht handeln darf, wenn sie Wohlstand und Freiheit für Alle erreichen will! Diese Erkenntnis ist Kropotkins Vermächtnis für die heutige und die kommende Generation.

Das Land der Revolution vertreibt die Revolutionäre
Im Oktober 1920 aus Rußland zurückgekehrt, wohnte ich eine Zeitlang als Untermieter bei meinem Gesinnungsfreund Franz Barwich in Berlin-Steglitz. Barwich war Kassierer in der FAUD (Freie Arbeiter-Union Deutschlands), der anarchosyndikalistischen Gewerkschaft. Sein neunjähriger Sohn Heinz hörte aufmerksam zu, wenn ich abends im Familienkreis von meiner Rußlandreise erzählte. Nach dem Zweiten Weltkrieg als Atomforscher in der Sowjetunion mit dem Stalinpreis ausgezeichnet, wurde er später Leiter des DDR-Kernforschungsinstituts in Rossendorf bei Dresden. Nach der Teilnahme an einer Atomenergie-Ausstellung in New York im Jahre 1965 kehrte er nicht mehr in die DDR zurück. Ein Jahr später starb er im Alter von 54 Jahren in Köln. Sein posthum erschienenes Buch »Das rote Atom« ist ein wertvoller Beitrag zur Kritik des Stalinismus.
Anfang der 20er Jahre glaubten die Linksradikalen in der deutschen Arbeiterbewegung, die Revolution werde sich von Rußland aus über die ganze Welt verbreiten. Ob die politischen,

1 Eine deutsche Übersetzung des Briefes erschien in »Der Syndikalist« Nr. 29/1920 (Beilage).

ökonomischen und geistigen Voraussetzungen für die Revolution in Westeuropa und Amerika vorhanden waren, wurde nicht untersucht. Die Revolution müsse kommen, davon war man überzeugt, Karl Marx hatte sie doch vorausgesagt! Über die Struktur der nachrevolutionären Gesellschaftsordnung gab es unter den verschiedenen sozialistischen Richtungen keine einheitlichen Vorstellungen. Die moskautreuen Kommunisten sahen im russischen Weg das Vorbild, wobei sie sich auf den Marx des »Kommunistischen Manifests« beriefen. Die Sozialdemokraten, die den älteren Marx für sich in Anspruch nahmen, hielten die Zeit zur Verwirklichung für noch nicht gekommen. Für uns linke Nichtmarxisten war diese Diskussion ein polemischer Leerlauf, der uns ebenso gegenstandslos vorkam wie die Frage der Gläubigen, ob Christus heute der griechisch-orthodoxen oder der römisch-katholischen Kirche angehören würde.

Auch wir Syndikalisten waren für eine soziale Neuordnung der Gesellschaft. Doch wir verwarfen die Diktatur, auch die proletarische. Meine persönlichen Erfahrungen in Sowjetrußland hatten mich gelehrt, daß die soziale Emanzipation, seit dem vergangenen Jahrhundert das Ziel aller sozialistischen Schulen und Bewegungen, nicht durch eine Diktatur erreicht werden könne. Diesen Standpunkt vertrat ich unter Hinweis auf das russische Experiment in zahlreichen von den Syndikalisten organisierten Versammlungen. Der große Zuspruch, den diese Vorträge fanden, zeigte, wie stark das Interesse an der Russischen Revolution gewesen war.

Nach der Niederschlagung des Kronstädter Aufstands [1] im März 1921 setzte in Rußland eine neue Terrorwelle ein. Wer sich der Diktatur Lenins, Trotzkis und ihrer Genossen nicht unterwerfen wollte, wurde verhaftet oder hatte Schikanen zu erwarten. Das Vereins- und Versammlungsrecht wurde außer Kraft gesetzt, Rede- und Pressefreiheit gab es nicht, die Freizügigkeit

---

1 Der Aufstand der Kronstädter Matrosen, der sich gegen die Parteidiktatur der Bolschewiki richtete (»Alle Macht den Sowjets und nicht den Parteien«), wurde am 18. März 1921 von der Roten Armee liquidiert. – Siehe dazu *Anweiler*, a. a. O. S. 308 ff., sowie: *Alexander Berkman, Der Kronstädter Aufstand*, Berlin 1922; *Ida Mett, Die Kommune von Kronstadt*, Berlin 1971 (zuerst Paris 1938 unter dem Titel »La commune de Cronstadt«); *Frits Kool/Erwin Oberländer (Hrsg.), Arbeiter-Demokratie oder Parteidiktatur?*, Olten und Freiburg/Brsg. 1967 (Dokumente der Weltrevolution, Bd. 2).

im Lande wurde eingeschränkt. Ins Ausland reisen durften nur die international bekannten Sozialdemokraten und Anarchisten, deren Verfolgung das kommunistische Regime vor der Weltöffentlichkeit bloßgestellt hätte. Wie vorher das zaristische, so war nun auch das kommunistisch regierte Rußland ein Auswanderungsland für Freiheitskämpfer geworden. Doch die Zahl derer, die ausreisen durften, war minimal im Vergleich zu den Massen, die im Lande bleiben mußten und ihrer Freiheit beraubt waren.

Die erste Etappe der neuen Emigration war Berlin. Nach Berlin kamen menschewistische Sozialdemokraten, rechte und linke Sozialrevolutionäre, Syndikalisten und Anarchisten, wie auch Anhänger der kommunistischen Arbeiteropposition. Die bekanntesten von ihnen waren Abramowitsch*, Dan*, Martow*, Steinberg, Emma Goldman*, Alexander Berkman*, Alexander Schapiro*, Pjotr Arschinow*, Wollin und später Nestor Machno. Von diesen Emigranten erhielten wir die neuesten Informationen über die Verfolgung von Revolutionären in Rußland, die ich in der Wochenzeitung »Der Syndikalist« veröffentlichte. G. P. Maximoff*, einer der Emigranten von 1921, hat zwanzig Jahre später in Chicago ein umfangreiches Werk über die politischen Verfolgungen unter Lenin und Stalin publiziert. [1]

Von den vielen Dokumenten des Terrors jener Jahre will ich hier, als Beispiel, nur eines wiedergeben, einen Brief politischer Gefangener aus dem Provinzgefängnis von Wladimir, datiert vom 30. April 1921.

»An das Präsidium des Exekutivkomitees der Provinz Wladimir,
das Allrussische Zentralexekutivkomitee,
das Volkskommissariat für das Gesundheitswesen,
das Volkskommissariat für die Justiz,
das Volkskommissariat der Arbeiter- und Bauerninspektion.
Wir im Bezirksgefängnis zu Wladimir inhaftierten Sozialdemokraten, Sozialrevolutionäre und Anarchisten wenden uns an Euch, um die gesundheitsschädlichen Zustände in unserem Gefängnis zu schildern, unter denen wir zu leiden haben.
I. Viele von uns sind im Laufe jahrelanger revolutionärer Aktivität [2] von Gefängnis zu Gefängnis geschleppt worden, doch nirgends haben

---

1 G. P. Maximoff, The Guillotine at Work – Twenty Years of Terror in Russia. Chicago 1940.
2 In der Zarenzeit.

wir so unglaubliche Zustände vorgefunden wie hier.

2. Die Latrinen sind geschlossen. Bis in die letzte Zeit haben die Gefangenen ihre Notdurft im Hof verrichten müssen. Vor zehn Tagen sind in der Mitte des Hofes zwei Gruben ausgehoben worden ohne irgendwelchen Überbau, offene Gruben, die nach einigen Tagen übervoll waren und über den ganzen Hof einen unerträglichen Gestank verbreiteten.

3. Infolge durchsickernder Jauche aus den nur fünfunddreißig Schritte vom Brunnen entfernten Abtrittgruben wird das Trinkwasser bald verschmutzt sein. Außerdem ist der Brunnen ein offenes Loch, in das vom Wind aufgewirbelter Staub und Schmutz hineingeweht werden.

4. Wascheinrichtungen gibt es nicht. Wenn man sich am Brunnen wäscht – falls Wasser vorhanden ist – muß ein Gefangener dem andern das Wasser in die Hände gießen. Der Hof ist vom seifigen Schmutzwasser verunreinigt.

5. Zu essen gibt es täglich ein Pfund Brot (zu 450 Gramm). Das Mittagessen besteht aus trübem Wasser mit geringer Sauerkrautbeimischung und verdorbenen Kartoffeln ohne Fettbeilage. Mitunter, aber sehr selten, gibt es drei Gramm Zucker.

6. In den Zellen gibt es keine Lampen.

7. Die Bade- und Wascheinrichtung funktioniert nicht. Zum Wäschewaschen haben wir weder Seife noch Wasser. Im Gefängniskrankenhaus, wo bereits zehn Typhuskranke liegen, fehlt es gleichfalls an Wasser und an den notwendigsten Medikamenten.

In dieses Gefängnis, das eine Schande für den Strafvollzug in Sowjetrußland ist, hat die Geheimpolizei (Tscheka) uns, Sozialdemokraten, Sozialrevolutionäre und Anarchisten, offenbar mit Absicht verschickt, um uns durch Entkräftung und Krankheiten einem qualvollen Tode auszuliefern.

Wir protestieren gegen solch barbarische Methoden, mit denen es trotz alledem nicht gelingen wird, unsere revolutionäre Überzeugung zu brechen, für die mehrere von uns seit mehr als zehn und fünfzehn Jahren (unter dem Zarismus) gekämpft haben.

Wladimir, den 30. April 1921.«

Es folgen die Unterschriften von 55 Sozialdemokraten, sieben Sozialrevolutionären und drei Anarchisten.

Wir forderten die russische Regierung im Namen des Sozialismus auf, die verhafteten Sozialdemokraten, Sozialrevolutionäre und Anarchisten freizulassen. Als unsere Demarchen erfolglos blieben, veranstalteten wir öffentliche Protestversammlungen und prangerten in unserer Presse den reaktionären Kurs an, den die Russische Revolution unter der Alleinherrschaft der kommunistischen Partei genommen hatte.

Wir fühlten die ganze Schmach, die durch diese Verfolgungen auf die internationale Arbeiterbewegung fiel. Mit welchem Recht konnten wir reaktionäre Regierungen in kapitalistischen Ländern bekämpfen, wenn im Schoße der sozialistischen Arbeiterbewegung selbst, wenn in dem Lande, in dem die Kommunisten zur Macht gekommen waren, sozialrevolutionäre Kämpfer verfolgt, eingesperrt, menschenunwürdig behandelt, nach Sibirien verschickt und sogar erschossen wurden? Noch sprach man vom »Towarisch« (Genossen) Lenin, noch verkehrten wir mit Kommunisten per Du, noch redete man sich mit dem terminus familiaris »Genosse« an, noch glaubte man an die weltanschauliche Verbundenheit aller Richtungen der Arbeiterbewegung, noch sah man im Bekenntnis zum Sozialismus das uns alle vereinigende ideologische Band und im Privatkapitalismus den gemeinsamen bürgerlichen Feind. Meine Sympathien waren bei Mütterchen Rußland, ich hoffte, daß im Lande Bakunins, Dostojewskis, Tolstois und Kropotkins schließlich Freiheit und Sozialismus doch zum Durchbruch kommen würden. Wie konnte ich, wie konnten wir alle ahnen, daß die von Lenin installierte Gewaltherrschaft sich mehr als ein halbes Jahrhundert – und wer weiß wie lange noch – behaupten und das russische Volk in Fesseln schlagen werde!

Fünfundfünfzig Jahre nach meinem Rußlandaufenthalt erzählte man sich in Rußland nachfolgende Anekdote: Breschnew war gestorben und kommt in der Unterwelt an, wo er den letzten Zaren, Nikolaus II., trifft. »Wie geht's dort oben?«, fragt Nikolaus, »Ist Rußland noch eine Großmacht?« Breschnew: »Ja, natürlich.« Nikolaus: »Hat das Land immer noch seine ruhmreiche Armee?« Breschnew: »Sicher.« Nikolaus: »Und seine glorreiche Flotte?« Breschnew: »Die ist viel größer als zu Ihren Zeiten!« Nikolaus: »Erstreckt sich Rußland immer noch vom Baltikum zum Stillen Ozean?« Breschnew: »Selbstverständlich.« Nikolaus: »Hat die Geheimpolizei das Volk noch im Griff?« Breschnew: »Jawohl!« Nikolaus: »Schickt sie politische Hitzköpfe immer noch nach Sibirien?« Breschnew: »Auch das.« Nikolaus: »Trinkt mein Volk immer noch Wodka?« Breschnew: »Nach wie vor.« Nikolaus: »Ist er immer noch 38prozentig?« Breschnew: »Nein, jetzt hat er 40 Prozent Alkohol.« Nikolaus: »Na hören Sie mal, hat sich denn das gelohnt, eine Revolution für zwei Prozent zu machen?«

Bei einer Gedächtnisfeier für die Pariser Kommune in Berlin 1911, die mit dem Liede »Weder Herr noch Knechte, schallts von Ort zu Ort, Freiheit, Menschenrechte ist das Losungswort, mancher ruft schon kühn: Vive la Commune!« ausklang, hatte ich mir vorgenommen, die soziale Bewegung im Mutterland der modernen Gesellschaftstheorien selbst zu studieren. Persönliche und andere Umstände, vor allem der Erste Weltkrieg mit seinen Folgen, zwangen mich, die Realisierung dieser Absicht aufzuschieben. 1921 war es endlich so weit. Im Februar dieses Jahres reiste ich nach Paris. Am 20. Mai nahm ich am Trauermarsch teil, der alljährlich zu Ehren der gefallenen Kommunekämpfer an der Mauer der Föderierten am Friedhof Père Lachaise stattfindet. Dieser 50. Jahrestag der Kommune wurde besonders gefeiert, galt doch die Pariser Kommune als das bedeutendste Ereignis in der Geschichte der internationalen Arbeiterbewegung des vorigen Jahrhunderts.

Am 18. März 1871 wollten von sozialistischen Ideen inspirierte Männer und Frauen der durch den verlorenen Krieg entstandenen nationalen Misere ein Ende machen. Sie erklärten Paris zur freien Kommune – in Lyon und anderen französischen Städten gab es ähnliche Erhebungen – und beabsichtigten, aus dem zentralistischen Nationalstaat Frankreich eine Föderation von im Innern autonomen Kommunen zu machen. Die Kämpfer für diese nationale Erneuerung nannten sich Kommunarden und Föderation von im Innern autonomen Kommunen zu machen. Die Kämp-Guillotine, Wahrzeichen des Robespierreschen Terrors aus der Revolution von 1789, wurde aus dem Museum herausgeholt und verbrannt – als ein Schandfleck der Nation. Die Siegessäule auf der Place Vendome, zu Ehren der napoleonischen Kriege errichtet, wurde als Sinnbild des Militarismus gestürzt. Doch die Kommune tat mehr. Sie setzte die Spitzengehälter der oberen Beamten herab, schaffte die Nachtarbeit der Bäcker ab, führte die Trennung von Kirche und Zivilverwaltung durch (das bedeutete das Ende des Religionsunterrichts in den Volksschulen) und leitete die Umwandlung von Privatunternehmungen in Genossenschaftsbetriebe ein. Das war der Beginn einer Reformarbeit, die zur sozialen Regeneration führen sollte.

Die konservativen Mächte suchten mit allen Mitteln, auch den blutigsten, die Kommune zu stürzen, was ihnen schließlich auch gelang. Am 20. Mai

1871 war das große Schlachten beendet. Tausende von Kommunarden wurden an der Mauer des Friedhofs Père Lachaise erschossen, viele Hunderte zu langen Kerkerstrafen und zur Deportation verurteilt. Die Reformen der Kommune wurden rückgängig gemacht. Die nachfolgende Reaktionsperiode dauerte länger als ein Jahrzehnt. Der Fortschritt konnte aber doch nicht permanent blockiert werden. Am 19. Dezember 1905 wurde die von der Kommune erstmals eingeführte Trennung von Kirche und Staat endgültig vollzogen; seither gibt es in Frankreich weder Kirchensteuern noch Religionsunterricht in den Volksschulen.

In den ersten Wochen meines Pariser Aufenthaltes wohnte ich provisorisch bei einem Gesinnungsgenossen, dem Schuhmachermeister Morin, nicht weit vom Père-Lachaise-Friedhof. Mimi, die Tochter der Morins, verheiratete sich später mit Buenaventura Durruti*. Als ich wenige Tage nach meinem Umzug zu den Morins kam, sagte mir Madame Morin, am Tage nach meinem Auszug seien am frühen Morgen zwei Polizeibeamte erschienen, um mich abzuholen. Weshalb? Ich hatte kein Verbrechen begangen, besaß keine Waffen, beteiligte mich an keiner Verschwörung; dem französischen Volk, das ich liebte, wünschte ich nur Gutes. Weshalb also wollte man mich festnehmen? Ah, vielleicht weil ich einige Tage vorher in einer öffentlichen Versammlung mit allen anderen Teilnehmern den neuesten Revolutionsschlager mit der flotten Musik mitgesungen hatte, der mit den Worten endete: »Par la raison et par l'action, debout, partout révolution« (Durch die Vernunft und durch Aktion, auf, hier und jetzt: Revolution). Aber in der vorangegangenen Diskussion hatte ich mich doch zu den Worten des berühmten französischen Geographen Elisée Reclus* in seiner Schrift »Evolution et Révolution« bekannt: »Revolution und Evolution sind zwei einander folgende Akte der gleichen Erscheinung; die erstere geht der Revolution voraus, die wiederum einer neuen Entwicklung vorangeht, der Mutter neuer Umwälzungen.«
Wie ich auch grübelte, ich fand keine Erklärung. Hatte irgendein Gelegenheitsspitzel, der sich einige Franken Taschengeld verdienen wollte, den jungen Ausländer denunziert, der linksextreme Versammlungen besuchte und dessen Name mitunter in den Zeitungen auftauchte? Doch einen gefährlichen Staatsfeind schien man in mir nicht zu sehen, denn ich habe nichts mehr davon gemerkt, daß man mir nachstellte, obwohl ich nach wie vor Versammlungen besuchte und von Zeit zu Zeit für die freiheit-

lich-sozialistische Presse schrieb.

Ein Jahr später klärte sich die Sache auf. Als ich, inzwischen wieder in Deutschland, ein Einreisevisum nach Frankreich beantragte, lehnte das französische Konsulat in Berlin mein Gesuch mit der Begründung ab, daß ich aus Frankreich ausgewiesen sei. Ausgewiesen in Abwesenheit! Das war nun, nach Schweden, Norwegen und Dänemark, die vierte Ausweisung. Später sollte eine fünfte hinzukommen. 1933 aber ließ man mich als Hitlerflüchtling unbehelligt nach Frankreich einreisen und bald darauf hoben die französischen Behörden die Ausweisung auf.

Es ist nicht verwunderlich, daß im Mutterland der sozialistischen Theorien die sozialistische Bewegung frühzeitig als Sprungbrett zu Ministerposten diente, besonders für Rechtsanwälte. 1885 wurde der Rechtsanwalt Millerand als Kandidat der Sozialisten ins Parlament gewählt. Nachdem er wiederholt ein Ministerportefeuille innegehabt hatte, sagte er dem Sozialismus »Valet«. Der Rechtsanwalt Aristide Briand schrieb in seiner Jugend eine Broschüre zur Verteidigung des Generalstreiks. Als er – gleichfalls als sozialistischer Kandidat – ins Parlament gekommen war, wechselte er die Partei und wurde Minister. Doch er war nicht der schlechteste. Für die von ihm und dem deutschen Außenminister Stresemann in Locarno erreichte deutsch-französische Verständigung erhielt er, gemeinsam mit Stresemann, den Friedensnobelpreis. Der Rechtsanwalt Pierre Laval zog als Sozialist ins Parlament ein und brachte es später zum Ministerpräsidenten. Als er mit Hitler paktierte, wandten sich die französischen Patrioten von ihm ab. Nach dem Zweiten Weltkrieg wurde er zum Tode verurteilt und hingerichtet.

Erfahrungen dieser Art prägten das französische Sprichwort: Mit zwanzig Jahren Anarchist, mit dreißig Sozialist, mit vierzig Demokrat, mit fünfzig Liberaler und mit sechzig Konservativer. Die Aushöhlung des Sozialismus durch den »Ministerialismus« trug entscheidend zur Diskreditierung der Sozialistischen Partei bei und machte sie anfällig für die Schläge der Kommunisten. Die von Jean Jaurès gegründete sozialistische Tageszeitung »L'Humanité« fiel den Kommunisten in die Hände. Gewiß blieben Leon Blum, Paul Faure und andere Militanten der Partei treu, Marcel Cachin aber (dem ich 1920 in Moskau begegnet bin) trat aus ihr aus und gründete mit seinen Anhängern 1920 die Kommunistische Partei Frankreichs, die später die sozialistische Mutterpartei überflügeln sollte. Ich besuchte in Paris Versammlungen beider Parteien, um mich zu informieren, nicht, um mich einer von ihnen anzuschließen.

Von den anarchistischen Veteranen des vorigen Jahrhunderts waren nur noch wenige am Leben. Jean Grave*, Kropotkins Nachfolger als Redakteur von »Revolté« (beziehungsweise »Temps Nouveaux«), alt und zurückgezogen in einer Pariser Vorstadt lebend, erzählte mir von den Kämpfen vergangener Jahrzehnte, vor allem von Louise Michel*. Die »Rote Jungfrau«, wie sie im Volksmund hieß, war wegen ihrer Teilnahme an der Kommune nach Neukaledonien verbannt worden, doch nach ihrer Rückkehr nahm sie den Kampf gegen die soziale Ungerechtigkeit mit bewundernswerter Energie wieder auf.

Mit dem niederländischen Nationalökonomen Christian Cornelissen*, einem freiheitlichen Sozialisten, hatte ich lange Diskussionen über das Grundproblem des Sozialismus: Werden Abschaffung des Privateigentums und Vergesellschaftung der Produktionsmittel die Ausbeutung beseitigen? Wird die sozialistische Bedarfswirtschaft – anstelle der kapitalistischen Profitwirtschaft – die soziale Gerechtigkeit verwirklichen? Nach meinen im vorangegangenen Jahre in Sowjetrußland gewonnenen Eindrücken war ich skeptisch. Ich glaubte nicht mehr, daß die Vergesellschaftung in der Form von Verstaatlichung die soziale Gerechtigkeit herbeiführen werde.

Cornelissen, der das Problem der Bedarfswirtschaft und der Werttheorie analysiert hatte, pflichtete mir bei. Wir waren uns einig, daß Verstaatlichung der Produktionsmittel die Ausbeutung nicht beseitige und eine staatlich geplante Bedarfswirtschaft die soziale Ungleichheit nicht aufhebe. In der vorindustriellen Gesellschaft konnte man und auch heute kann man in kleinen Gemeinschaften die reine Verteilungswirtschaft einführen. In der modernen Industriegesellschaft aber und bei der gegenwärtigen weltwirtschaftlichen Interdependenz, der sich kein zivilisiertes Land entziehen kann, sind beim Güteraustausch Wertsetzungen, konkret gesprochen: Preise, und damit auch Löhne, unvermeidlich. Aufs Ganze gesehen wird sich auch in einer sozialistischen Gesellschaftsordnung das Lohnsystem nicht völlig beseitigen lassen, und wenn die soziale Gerechtigkeit als Maßstab dient, ist das Lohnsystem als solches kein Übel.

Cornelissen hielt den Gedanken, die Arbeitszeit als einzige

Wertbestimmung festzusetzen, für unrealistisch. Die Erfahrung lehre, daß Mangel an Rohstoffen, Seltenheit oder Qualität von Gebrauchsgütern, hochqualifizierte Leistungen und dergleichen stets wertbestimmend waren. Das werde sich auch in einer sozialistischen Volkswirtschaft kaum ändern. Der qualitative Acquisitionswert ergänzt den quantitativen Arbeitszeitwert. Eine Epoche der universellen Überflußgesellschaft, in der auf Preise und Löhne verzichtet werden könnte, schlossen wir in unserer Diskussion nicht aus, doch wir verzichteten darauf, kommende Generationen mit theoretischen Hypothesen zu belasten.

Revolutionäre in Frankreich

In seiner Wohnung am rechten Seinequai besuchte ich Han Ryner*, den Philosophen, Romancier, Theaterdichter, Essayisten und freiheitlichen Interpreten der griechischen Philosophie. Seinen Roman »Les Pacifiques« habe ich ins Deutsche übersetzt und unter dem Titel »Nelti« herausgegeben.

Ryners Gestalt im groben Arbeitskittel, sein vom wallenden Bart umrahmtes geistvolles Gesicht, erinnerten an den alten Weisen Griechenlands, auch wenn man sein Buch »Des Sokrates wahre Gespräche« nicht gelesen hatte. Seine Geschichte des Individualismus im Altertum ist eine wertvolle Ergänzung der einschlägigen Textbücher, und wer Diogenes und Epiktet in ihrem eigenen Lichte kennenlernen will, wird zu Han Ryners Schriften greifen. In seinem »Fünften Evangelium« blitzt seines Geistes Schwert gegen Krieg und moderne Barbarei. Er verteidigt, welches Wissensgebiet er auch immer behandelt, stets die Freiheit, die Rechte und die Würde des Menschen. Als profunder Geschichtskenner wußte er, daß es im Leben der Nationen Einschnitte gibt, in denen ein Volk sich gegen brutale Gewalt mit Gegengewalt wehren muß. Aus dieser Erkenntnis heraus stellte sich der integrale Pazifist an die Seite der Angegriffenen, als die Militärs unter General Francos Führung über das spanische Volk herfielen. Er starb zur Zeit des Spanischen Bürgerkrieges. Seine über viele Länder verstreuten Freunde und Bewunderer pflegen sein Geisteserbe in den dreimonatlich erscheinenden »Cahiers des amis de Han Ryner«.

Zu meinem Pariser Bekanntenkreis gehörte auch der glänzendste Volksredner der freiheitlichen Bewegung, Sébastien Faure*. Mit seinem lateinischen Pathos begeisterte er immer aufs neue seine Zuhörer. Auf einer Versammlung schloß er seinen Vortrag mit dem Volkslied »Zur Zeit der Kirschbaumblüte« wobei er das Wort cerises (Kirschen) durch l'anarchie ersetzte. Er war nicht der einzige Franzose, der seine Reden musikalisch untermalte. Auch de Gaulle sang mitunter am Ende einer Rede die Marseillaise. Sébastien Faure wurde durch seine vierbändige Enzyklopädie des Anarchismus (L'Encyclopédie anarchiste) auch außerhalb Frankreichs bekannt und ebenso durch sein Buch »Mon Communisme«. Sein Kommunismus meinte freilich Gemeinschaften, die mehr denen der Duchoborzen [1], ähneln sollten als dem Gesellschaftssystem der Sowjetunion.

In Paris begegnete ich auch zwei bekannten spanischen Revolutionären, Andres Nin* und Joaquim Maurin*. Ich hatte in schwedischen Zeitungen Berichte über die Verfolgung und Einkerkerung von Revolutionären in Spanien veröffentlicht. Die schwedischen Syndikalisten veranstalteten daraufhin eine Sammlung für ihre verfolgten spanischen Gesinnungsgenossen und sandten mir den Betrag zur Überweisung nach Spanien. Den Gedanken einer Reise nach Barcelona zwecks Übergabe des Geldes verwarf ich, denn die Reisekosten hätten die Unterstützungssumme vermindert.

Wenige Tage nach Eingang des Geldes kamen Andres Nin und Joaquim Maurin aus Barcelona nach Paris, um von da aus nach Moskau weiterzureisen. Ich teilte ihnen mit, daß ich aus Schweden Geld für die verfolgten spanischen Genossen bekommen hätte und fragte sie, wohin ich es senden sollte. Sie zeigten mir ihre Mandate als Delegierte des syndikalistischen Gewerkschaftsbundes C.N.T. [2] und erklärten, ich könne das Geld ihnen übergeben. Ich ließ mir die Aushändigung bescheinigen und sandte die Quittung nach Stockholm.

In Moskau aber wurden Maurin und Nin zum Sowjetkommunismus bekehrt. Maurin kehrte bald wieder nach Spanien zurück, Nin blieb in Moskau als Leiter der hispanischen Abteilung der Moskauer Internationale. Zunächst Leninisten, wurden beide später Trotzkisten und gründeten 1934 in Spanien die

---

1 Duchoborzen (russisch), »Kämpfer für den Geist«: eine Mitte des 18. Jahrhunderts in Rußland gegründete Sekte, mit einem vergeistigten Gottesglauben und einer strengen Ethik, die äußere Autorität, Eid und Wehrdienst ablehnt. 1844/45 wurde sie zwangsweise in das Kaukasusgebiet umgesiedelt. 1888/89 wanderten zahlreiche ihrer Mitglieder nach Kanada und in die USA aus, wo noch heute einzelne Duchoborzen-Gemeinschaften bestehen.
2 Confederación Nacional del Trabajo, 1910 gegründet.

Dreißig Jahre später sah ich Maurin in New York wieder. »Dich habe ich in guter Erinnerung«, sagte er mir, »Du hast uns aus der Klemme geholfen, als wir aus Barcelona nach Paris gekommen waren und nicht wußten, wie wir das Geld zur Weiterreise nach Moskau auftreiben sollten.« Ich war perplex. Gewiß waren sie, wie ein Jahr vorher ich selbst, von dem Wunsch beseelt, die Russische Revolution am Werke zu sehen. Doch die Verwendung von für verfolgte Genossen gesammelten Unterstützungsgeldern zur Reise nach Rußland - das hätte ich nie übers Herz gebracht. Sie mochten der Meinung gewesen sein, das Geld sei für die CNT im allgemeinen. Nur so konnte ich mir ihren faux pas und die Unbefangenheit erklären, mit der Maurin mir die Sache vortrug. Ich schwieg betreten. Schließlich war Nin von Stalins Schergen ermordet worden und Maurin während des Bürgerkrieges in Francos Gefangenschaft. Doch heute, 56 Jahre danach, verpflichtet mich mein historisches Gewissen, den Schleier zu lüften.

In der französischen Gewerkschaftsbewegung gab es zu jener Zeit schwere Auseinandersetzungen. Die Formel »Der Syndikalismus (die Gewerkschaftsbewegung) genügt sich selbst«, 1905 als Reaktion auf den Stimmenfang von Gewerkschaftsmitgliedern durch politische Parteien geprägt, hatte zur Ausarbeitung einer eigenen syndikalistischen Strategie zwecks Erreichung des Sozialismus geführt. Sie wurde durch das Eindringen der sowjetkommunistischen Propaganda in Frage gestellt. Die Kommunisten unternahmen große Anstrengungen, die Führung der Gewerkschaften in ihre Hände zu bekommen, wogegen sich Sozialisten, neutrale Gewerkschafter und Anarchosyndikalisten zur Wehr setzten. Doch die Gegner der Kommunisten waren unter sich nicht einig.

Auf dem Kongreß der C.G.T. [2] in Lille im September 1921 sollte eine Entscheidung über die künftige Gewerkschaftspolitik getroffen werden. Auf diesem Kongreß, an dem ich als Berichterstatter ausländischer Zeitungen teilnahm, ging es heiß her. Die Debatten wurden so hitzig geführt, daß der Anarchist und Mili-

---

1 Partido Obrero de Unificación Marxista (Arbeiterpartei der marxistischen Einigung).

2 Confédération Générale du Travail.

tärdienstverweigerer Louis Lecoin* die Delegierten beschwor, ihre ideologischen Gegensätze nicht mit »schlagenden Argumenten« auszutragen. Bei aller Leidenschaft kam aber auch der französische Humor zu seinem Recht. Der ganze Saal brach in eine Lachsalve aus, als ein gegen seinen Vorredner polemisierender Delegierter ironisch ausrief: »Si ma tante en avait, je l'appelerais mon oncle!« Da ich die schnell gesprochenen Worte nicht verstanden hatte, frage ich die an meiner Seite am Pressetisch sitzende Vertreterin der Tageszeitung »Temps«. Sie lachte und verwies mich an einen männlichen Kollegen. Kein Wunder – das geflügelte Wort heißt in der Übersetzung: »Wenn meine Tante das hätte, würde ich sie meinen Onkel nennen!«

Als die Opposition in der Minderheit blieb, verließ sie den Kongreß und gründete einen neuen »Einheitsgewerkschaftsbund«, der freilich alles andere als einheitlich war. Wie konnten auch linientreue Leninisten, oppositionelle Kommunisten, traditionelle Syndikalisten und Anarchosyndikalisten friedlich unter einem Dache leben! Der Unitarismus ging in die Brüche, als die Anarchosyndikalisten austraten und einen dritten revolutionär-syndikalistischen Gewerkschaftsbund gründeten. [1]

Während meines kurzen Aufenthaltes in Lille wohnte ich bei einer Arbeiterfamilie, die mir Pariser Gesinnungsfreunde empfohlen hatten. Als ich den Familienmitgliedern beim Abschied die Hand drückte, sagte die Hausmutter zutraulich: »Mais embrassez-moi!« (»Küssen Sie mich doch!«). Der französischen Sitte folgend, küßte ich sie und ihre Kinder auf beide Wangen. Einige Jahre später küßte ich in einer ähnlichen Situation in Norditalien auch meine Gastgeber ab, was Verwunderung erregte. Ich hatte die Länder verwechselt. Meine Lehre: Hüte dich vor Verallgemeinerungen.

---

1 Zeitgeschichtliche Ergänzung: 1934, es war die Zeit der Moskauer Volksfrontpolitik, trat die kommunistische C.G.T.U. wieder in die parteipolitisch neutrale C.G.T. ein. Ein Jahrzehnt später hatten die Kommunisten den alten Gewerkschaftsbund derart unterwandert, daß die Sozialisten und neutralen Gewerkschafter in ihrem eigenen Hause fremd geworden waren. Sie traten aus und gründeten ihren eigenen Gewerkschaftsbund, die C.G.T.F.O. (Confédération Générale du Travail Force Ouvrière). Gegenwärtig hat Frankreich fünf voneinander unabhängige gewerkschaftliche Landesorganisationen.

Die Inflation in Deutschland hatte 1922 ihren Höhepunkt erreicht. Die Löhne mußten täglich ausgezahlt werden, denn am nächsten Tage war der Realwert des Papiergeldes um ein Vielfaches gesunken. Es soll Bauern gegeben haben, die sich ihre Stube mit entwerteten Geldscheinen tapezierten. Jeder suchte sein Geld so schnell wie möglich in Sachwerten anzulegen. Wer es versäumte, dem erging es wie meiner Tante Anna in Berlin, die sich für ihre Ersparnisse aus zwanzig Jahren harter Arbeit kaum mehr als ein Viertelpfund Butter kaufen konnte.

Anhänger der Katastrophentheorie sahen in der Inflation die Vorboten des kapitalistischen Zusammenbruchs, auf die die Sozialisierung folgen würde. Die Arbeiterschaft aber wurde durch die Geldentwertung nicht revolutioniert. Die Finanzkrise schuf kein Revolutionsklima. Die Mehrheit aller Volksschichten dachte nur daran, aus den fiktiven Geldwerten in konkrete Sachwerte zu flüchten. Das konnte man dem einzelnen nicht verdenken, denn bei der Einführung einer neuen Währung wurde für eine neue, wertbeständige Mark eine Billion Inflationsmark gegeben!

In der Arbeiterbewegung sah es trostlos aus. Die Sozialdemokraten praktizierten eine Politik des Möglichen, wie sie es verstanden, ohne revolutionäre Zielsetzung; sie trieben nicht den Gang der Entwicklung vorwärts, sondern ließen sich von den Ereignissen treiben. Die Kommunisten propagierten die Revolution nach russischem Modell, von der die Mehrheit der Arbeiter nichts wissen wollte. Das politische Vakuum füllte die nationalsozialistische Bewegung aus; sie forderte Revanche für Versailles und militärische Aufrüstung, eine Parole, der der deutsche Michel in Ermangelung einer besseren Alternative willig sein Ohr lieh. Mussolini war das Vorbild, Ludendorff und Hitler standen vor den Toren.

Wir Syndikalisten, eine Minderheit am linken Flügel der Arbeiterbewegung, verbreiteten unsere Ideen eines freiheitlichen und föderalistischen Sozialismus in öffentlichen Versammlungen, in der Wochenzeitung »Der Syndikalist« (mit durchschnittlich 80 000 Exemplaren Auflage) und durch die Publikation von Büchern und Broschüren. In unserem Buchverlag erschienen Werke von Bakunin, Kropotkin, J. H. Mackay*, Domela Nieuwenhuis*, Rudolf Rocker* und anderen freiheitlichen Sozialisten und Anarchisten. Wir gaben auch eine Schriftenreihe zur Sexualaufklärung heraus, in der wir Abschaffung der Strafe für Abtreibung und freie Geburtenregelung forderten. Wir schlossen uns dem Antimilitaristischen Büro (mit Sitz in Holland) an und beteiligten uns aktiv an der europäischen Nie-wie-der-Krieg-Bewegung, die vor allem in Frankreich und England eine rege Propaganda entfaltete. Unser Ziel, die Abschaffung des Militarismus, haben wir nicht erreichen können, aber die viel stärkeren Sozialdemokraten und Kommunisten haben ihre Ziele ebenfalls nicht erreicht.

Rudolf Rocker

Der geistige Kopf unserer Bewegung war Rudolf Rocker. 1873 in Mainz geboren, hatte er in der frühen Kindheit seine Eltern verloren. Im Waisenhaus erzogen, beteiligte sich der Buchbinderlehrling frühzeitig an der sozialistischen Bewegung. Er verließ Deutschland zur Zeit der Sozialistenverfolgung. Nach längerem Aufenthalt in Frankreich ging Rocker nach London, wo er in der jüdischen Arbeiterbewegung tätig war und Redakteur der jiddischen Zeitung »Arbeiterfraind« wurde. Durch seine Publikationen in jiddischer Sprache hat er als Nichtjude zur Bereicherung der jiddischen Literatur beigetragen. [1]
Nach dem Ersten Weltkrieg kam Rocker nach Deutschland zurück. Theoretisch gebildeter Sozialist mit klarem Kopf, hinreißender Redner, ausgeglichenes Temperament, offener und aufrechter Charakter, eine versöhnliche Natur, die jeden Streit in Güte beizulegen suchte – so war Rudolf Rocker uns Jüngeren das nachahmenswerte Vorbild eines Freiheitskämpfers.
Rocker verfügte über außerordentliche Kenntnisse über die Geschichte der internationalen Arbeiterbewegung, wie vor allem aus seiner Johann-Most-Biographie zu ersehen ist, gleichzeitig aber auch über praktischen Sinn für die Gegenwartsaufgaben, wie seine Schriften »Der Kampf um das tägliche Brot« und »Die Rationalisierung und die Arbeiterklasse« zeigen. Er war es, der das Programm der deutschen Anarchosyndikalisten ausarbeitete und Ende Dezember 1922 dem internationalen Syndikalistenkongreß eine Prinzipienerklärung vorlegte, in welcher der Dik-

1 Siehe dazu: Rudolf Rocker, Aus den Memoiren eines deutschen Anarchisten. Herausgegeben von Magdalena Melnikow und Hans Peter Duerr. Einleitung von Augustin Souchy. Frankfurt 1974, (edition suhrkamp).

tatur der Kommunisten und dem staatssozialistischen Opportunismus der Sozialdemokraten der freiheitliche Sozialismus entgegengestellt wurde. Rockers wichtigster Beitrag zur Geschichtsphilosophie sollte sein zuerst auf Englisch erschienenes Werk »Nationalism and Culture« (1937) sein, das nach dem Zweiten Weltkrieg unter dem Titel »Die Entscheidung des Abendlandes« 1949 auch in Deutschland herausgekommen ist. Bertrand Russell, Albert Einstein und Thomas Mann äußerten sich mit Worten höchster Anerkennung über dieses Buch.

Rudolf Rocker starb vierundachtzigjährig als Emigrant in New York. Ich war ihm bis zu seinem Tode in enger Freundschaft verbunden.

Max Nettlau

Tiefen Eindruck machte auf mich der Historiker Max Nettlau*, der »Herodot der Anarchie«, wie ihn Rudolf Rocker in seiner Biographie genannt hat. [1] Nettlau, Sohn eines begüterten Vaters, hatte in Wien Philologie studiert und mit einer Arbeit über die keltische Sprache promoviert. Später widmete er sich ganz dem Studium des Anarchismus. »Ich beschäftige mich immer mit ausgefallenen Themen, die nur einen bestimmten Kreis interessieren und nichts einbringen«, sagte er mir lachend bei einem unserer Gespräche, als ich ihn in seinem Kämmerchen in Wien besuchte. Das ererbte Vermögen, das ihm in normalen Zeiten ein sorgenfreies Leben ermöglicht hätte, hatte der in seine Studien vertiefte Geschichtsforscher auf der Sparbank durch die Inflation verloren.

Nettlaus Werke »Vorfrühling der Anarchie«, »Der Anarchismus von Proudhon bis Kropotkin«, »Sozialisten und Sozialrevolutionäre«, »Bakunin« (drei Bände), »Errico Malatesta – Das Leben eines Anarchisten« sowie einige kleinere Schriften von ihm erschienen im Verlag »Der Syndikalist«. Von besonderer Bedeutung und heute noch aktuell ist seine Broschüre »Verantwortlichkeit und Solidarität im Klassenkampf«, in der er die Arbeiter auffordert, »sich nicht als verantwortungslose Werkzeuge des Kapitalismus zu betrachten«, sondern Einfluß auf den Produktionsprozeß zu nehmen. Durch diese Schrift wurde Nettlau einer der Wegbereiter der heutigen gewerkschaftlichen Mitbestimmung, wie er durch seine Anregung, die Arbeiter sollten die Herstellung schädlicher Produkte verweigern, auch zu einem Pionier der Ökologie geworden ist.

Nettlaus Einnahmen aus seinen in kleinen Auflagen erscheinenden Publikationen waren spärlich. Als unser Verlag von den Nazis geschlossen und unser Buchbestand vernichtet worden war, stand er vor dem Nichts. Von den Nazis geraubt wurde auch die in unseren Büroräumen in Berlin untergebrachte historisch wertvolle Bücherei des im vorigen Jahrhundert

1 Rudolf Rocker, Max Nettlau – El Herodoto de la Anarquia. Mexiko 1950. (Eine deutsche Ausgabe dieses Werkes ist angekündigt.

in London – von aus Deutschland emigrierten Sozialisten – gegründeten kommunistischen Arbeiterbildungsvereins.

Für Nettlau sollte sich das Sprichwort bewahrheiten: Wenn die Not am größten, ist die Hilfe am nächsten. Er vermachte seine Bibliothek dem Institut für Sozialgeschichte in Amsterdam, das ihm für diese wertvolle Gabe eine Leibrente sowie die Möglichkeit bot, in den Institutsräumen zu arbeiten. Er lebte bis zu seinem Tode im Jahre 1944 in Amsterdam. Die Nazis hatten ihn selbst nicht verfolgt, doch machten sie sich an seine Bibliothek. Als Amsterdam im Zweiten Weltkrieg von der deutschen Wehrmacht besetzt wurde, ließ Alfred Rosenberg, der Ideologe des Nationalsozialismus, Nettlaus Bücher beschlagnahmen, um sie für sich zu verwerten. Doch die Kriegswirren hinderten ihn daran. Nach Beendigung des Krieges fand man die Bücherkisten ungeöffnet auf einer Eisenbahnstation in Nordwestdeutschland. Sie wurden nach Amsterdam zurückgebracht und befinden sich heute wieder im Institut für Sozialgeschichte.

Sacco und Vanzetti – und andere Opfer der Anarchistenhetze

1927 war ein Jahr weltweiter Agitation für die Rettung Saccos* und Vanzettis*. Auch wir in Berlin und im übrigen Deutschland taten unser möglichstes für die Freilassung der beiden zum Tode verurteilten Anarchisten. Da ich mich mit politischen Prozessen amerikanischer Gerichte schon vorher beschäftigt hatte, konnte ich auch in diesem Fall nicht abseitsstehen. 1920 hatte ich in Stockholm die Schrift »Anarkist märtyrerna i Chicago« (Anarchistische Märtyrer in Chicago) veröffentlicht, die einen Justizmord beschrieb, der heute nur noch wenigen bekannt sein dürfte.

Die Hinrichtung von vier Anarchisten – der fünfte zum Tode Verurteilte hatte sich vorher selbst das Leben genommen – am 11. November 1887 ist ein tragisches Ereignis in der Geschichte der internationalen Arbeiterbewegung. Die Verurteilten – August Spiess, Adolf Fischer, Georg Engel, Albert Parsons und Louis Lingg – waren die Organisatoren einer Arbeiterdemonstration für den Achtstundentag, die am 4. Mai 1886 auf dem Haymarket in Chicago stattfand. Bei der Auflösung dieser Kundgebung durch die Polizei explodierte eine Bombe, durch die sieben Polizisten und vier andere Personen getötet wurden. Die Organisatoren und Redner des Meetings wurden für den Anschlag verantwortlich gemacht. Obwohl alle fortschrittlichen Männer und Frauen jener Zeit – unter ihnen auch G. B. Shaw – gegen das Todesurteil protestierten, wurde die Hinrichtung vollzogen. Sieben Jahre später stellte eine von Gouverneur Altgeld eingesetzte Untersuchungskommission fest, daß Geschworene und Richter unter dem Einfluß der allgemeinen Hetze gegen die Anarchi-

'sten Fehlurteile gefällt hatten. [1]

Die Galgen von Chicago wurden zum Fanal. Drei Jahre später beschloß ein internationaler Sozialistenkongreß in Paris, den 1. Mai zum Kampftag der Arbeit zu proklamieren. Die Forderung nach dem Achtstundentag konnte nicht mehr zum Schweigen gebracht werden. Den 1. Mai als Weltfeiertag der Arbeit verdanken wir den Chicagoer Anarchisten.

Der zweite amerikanische Justizskandal, mit dem ich mich beschäftigte, war die Hinrichtung – durch den elektrischen Stuhl – des in Schweden geborenen amerikanischen Arbeiterdichters Joe Hill [2] 1915 in Salt Lake City. Hill wurde eines Mordes angeklagt, der ihm nicht nachgewiesen werden konnte. Auch in diesem Fall waren die Richter durch die Hetze gegen die »kriminellen Syndikalisten« voreingenommen. Hill mußte sterben, weil seine Revolutionslieder aufwiegelnde Wirkung gegen das damalige Ausbeutungssystem hatten.

Bisher hat niemand sich bemüht, Licht in dieses dunkle Kapitel der Rechtsbeugung zu bringen. Hills Lieder aber haben die Herzen der amerikanischen Arbeiterschaft erobert. Vor wenigen Jahren hörte ich auf dem Pershing Square zu Los Angeles eine Gruppe Matrosen sein »Workers of the World unite« (Arbeiter der Welt, vereinigt euch) auf die Melodie »Lieb mich und die Welt ist mein« singen. Ein nordamerikanischer Diplomat spielte mir in seiner Wohnung in einer lateinamerikanischen Hauptstadt Joe Hills bekanntestes Lied auf der Musiktruhe vor. Die ironischen Worte des Revolutionsdichters »You will get pie in the sky when you die« (Du bekommst Torte im Himmel, wenn du tot bist) rauschten in melodischen Klängen durch den eleganten Salon. Hill wurde vom Volke rehabilitiert. 1970 stand auf dem Kinoprogramm amerikanischer und skandinavischer Städte ein Film, der sein heroisches Leben und tragisches Ende darstellte. Joe Hill war eine Kämpfernatur. Schwärmerische Sentimentalität lag ihm fern, er hatte eine realistische Vision vom Tode, keine metaphysischen Seelenängste, der Drang zum Schönen lag ihm näher. Ehe der Henker sein Leben nahm, schrieb er:

My body, if I could choose
I would to ashes it reduce,

---

1 Siehe hierzu: 1. Pierre Ramus, Die Opfer und Märtyrer von Chicago, Wien 1911; 2. Horst Karasek (Hrsg.), Die deutschen Anarchisten von Chicago. Reden und Lebensläufe. Berlin 1975.
2 Joe Hill, eig. Joel Hägglund (1879–1915), war 1902 in die USA ausgewandert.

and may the merry wind blow
the dust there where some flowers grow.
Perhaps some fading flower then
would come to life and blow again.
That ist my last and final will,
Good luck to all of you, Joe Hill. [1]

Sacco und Vanzetti, Ausgangspunkt dieses historischen Exkurses, waren 1920 verhaftet und angeklagt worden, zwei Menschen getötet sowie 15 776 Dollar geraubt zu haben. Obwohl sie der Tat nicht überführt werden konnten, fällte das Gericht in Boston im Juli 1921 unter dem Einfluß der aufgehetzten öffentlichen Meinung einen Schuldspruch – denn es handelte sich um Anarchisten. Die Todesurteile lösten einen großen Proteststurm aus, der es den Behörden ratsam erscheinen ließ, die Vollstreckung aufzuschieben.

Das Hin und Her dauerte sieben Jahre. Der Fall war in allen Ländern der Welt bekanntgeworden. Als die Urteile im August 1927 trotz aller Proteste, Bittschriften und Gnadengesuche doch vollstreckt werden sollten, kam es zu Protestkundgebungen in allen Hauptstädten der westlichen Welt. Ich hatte eine Broschüre in deutscher Sprache über den Fall geschrieben, die in vielen tausend Exemplaren verbreitet wurde. Im Berliner Lustgarten fand eine gewaltige Demonstration statt, auf der neben anderen Rednern auch ich sprach. Überall forderten die Massen die Aufhebung des Todesurteils. Parlamentarier in Paris und Berlin appellierten an die amerikanischen Justizbehörden, die Hinrichtung aufzuschieben. Die Nobelpreisträger Thomas Mann und Albert Einstein, der Schriftsteller H. G. Wells und sogar Mussolini setzten sich für die Verurteilten ein. Das »Weltgewissen« war erwacht. Wie nie zuvor hatte das internationale Rechtsbewußtsein über die Staatsgrenzen hinweg sich einig gefühlt im Ruf nach

1 Deutsch:
Mein Körper, ach, wenn ich dürft' küren,
ich würd' zu Asche ihn reduzieren,
und mögen frische Winde wehn
den Staub dahin, wo Blumen stehn.
Vielleicht, daß eine welke Blume dann
zu neuem Leben kommen kann.
Das ist es, was ich letztlich will,
und nun lebt alle wohl, Joe Hill.

Gerechtigkeit. Die Völker empfanden, daß ein Unrecht an einem eine Bedrohung für alle bedeutet.

Doch alles war vergebens. Am 23. August 1927 mußten Sacco und Vanzetti den elektrischen Stuhl besteigen. Wieder hatte Staatsräson über Gerechtigkeit und Menschlichkeit gesiegt.

Kurz vor der Hinrichtung schrieb Nicola Sacco seinem vierzehnjährigen Sohn Dante einen Brief, in dem er sagte:

»Weine nicht, Dante, denn schon zuviel Tränen sind umsonst geflossen, besonders von Deiner Mutter. Sei stark, um deiner Mutter Trost zu spenden. Wenn du ihre trüben Gedanken verscheuchen willst, führe sie ins Freie, wie ich es getan habe, um Blumen zu pflücken, im Schatten der Bäume auszuruhen und im Schoße der Natur Erholung zu suchen. Erinnere dich, daß du nicht nur an dein eigenes Glück denken sollst, sondern hilf den Schwachen und Hilflosen und stehe den Verfolgten bei. Sie sind deine besten Freunde, es sind die Genossen, die kämpfen und fallen, wie dein Vater und wie Bartolomeo Vanzetti, um allen Arbeitern Freude und Freiheit zu erringen.« [1]

1 Siehe dazu: Letters of Sacco and Vanzetti. Edited by M. D. Frankfurter and G. Jackson. New York 1928. – Felix Frankfurter, The Case of Sacco and Vanzetti, 1927, Neudruck 1961. – David Felix, Protest – Sacco and Vanzetti and the Intellectuals, 1965.

Argentinische Impressionen

1929 nahm ich als Vertreter der Syndikalistischen Internationale an einem interamerikanischen Gewerkschaftskongreß in Buenos Aires teil. Organisator der Tagung war die F.O.R.A.[1], die anarchistisch orientierte Regionale Arbeiterföderation Argentiniens, die älteste Gewerkschaft des Landes, die zwanzig Jahre lang die Tageszeitung »La Protesta« herausgegeben hatte. Den Anarchismus hatten im vergangenen Jahrhundert spanische und italienische Einwanderer – unter ihnen auch Bakunins großer Schüler Malatesta* – nach Argentinien gebracht. Hier wie in den übrigen Ländern Lateinamerikas waren Proudhon, Bakunin und Kropotkin früher bekannt als Marx und Engels.

Auf dem Kongreß wurde nicht über die Eroberung der politischen Macht diskutiert, sondern über die wirtschaftlichen, sozialen und kulturellen Belange der Arbeiter und Bauern, die, nach Auffassung der Kongreßteilnehmer, nicht Politikern überlassen, sondern durch eigene Anstrengungen wahrgenommen werden sollten. Lenins Thesen über den Imperialismus waren 1929 auf dem lateinamerikanischen Kontinent nur wenig bekannt. Auf dieser Zusammenkunft von authentischen Arbeitervertretern wurde konkret von den Interessen der Werktätigen geredet; es ging um ihre Verteidigung nicht nur den ausländischen, sondern auch den einheimischen Unternehmungen gegenüber und ebenso in den inländischen Staatsbetrieben. Die aktuellen Forderungen waren: Verkürzung der Arbeitszeit, gleicher Lohn für gleiche Arbeit ohne Unterschied von Geschlecht und Rasse, Ablehnung des Militarismus, Solidarität der Arbeiter aller Länder, Förderung der Arbeiterbildung, Errichtung eines gewerkschaftlichen Einwanderungsbüros, um der zu sozialen Mißständen führenden ungeregelten Einwanderung vorzubeugen, sowie Einsetzung einer Sonderkommission zum Studium der Probleme der Landarbeiter und der Agrarreform, die in den einzelnen Ländern spezifischer Art waren. Obwohl die meisten Delegierten idealistische Anarchisten waren, wurden die Gegenwarts-

1 Federación Obrera Regional Argentina, 1901 gegründet.

probleme mit einem erstaunlichen Sinn für praktische Lösungen behandelt.

Die Atmosphäre der Versammlungen, in denen ich anschließend an den Kongreß in Argentinien und Uruguay sprach, unterschied sich nicht von der in Europa. Während meines Vortrags vor französischen Eisenbahnarbeitern, die aus Frankreich herübergekommen waren, um eine neue Eisenbahnlinie zu erbauen, gab es eine Lichtpanne. Ich sprach im Dunkeln weiter, doch der Versammlungsleiter beleuchtete mit seiner Taschenlampe mein Gesicht, damit die Zuhörer wenigstens den Redner sehen konnten. In der Diskussion erklärten die anwesenden Franzosen, das Lebensniveau der argentinischen Arbeiter liege nicht unter dem der französischen. Der Fleischkonsum war größer als in Frankreich, und daß es in den Wohnungen keine ehrwürdig-alten Möbelstücke gab, wurde nicht als Manko empfunden. Analphabeten habe ich auf meinen Reisen durch das Land nicht entdeckt. Volksbibliotheken gab es in allen Kleinstädten, und die Provinzorte wurden häufig von ambulanten Theatergesellschaften besucht. Allerdings gehörten Argentinien und Uruguay wirtschaftlich und kulturell zu den Spitzenländern des Kontinents, wie ich bei meinen späteren Reisen durch die übrigen Länder Lateinamerikas feststellen konnte.

In Rosario wohnte ich einige Wochen im Hause meines Freundes Diego Abad de Santillán*, den ich von Berlin her kannte, wo er studiert und sich mit der Tochter von Fritz Kater, dem Vorsitzenden der »Freien Arbeiter Union AS« verheiratet hatte. In Spanien geboren, wurde er während des Spanischen Bürgerkrieges für eine Zeitlang Wirtschaftsminister von Katalonien.

Georg Friedrich Nicolai – Vorkämpfer des Friedens und der Freiheit

In Berlin hatte mir Otto Lehmann-Rußbüldt, der Sekretär der »Deutschen Liga für Menschenrechte«, ans Herz gelegt, unseren gemeinsamen Gesinnungsfreund Professor Nicolai zu besuchen, der in Argentinien lebte.

Georg Friedrich Nicolai*, Professor für Medizin und Physiologie an der Universität seiner Vaterstadt Berlin, war während des Ersten Weltkriegs und danach eine bekannte Persönlichkeit des öffentlichen Lebens gewesen. Er hatte sich bei Ausbruch des Krieges geweigert, das Kriegsmanifest deutscher Kulturrepräsentanten für Kaiser und Reich zu unterschreiben, statt dessen im Oktober 1914 zusammen mit Albert Einstein, Friedrich Wilhelm Foerster und Otto Buck ein eigenes Antikriegsmanifest veröffentlicht. In der Festung Graudenz – und zwar in der Klause, in der einst Fritz Reuter als »Demagoge« inhaftiert gewesen war – schrieb Nicolai »Die Biologie des Krieges«, ein grundlegendes wissenschaftliches Werk des Pazifismus, in dem er nachwies, daß der Krieg keine biologische Ursache hatte. Es gelang ihm, auf abenteuerliche Weise nach Dänemark zu fliehen und sein Buch 1917 in Zürich zu veröffentlichen. Im November 1914 hatte Nicolai, wie auch Einstein, zu den Gründern des »Bundes Neues Vaterland« gehört, der sich nach Kriegsende den Namen »Deutsche Liga für Menschenrechte« gab. (Auch ich war Mitglied der »Liga«.)

Die Vorlesungen, die Nicolai nach dem Kriege an der Universität Berlin wieder aufnahm, wurden ihm bald durch ultranationalistische Studenten, angehende Nazis, unmöglich gemacht. Er entschloß sich, nach Argentinien auszuwandern. Nach Lehraufträgen für Medizin an den Universitäten von Buenos Aires und Cordoba (Cordoba war der Ausgangspunkt der lateinamerikanischen Universitätsreformen) wurde Nicolai ein Lehrauftrag für Soziologie an der Universität von Rosario de Santa Fe angeboten. Das war gerade zu der Zeit, als ich mich in Rosario aufhielt, so daß ich Gelegenheit hatte, ihn mehrere Male zu besuchen.

Wenige Jahre in Argentinien genügten Nicolai, um seine Bücher fortan direkt in Spanisch zu schreiben. Von den vielen Arbeiten, die er in Argentinien veröffentlichte, ist besonders bemerkenswert das dreibändige Werk »La Base Biologica del Relativismo cientifico« (Die biologische Grundlage des wissenschaftlichen Relativismus). Ferner auch die bedeutende Studie »La Miseria de la Dialectica« (Das Elend der Dialektik), die an die Marx-Engelssche Streitschrift »Das Elend der Philosophie« (gegen Proudhons »Die Philosophie des Elends«) anknüpft. Keines der von Nicolai nach seiner Auswanderung aus Deutschland publizierten Bücher ist in Deutsch erschienen.

»Das Elend der Dialektik«, ein Werk von mehr als 450 Seiten, beginnt mit Hegel, den Nicolai als Philosophen des Abrakadabra, als Nachfolger der Gnostiker und Kabbalisten bezeichnet, und es schließt mit Marx, dessen Kunststück, den Hegelianismus vom Kopf auf die Beine gestellt zu haben, für Nicolai ein dialektischer Taschenspielertrick ist. Nicolai stellt der irrationalen Multifacettendialektik das wissenschaftliche Räsonnement gegenüber, das keine Zweideutigkeiten kennt und als wirksame Friedenskraft alles Kriegerische ausschließt. »Marxens Persönlichkeit«, sagt er am Ende dieses Buches, »ist mit diesen Fragen teils als Opfer, teils als siegreicher Rächer unlösbar verknüpft. Und was für ihn im großen galt, das trifft auf uns alle im kleinen zu: Wir alle sind Sieger und Besiegte. Aber ist es denn nötig, daß es für alle Ewigkeit Sieger und Besiegte geben muß? Ununterbrochene Fortdauer von Wissenschaft, Frieden und Fortschritt – die zusammengehören – steht über der Dialektik und über allen tastenden Vorstößen in entgegengesetzter Richtung. Livius kam zu den Karthagern als Emissär von Krieg und Frieden in seiner Toga. Wer nicht die befreiende Revolution der Wissenschaft wählt, muß mit der Revolution der Straße vorliebnehmen.«

Nicolai war ein Apostel des Friedens und der Freiheit. Die Gespräche mit ihm erinnerten mich an meine Unterhaltungen mit Han Ryner. Bei unserem letzten Gespräch fielen mir die Worte ein, die Edgar Quinet dem deutschen Philologen Kreutzer auf dessen Bemerkung, nur ein Franzose könne die deutsche Philosophie mit so vollendeter Klarheit darlegen, zur Antwort gab: »Wundern Sie sich nicht, um in einen dunklen Keller hinabzusteigen, bedarf es einer Laterne.« Der Sinn dieser Metapher: Der deutsche Geist ist die Tiefe, der französische die Klarheit. Bei Nicolai fand ich Tiefe und Klarheit vereint.

Gegen die steigende Flut

Einige Monate später, es war das Jahr 1929, kehrte ich nach Deutschland zurück. Viele Anzeichen deuteten darauf hin, daß es im Land der Dichter und Denker mit der Demokratie bergab ging. Die gesetzestreuen, parlamentsgläubigen Parteien schienen kein Vertrauen mehr in die legalen Institutionen zu haben, sie schufen sich ihre eigenen außerparlamentarischen, paramilitärischen Organisationen für einen eventuellen Bürgerkrieg: die SA und SS, den »Stahlhelm«, den »Roten Frontkämpferbund« und die »Eiserne Front«. Nationalsozialisten, Deutschnationale, Kommunisten und sogar Sozialdemokraten wollten sich auf die letzte Schlacht vorbereiten. Der Machtkampf verlagerte sich zusehends vom Reichstag auf die Straße, die mehr und mehr von den braunen Bataillonen Hitlers beherrscht wurde.

Wir Anarchisten und Syndikalisten, traditionell Antiparlamentarier, hätten Grund zur Schadenfreude gehabt, doch wir waren nicht so frivol, dazu war die Situation viel zu ernst. Als bescheidene Minderheitsgruppen rasselten wir nicht mit Säbeln, die wir nicht hatten; wo wir aber im Augenblick des Kampfes stehen würden, darüber gab es keinen Zweifel. Abseits geblieben waren unsere militanten Genossen nicht. Wir hatten damals noch rund 50 000 Mitglieder in unseren Gewerkschaften.

Einige Jahre vorher hatten im Café Adler in Berlin am Dönhoffplatz vier ideologisch nicht ganz gleichgesinnte Personen über politische und sozialphilosophische Probleme diskutiert. Es waren der aus der KPD ausgeschiedene Marxist Karl Korsch*, der freisozialistisch eingestellte Schriftsteller Alfred Döblin*, der schon einmal erwähnte ehemalige russische Justizminister Isaak Nachman Steinberg (in Rußland führendes Mitglied der Partei der linken Sozialrevolutionäre) und der als Anarchosyndikalist bekannte Schreiber dieser Zeilen. Wir waren uns nicht in allen Punkten einig, doch war das Gespräch so anregend, daß wir beschlossen allwöchentlich zusammenzukommen.

Unsere Zusammenkünfte sprachen sich herum. Nonkonformisten und Dissidenten, die neue Horizonte suchten, kamen aus dem sozialistischen Lager, Arbeiter, Intellektuelle, Studenten.

Die Zusammenkünfte waren von dreißig bis fünfzig Personen besucht. Jeder konnte sich an den Diskussionen beteiligen. Wir bildeten keinen Verein, hatten kein Statut, keine Vorschriften. Beiträge brauchten nicht gezahlt, eine einheitliche ideologische Linie nicht anerkannt zu werden. Unser Forum war eine freiheitlich-sozialistische Schule der Toleranz, in der jede Meinung respektiert wurde.

Als Anfang der dreißiger Jahre die Nazigefahr wuchs, entsprang diesem Kreis der Gedanke einer Kampfgemeinschaft gegen Faschismus und Nationalsozialismus, an der sich Gruppen und Organisationen links von der KPD, Gesinnungsfreunde von Otto Rühle und Franz Pfemfert*, Rätekommunisten, Syndikalisten und Anarchisten beteiligten. Unser Ziel sollte nicht allein die Verteidigung der Weimarer Republik sein, die für uns keineswegs eine ideale gesellschaftlich-politische Ordnung war: Im drohenden Nationalsozialismus sahen wir das größere Übel, gegen das zu kämpfen wir uns verbündeten. Freilich konnten auch wir die Flut der Hitlerbewegung nicht aufhalten. Aber die durch unsere undogmatische Schule gegangenen jungen Freiheitssucher waren ein wertvolles Element der sozialen Fortschrittsbewegung.

Erich Mühsam, Ritter der Freiheit

Am Abend des Reichstagsbrandes war Erich Mühsam* bei mir zum Abendbrot. Die Rundfunknachrichten verhießen nichts Gutes. Der »Völkische Beobachter«, das Parteiorgan der Nazis, hatte seit langem gegen Mühsam, den »Juden und Anarchisten«, gehetzt. Man warf ihm Teilnahme an der Bayerischen Räterepublik und Verantwortung für Geiselerschießungen am 25. April 1919 vor, obwohl er bereits am 13. April 1919 verhaftet worden war. Mühsam befand sich in akuter Gefahr. Ich riet ihm, nicht mehr in seine Wohnung zurückzukehren. »Bleib diese Nacht bei mir«, sagte ich zu ihm. »Ein Stockwerk unter mir wohnt ein im nächsten Revier dienstuender, der SPD nahestehender Polizeiwachtmeister, der mir versprochen hat, mich rechtzeitig zu warnen. Die SA oder SS nehmen sich hier bei ihren einen Tag vorher organisierten Razzien stets einen Polizeibeamten der nächsten Wache mit. Diese Nacht sind wir noch sicher.« Doch Erich glaubte nicht, daß die Gefahr für ihn so akut sei. Er hatte die Absicht, am nächsten Tag nach Prag zu flüchten, und ging nach

Hause, um sich auf die Reise vorzubereiten. Doch daraus wurde nichts. Am anderen Morgen wurde er aus seiner Wohnung abgeholt.

Mühsams trauriges Schicksal ist bekannt. Als man den Gefangenen aufforderte, das Horst-Wessel-Lied der Nazis zu singen, stimmte er die »Internationale« an. Man wollte ihn zwingen, sein eigenes Grab zu schaufeln und Speichel vom Boden abzulecken. Er widerstand kraft seines starken Geistes allen Erniedrigungen und Leiden. Seinen Mitgefangenen erklärte er, daß er den Henkern nicht den Gefallen tun werde, sich das Leben zu nehmen. Am Morgen des 10. Juli 1934 wurde er in der Latrine des Gefängnisses von Oranienburg erhängt aufgefunden. Seine Leiden hatten fünfzehn Monate gedauert. [1]

Als ich einige Tage nach dem Reichstagsbrand abends gegen neun Uhr nach Hause kam – ich wohnte in Wilmersdorf, Augustastraße 62 – wurde ich von drei jungen Männern überfallen. Es gelang mir, mich zu befreien und die Haustür blitzschnell hinter mir zu verschließen. Nun war es höchste Zeit, zu verschwinden. Als ich im Zug saß, der mich nach Paris brachte, klebten an den Berliner Litfaßsäulen Bilder von gesuchten Antinazis, darunter auch meines.

Mich faßten die braunen Barbaren nicht, doch meinen Bruder Max, der bei mir zu Besuch weilte, nahmen sie mit. Im Polizeirevier, wo sie sich überzeugten, daß sie den Falschen hatten, verprügelten sie ihn und ließen ihn dann laufen. Meine Bibliothek zerstörten sie, Bücher von Klassikern nahmen sie mit, sozialistische und anarchistische Literatur verbrannten sie auf der Straße. Über Deutschland war ein blutiger Vorhang gefallen. Meine zweite Emigration sollte länger dauern als die erste.

1 Wenige Wochen später schrieb ich in Paris eine Broschüre über Mühsams Leben, Leiden und Tod, die unter dem Titel *Caballero de la Libertad* (Ritter der Freiheit) von den spanischen Syndikalisten in Barcelona veröffentlicht wurde.

Wieder in Frankreich

In Paris gelandet, schrieb ich im Auftrag meiner schwedischen Gesinnungsfreunde eine Streitschrift gegen den Nationalsozialismus, die unter dem Titel »Den bruna pesten« (Die braune Pest) in Stockholm veröffentlicht wurde. Die schwedischen Syndikalisten propagierten den wirtschaftlichen und kulturellen Boykott des Dritten Reiches, doch das Ergebnis ihrer Kampagne war mager. Einige Kinos strichen auf Verlangen des Publikums Nazifilme aus ihrem Programm. Ein moralischer Erfolg für die Anti-Nazi-Propaganda, der aber von den Nazis nur als Mückenstich empfunden wurde.

In Frankreich und besonders in Paris hatte es nie zuvor so viele politische Emigranten aus Deutschland gegeben wie zu Beginn der Hitlerzeit. Die Zahl der Flüchtlinge war so groß, daß Georg Bernhard, der ehemalige Chefredakteur der »Vossischen Zeitung« in Berlin, es für ökonomisch tragbar hielt, ein »Pariser Tageblatt« herauszugeben. Leopold Schwarzschild hatte sein »Tagebuch« von der Spree an die Seine verlegt, und Willy Münzenberg veröffentlichte nach seinem Bruch mit Stalin eine Zeitlang die »Zukunft«.

Ich besuchte anfangs Zusammenkünfte der deutschen Emigranten, auf denen politische Probleme und soziale Theorien diskutiert wurden und wo man auch über literarische Themen sprach. Immer noch klingt mir die Tonika marxistischer Redner in den Ohren, die den Faschismus und Hitlerismus als von Karl Marx sozusagen vorausgesehene Endphase des Kapitalismus interpretierten, auf die unweigerlich die proletarische Weltrevolution folgen werde. Ein höheres Niveau hatten meine Gespräche mit Hellmut von Gerlach*, den ich des öfteren in der »Französischen Liga für Menschenrechte« traf, und auch mit Alfred Döblin, mit dem ich häufig in der Closerie des Lilas am Montparnasse Kaffee trank.

Mein tägliches Brot und mein wöchentliches Beefsteak verdiente ich mir als freier Journalist; ich schrieb für »Göteborgsposten«, (Göteborg), »Arbetaren« (Stockholm) und die New Yorker »Freie Arbeiter-Stimme«. In Paris, wo ich französische Verwandte hatte und in engem Kontakt mit meinen libertären Gesinnungsfreunden stand, fühlte ich mich menschlich, kulturell und geistig zuhause. Meine französischen Gesinnungsfreunde betrachteten mich als einen der ihren, war ich doch mit einer Französin verheiratet.

Auch in Frankreich gab es eine ultranationalistische Bewegung nach dem Vorbilde Mussolins und Hitlers, die aber nicht über ihre Anfänge hinauskam. Ihr Initiator war Oberst de la Rocque, der in Nachahmung des Hakenkreuzes das »gallische« Feuerkreuz (croix de feu) zum Symbol wählte. Seine Anhänger marschierten am 4. Februar 1934 zum Parlament – in der Absicht, die Abgeordneten davonzujagen und ihr eigenes Diktaturregime zu etablieren. Doch ihr Putschversuch mißlang. Weder die objektiven noch die subjektiven Faktoren waren einem solchen Unternehmen günstig. In Frankreich gab es keinen wirtschaftlichen Kollaps, die Volkspsyche war nicht mit einem verlorenen Krieg belastet. Durch die Niederlage der Demokratie in Deutschland gewarnt, schloß sich die französische Linke zu einer »Volksfront« zusammen.

Eine Woche nach dem Marsch der »Feuerkreuzler« veranstaltete das »Rassemblement populaire« (Volksfrontvereinigung), wie sich die Linke nannte, in Paris eine große Demonstration, an der Arbeiter, Angestellte, Intellektuelle und Studenten aus allen Linksparteien, von den bürgerlichen Radikalen bis zu den Kommunisten, teilnahmen. Bei den Parlamentswahlen im Mai des gleichen Jahres siegte das »Rassemblement«; eine Linksregierung kam vorübergehend an die Macht.

Die spätere Volksfrontregierung unter dem Sozialistenführer Léon Blum (von Juni 1936 bis Juni 1937) führte Sozialreformen wie die Vierzigstundenwoche, die Verlängerung der bezahlten Jahresferien der Arbeiter und anderes ein, was zur Befriedung des sozialen Klimas führte. Außenpolitisch befand sich die Regierung Blum in einem ideologischen Dilemma. Das sozialistische Herz neigte zu Abrüstung und Frieden, der politische Verstand forderte, nach Hitlers Austritt aus dem Völkerbund und dem Beginn der deutschen Aufrüstung, die Stärkung der militärischen Bereitschaft. Das eine schloß das andere aus.

Louis Lecoin – ein radikaler Pazifist
Unentwegte »Friedenstauben« waren meine antimilitaristischen

Freunde, allen voran mein alter Kampfgefährte Louis Lecoin, mit dem ich seit meinem ersten Frankreichaufenthalt 1921 in Verbindung stand. Militarismus blieb für Lecoin Militarismus, einerlei ob deutscher oder französischer Couleur. Auf einer Delegiertenversammlung der Pariser Syndikalisten kritisierte er die Genossen, »die von der Aufrüstung jenseits des Rheins sprechen, aber kein Wort des Tadels für Frankreichs kolossales Rüstungsbudget finden«. Er verwarf den Krieg als solchen, auch den gegen einen faschistischen Feind. Kein demokratisches Regime und keine Freiheiten waren nach seiner Auffassung einen Krieg wert; der Krieg galt ihm als das größte aller Übel. Er war bereit, selbst auf sein Freiheitsideal, dem er den Namen »Anarchie« gab, zu verzichten, wenn zu dessen Erreichung Berge von Leichen erforderlich wären.

1888 in Mittelfrankreich geboren, klein von Wuchs und schmächtig von Gestalt, verrieten die regelmäßigen Gesichtszüge des blonden Kelten nicht die Stärke seines Charakters. Lecoins Militantenlaufbahn begann im Alter von zweiundzwanzig Jahren. Während seiner Militärdienstzeit erhielt sein Regiment den Befehl, gegen streikende Arbeiter mit der Waffe vorzugehen. Lecoin verweigerte den Gehorsam. Vor dem Militärgericht erklärte er, in der Schule habe man ihn gelehrt, das Militär diene zur Verteidigung gegen einen äußeren Feind, nicht zur Niederschießung streikender Arbeiter. Sein Gewissen verbiete ihm, sich dazu mißbrauchen zu lassen.
Nach sechsmonatiger Haft wurde Lecoin einem Strafbataillon überwiesen. Bald nach seiner Freilassung betätigte er sich in der freiheitlichen Bewegung. Als »Rädelsführer« einer politischen Demonstration wurde er zu sieben Jahren Gefängnis verurteilt. Während des Ersten Weltkrieges schob man ihn von einem Gefängnis ins andere weiter. Acht Jahre seiner Jugend verbrachte er hinter Kerkermauern. Er hat diese Phase seines Lebens in seinem Buche »De prison en prison« (Von Gefängnis zu Gefängnis) beschrieben.
1920 freigelassen, trat Louis Lecoin in die Redaktion der anarchistischen Zeitschrift »Le Libertaire« ein. Ein halbes Jahrhundert lang war er die Seele der antimilitaristischen Bewegung Frankreichs. Wo und wann immer es galt, die Menschenrechte zu verteidigen, stand Lecoin an der Spitze. In seinen Memoiren »Le Cours d'une Vie« (Paris 1965) schildert er eindrucksvoll die einzelnen Etappen dieses Engagements.

Die große französische Revolution hatte zwar das Feudalsystem abgeschafft und die Menschenrechte verkündet, aber auch die allgemeine Militärdienstpflicht eingeführt. Aus einer Maßnahme zur Verteidigung der Revolution wurde eine konservative Institution. Auf Militärdienstverweigerung standen in Frankreich anderthalb Jahrhunderte lang schwere Strafen. Noch 1958 saßen mehr als 150 Kriegsdienstgegner in französischen Gefängnissen. Lecoin setzte sich für ihre Freilassung ein. Gemeinsam mit Albert Camus arbeitete er ein Statut aus, das den Militärdienstverweigerern einen Zivildienst ermöglichen sollte. Dieses Schriftstück wurde der Regierung am 15. Oktober 1959 zugeleitet. Umfragen ergaben, daß eine Mehrheit der Parlamentsabgeordneten dafür stimmen würde. Doch zweieinhalb Jahre später hatte die Regierung noch immer nicht geantwortet.

Am 28. Mai 1962 schrieb Lecoin einen Brief an den Präsidenten der Republik, Charles de Gaulle, in dem er ihm mitteilte, daß er am 1. Juni im Büro des Hilfskomitees für Militärdienstverweigerer in den Hungerstreik treten und so lange keine Nahrung zu sich nehmen werde, bis die Regierung zur Verkündung des Zivildienstgesetzes und zur Freilassung der inhaftierten Militärdienstverweigerer – einige befanden sich seit Jahren in Haft – bereit sei.

Lecoin handelte wie angekündigt. Die Presse berichtete über das ungewöhnliche Kampfmittel des alten Pazifisten. Auch im Ausland erregte der Fall Lecoin Aufsehen. Aus Italien kamen Telegramme von dem späteren Staatspräsidenten Saragat und dem nachmaligen Außenminister Nenni, in denen diese Lecoin ihre Sympathie bekundeten. Auch pazifistische Kreise der USA sandten Solidaritätsadressen.

Nach zweiundzwanzigtägigem Fasten lag Lecoin in den letzten Zügen. Die Ärzte gaben ihn auf. Die Zeitungen sprachen von seinem bevorstehenden Tod. Jetzt erst erklärte der französische Regierungschef, daß er die Vorlage zum Zivildienstgesetz dem Parlament zuleiten und die Entlassung der Militärdienstverweigerer aus dem Gefängnis veranlassen werde. Die Spannung war gewichen, die öffentliche Meinung beruhigt. Lecoin hatte gesiegt. Frankreichs Pazifisten jubelten. Ein Fünfundsiebzigjähriger hatte – mit dem Hunger als einziger Waffe – die Regierung der Grande Nation zum Nachgeben gebracht! Der konservative »Figaro Litteraire« schrieb am 30. Juni 1962 unter der Überschrift »Ein einziger Gerechter genügte«:

»Lecoin, der im Sterben lag, ist, wie man hoffte, gerettet. Er trat in den

Hungerstreik, damit die Militärdienstverweigerer aus Gewissensgründen befreit werden. Lecoin hat gewonnen. Ein einziger wohlgezielter stählerner Wille überwand das Schneckentempo der Verwaltung, die im Grunde wohl nicht dagegen war, sich aber Zeit ließ. Es ist bekannt, daß der einer zügigen Erledigung des Zivildienststatuts geneigte General de Gaulle Lecoin am Leben erhalten wollte. Man hat Grund anzunehmen, daß sein Eintreten die Entscheidung beschleunigt hat. So konnte Lecoin am Rande des Grabes doch noch gesund werden.«

Die Regierung hielt ihr Wort. Der Instanzenweg von der Exekutive zur Legislative und zurück dauerte freilich noch länger als ein Jahr. Doch am 22. Dezember 1963 wurde das Gesetz verkündet. Für alle Kriegsdienstverweigerer öffneten sich die Gefängnistore.
Als Louis Lecoin 1970 im Alter von 82 Jahren starb, wurde er von allen Freunden des Friedens und der Freiheit aufrichtig betrauert. [1]

1 1964 schlugen sechzehn französische Intellektuelle, unter ihnen Nobelpreisträger und Mitglieder der Academie Française, den militanten Antimilitaristen Lecoin für den Friedensnobelpreis vor. Es bleibt bedauerlich, daß sich das norwegische Parlament nicht für ihn entscheiden konnte. Diese Ehrung wäre nicht nur einem Wohlverdienten zuteil geworden, sie hätte darüber hinaus auch den Friedenskämpfern der ganzen Welt neuen Auftrieb gegeben und damit der Sache des Friedens gedient.

Alexander Berkman

Der 1870 im russischen Wilna geborene Alexander Berkman schrieb im Alter von dreizehn Jahren einen gottesleugnerischen Aufsatz, der das Mißtrauen seiner Lehrer erregte. Als er sich zwei Jahre später einer revolutionären Schülergruppe anschloß, wurde der aus bürgerlichem Hause stammende Gymnasiast von der Schule verwiesen und auf die Schwarze Liste gesetzt; das bedeutete, daß er in keiner Lehranstalt des großen Zarenreiches mehr Aufnahme fand. Der Möglichkeit eines Studiums beraubt, emigrierte der Achtzehnjährige nach dem Tode seines Vaters in die Vereinigten Staaten, in das gelobte Land der demokratischen Freiheiten. Aus einem revolutionären Milieu kommend, suchte der junge Einwanderer auch in seiner neuen Heimat Anschluß an die soziale Avantgarde. In der Druckerei der von Johann Most herausgegebenen deutschsprachigen Zeitung »Freiheit« in New York erlernt er das Schriftsetzerhandwerk. Nun gehört er der Arbeiterklasse an.

Im Lande der Freien und Frommen waren zu jener Zeit die Verhältnisse für die große Masse der Bevölkerung keineswegs ideal. Die Arbeitszeit betrug zehn bis zwölf Stunden täglich, die Löhne waren niedrig, es gab weder Krankenversicherung noch Altersrente, und wer arbeitslos war, lebte an der Hungergrenze.

Wenige Monate vor der Ankunft des jungen Alexander Berkman waren in Chicago vier Anarchisten hingerichtet worden. (Siehe S. 65.) Die weltweite Empörung über diesen Justizmord war noch in frischer Erinnerung, als 1892 die Arbeiter der Carnegie-Stahlwerke in Homestead, Pennsylvania, in den Streik traten, um ihre Forderung auf Verkürzung der Arbeitszeit durchzusetzen. Anläßlich einer Demonstration am 6. Juli eröffneten im Dienste des Unternehmens stehende Pinkertons (Privatpolizei der Unternehmer) das Feuer auf die Streikenden, wobei elf Arbeiter, darunter ein elfjähriger Junge, getötet wurden. Diese Bluttat an unbewaffneten Demonstranten löst im ganzen Lande Entrüstung aus. Selbst konservative Kreise fordern die Bestrafung der Schuldigen. Doch der Generaldirektor des Unternehmens, Henry Clay Frick, der die Verantwortung für das Massaker übernommen hatte, bleibt unbehelligt. Polizei und Justiz stellen sich taub.

Als auch die obersten Staatsbehörden nicht eingreifen, entschließt sich

Alexander Berkman, Vergeltung zu üben. Wie und warum, darüber schrieb die dänische Dichterin Karin Michaelis: »Berkman, zweiundzwanzig Jahre alt geworden, ohne bisher Sünde und Unrecht aus der Welt geschafft zu haben, beschließt, sein Leben zu opfern. Er will Frick umbringen. Ihn umbringen, selbst umgebracht zu werden, den Arbeitern zu helfen, aber besonders der Sache. Es ist eine Art Propagandahandlung. Überlegt, wie man überlegt, wenn man zweiundzwanzig Jahre alt und Idealist ist.«

Berkman macht die weite Reise nach Homestead, dringt in das Büro des Generaldirektors ein und feuert drei Schüsse auf ihn ab. Frick, nur leicht verletzt, kommt mit dem Leben davon. Berkman wird bei der Festnahme verwundet und zu zweiundzwanzig Jahren Zuchthaus verurteilt. Vierzehn Jahre büßt er seine Tat in der berüchtigten Strafanstalt von Alleghanie. In seinen Gefängniserinnerungen hat er seine grauenvollen Erlebnisse dort geschildert; dieses Buch gehört zu den bedeutendsten Gefängnisberichten der Weltliteratur. [1] Berkman zeigt, wie unmenschlich Menschen handeln können, wenn sie wissen, daß ein Amt ihnen die persönliche Verantwortung abnimmt. Daß Berkman die schweren Leiden dieser Jahre ungebrochen überlebt hat, zeugt von Geisteskraft und Seelengröße.

1906 wieder in der Freiheit, stellt Alexander Berkman sein Leben aufs neue in den Dienst des sozialen Kampfes. Er übernimmt die Redaktion der von seiner Kampfgefährtin Emma Goldman herausgegebenen Monatsschrift »Mother Earth« (Mutter Erde), unternimmt Vortragsreisen durch das ganze Land, organisiert Streiks, Demonstrationen und Kampagnen für die Freilassung politischer Häftlinge. Alexander Berkman und Emma Goldman treten auch nachdrücklich für die Geburtenregelung ein. Als Emma Goldman dafür verurteilt wird, schreibt »The Little Review Anthology«: »Emma Goldman muß ins Gefängnis, weil sie die Frauen ermahnt, sich nicht damit abzufinden, ihren Mund zu halten und ihren Schoß zu öffnen.«

Beim Eintritt der USA in den Ersten Weltkrieg (Frühjahr 1917) stellt sich Alexander Berkman an die Spitze einer Bewegung gegen die Einführung der Allgemeinen Wehrpflicht, die es bis dahin in diesem Lande nicht gegeben hatte. Das bringt ihm keine Lorbeern, aber zwei Jahre Gefängnis ein. Zur gleichen Strafe wird wegen desselben Delikts Emma Goldman verurteilt. Nach seiner Freilassung macht Berkman sich zum Anwalt des

---

1 Zuerst 1912 unter dem Titel *Prison Memoirs of an Anarchist* erschienen, später auch ins Deutsche übersetzt. Siehe jetzt: *Alexander Berkman, Die Tat.* Frankfurt 1976.

radikalen Arbeiterführers Tom Mooney, der in San Francisco wegen einer Bombenexplosion bei einer patriotischen Kundgebung unschuldig zum Tode verurteilt worden war. Die Kampagne hat Erfolg, Mooney's Leben ist gerettet. Doch nun fordern die kalifornischen Justizbehörden die Auslieferung des inzwischen nach New York zurückgekehrten Berkman, dem eine schwere Strafe droht. Dank Protestaktionen der amerikanischen und russischen Arbeiter – es war nach Ausbruch der Russischen Revolution – kommt es nicht zur Auslieferung des antimilitaristischen Propagandisten an die kalifornische Justiz. Ende 1919 aber werden Alexander Berkman, Emma Goldman und 245 in Rußland geborene und für die Russische Revolution eintretende Linksradikale nach Sowjetrußland deportiert.

Im Mai 1920 lernte ich Alexander Berkman und Emma Goldman in Moskau persönlich kennen, deren Namen mir durch ihren Kampf für soziale Gerechtigkeit, Freiheit und Frieden seit Jahren vertraut waren. In den Zügen des Fünfzigjährigen las ich Willensstärke, Entschlossenheit, Energie. Der persönliche Kontakt mit ihm entsprach den Vorstellungen, die ich mir von diesem Manne gemacht hatte, der in seiner Jugend um der Gerechtigkeit willen sein Leben aufs Spiel gesetzt hatte, der alle Widerstände überwand, für den es kein Zurück gab. Berkman war für mich kein Fremder. Wir gehörten der gleichen Geistesrichtung an und hatten gemeinsame Freunde. Nichts natürlicher, als daß wir uns von der ersten Begegnung an mit dem Vornamen anredeten.
Meine Gespräche mit Sascha, an denen auch Emma Goldman teilnahm, drehten sich um die Russische Revolution, deren Entartung uns mit Sorge erfüllte. Die Diktatur der bolschewistischen Partei wurde immer drückender, die Verfolgung nichtkommunistischer Revolutionäre immer brutaler. Wie Berkman über die Revolution dachte, soll mit seinen eigenen Worten gesagt werden. In seiner Schrift über »Die russische Tragödie« schrieb er:

»Mein Herz schlug freudig, als ich nach Rußland kam. Ich wollte mich voll und ganz in den Dienst des Volkes stellen. Ich fühlte, daß ich wieder jung sein werde bei meinen Bemühungen und bei harter Arbeit für die Förderung des Gemeinwohls. Ich war bereit, selbst mein Leben hinzugeben für die Verwirklichung der großen Hoffnung der Welt, für die soziale Revolution.«

Doch die von den revolutionären Arbeitern erkämpften Freiheiten wurden von der kommunistischen Partei rücksichtslos beseitigt. Eines Tages erzählte mir Berkman, Karl Radek, der Sekretär der Kommunistischen Internationale, habe ihm vorgeschlagen, Lenins Schrift über die »Kinderkrankheit« des Linksradikalismus ins Englische zu übersetzen. Berkman erklärte sich dazu unter der Bedingung bereit, daß er in einem Vor- oder Nachwort zum gleichen Thema Stellung nehmen dürfe. Überflüssig zu sagen, daß Lenin ablehnte. Kritik gab es unter der Diktatur nicht und am allerwenigsten an ihrer Spitze. Die Anhänger des Zarismus waren geschlagen, die Verteidiger des Kapitals desorganisiert, von den konservativen Mächten drohte keine Gefahr. Dennoch gab es keine Freiheit und wenig Brot.

Der Kronstädter Aufstand im März 1921 war die Klimax, der Höhepunkt der Auseinandersetzung. Alexander Berkman und Emma Goldman erklärten sich mit den Petrograder Arbeitern und Kronstädter Matrosen solidarisch, die eine gerechtere Lebensmittelrationierung, freie Wahl der Sowjets, Presse- und Versammlungsfreiheit forderten. Lenin und Trotzki antworteten mit Kanonen, Panzerwagen und Maschinengewehren. 18 000 revolutionäre Arbeiter, Matrosen und Soldaten wurden niederkartätscht. »Hierzu zu schweigen«, schrieben Alexander Berkman und Emma Goldman den kommunistischen Machthabern, »wäre ein Verbrechen«. Die beiden Anarchisten sahen in diesem Rußland keine Möglichkeit mehr zu freier politischer Betätigung. Unter der Herrschaft der kommunistischen Partei war das revolutionäre Rußland reaktionär geworden. Wie der achtzehnjährige Berkman aus dem Zarenreich, so mußte nun der einundfünfzigjährige aus dem Land der kommunistischen Diktatur emigrieren. Diese zweite Emigration aber war bitterer als die erste, sie zerstörte seine Illusionen. Jahrzehntelange Hoffnungen waren in ihm zusammengebrochen. Die Herrschaft der kommunistischen Partei zeigte ihm, wie eine Revolution zugrundeging.

Ende 1921 verließen Alexander Berkman und Emma Goldman das Land ihrer Träume und ihrer Enttäuschungen. Nach kurzem Aufenthalt in Schweden kamen sie nach Berlin. Berkman, der die Leiden hinter Kerkermauern kannte, vergaß nicht seine in kommunistischen Gefängnissen zurückgebliebenen Gesinnungsgenossen. Er sammelte Unterstützungsgelder für sie und gab ein Informationsblatt über die politischen Verfolgungen in der Sowjetunion heraus. In seinen Schriften »Die Kronstadt-Rebellion« und »Die russische Tragödie« wies er auf die Unvereinbarkeit von Diktatur und Sozialismus hin. In seinem Buche »Das ABC des Anarchismus« zeigte er, an die Erfahrungen im Ruß- land Lenins anknüpfend, daß die sozialistische Gerechtigkeit nicht durch staatliche Zwangswirtschaft verwirklicht werden kann. Er empfiehlt freie Vereinigungen selbständig wirkender Produzenten. Während seines mehrjährigen Aufenthaltes in Ber- lin hatte ich Gelegenheit, den Menschen Alexander Berkman aus der Nähe kennenzulernen, die Selbstlosigkeit seiner Bestrebun- gen und sein tiefverwurzeltes Solidaritätsgefühl.

Berlin war für die russischen Flüchtlinge eine Etappe, keine End- station. Nur wenige von ihnen konnten sich dort akklimatisie- ren. Die meisten suchten sich beim Abflauen der Konjunktur und Anwachsen der Hitlerbewegung gastlichere Länder. In den USA war Alexander Berkman persona non grata. In Frankreich wollte man ihm zunächst, unter Hinweis auf seine Vergangen- heit, keine Aufenthaltsgenehmigung gewähren. Erst als Romain Rolland, Bertrand Russell, Thomas Mann und Albert Einstein sich für ihn einsetzten, erhielt er im Mutterland der europäischen Revolution das Recht zum Daueraufenthalt. Er starb am 28. Juni 1936, zwei Wochen vor Ausbruch des Spanischen Bürgerkrieges. Über sein bitteres Ende schreibt Emma Goldman:

»Die vielen Jahre Gefängnis und Exil, die unmenschlichen Erniedrigun- gen, denen er ausgesetzt war – selbst die Atemluft mußte er von beam- teten Kriechern erbetteln –, der entnervende und erschöpfende Kampf für die bloße Existenz, zu dem noch seine schwere Krankheit kam, all dies machte ihm das Leben zur Last. Alexander Berkman haßte die Ab- hängigkeit; er wollte keine Bürde für die sein, die ihm nahestanden. So tat er das, was er immer vorausgesagt hatte: er beschleunigte sein Ende mit eigener Hand.«

Im Gegensatz zu politischen Berufsrevolutionären war Alexan- der Berkman ein permanenter Rebell. In seiner Jugend fühlte er sich als Arm einer irdischen Gerechtigkeit. Er selbst, er ganz al- lein, wollte einen Potentaten strafen, der nicht davor zurück- schreckte, unschuldige Menschen ermorden zu lassen. Sein At- tentat mißlang, dennoch mußte er den Versuch schwer büßen. Von den sechsundsechzig Jahren seines Lebens war ein halbes Jahrhundert dem Ringen für Freiheit und soziale Gerechtigkeit gewidmet; selbst im Kerker setzte er sich für die Rechte seiner mitgefangenen Leidensgenossen ein. Erfolglos als Attentäter, war Sascha Berkman integer als Charakter und konsequent als Anarchist.

Buenaventura Durruti

Als Sekretär der Internationalen Arbeiter-Assoziation hatte ich engen Kontakt mit den spanischen Anarchosyndikalisten, die während Primo de Riveras Diktatur eine Kampfgemeinschaft mit der katalanischen Linken eingegangen waren. Es dürfte 1927 gewesen sein, als uns der Führer der katalanischen Autonomiebewegung, Oberst Francisco Maciá Llusa, besuchte, der in der Hoffnung gekommen war, finanzielle Mittel für den gemeinsamen Kampf gegen die Diktatur erhalten zu können. Ich mußte ihn leider enttäuschen, denn an Geld war die syndikalistische Internationale arm. Er wandte sich an die Rote Gewerkschaftsinternationale in Moskau, doch auch dabei hatte er keinen Erfolg. Stalin hatte nicht das geringste Interesse an den Zielsetzungen der Katalanen und Syndikalisten, bei denen die Kommunisten nichts profitieren konnten. Nach den Gemeindewahlen vom 14. April 1931, die den Republikanern die Mehrheit brachten, hatte Maciá die Genugtuung, als erster die Geburt eines autonomen Kataloniens ausrufen zu können, auf die tags darauf die Proklamierung der spanischen Republik folgte.

Die katalanischen Patrioten beschlossen 1977, ihrem legendären Vorkämpfer in Barcelona ein Denkmal zu errichten.

An einem Sommerabend des Jahres 1928 hörte ich beim Nachhausekommen in meiner Wohnung in Berlin-Wilmersdorf mit sonorer Männerstimme den französischen Refrain »C'est le piston, piston, piston qui fait marcher la machine«. [1] Der Sänger war ein hochgewachsener, kräftiger, dunkelhaariger Mann Mitte der Dreißiger, der mit meinem dreijährigen Jungen spielte. Das war meine erste Begegnung mit Buenaventura Durruti.

1896 in der nordspanischen Provinzhauptstadt León als Sohn eines Eisenbahners geboren, nach Beendigung der Schulzeit Schlosser- und Mechanikerlehrling, nahm Durruti schon in jungen Jahren an den Gewerkschaftskämpfen teil. Militant, aber (nach eigenem Willen) nicht Militär, entzog er sich der Wehrpflicht durch Flucht nach Frankreich, so daß, wie er später seiner Schwester schrieb, der König einen Soldaten weniger und einen Revolutionär mehr hatte. Durch den Umgang mit Exilspaniern und Lektüre freiheitlicher Schriften kam er zum Anarchismus. Nach zweijäh-

: »Es ist der Kolben, Kolben, Kolben, der die Maschine in Gang bringt.«

rigem Auslandsaufenthalt kehrte er in sein Geburtsland zurück. Der Zweiundzwanzigjährige ist bereits einer der eifrigsten Aktivisten in den sozialen Kämpfen.

Während des Ersten Weltkrieges hatte Spanien Hochkonjunktur. Vollbeschäftigung schuf günstige Voraussetzungen für den Kampf um Erhöhung der niedrigen Löhne und Verbesserung der schlechten Arbeitsbedingungen. Auf sozialem Gebiet war Spanien hinter den weiter entwikkelten europäischen Industrieländern zurückgeblieben. Die arrogant abweisende Haltung der Unternehmer und die rudimentäre Arbeitsgesetzgebung drängten die Arbeiter auf den Weg der (seit den Tagen der I. Internationale traditionellen) »direkten Aktion«. Regierung, Polizei, Militär und Kirche standen auf Seiten des Kapitals. Die radikalen Gewerkschaften sollten zerschlagen, die aktiven Arbeiterführer ausgeschaltet werden. »Pistoleros«, bewaffnete Privatpolizisten, machten Jagd auf bekannte Gewerkschafter. Als der Anarchosyndikalist Angel Pestaña* in Barcelona am hellichten Tag angeschossen wird, antworten die Arbeiter mit einem Proteststreik. Nicht weniger als dreiunddreißig Syndikalisten sind 1920 teils von den Pistoleros, teils von der Polizei »auf der Flucht« erschossen worden.

Terror von unten ist die Antwort auf diesen Terror von oben. Der konservative Ministerpräsident Eduardo Dato fällt im März 1921 einem Attentat der katalanischen Anarchisten Pedro Mateu und Luis Nicolau zum Opfer. Der Organisator der Pistoleros wird von den Anarchisten Francisco Ascaso* und Garcia Oliver* niedergeschossen. Der für die Verfolgungen in Aragonien verantwortliche Gouverneur Regueral endet eines gewaltsamen Todes. Auf die Ermordung des C.N.T.-Führers Salvador Segui durch die Polizei erfolgt die Erschießung des Erzbischofs von Saragossa, Monseñor Soldevila, durch die Revolutionäre. Soldevila war es, der die Pistoleros in seiner Diözese eingeführt hatte. Die Attentate werden von Einzelnen oder von zwei Kampfgefährten ausgeführt. Eine zentrale Terrororganisation gibt es nicht.

Durruti geht eine Waffenbrüderschaft mit Francisco Ascaso ein, die bis in den Tod dauern sollte. Um die Gewerkschaften nicht zu kompromittieren, gründen die Einzelkämpfer einen ideologischen Bund mit dem Namen »Los Justicieros« (Gerechtigkeitskämpfer, 1922); er nannte sich später »Los Solidarios« (Die Solidarischen). Beide waren Vorläufer der 1927 gegründeten F.A.I. (Federación Anarquista Iberica).

Die Spannungen wachsen, den Gefangenen muß geholfen, ihren Rechtsanwälten Honorar bezahlt werden. Bei Verbot und Auflösung der Gewerkschaften durch die Behörden wird deren Kasse beschlagnahmt. Es sind keine Mittel mehr vorhanden. Durruti findet einen Ausweg. »Wenn der Staat unsere Gewerkschaftskassen plündert, dann haben wir das Recht, uns an öffentlichen Geldern schadlos zu halten.« Das freilich erfordert Wagemut, Unerschrockenheit, Selbstsicherheit. Doch daran fehlt es weder Durruti noch Ascaso. Beim Überfall auf einen Geldtransport des Banco de España sollen ihnen (der Presse zufolge) 100 000 und bei einem Überfall auf den Banco de Bilbao 300 000 Pesetas in die Hände gefallen sein. In den Zeitungsberichten wurden Durrutis Mutter die Worte in den Mund gelegt: »Ob mein Sohn Millionen manipuliert, weiß ich nicht. Dagegen weiß ich, daß jedesmal, wenn er nach Hause kommt, ich ihn von Kopf bis Fuß einkleiden muß.« In Madrid festgenommen, wird Durruti der Fahnenflucht, eines Banküberfalls und der Vorbereitung eines Attentats auf König Alfons XIII. beschuldigt. Da man ihm die Hauptdelikte nicht nachweisen kann, soll er als Deserteur nach Marokko verschickt werden. Dieser Strafe entzieht er sich durch die Flucht.

Im September 1923 proklamiert der General Primo de Rivera die Diktatur. Die syndikalistischen Gewerkschaften stellen ihre Tätigkeit ein, um der Militärregierung keinen Vorwand zum Eingreifen zu geben, die militanten Gruppen aber setzen den Kampf illegal fort. Durruti und Ascaso können sich vor ihrer Verhaftung nach Frankreich absetzen. Eine Schlacht war verloren, doch der Elan ist ungebrochen und der Kampf geht weiter.

Ein Jahr darauf wird eine allgemeine Erhebung vorbereitet. Geplant sind Generalstreik, die Besetzung von Kasernen durch revolutionäre Arbeiter mit Hilfe von Genossen unter den Soldaten und Unteroffizieren, Guerilla-Operationen unter Führung von Ascaso und Durruti an den Pyrenäen. Als der erste Schlag mißlingt, mobilisieren die Generäle ihre gesamten Streitkräfte, denen die Revolutionäre nicht gewachsen sind. Der Aufstand bricht zusammen. Nun setzt die Reaktion mit voller Wucht ein. Die Gefängnisse füllen sich mit Freiheitskämpfern, deren Familien unterstützt werden müssen. Doch es fehlt an Mitteln, denn die Gewerkschaften waren aufgelöst worden und Sammlungen können nicht veranstaltet werden. Durruti und Ascaso beschließen, im hispanischen Lateinamerika Geld aufzutreiben. Zu ihnen gesellt sich Gregorio Jover von der Gruppe der »Solidarios«. Sie beginnen ihre Mission Ende 1924 in Kuba und beenden sie anderthalb Jahre später in Argentinien.

Im Frühjahr 1926 wieder in Frankreich, werden Ascaso, Durruti und Jover von einer Nachricht von strategischer Bedeutung überrascht. König Alfons XIII. ist zu den Feierlichkeiten des französischen Nationalfeiertages am 14. Juli nach Paris eingeladen. Eine seltene Gelegenheit zu einem entscheidenden Schlag gegen die Diktatur: Den König entführen! Vorbereitungen werden mit aller Sorgfalt getroffen, doch der Plan wird entdeckt, die »drei Musketiere« (wie Durruti, Ascaso und Jover scherzhaft genannt werden) landen im Gefängnis. Spanien fordert ihre Auslieferung. Da es sich aber um ein politisches Delikt handelt, protestiert die Öffentlichkeit gegen dieses Ansinnen. Die liberale und demokratische Presse wie auch im Exil lebende Repräsentanten der spanischen Kultur – unter ihnen Miguel Unamuno, José Ortega y Gasset und Blasco Ibanez –

setzen sich für die verhinderten Königsentführer ein.

Die Regierung gibt nach. Nun aber fordert Argentinien die Auslieferung der Beschuldigten wegen politischer Delikte. Auch dagegen protestiert die französische Öffentlichkeit. Über 250 Deputierte der Kammer (Parlamentsabgeordnete) fordern in einer Petition den Ministerpräsidenten auf, die drei Spanier freizulassen. Die Volksvertreter sind der Meinung, daß aus politischen Motiven begangene Straftaten mit politischem Maßstab gemessen werden müssen. Poincaré, der Ministerpräsident, will eine Abstimmung vermeiden, die zu seinem Sturz führen könnte. Aus diesem Grunde lehnt er das Auslieferungsbegehren Argentiniens ab. Die drei über ein Jahr inhaftierten Anarchisten werden freigelassen, dürfen aber nicht im Lande bleiben. Das kommunistische Rußland lehnt ihr Einreisegesuch ab. Durruti und Ascaso entschließen sich, illegal nach Deutschland zu reisen. So kommen sie nach Berlin.

Nach erfolglosem Bemühen bei der Polizeibehörde, eine Aufenthaltsgenehmigung für die beiden politischen Flüchtlinge zu erreichen, wandte ich mich um Rat an den mir bekannten früheren sozialdemokratischen Justizminister in Preußen Kurt Rosenfeld*, der ein namhafter und erfolgreicher Anwalt war. Er hielt eine Aufenthaltsgenehmigung für Durruti und Ascaso wegen ihrer Beteiligung an dem Attentat auf den Kardinal Soldevila für ausgeschlossen. Die an der Regierung beteiligte Zentrumspartei werde auf ihrer Auslieferung an Spanien bestehen. Blieben beide aber unangemeldet in Berlin, so gäbe es eine Chance, daß man ein Auge zudrücke.

Durruti hielt sich mehrere Wochen in meiner Berliner Wohnung auf. So hatte ich Gelegenheit, seine Einfachheit, Aufrichtigkeit und offene Gemütsart kennen- und schätzenzulernen. In Berlin, fern von ihrer spanischen Heimat und weit weg von ihren in Frankreich und Belgien gegen die Diktatur konspirierenden spanischen Kampfgefährten, standen die militanten Anarchisten auf verlorenem Posten. Der Inaktivität überdrüssig, gingen sie nach Belgien, wo sie zusammen mit Maciá die Erhebung gegen die Diktatur vorbereiteten. Der Sturz der Monarchie war nicht fern.

In der »familia libertaria«, der internationalen freiheitlichen Familie, der wir angehörten, fühlten wir uns alle als Brüder und Schwestern. Wie ich selbst auf meinen vielen Reisen auf dem alten und dem neuen Kontinent bei Gesinnungsfreunden Unterkunft fand, so stand auch mein Haus für alle Geistesverwandten offen. Die bekanntesten unter ihnen, an die ich mich erinnere, waren Emma Goldman, der von Mussolini verfolgte italienische Philosophieprofessor Camillo Berneri* (den die Kommunisten in der tragischen Maiwoche 1937 in Barcelona hinterrücks erschossen) und der spanische Intellektuelle Orobon Fernandez, dem ich einen Anzug lieh, damit er sich in der Berlitzschule, wo er sich um die Stellung eines Lehrers bewarb, in bürgerlicher Kleidung vorstellen konnte.

Bei Ausbruch des Spanischen Bürgerkrieges im Juli 1936 befand ich mich in Barcelona bei Durruti und seinen Genossen. Der Kampf dieser Julitage hatte epische Größe. Ascaso fiel bei der Erstürmung der Kaserne Atarazana. In dieser Schlacht siegten die militärisch unausgebildeten Anarchisten über das klassisch gedrillte Militär. Zwei Tage später nach dem Siege in Katalonien zog Durruti an der Spitze einer vieltausendköpfigen Kolonne nach der Provinz Aragonien, deren Hauptstadt Saragossa von den aufständischen Militärs besetzt worden war. In jedem Dorf, in jeder Stadt, durch die Durrutis Kolonne kam, vollzog sich, wie durch die magische Kraft eines Zauberstabes, eine soziale Revolution.

Durrutis Vormarsch wurde von Francos überlegenen Streitkräften bei Caspe zum Stillstand gebracht. Dem Militäraufstand und der Sozialrevolution folgte ein Stellungskrieg. Als einige Monate später die Franco-Truppen Madrid bedrohten, eilte Durruti zu Hilfe. Sein Erscheinen stärkte die gesunkene Kampfmoral. Doch die Kämpfe forderten große Opfer. Von den 4000 Milizionären, mit denen er nach Madrid gezogen war, fielen im Laufe weniger Wochen zwei Drittel. Auch ihn selbst traf ein Schuß mitten ins Herz. Es war eine verlorene Kugel.

Durrutis Kämpferlaufbahn hatte mit siebzehn Jahren als Streikführer begonnen und endete mit vierzig Jahren als Kolonnenführer im Bürgerkrieg. Kein Theoretiker, wirkte er für seine Ideen mit Taten, wobei er auch vor Attentaten nicht zurückschreckte. (Allerdings wurde ihm kein Attentat konkret nachgewiesen.) Sein bewegtes Leben faszinierte Historiker und Dichter, so auch Hans Magnus Enzensberger [1]. Ausführliche Biographien erschienen in spanischer und französischer Sprache.

Durruti war keiner jener Generäle, die im Bett sterben. Er kämpfte als militanter Revolutionär. In seiner Kolonne gab es

1 *Der kurze Sommer der Anarchie*, Frankfurt a. M. 1972.

nur gleichberechtigte Kameraden. Er aß das für alle gleich zube-
reitete Essen. Er schlief auf dem Boden, um sein Bett Bedürftige-
ren zu überlassen. Disziplin erzwang er nicht durch Subordina-
tion, er erreichte sie durch sein beispielhaftes Verhalten. Darin
lag seine Stärke als Führer unter Gleichen. Glühender Idealist,
unerschrockener Kämpfer, unkorrumpierbarer Charakter: das
war Buenaventura Durruti. Geboren am 14. Juli, dem Tag der
Erstürmung der Bastille, der die große französische Revolution
einleitete, gestorben am 20. November, dem Datum des Aus-
bruchs der großen mexikanischen Revolution, hatte das Schicksal ihn zum Revolutionär prädestiniert.

Simon Radowitzky
Keine Sibylle hätte voraussagen können, daß der 1889 in dem
ukrainischen Dorf Stepanitz geborene Simon Radowitzky* am
14. November 1909 ein Attentat auf den Polizeipräsidenten von
Buenos Aires verüben werde und dafür einundzwanzig Jahre in
der traurig-berühmten Strafanstalt von Ushuaia in Feuerland
werde büßen müssen. Was war es, das den empfindsamen Jüngling zu einer seinem Wesen zutiefst fremden Gewalttat trieb?
Diese menschliche Tragödie ist nur im Zusammenhang mit den
sozialen Verhältnissen verständlich.

Um seinen Kindern den Schulbesuch zu ermöglichen, übersiedelte der im
Talmud erzogene Vater Radowitzkys mit der Familie in die nahegelegene
Industriestadt Jekaterinoslaw. Der junge Simon lernte rudimentär lesen,
schreiben und rechnen. Armut zwang den Vater, seinen zehnjährigen
Sohn aus der Schule zu nehmen. Als Schlosserlehrling hatte Simon Kost
und Logis, dafür mußte er aber von sechs Uhr morgens bis acht Uhr
abends arbeiten, kleine Essenspausen ausgenommen. Der noch nicht Elf-
jährige hatte seine Schlafstelle auf einer Pritsche unter dem Eßtisch in der
Wohnung des Meisters. Hier hörte er bis tief in die Nacht die Kommili-
tonen der Meistertochter über Politik, über die Unterdrückung des Volkes durch das Zarenregime und über die sozialen Befreiungskämpfe diskutieren. Neue Worte, fremdartige Gedanken – eine unbekannte Welt
eröffnete sich ihm. Diese »Abendkurse« – wie er sie mir gegenüber später
nannte – sollten für die geistige Entwicklung des jungen Zaungastes und
auch für sein zukünftiges sozialrevolutionäres Militantentum von großer
Bedeutung sein.
Mit vierzehn Jahren arbeitete Simon Radowitzky in einer Metallwaren-
fabrik in Jekaterinoslaw. 1904 streikten die Arbeiter des Betriebes für
Herabsetzung der Arbeitszeit von zwölf auf zehn Stunden. Bei einer

Straßendemonstration der Streikenden wird der junge Metallarbeiter von anrückenden Kosaken durch Säbelhiebe in der Brust so schwer verletzt, daß er ein halbes Jahr ans Krankenbett gefesselt ist. Kaum genesen, verbreitet der Fünfzehnjährige sozialistische Flugblätter, wofür er zu vier Monaten Gefängnis verurteilt wird.

Die Revolution von 1905 bestimmt Radowitzkys Schicksal. Der Entrüstungssturm, der sich nach dem Petersburger Blutsonntag vom 22. Januar in ganz Rußland erhob, erreicht auch Jekaterinoslav. Simon Radowitzky, trotz seiner Jugend zum zweiten Sekretär des Sowjet (Betriebsrat) der Fabrik Brandsi Zawot gewählt, läßt die Sirenen heulen, worauf die Arbeiter, nach Verabredung, auf die Straße ziehen. Diese Verwegenheit hätte für den Sechzehnjährigen Verbannung nach Sibirien zur Folge haben können. Von den Eltern und Kameraden bestürmt, ins Ausland zu fliehen, gelingt es ihm, nach Deutschland zu entkommen. In Hamburg schifft er sich nach Argentinien ein.

Was erwartet ihn in der terra incognita des neuen Kontinents? Werden sich seine jugendlichen Energien auf den Erwerb persönlichen Besitzes konzentrieren? Wird er auch in der neuen Umgebung an den Kämpfen der Arbeiter teilnehmen?

Der junge Einwanderer hat keinen Marschallstab im Tornister, aber ein leidenschaftlich schlagendes Herz in der Brust. Er findet in der Schmiedewerkstatt Zamboni Arbeit, schließt sich der Gewerkschaft an, erlernt die Landessprache und liest die anarchistische Tageszeitung »La Protesta«. Hier findet er Ideen und theoretische Begründungen für das, was er bisher in der Praxis getan hatte. Wohl gibt es im La-Plata-Lande politische Freiheiten, doch Ausbeutung, Armut und Unwissenheit herrschen auch hier. Und auch hier müssen die Arbeiter hart für ihre wirtschaftliche Besserstellung und ihren sozialen Aufstieg kämpfen.

Am 1. Mai 1909 veranstalten die Gewerkschaften, wie in den vorangegangenen Jahren, ihre traditionelle Demonstration, die in ganz Lateinamerika in Erinnerung an die Märtyrer von Chicago (s. o.) abgehalten wird. Gefordert werden Verkürzung der zehn- bis zwölfstündigen Arbeitszeit und bessere Arbeitsbedingungen. Der Polizeipräsident von Buenos Aires, Oberst Ramón Falcón, hatte den Aufmarsch verboten, doch die Arbeiter wollen sich ihr durch die Verfassung garantiertes Recht nicht nehmen lassen. 30 000 Demonstranten haben sich auf der Plaza Lorea eingefunden. Oberst Falcón, mit seiner Polizei angerückt, gibt Schießbefehl. Das Resultat: acht Tote und vierzig Verwundete. Die Bluttat löst Empörung aus. Die Arbeiter fordern die Absetzung und Bestrafung des brutalen Polizeimannes, der aber von der Regierung gestützt wird. Der tags darauf von den Gewerkschaften ausgerufene Proteststreik erfaßt das ganze Land. Die Regierung schließt die Gewerkschaften, verbietet die Arbeiterpresse und verhaftet alle bekannten radikalen Arbeiterführer. Nach einer Woche kehrt wieder Ruhe ein, die Verhafteten werden entlassen, die Zeitungen können wieder erscheinen, die Gewerk-schaften dürfen ihre Tätigkeit wieder aufnehmen. Die Arbeiter kehren zur Arbeit zurück. Der schuldige Polizeipräsident aber bleibt im Amt. Kein staatlicher Richter fordert Rechenschaft von ihm.

Simon Radowitzky, der an der Maikundgebung teilgenommen hatte und die Genossen an seiner Seite fallen sah, erinnert sich an das Vorgehen der Kosaken im zaristischen Rußland. Solidaritätsempfindungen und Gerechtigkeitsgefühl wühlen ihn auf. »Wenn es oben kein Recht gibt, sagte ich mir, muß es von unten ausgehen; wenn das Kollektivgewissen versagt, muß das Individualgewissen reden. Das bewog mich Neunzehnjährigen, selbst Vergeltung zu üben.« So erzählte er mir dreißig Jahre später.

Am 14. November 1909 – sechs Monate nach den blutigen Maiereignissen – berichten die Abendzeitungen in großer Aufmachung von einem Attentat, dem der Polizeipräsident Ramón Falcón zum Opfer gefallen ist. Die Nachricht löst bei den Arbeitern Genugtuung, bei der Regierung Bestürzung aus. In der Annahme, es handele sich um ein von Anarchisten gemeinsam geplantes Komplott, ergreift die Regierung drakonische Maßnahmen. Der Belagerungszustand wird für zwei Monate verhängt, der Gewerkschaftsbund F.O.R.A. aufgelöst, die sozialistische und anarchistische Presse verboten, zahlreiche Personen werden verhaftet.

Bald aber weiß man, daß der Attentäter ein Einzelgänger war, der die Tat allein geplant, selbst vorbereitet und ohne jede Mithilfe ausgeführt hat. Den Explosivkörper hatte er in der Werkstatt hergestellt, wo er als Schlosser arbeitete, einen Revolver kaufte er sich mit vom Lohn abgespartem Gelde. Die in die Kutsche geworfene Bombe tötete das Opfer sofort. Der Täter aber, der, um sich der Verhaftung zu entziehen, die Waffe gegen sich selbst richtete, verfehlte in der Nervosität das Herz. Die Verwundung war ernst, aber nicht tödlich. Vor Gericht erklärt Simon Radowitzky: »Ich tötete den Mann, der am 1. Mai an der Spitze seiner Kosaken das Massaker an den Arbeitern verübt hat. Wie vielen anderen blutete auch mir an jenem Nachmittag das Herz. Meine Tat war ein Akt der Gerechtigkeit. Ich erstrebe eine bessere, freiere, würdigere Zukunft für die Menschheit.«

Ein Todesurteil kann wegen der Minderjährigkeit des Angeklagten nicht gefällt werden. Er wird zu lebenslänglichem Zuchthaus einschließlich zwanzigjähriger Einzelhaft verurteilt, die er in der berüchtigten Strafanstalt von Ushuaia in Feuerland verbüßen soll. Hier verbringt er fortan, oft genug bei Wasser und Brot, in feuchten und dunklen Verließen sein trauriges Dasein. Da er seine Tat nicht bereut, wird er vom Gefängnisdirektor mit äußerster Strenge behandelt.

Zehn Jahre waren dahingegangen. Vergebens hatten Simon Radowitzkys Gesinnungsfreunde, die Gewerkschaften und die Sozialisten die Freilassung des im fernen Feuerland lebendig begrabenen Häftlings gefordert. In Berichten wurde von Zeit zu Zeit auf das exemplarische Verhalten des politischen Attentäters hingewiesen, der trotz aller Leiden seine Würde bewahrte und stets Solidarität mit seinen Mitgefangenen zeigte. Die liberale Presse wurde auf ihn aufmerksam. Linksintellektuelle und bürgerliche Philanthropen, die der Meinung waren, zehn Jahre Haft seien genug der Buße für eine aus selbstlosen Motiven begangene Tat, stimmten in die Amnestieforderung ein. Als die erwartete Freilassung am zehnten Jahrestag seiner Verurteilung ausblieb, versuchten Gesinnungsfreunde, Simon zur Flucht zu verhelfen. Das Vorhaben gelang, Flüchtling und Helfer landeten hoffnungsfroh wie weiland Magellan an der Südspitze Chiles bei Puntas Arenas. Die Hoffnung sollte in Enttäuschung umschlagen, als die Chilenen den berühmten, gleichzeitig aber auch gefürchteten Attentäter in die kalte Hölle des Feuerlandes zurückschickten.

Nun begann für den Sträfling eine neue Leidenszeit. Eine Parlamentskommission, die an Ort und Stelle die Zustände untersuchte, erklärte in ihrem Bericht, daß die Gefangenen unmenschlich behandelt würden und die Strafanstalt von Ushuaia ihren schlechten Ruf nicht zu Unrecht habe. Die Kampagne für eine Begnadigung Radowitzkys setzte erneut ein. Dennoch sollte es weitere elf Jahre dauern, ehe sie Erfolg hatte. Señora Medina de Botano, die Gattin des Herausgebers der liberalen Tageszeitung »Critica«, gelang es 1930 von Staatspräsident Irigoyen die Freilassung des bekannten Häftlings zu erwirken.

Als Radowitzky seine Strafe angetreten hatte, war er ein hoffnungsvoller Jüngling von neunzehn, als er das Zuchthaus verließ, ein reifer Mann von vierzig Jahren. Seine Gesundheit war stark angegriffen, sein Geist aber ungebrochen. Einundzwanzig Jahre körperlicher Leiden und seelischer Qualen hatten nicht vermocht, seinen Glauben an die Menschheit zu erschüttern.

Aus Argentinien ausgewiesen, findet Simon Radowitzky im benachbarten Uruguay Asyl. Mit dem ersten in Freiheit verdienten Geld macht er Freunden und deren Kindern Geschenke, denn andern Freude zu bereiten, gibt ihm innere Befriedigung und Glück. Über die erste Zeit seines Aufenthaltes in Montevideo berichtet die Professorin Luce Fabri:

Rudolf Rocker

Max Nettlau

Alexander Berkman

Buenaventura Durruti

Simon Radowitzky

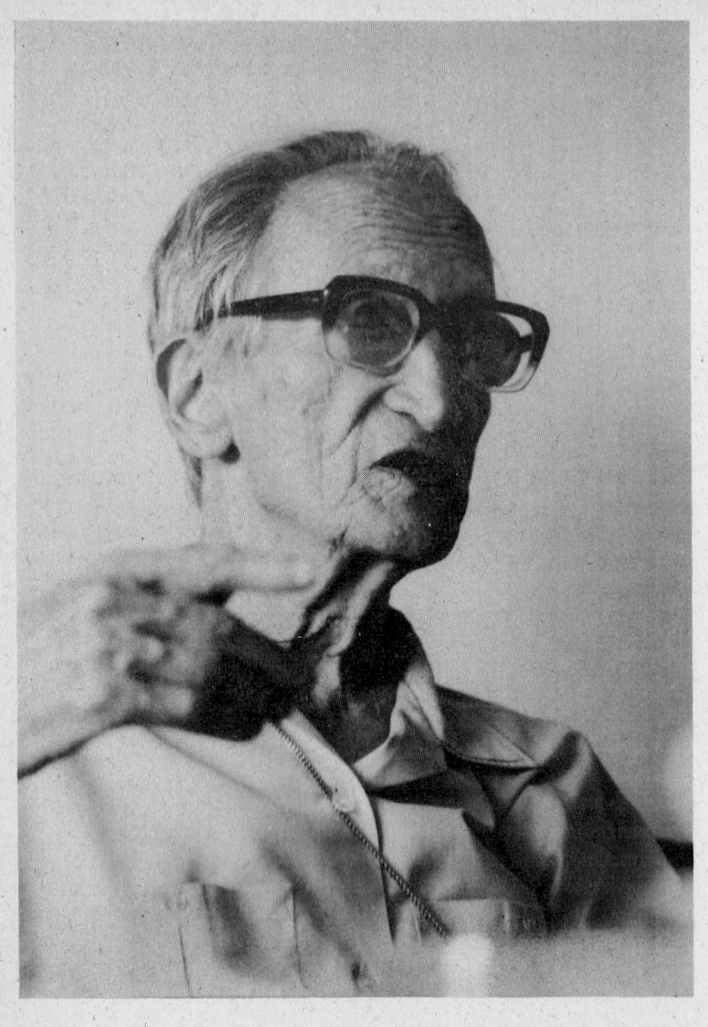

»Eines Tages kam er mit einer schönen Aktentasche, die er mir schenkte. Ich ermahnte ihn, mit seinen wenigen Mitteln sparsam umzugehen und nicht so großzügig zu sein. Er sah mich betrübt an und erwiderte leise: ›So viele Jahre hatte ich nicht das Glück empfunden, Geschenke zu machen!‹ Er war traurig, daß ich ihm seine Freude verdorben hatte.«

Trotz seiner jahrzehntelangen Kerkerhaft war Simon Radowitzky nicht der Mann, der sich in sein Schneckengehäuse zurückzog. Nach dem Staatsstreich in Uruguay im März 1933 beteiligte er sich am illegalen Kampf gegen den Diktator Gabriel Terras. Er wurde verhaftet und nach der einsamen Isla de Flores verbannt. Die russische Botschaft bot ihm die Rückkehr in sein Geburtsland an. Doch er lehnte ab, in ein Land zu gehen, in dem seine Gesinnungsgenossen Verfolgungen ausgesetzt waren.

Simon Radowitzkys Leben, seine Tat und sein Leiden waren mir seit langem bekannt. In den zwanziger Jahren war ich bemüht, durch Artikel in der deutschen und schwedischen Linkspresse die Aufmerksamkeit der Öffentlichkeit auf ihn zu lenken. Am 6. Dezember 1929 sprach ich zusammen mit Rudolf Rocker auf einer Protestversammlung in Boekers Festsälen, Berlin, Weberstraße 17, über Radowitzkys Schicksal. Die Versammlung nahm eine Resolution an, in der die argentinische Regierung aufgefordert wurde, Radowitzky zu amnestieren.

Persönlich kennenlernen sollte ich den schweigsamen Häftling von Ushuaia 1936 in Barcelona. Er war nach Spanien gekommen, um am Kampf gegen den Putschgeneral Franco und an der Sozialrevolution mitzuwirken. Der Siebendundvierzigjährige ging als Milizionär an die Aragon-Front und arbeitete später in der Kulturabteilung der Gewerkschaften. Seine regelmäßigen Gesichtszüge ließen auf ein ausgeglichenes Wesen, sein kräftiges Kinn auf Energie und Entschlußkraft, seine leuchtenden Augen auf Güte schließen. Stets stellte er Selbstlosigkeit über Eigennutz. Als ihm in der Zeit der Lebensmittelknappheit mitunter eine Flasche Milch zufiel, gab er sie an schwangere Frauen weiter, die, wie er sagte, diese Milch nötiger hätten als er.

Nach der Niederlage der Republik fand Radowitzky als spanischer Flüchtling unter dem Namen Raul Gomez im gastlichen Mexiko eine neue Heimat. Im Lande der »institutionellen Revolution«, wo die soziale Revolution evolutionär geworden ist und die Arbeiterbewegung den allgemeinen Wohlstand und den kulturellen Aufstieg auf friedlichem Wege erreichen will, dachte er nicht an Attentate, denn Gewalt war für ihn nicht Selbstzweck. Hier hatte ich Gelegenheit, in mehr als zehnjähriger Freundschaft seinen lauteren Charakter schätzen zu lernen. Nach dem Ende des Zweiten Weltkrieges arbeiteten wir eine Zeitlang in der mexikanischen Abteilung des International Rescue und Relief Committee zur Betreuung politischer Flüchtlinge im halb verhungerten Europa – vor allem durch Versendung von Care-Paketen – zusammen.

Radowitzkys letzte Lebensjahre waren traurig. Sein durch die lange Gefängniszeit zermürbter Körper war schwach und hinfällig geworden. Lag er nicht im Krankenhaus, dann verbrachte er seine Tage in der engen Dachkammer einer Mietskaserne, die ihm als Behausung diente. Als er am 29. Februar 1956 starb, gaben ihm Gruppen spanischer Flüchtlinge und andere Emigranten das letzte Geleit. Noch im gleichen Jahr veröffentlichte ich unter dem Titel »Una Vida por un Ideal« (Ein Leben für ein Ideal) eine Biographie über ihn.

Mit Simon Radowitzky war einer der letzten Sozialrevolutionäre aus der russischen Revolution von 1905, einer der reinsten Idealisten der internationalen Arbeiterbewegung dahingegangen. Er war kein Theoretiker; sein einziger literarischer Nachlaß sind Gefängnisbriefe, die in Argentinien in einer Auflage von 30 000 Exemplaren erschienen. Radowitzky war ein aus innerer Überzeugung handelnder Mann der Tat. Diskussionen über abstrakte Probleme lagen ihm nicht; er übte soziale Gerechtigkeit in der Praxis, im großen wie im kleinen, öffentlich wie im Freundeskreis. Er hatte geistig nichts zu tun mit den fanatischen Attentätern unserer Tage, die bei der Verfolgung ihrer Ziele das Leben Unschuldiger nicht schonen. Sein einmaliger Vergeltungsakt war die Bestrafung eines unter dem Schutz der Staatsgewalt stehenden Schuldigen. Er stand nicht im Dienste des Nationalismus, er kämpfte nicht für die Herrschaft einer Klasse, auch nicht die des Proletariats. Von Attentätern seines Schlages hat kein Volk etwas zu befürchten, das die Freiheit und den Frieden liebt. Für Simon Radowitzky gelten die Worte, die Hedwig Lachmann ihrem Gatten Gustav Landauer widmete:

Er prüfte nicht, er hatte keine Wahl,
nach Lohn nicht trachtend, sicher seiner Kraft,
folgt er dem Rufe, den sein Herz befahl.
Uneingedenk der Dornen und der Fährden,

gewillt, ein strenges Schicksal hart zu tragen,
kannt er kein ander Ziel noch Glück auf Erden,
als seinem tiefsten Wahne nachzujagen.

In meinem Erinnerungstresor nehmen Alexander Berkman, Buenaventura Durruti und Simon Radowitzky einen besonderen Platz ein. Weder hartnäckige Fanatiker noch engstirnige Doktrinäre, war das Motiv ihrer Taten ein hoch entwickeltes Gerechtigkeitsgefühl. Schuldige bestrafen, die dank ihrer gehobenen Stellung in der gesellschaftlichen Hierarchie von der Justiz verschont blieben, mehr wollten sie nicht. Keiner Partei verpflichtet, handelten sie aus innerer Überzeugung und auf eigene Verantwortung. Sie waren nicht so infantil zu glauben, daß Freiheit und soziale Gerechtigkeit mit Gewalt aufgezwungen werden können. Ihr eigenes Leben setzten sie ein, um den gewaltsamen Tod unschuldiger Mitmenschen zu rächen, ein Risiko, das nur wenige einzugehen gewillt sind. Wer dazu bereit ist, handelt nicht aus unedlen Motiven.

Von Tausenden Anarchisten, die ich von meinem neunzehnten bis zum meinem fünfundachtzigsten Lebensjahr auf dem alten und dem neuen Kontinent kennengelernt habe, waren diese drei die einzigen, die Attentate verübten. Und auch ihr Handeln resultierte nicht aus einer Ideologie. Als der neunzehnjährige Radowitzky einen schuldbeladenen Polizeipräsidenten mit dem Tode bestrafte, wußte er nicht viel vom Anarchismus; Durruti war kein anarchistischer Theoretiker; und in Berkmans anarchistischer Gesellschaftslehre, die er sich nach seinem Attentat erarbeitete, ist kein Gewaltregulativ zu finden.

Im Gegensatz hierzu sind alle bisherigen gesellschaftlich-politischen Systeme, von der Autokratie über die Plutokratie und Oligarchie bis zur Diktatur und letztlich selbst die Demokratie, auf Gewalt gebaut. Frei von Gewalt ist nur die »Akratie«, wie man eine von physischer Beherrschung und geistiger Manipulation befreite Gesellschaftsordnung bezeichnen könnte, wenn man das diskreditierte Wort Anarchie vermeiden will. Die Geschichte berichtet von Harmodios und Aristogeiton, die im Jahre 514 v. Chr. Hipparch, den Tyrannen von Athen, ermordeten. Bis auf den heutigen Tag begehen nationalrevolutionäre Terroristen, die alles andere als Anarchisten sind, Attentate, ohne daß man den Nationalismus dafür verantwortlich macht. Anarchistische

Attentate dagegen lastet man nicht nur den Tätern, sondern auch dem Anarchismus als solchem an.

Wie ist das zu erklären? Rudolf Krämer-Badoni glaubt, eine Erklärung dafür gefunden zu haben: »Der Terror geht aus der anarchistischen Ideologie hervor.« [1] Diese Behauptung ist ein semantischer Nonsens und zeugt außerdem von historischer und sozialphilosophischer Ignoranz. Die anarchistische Ideologie, im Grunde nichts anderes als der Entwurf für eine Gesellschaftsordnung ohne Herrschaftseliten, schließt begrifflich Gewalt und erst recht Terror aus, denn wo es keine Herrscher und keine Beherrschten gibt, erübrigen sich Attentate und Terror. Zur Begründung seiner These führt Krämer-Badoni die 1881 vom internationalen Anarchistenkongreß in London angenommene Entschließung an, nach der die Anarchisten »in Erwägung ziehen mögen, die revolutionäre Idee und den Geist der Empörung mit Hilfe von Taten zu propagieren«. Diese Resolution wird bis in die Gegenwart dem Anarchismus ins Verbrecheralbum geschrieben. Doch bis heute hat sich kein Anarchist von einem internationalen Kongreß Anweisungen für sein Handeln geben lassen. Radowitzky und Durruti kannten diese Resolution gar nicht.

Die Worte »revolutionäre Taten« und »Empörung« hatten im vorigen Jahrhundert bei den analphabetischen Massen besonders im agrarischen Südeuropa eine andere Bedeutung als heute. Ende des vorigen Jahrhunderts machte eine Tat – es brauchte keineswegs ein Mord zu sein – unvergleichlich mehr Propaganda als ein Zeitungsartikel, den die Massen nicht lesen konnten. [2] Die russischen Nihilisten verübten Attentate gegen die zaristische Gewaltherrschaft, ohne etwas vom Anarchismus gewußt zu haben. Bakunin und Kropotkin wurden erst in Westeuropa Anarchisten. Und auch die Attentatsversuche Hödels und Nobelings gegen Kaiser Wilhelm I. in Berlin, die 1878 zum »Sozialistengesetz« führten, waren drei Jahre vor dem Londoner Anarchisten-

1 Rudolf Krämer-Badoni, Anarchismus: Geschichte und Gegenwart einer Utopie, Wien, München, Zürich 1970.
2 Anfang der zwanziger Jahre hatte ich in Andalusien ein rührendes Erlebnis. Im vollbesetzten Eisenbahnwagen 4. Klasse hörten zur Arbeit fahrende Landarbeiter am Boden sitzend – ich befand mich unter ihnen – aufmerksam zu, was ihr alphabetisierter Genosse ihnen aus einer anarchistischen Zeitung vorlas; sie selbst konnten nicht lesen.

kongreß begangen worden. Die anarchistischen Attentate nach diesem Kongreß kann man an den Fingern abzählen, während die nationalrevolutionären Terrorakte allein des letzten Jahrzehntes auf keine Leporelloliste gehen.

Der Terror im allgemeinen entspringt keiner spezifischen Ideologie, und der individuelle Terror gegen Unterdrückung, gegen Tyrannen und Despoten ist harmlos verglichen mit dem Massenterror. Der Stalinsche Massenterror hat Millionen das Leben gekostet, und dem Religionsterror der Inquisition sind Hunderttausende als »Ketzer« und »Hexen« geopfert worden. Gegenwärtig wird die Welt von politischen Terrorakten in nie gesehenem Ausmaß heimgesucht. Die Attentäter sind fanatische Nationalrevolutionäre, lateinamerikanische Guerilleros und Tupamaros, arabische Fedayin, kroatische Ustaschis, nationaltürkische Studenten, amerikanische Black Panthers, in Argentinien peronistische Montoneros, Trotzkisten, dazu Marxisten, Leninisten und Maoisten. Mao-Anhänger war der millionenreiche italienische Verleger Feltrinelli. Zum Marxismus bekannten sich ursprünglich auch die Mitglieder der Baader-Meinhof-Gruppe, die in der Presse und von Politikern als Anarchisten bezeichnet wurden.

Auch der damalige Bundeskanzler Willy Brandt sprach 1972 im Rundfunk von »kriminellen Anarchisten«. Das erinnerte mich an einen Vortrag, den August Bebel am 2. Oktober 1898 in Berlin gehalten hatte. Damals, nach dem Attentat des Italieners Luccheni auf die Kaiserin von Österreich [1], war ähnlich wie heute der Anarchismus ein in der Öffentlichkeit heiß diskutiertes Thema. In seiner später unter dem Titel »Attentate und Sozialdemokratie« gedruckten Rede wies Bebel darauf hin, daß es unter den fünfzig politischen Attentätern der letzten zwei Jahrhunderte Mönche, Adlige, Bürger und nur eine ganz geringe Anzahl Anarchisten gegeben hatte. Ohne sich mit den Anarchisten zu identifizieren, sagte Bebel wörtlich: »Keine Klasse, keine Schicht der Gesellschaft kann sich freisprechen von der Anklage, Attentäter gestellt zu haben.«

An diese Worte des Altvaters der deutschen Sozialdemokratie erinnerte ich mich, als ich Willy Brandts Äußerungen über die

1 Der Italiener Luigi Luccheni erdolchte am 10. September 1898 am Ufer des Genfer Sees die Kaiserin Elisabeth von Österreich.

Baader-Meinhof-Terroristen hörte. Ich richtete daraufhin den folgenden Brief an den Bundeskanzler und Vorsitzenden der Sozialdemokratischen Partei Deutschlands:

München, 27. Juni 1972

Lieber Willy Brandt!

Deine Rundfunkrede über die Attentate der Baader-Meinhof-Gruppe hat mich enttäuscht. Mit der Verurteilung des Terrorismus war und bin ich einverstanden, denn auch ich verabscheue sinnlose Gewalttaten, selbst wenn sie politisch motiviert werden. Enttäuscht aber bin ich, daß leider auch Du wildgeworden, sich zu einem konfusen Neomarxismus und Maoismus bekennende Bürgersöhne und Bürgertöchter als kriminelle Anarchisten bezeichnet hast. Daß die vom ganzen deutschen Volk abgelehnten Terrorakte der besagten Gruppe kriminell sind, darüber sind wir uns alle einig. Die Behauptung aber, daß die Attentäter »Anarchisten« sind, ist nachweislich falsch. Bei einem bürgerlichen Politiker wäre eine solche rhetorische Floskel entschuldbar, bei einem Willy Brandt aber, der aus der SAP [1] kommt und die Geschichte der Arbeiterbewegung kennt, ist sie unglaubwürdig.

Darf ich Dich an unser Gespräch im Hause des syndikalistischen Gewerkschaftsbundes C.N.T. zu Barcelona während des Spanischen Bürgerkrieges erinnern? Du kamst zu mir als Korrespondent der norwegischen Arbeiterpresse, ich war Sprecher der spanischen Anarchosyndikalisten. Damals hast Du, wie alle Sozialisten und freiheitliebenden Menschen der ganzen Welt, den spanischen Anarchisten Lob gespendet, die als erste den Kampf gegen den Putschgeneral Francisco Franco – und damit auch indirekt gegen die Diktatoren Hitler und Mussolini – aufgenommen haben. Du hast auch dem sozialistischen Aufbauwerk, das sich in Spanien nach anarchistischen Grundsätzen vollzog, Deine Bewunderung nicht versagt. Hast Du das alles vergessen?

Ich möchte Dein Augenmerk auch darauf lenken, daß die seinerzeit von Proudhon aufgestellten anarchistischen Prinzipien politischer Autonomie und freier Föderationen bei gleichzeitiger Kooperation von selbständigen Kollektivunternehmungen heute als Alternative zur privatkapitalistischen Monopolwirtschaft einerseits und zur zentralen Verwaltungswirtschaft andererseits ernsthaft in Erwägung gezogen werden. Dir dürfte auch nicht unbekannt sein, daß namhafte deutsche Sozialwissenschaftler das Wort Anarchismus keineswegs despektierlich gebrauchen. Ich möchte nur an Kant erinnern, der in seiner »Anthropologie in pragmatischer Hinsicht«, Königsberg 1798 (siehe s. Werke, herausgegeben

---

1 Willy Brandt war 1931, als Achtzehnjähriger, in die im gleichen Jahr gegründete, links von der SPD stehende SAPD (Sozialistische Arbeiterpartei Deutschlands) eingetreten.

von W. Weischedel, Bd. 6, 8, S. 686, Darmstadt 1966) schreibt: »Anarchie (ist) Gesetz und Freiheit ohne Gewalt.«

Mit Hinweis auf diese Bemerkungen darf ich mir wohl, als 80jähriger Veteran der deutschen und internationalen Arbeiterbewegung, erlauben, Dir zu raten, künftig mit dem Gebrauch des Wortes Anarchismus vorsichtiger umzugehen. Gleichzeitig verbinde ich damit die Bitte, den Dir unterstellten Ämtern entsprechende Anweisungen zu geben.

Mit gutem Gruß
Augustin Souchy

Willy Brandt antwortete:

Bonn, den 7. Juli 1972
Lieber Augustin Souchy,

recht herzlichen Dank für Deinen Brief vom 27. Juni 1972 und das mit übersandte Buch. Mir liegt es ganz fern, der irrigen Meinung Vorschub zu leisten, als sei jeder Anarchismus auf Gewalt ausgerichtet und kriminell. Neben der von Dir erwähnten und ja auch vertretenen Richtung hat es aber immer auch eine auf Gewalt fixierte anarchistische Richtung gegeben, und mit einer solchen Gruppe haben wir es hier zu tun. Diese Tatsache läßt sich nicht aus der Welt und dem öffentlichen Bewußtsein schaffen, so sehr ich mit Dir in der Notwendigkeit der Differenzierung einiggehe.

Mit freundlichen Grüßen
Willy Brandt

Dazu nur ein kurzer Kommentar. Daß es Anarchisten gab, die Attentate verübten, bestreite ich nicht. Doch Baader, Meinhof und Genossen erklären, keine Anarchisten zu sein. Warum soll man ihnen ein Etikett anhängen, das sie selbst für sich ablehnen?

Meine Lehre: Verhelfen wir allen Menschen zu Wohlstand, schaffen wir politische Verhältnisse, die jedem Menschen Freiheit und Menschenwürde garantieren, dann werden Attentate aus sozialen Gründen der Geschichte angehören. Gegen soziopsychische und psychopathische Attentate aber ist kein Kraut gewachsen.

Die Kommunalwahlen vom 14. April 1931 hatten das politische Panorama Spaniens schlagartig verändert. Die Republikaner erhielten die Mehrheit, ein unmißverständliches Menetekel für das Militärregime. Der König floh, die Monarchie zerfiel, die Republik siegte. All das an einem einzigen Tage und ohne Blutvergießen. Nach zehnjährigem Exil konnten die ins Ausland geflohenen Republikaner und Revolutionäre nach Spanien zurückkehren.

Die junge Republik übernahm ein schwer zu verwaltendes Erbe. In der Politik standen die neuen Kräfte den alten Mächten gegenüber. Es waren auf der rechten Seite von Ressentiments erfüllte Monarchisten und Falangisten, die ein autoritäres Regime nach Mussolinis und Hitlers Modell errichten wollten. Auf der Linken stand die 1,2 Millionen Mitglieder zählende Organisation der Syndikalisten, die C.N.T., mit den militanten Kadern der F.A.I., die sich auf den Endkampf mit dem alten Spanien vorbereiteten. Die Mitte bildeten schwankende Republikaner und abwartende Sozialisten, die einer bewaffneten Konfrontation ausweichen wollten. Dazu kam eine unentschlossene Regierung, die einen falangistisch-faschistischen Staat nicht wünschte, einen Sieg der Anarchisten aber noch mehr fürchtete.

Diese fünf Jahre während Periode politischer Unstabilität endete am 19. Juli 1936 mit Francos Militärputsch. In Katalonien mit seiner Hauptstadt Barcelona und in den anderen Landesteilen, in denen die Anarchisten dominierten, wurde der Putsch in wenigen Tagen niedergeschlagen. Im übrigen Spanien aber siegten die von Hitlers Luftwaffe und Mussolinis Panzerdivisionen unterstützten Militärs.

Mobilmachung für die Freiheit

Anfang Juli 1936 bereitete die syndikalistische Lokalföderation von Barcelona ein Massenmeeting gegen den Krieg vor, an dem ich als Redner mitwirken sollte. Die Expansionspolitik Mussolinis mit der Annexion Äthiopiens und prahlerische Reden vom »mare nostrum« hatten in der antimilitaristisch eingestellten spanischen Arbeiterbewegung Mißtrauen erweckt. Am 9. Juli verließ ich Paris, am Morgen des folgenden Tages traf ich in Barcelona ein. Das Meeting sollte am 18. Juli stattfinden.

Zwei Tage nach meiner Ankunft sickerten Gerüchte von einem bevorstehenden Militärputsch durch. Die Nachrichten stammten aus den Kasernen, wo die Anarchisten Vertrauensleute hatten. Das Haupt der Verschwörung war, wie man erfuhr, der auf den Kanarischen Inseln stationierte General Francisco Franco. Der Putsch sollte in ganz Spanien zur gleichen Stunde einsetzen. Statt eine Friedenskundgebung bereiteten die Arbeiterorganisationen den Widerstand gegen einen Militärputsch vor. An Stelle von Friedensschalmeien sollte die Bevölkerung der alten Mittelmeerstadt Kanonendonner hören.

In den Gewerkschaftslokalen begann eine fieberhafte Tätigkeit. Man organisierte Kampfgruppen, die sich an strategisch wichtigen Punkten der Stadt dem Militär entgegenstellen sollten. Der Angriff wurde für die Nacht vom 18. auf den 19. Juli erwartet. An diesem Abend dachten nur wenige an Nachtruhe. Auch mich hielt es nicht in meinen vier Wänden. Nach Mitternacht leerten sich die Straßen, die Stadt schien in Schlaf versunken. Doch die Ruhe war trügerisch. Kurz vor fünf Uhr morgens ging es los. Der General Godet hatte seine Soldaten mit Kanonen und Maschinengewehren hinauskommandiert. Die öffentlichen Gebäude und die Gewerkschaftslokale sollten besetzt, Widerstand niedergeschlagen, die Zivilregierung abgesetzt werden. Die Wachmannschaften der katalanischen Regierung wagten nicht, dem Militär entgegenzutreten.

Unter dem Schutz eines Hauseingangs sah ich dem Kampfe zu. Von einer Deckung zur anderen vorrückend, eroberten die nur mit Pistolen bewaffneten militanten Anarchisten unter dem Rufe »Viva la F.A.I.« (Es lebe die F.A.I.) die Kanonen und Maschinengewehre der Soldaten. Es war ein revolutionärer Kampf, wie ich ihn in meinen Jünglingsjahren erträumt hatte. Ich schämte mich, nicht mitmachen zu können. Als ich am Abend vorher gebeten hatte, mich in eine Kampfgruppe aufzunehmen, aber eingestehen mußte, mit meinen vierundvierzig Jahren noch nie eine Schußwaffe in der Hand gehabt zu haben, winkte ein Compañero (Genosse) ab: »Laß das nur sein, dein Wort ist auch eine Waffe, wirst bald andere Aufgaben haben.« Er sollte recht behalten. In den folgenden zweieinhalb Jahren war meine Tätigkeit ausschließlich der freiheitlichen Revolution gewidmet.

Die Kämpfe in Barcelona dauerten drei Tage. Spontan organisierte Gruppen von Zivilisten, Arbeiter aus Fabriken und Werkstätten, hatten den Sieg über militärisch gedrillte Soldaten, auf Militärakademien ausgebildete Obristen und Generale errungen. Der Kampf hatte Opfer gekostet. Unter vielen anderen war auch Francisco Ascaso, Inspirator und unzertrennlicher Kampfgefährte Durrutis, gefallen. Doch der Militärputsch war niedergeschlagen. Am Abend des dritten Kampftages gab ich unseren Sieg über Radio Barcelona in französischer, englischer und deutscher Sprache bekannt. Die freiheitsliebende Bevölkerung Barcelonas und Kataloniens, sagte ich, hat über den Militäraufstand gesiegt, doch in anderen Teilen Spaniens sind die Putschisten an der Macht. Ich appellierte an die Arbeiter der Welt und an die Demokratien, uns in den bevorstehenden Kämpfen zu unterstützen.

In den ersten Tagen und Wochen hatten wir Grund zum Optimismus. In Madrid und Valencia, in mehr als dem halben Spanien hatten die antifaschistischen Arbeiter über die Putschisten gesiegt. Doch Franco war nicht geschlagen. Mit Panzerdivisionen aus dem faschistischen Italien und Flugzeugen aus dem nationalsozialistischen Deutschland setzte er den Kampf fort. Dank seines größeren Militärpotentials war es ihm gelungen, seine Streitkräfte von der Biscaya bis zum Mittelmeer zu vereinigen und eine geschlossene Front von Nord nach Süd herzustellen, die sich östlich bis Saragossa, der Hauptstadt Aragoniens, hinzog. Aus dem Putsch entwickelte sich ein Bürgerkrieg, der drei Jahre dauern sollte.

Im republikanischen Spanien hatten sich die politischen Machtverhältnisse verändert. Die Anarchosyndikalisten, seit jeher jenseits der Staatspolitik stehend, wollten sich auch jetzt von dieser fernhalten. Doch ihre Milizen, das stärkste Kampfkontingent gegen Franco, mußten bewaffnet werden; sie mußten das Recht haben, an der Kriegführung teilzunehmen, wenn sie nicht bloße Schachfiguren der Politiker bleiben wollten. In Katalonien hätten die Anarchosyndikalisten aufgrund ihrer numerischen Stärke allein die Macht übernehmen können. Sie taten es nicht, weil das erstens gegen ihre antidiktatorischen Grundsätze verstoßen und zweitens ihre internationale Isolierung zur Folge gehabt hätte; letztere hätte früher oder später ihren Untergang bedeutet. So entschlossen sie sich, mit allen anderen antifaschistischen Parteien und Organisationen bei der Kriegführung und in der öffentlichen Verwaltung zusammenzuarbeiten. Das Ausland sah in ihnen entweder gewalttätige Attentäter oder weltfremde Utopisten. Wahrheitsgetreue Auslandsinformationen über die laufenden Ereignisse und die Stellungnahme der Anarchisten zu ihnen waren von größter Wichtigkeit. Diese Aufgabe wurde mir anvertraut. »Betrachte dich als unseren Sprecher fürs Ausland«, sagte mir mit seiner tiefen Stimme Mariano Vazquez, Sekretär des Regionalkomitees der C.N.T.

Im fünften Stock des Regionalkomitees – das Haus hatte vorher dem einflußreichen Industriemagnaten Cambó gehört – richtete ich mein Büro ein und gab mit Hilfe von aus dem Ausland einströmenden Gesinnungsfreunden ein periodisch erscheinendes Bulletin in mehreren Sprachen heraus. Hier empfing ich ausländische Journalisten und Delegationen von sozialistischen Parteien und Gewerkschaften. Zu den ersten gehörten Ernst Toller* und bald darauf George Orwell* sowie der »rote« Dean von Canterbury, das Haupt der anglikanischen Kirche, an der Spitze einer englischen Delegation, die sich mitten ins Zentrum der gefürchteten Anarchisten wagte, was von ihrem Mut oder auch von unserem guten Ruf zeugte. Später kam ein junger Deutscher als Vertreter der norwegischen Arbeiterpresse. Sein Name: Willy Brandt. Auch Nehru, der spätere indische Premierminister, informierte sich bei mir. Mitte August, als die spanisch-französische Grenze noch von anarchistischen Kontrollpatrouillen bewacht war, wurde mir der kommunistische Schriftsteller Ludwig Renn* vorgeführt. Ich hätte ihn über die Grenze zurückschicken können, denn er hatte keine Einreiseerlaubnis – es war die Zeit, als Stalin alle seine Gegner, auch unsere Genossen in Rußland, erschießen ließ, und Renn war Stalinist! –, doch ich schickte ihn zu seinen kommunistischen Parteigenossen. (Er schämte sich nicht, später in seinem Spanienbuch [1] von den spanischen Anarchisten als Verbündeten der amerikanischen Kapitalisten zu sprechen, eine plumpe Verleumdung, mit der er uns nicht getroffen, wohl aber sich selbst erniedrigt hat.)

Eines Tages bat mich eine von Frank Jellinek, dem Korrespondenten des »Manchester Guardian« [2], geführte Kommission

1 *Im Spanischen Krieg*, 2. Aufl., Berlin (Ost) und Weimar 1971.
2 1938 erschien in London sein Buch *The Civil War in Spain*.

der ausländischen Journalisten, ich möchte mich für die Freilassung des deutsch-italienischen Journalisten Ludovico Stauss einsetzen, der wegen einer homosexuellen Affäre festgenommen worden war. Ich griff zum Telefonhörer: »Bettgeschichten sind keine konterrevolutionären Konspirationen. Sagt dem Stauss, daß ich ihn morgen früh in meinem Büro erwarte. Einverstanden?« »Entendido« (Einverstanden), kam es zurück. Am anderen Morgen bedankte sich Stauss persönlich bei mir für seine Freilassung.

Während der ersten Wochen und Monate glaubten wir felsenfest an unseren Sieg. Doch als Franco mit italienischer und deutscher Waffenhilfe seine militärische Position konsolidierte, mußten auch wir uns nach Waffen aus dem Ausland umsehen. Ende August 1936 reiste ich im Auftrag der C.N.T. nach Paris, um in dieser Angelegenheit bei der französischen Regierung vorzufühlen. Der spanische Genosse Facundo Roca begleitete mich. Leon Jouhaux, der Generalsekretär des französischen Gewerkschaftsbundes C.G.T., ging mit uns zum sozialistischen Ministerpräsidenten Léon Blum. Ein höherer Offizier des französischen Generalstabs war ebenfalls anwesend. Er befürwortete unser Anliegen, denn er fürchtete für den Fall eines Sieges Francos die Errichtung einer Hitlerfront an den Pyrenäen. Léon Blum aber, in pazifistischen Kategorien denkend, befürchtete bei einem Waffenengagement seines Landes kriegerische Verwicklungen. In Übereinstimmung mit dem britischen Premierminister plädierte er für Nichteinmischung, in die auch Italien und Deutschland einbezogen werden sollten. Selbst guten Glaubens, setzte er seinen guten Glauben auch bei den Diktatoren voraus. Es war ein verhängnisvoller Irrtum.

1936 haben Léon Blum und Neville Chamberlain den Brand aufschieben, aber nicht ein für allemal verhindern können. Ein Sieg der spanischen Republik, der mit rascher und effektiver Waffenhilfe Frankreichs möglich gewesen wäre, hätte Hitlers Aggressionslust abgeschwächt. Eine erfolgreiche Nichtinterventions-Politik ist nur unter demokratischen Nationen, nicht mit aggressiven Diktaturen möglich. Diktatoren verstehen nur die Sprache der Gewalt, sie beugen sich nur einem mächtigeren Gegner. Durch Léon Blums zaghafte Laissez-faire-Politik war unsere Pariser Mission zum Scheitern verurteilt.

Ein Traum wird Wirklichkeit: Freiheitlicher Sozialismus

Die anarchistischen Sieger des 19. Juli 1936 hatten gegen die Militärputschisten, nicht für die Verteidigung von Ministersesseln und die Aufrechterhaltung der privatkapitalistischen Ordnung noch für die Errichtung einer staatskapitalistischen Monopolwirtschaft gekämpft. Von der Zukunft Spaniens hatten sie ihre eigenen Vorstellungen.

Seit den Tagen der I. Internationale in bakuninistischen Gedankengängen geschult, erwarteten die spanischen Anarchosyndikalisten die Errichtung einer gerechten Gesellschaftsordnung nicht vom Gesetzgeber, sondern von sich selbst, vom eigenen direkten Eingreifen der Arbeiter in den Fabriken und Werkstätten wie der Bauern auf dem Lande. Bereits nach der Proklamierung der Republik im Jahre 1931 hatte es einzelne Versuche gegeben, auf lokaler Ebene den freiheitlichen Kommunismus einzuführen. So 1932 in den katalonischen Kleinstädten Manresa und Berga und Anfang 1933 in Casas Viejas. Beide Experimente wurden blutig niedergeschlagen. In Madrid kam es schon vor Ausbruch des Bürgerkrieges zur Kollektivierung im Friseurgewerbe unter Beteiligung der Ladenbesitzer und ihrer Gehilfen.

Als nach Beendigung des Barrikadenkampfes in Barcelona die Arbeit wieder aufgenommen wurde, waren die Besitzer und Manager der Großunternehmen verschwunden. Die Betriebe wurden von den Arbeitern und Technikern übernommen. In wenigen Tagen waren die Privatunternehmungen in von den Belegschaften selbst verwaltete Kollektivunternehmen verwandelt. An die Stelle der privatkapitalistischen Struktur trat eine kollektivsozialistische. Die sogenannte »Übergangsperiode« zwischen Kapitalismus und Sozialismus, die Lenin, in der Form der »Diktatur des Proletariats« (in Wirklichkeit handelte es sich um die Diktatur der bolschewistischen Partei) für unumgänglich hielt und von der während meines sechsmonatigen Aufenthalts in Sowjetrußland 1920 dauernd gesprochen wurde, ohne daß mir jemand ihre Dauer angeben konnte, diese »Übergangsperiode« gab es in Spanien 1936 nicht. Man sprach überhaupt nicht von Diktatur des Proletariats und doch hatten die Arbeiter selbst die Wirtschaft in ihre Hände genommen. Das war neu, außergewöhnlich, völlig verschieden von dem, was ich sechzehn Jahre vorher in Rußland kennengelernt hatte.

»Wie vollzog sich bei euch die Übergangsperiode vom Kapitalismus zum Sozialismus?«, fragte ich den Vorsitzenden der kollektivierten Verkehrsunternehmungen in der Stadt Barcelona. (Die Unternehmungen waren vorher nicht in städtischem, sondern in privatem Besitz gewesen.) »Übergangsperiode?« erwiderte der Gefragte verwundert. »Die Neuregelung wurde in einer einzigen Sitzung beschlossen und gleich darauf durchgeführt. Die 5000.-Peseten-Monatsgehälter der Direktoren wurden abgeschafft, Aktien und Tantiemen annulliert, die Monatslöhne der Straßenbahner und Busfahrer von 250 auf 300 Peseten erhöht; im übrigen wurden in ganz Barcelona durch Gewerkschaftsbeschluß alle Löhne um 15 Prozent erhöht. Wir reservierten einen Fonds für Reparaturen und Investitionen. Gleichzeitig wurden die Fahrpreise von 15 auf 10 centimos herabgesetzt, Schulkinder und mittellose alte Leute brauchten keinen Fahrpreis zu entrichten. An Gemeinde und Staat zahlten wir doppelt soviel Steuern wie vorher die Privatunternehmungen. Wir haben alle drei Einzelgesellschaften (Straßenbahn, Autobus und Untergrundbahn) zu einer einzigen Verkehrsgesellschaft unter dem schwarz-roten Emblem der C.N.T.-F.A.I. fusioniert. Inzwischen sind drei Monate vergangen, bisher funktioniert der Betrieb zufriedenstellend.«

Ähnlich hatte sich die Kollektivierung der Wasser-, Gas- und Kraftwerke (die sich vorher in Privatbesitz befanden), der Textilfabriken, Metallwerke, Handelshäuser und Kaufhäuser, des Hafenbetriebs, des Lebensmittelgroßhandels, des Hotel- und Gaststättengewerbes und anderer Branchen vollzogen. In weniger als zwei Wochen war die Privatwirtschaft von der Kollektivwirtschaft abgelöst worden. Es gab keine Streiks mehr, die Gewerkschaften hatten die Organisation von Produktion und Distribution übernommen, aus Lohnarbeitern waren selbständige Kollektivisten geworden.

Die Kollektivierung fand auch auf dem Lande statt. Daß die Landarbeiter den Großgrundbesitz der zu Franco geflüchteten Granden – eine Gesellschaftsschicht, die den ostpreußischen Rittergutsbesitzern entsprach – in eigener Regie weiterführten, verstand sich von selbst. Von größerer sozialrevolutionärer Relevanz war die Tatsache, daß vom Geist der Erneuerung erfaßte Kleinbauern freiwillig »Colectividades« (Kollektivwirtschaften) gründeten, das heißt: ihren Acker nicht mehr allein bebauten, sondern gemeinsam. Sie verzichteten auf ihren Eigentumstitel, erklärten den Grund und Boden für gemeinsames Eigentum, arbeiteten gemeinsam. Die Produkte wurden von der Gemeinde verkauft, der Erlös unter alle gerecht und nach den Bedürfnissen jedes einzelnen verteilt.

So etwas hatte es vorher noch nirgends gegeben, weder in der mexikanischen Revolution von 1910 noch in der russischen Revolution von 1917. Es war eine Agrarreform eigener Art, ohne Gesetze, ohne Befehle von oben, ohne Zwang und ohne Theoretiker (!), ganz und gar der Initiative der Landbevölkerung selbst entsprungen. Das war die Sozialrevolution, von der ich seit meiner Jugend geträumt hatte. Ich entschloß mich, diese neue Kollektivwirtschaft, die Wirtschaftsordnung des freiheitlichen Sozialismus, an Ort und Stelle kennenzulernen.

Von den mehr als tausend Colectividades, die bis zur Jahreswende 1936/37 gegründet worden waren, habe ich in Katalonien und Aragonien, in der Levante und in Murcia, in Altkastilien und in den der Republik gebliebenen Teilen Andalusiens rund hundert besucht. Es gab keinen einheitlichen Kollektivierungsplan für das ganze Land. Die Gründer kannten weder die Theorien von Marx noch auch die Bakunins. Die Formel »Comunismo libertario« (freiheitlicher Kommunismus) konnte man überall hören, doch jedes Dorf organisierte seine freiheitliche Gemeinschaft in eigener Weise. Einige Beispiele:

Im aragonesischen Dorf Muniesa wurde der Boden aller Einwohner gemeinsam bebaut. Die Landprodukte, einschließlich Wein, und auch das Fleisch der geschlachteten Tiere kamen in den Gemeindespeicher. Jeder konnte sich nehmen, was er benötigte, ohne jede Bezahlung. Konsumartikel, die man nicht selbst produzierte, mußten bezahlt werden. Jeder Erwachsene erhielt täglich eine Peseta, für jedes Kind gab es 0,50 Pesetas. »Führt es nicht zu Übertreibungen, wenn jeder Wein in beliebigen Mengen trinken kann?« fragte ich. »Hier betrinkt sich niemand, jeder kennt den anderen, wir leben wie in einer großen Familie.« Das war der kommunistische Anarchismus, wie Kropotkin ihn beschrieben hatte.

Im katalanischen Dorf Valls führte man den Kollektivismus probeweise von Erntejahr zu Erntejahr ein. Wer in die Colectividad eintrat, stellte seinen Acker, sein Vieh und seine Gerätschaften oder Maschinen der Gemeinschaft zur Verfügung. Er erhielt einen von der Kollektivistenversammlung beschlossenen Lohn, der für alle gleich war. Mit dem Geld konnte er im Konsumladen der Colectividad einkaufen. Trat er nach Ablauf des Erntejahres aus, so erhielt er seine Scholle, die Produktionsmittel und sein Vieh zurück.

Da niemand gezwungen wurde, in die Colectividad einzutreten, gab es in vielen Dörfern neben Kollektivisten auch sogenannte »Individualisten«. Der Arzt im aragonesischen Kollektivdorf Albalate de la Cinca erhielt

Lebensmittel, Kleidung und was er sonst brauchte, gratis. Wollte er nach der Stadt reisen, dann gab ihm die Verwaltung das erforderliche Reisegeld und auch Mittel zum Einkauf von Büchern und Apparaten für seinen Beruf. Im Ort Membrilla in der Mancha wurden bei der Kollektivierung die 30 000 Peseten der Gemeinde unter alle Einwohner gleichmäßig verteilt, danach begann die geldlose Gütergemeinschaft.

Das waren einige der vielen Varianten der neuen Wirtschaftsstruktur.

Obwohl die Initiative von den Anarchosyndikalisten ausgegangen war, beteiligten sich vielerorts auch Mitglieder der sozialistischen Gewerkschaft U.G.T. [1] an der Gemeinschaftsarbeit.

Meine Eindrücke aus dem Reich des Kollektivismus waren positiv. Wie allem Menschenwerk, so hafteten auch den Colectividades Mängel und Unvollkommenheiten an. Doch die freiwillige Gemeinschaftsarbeit förderte die Produktivität und ermöglichte dadurch die Hebung des Lebensstandards. Die sozialen Ungerechtigkeiten waren beseitigt. So hatten einfache Bauern ohne Schulung und ohne Kenntnis des »wissenschaftlichen« Sozialismus, ohne Gesetze, ohne Vorschriften einer vorgesetzten Planbehörde und auch ohne »Übergangsperiode« aus freiem Entschluß und aus Gemeinschaftssinn die Hauptpostulate des Sozialismus verwirklicht: soziale Gerechtigkeit und Freiheit.

Nach dem Eintritt der Anarchosyndikalisten in die katalanische Regionalregierung wurde durch das Gesetz vom 24. Oktober 1936 die Kollektivierung von Betrieben mit mehr als hundert Beschäftigten bestätigt. Unternehmen mit weniger als hundert, aber mehr als fünfzig Beschäftigten konnten legal kollektiviert werden, wenn wenigstens ein Drittel der Belegschaft sich dafür aussprach. Am 28. August 1937 tagte in Barcelona ein Kongreß der kollektivierten Unternehmen Kataloniens, auf dem Lösungen für die wirtschaftlichen Probleme der kollektivierten Industrie gesucht wurden. Unrentable Betriebe mußten stillgelegt, andere modernisiert, die Produktion mußte rationalisiert werden. Man beschloß ferner die Errichtung eines Aluminiumwerkes und, zur Bekämpfung der Arbeitslosigkeit, Irrigationsarbeiten für die Landwirtschaft. Kredite mit nur 1 % Zinsen für Neuinvestitionen sollten durch eine zu errichtende Bank der Arbeit bereitgestellt werden.

Im Januar 1938 trat in Valencia ein Kongreß aller landwirt-

1 Unión General de Trabajadores (Allgemeine Arbeiter-Union).

schaftlichen und industriellen Kollektivbetriebe des republikanischen Spanien zusammen, auf dem mehr als 1,6 Millionen Kollektivisten aus Stadt und Land repräsentiert wurden, mit ihren Familien mehr als sechs Millionen Menschen. Hier diskutierten wir die Aufgaben der neuen Wirtschaftsstruktur. Der Kongreß beschloß, eigene Statistiken über die Produktion, die Konsumtion und den Arbeitsmarkt zu erstellen, erörterte Vorschläge für die Rationalisierung und Humanisierung des Arbeitsprozesses und die gerechte Verteilung des Arbeitsproduktes. Während die Ingenieure den Leistungslohn vorschlugen, setzten sich die Vertreter der landwirtschaftlichen Colectividades für den Familienlohn nach der Formel »Jeder nach seinen Bedürfnissen« ein. Schließlich kam ein Kompromiß zustande. Es war erstaunlich, mit welch praktischem Sinn Gewerkschafter, die zwei Jahre vorher Streiks organisiert hatten, nun an die Lösung betriebswirtschaftlicher und volkswirtschaftlicher Probleme herangingen.

Ich war als Beobachter auf diesem Kongreß anwesend. Unwillkürlich wanderten meine Gedanken zurück in das Jahr 1920 – in das nachrevolutionäre Rußland. In Petrograd hatten Sinowjew und in Moskau Lenin mir einzureden versucht, daß die Übernahme und Leitung der Betriebe durch die Arbeiter zu einem kleinbürgerlichen Kollektivkapitalismus führen müsse. Hätten die beiden Koryphäen des Staatskommunismus an diesem Kongreß von Valencia teilgenommen, dann wären sie eines anderen belehrt worden. Und hätten wir den Bürgerkrieg gewonnen, dann wäre heute der spanische Kollektivismus eine existente dritte Alternative zum Privatkapitalismus auf der einen und zum Staatskapitalismus auf der anderen Seite. [1]

Die tragischen Mai-Ereignisse 1937 oder: Moskaus Arm in Katalonien

1 Eine Dokumentation über die Kollektivierung in Spanien habe ich bereits 1937 veröffentlicht. Sie erschien unter dem Titel *Collectivisations – L'oeuvre constructive de la Révolution Espagnole* in Barcelona und 1965 in zweiter, erweiterter Auflage in Toulouse. Eine deutsche Übersetzung liegt seit kurzem im Karin Kramer Verlag, Berlin vor. *(Erich Gerlach/Augustin Souchy, Die soziale Revolution in Spanien. Kollektivierung der Industrie und Landwirtschaft in Spanien 1936–1939. Dokumente und Selbstdarstellungen der Arbeiter und Bauern, Berlin 1974.)* Siehe ferner: *Entre campesinos aragoneses, por Augustin Souchy*, Barcelona 1938.

In den ersten Maitagen 1937 erlebten wir in Katalonien einen blutigen Kampf, einen Bürgerkrieg im Bürgerkrieg, der 500 Tote und 1000 Verwundete kostete. Anlaß zu diesem Konflikt war ein mehrschichtiger Komplex, der sich aus den Gegensätzen zwischen den alten Mächten und den neuen Kräften ergab. Zum besseren Verständnis der Ereignisse sollen einige Streitpunkte erwähnt werden.

Nach den siegreichen Julitagen des vorangegangenen Jahres hatten sich in Barcelona Kontrollpatrouillen gebildet, für die die Anarchosyndikalisten (C.N.T.–F.A.I.) 325 Mann, die katalanische Nationalpartei (Esquerra) 185, die sozialistische Gewerkschaft U.G.T. 145 und die Arbeiterpartei marxistischer Einigung (P.O.U.M.) 45 Mann stellten. Als es zwischen diesen Patrouillen und der Polizei zu Kompetenzstreitigkeiten kam, nahm die Koalitionsregierung für die Polizei Partei. Das verbitterte die Syndikalisten.

Zwischen den Kommunisten Moskauer Observanz, die nach dem 19. Juli 1936 eine »Sozialistische Einheitspartei Kataloniens« (P.S.U.C.) gegründet hatten, und der linksmarxistischen P.O.U.M. kam es bald zu offenen Feindseligkeiten. Die Kommunisten bezeichneten ihre marxistischen »Brüder« von der P.O.U.M. als Verräter und als Verbündete des Imperialismus – es war die Zeit der Stalinschen Trotzkistenverfolgungen! Im Dezember 1936 wurde der Justizminister Andrés Nin, Repräsentant der P.O.U.M. in der katalanischen Regionalregierung, von den Kommunisten zum Rücktritt gezwungen. Später folgte das Verbot der P.O.U.M. Gleichzeitig gelang es der Einheitspartei, die P.O.U.M.-Anhänger aus den leitenden Funktionen in der sozialistischen Gewerkschaft U.G.T. zu eliminieren und ihre eigenen Vertrauensleute an deren Stelle zu setzen.

Es war das Ziel der moskautreuen Kommunisten, die politische Macht zu erobern. Da sie in den traditionell anarchosyndikalistischen Arbeiterorganisationen nicht Fuß fassen konnten, verbündeten sie sich mit der bürgerlichen Esquerra. Diese Partei der bürgerlichen Linken, die nach dem Julisieg 1936 gezwungen gewesen war, den Anarchosyndikalisten Konzessionen zu machen, hoffte nun, mit Hilfe der Kommunisten ihre verlorene Machtposition wiedergewinnen zu können.

Die anarchosyndikalistischen Kampfdivisionen standen an der Front gegen die Francotruppen, die kommunistischen Kader aber wurden bei der Verteilung russischer Waffen bevorzugt. Die republikanischen Armeen bestanden 1936 aus von den Gewerkschaften und den politischen Parteien rekrutierten Freiwilligen. (Später wurde die allgemeine Wehrpflicht eingeführt.) Die Kommunisten verfügten über mehr Waffen als Mannschaften, während umgekehrt die Anarchisten und Syndikalisten mehr Kämpfer als Waffen hatten. (Für Kleinwaffen und Panzerwagen errichteten die katalanischen Metallarbeiter unter syndikalistischer Initiative und Leitung eigene Waffen- und Munitionsfabriken.)

Am 5. März 1937 entwendete ein kommunistischer Stoßtrupp unter Vorweisung gefälschter Papiere zehn Panzerwagen aus einem von Syndikalisten verwalteten Depot. Der Vorgang löste eine Regierungskrise aus. Am 27. April erschossen kommunistische Soldaten den anarchistischen Bürgermeister der Grenzstadt Puigcerda, Antonio Martin, und drei seiner Mitarbeiter. Einige Tage später versuchte die Polizei in Barcelona einige Kontrollpatrouillen zu entwaffnen. Am 3. Mai fuhren Soldaten auf drei Lastkraftwagen vor der von den Gewerkschaften verwalteten Telefonzentrale von Barcelona vor, um sie zu besetzen. Als sie in den ersten Stock kamen, wurden sie von der bewaffneten Wache der oberen Stockwerke aufgehalten.

Die Nachricht von diesem Überfall löste bei den Arbeitern der katalanischen Metropole eine vehemente Reaktion aus. Die Arbeit in den Industriebetrieben wurde spontan niedergelegt, die Geschäfte wurden geschlossen, auf den Straßen errichtete man Barrikaden. Acht Zehntel der Stadt befanden sich in den Händen der Arbeiter. Im Stadtinnern verbarrikadierten sich die Regierungstruppen. Die Gruppe »Freunde Durrutis« und die »Freiheitliche Jugend« waren bereit, zum Angriff überzugehen, um die Provokateure zur Verantwortung zu ziehen, doch die Vorstandsmitglieder im Regionalkomitee der C.N.T. rieten davon ab. In Barcelona und auch im übrigen Katalonien hätten wir siegen können. Doch was dann? Ein anarchistisches Katalonien hätte von keiner Seite Waffenhilfe erwarten können, es wäre auch ausgehungert worden. Man hatte bereits Weingärten in Kartoffelfelder umwandeln müssen. Früher oder später wäre unser Katalonien der republikanischen Zentralregierung oder Franco in die Hände gefallen.

Es waren kritische und aufregende Tage. Im Regionalkomitee der C.N.T., dem Hauptquartier der Anarchosyndikalisten, wo alle Fäden zusammenliefen, tagten wir in Permanenz. Ich führte über die laufenden Ereignisse ein Tagebuch, richtiger: ein Stundenbuch. Fünf Tage lang tat ich keinen einzigen Schritt auf die Straße.

Auf unserer Seite standen neben den syndikalistischen Gewerkschaften die Kampfgruppen der F.A.I. sowie auch die kleineren

Kampfeinheiten der P.O.U.M. Auf der anderen Seite hatte sich eine Koalition der nationalkatalanischen Esquerra und der kommunistischen P.S.U.C. formiert. Formal waren wir – mit Ausnahme der P.O.U.M. – an der Regierung beteiligt, praktisch aber standen sich die Koalitionsparteien als Feinde gegenüber. Keiner der beiden Gegner hatte versucht, die Barrikaden des andern zu stürmen, es gab aber sporadische Kämpfe in allen Teilen Kataloniens. Um der bedrängten katalanischen Regionalregierung zu helfen, sandte die Zentralregierung 4000 Mann, die von der Jarama- und Madridfront abgezogen wurden und in Barcelona gegen uns eingesetzt werden sollten. Die C.N.T. zog, ihrer Verantwortung für den Kampf gegen Franco bewußt, nicht einen Mann von ihren Fronten ab.

Am Donnerstagabend, dem 6. Mai, erklärten wir uns bereit, die Barrikaden zu räumen, die Gefangenen freizulassen und auf Repressalien zu verzichten, unter der Voraussetzung, daß der Gegner das Gleiche tue. Die Antwort sollte innerhalb von zwei Stunden gegeben werden. Die Regierung bat uns, zu warten, da man sich auf ihrer Seite nicht einig war. Stunde um Stunde verrann ohne Antwort. Die Nervosität stieg. Bei Ablehnung unseres Versöhnungsangebots wären wir gezwungen gewesen, unsere Kräfte voll einzusetzen, womit wir bis dahin gezögert hatten. Am anderen Morgen um 4.15 Uhr kam endlich die Antwort. Die katalanische Regierung hatte unsere Vorschläge zur Beendigung der Feindseligkeiten angenommen. Wir atmeten erleichtert auf. Eine halbe Stunde später beschlossen wir, die Barrikaden abzubauen. Tags darauf spielten Kinder auf den Straßen in den Trümmern der niedergerissenen Barrikaden Revolution! [1]
Der blutige Konflikt endete mit einem Kompromiß. Die Anarchisten, die am 19. Juli 1936 mit unglaublicher Bravour einen überlegenen Feind geschlagen hatten, zeigten sich in den Maitagen 1937 erstaunlich zurückhaltend. Sie zögerten, gegen antifaschistische Verbündete zu kämpfen. Ihre Gegner aber hatten keine Skrupel, antifaschistische Genossen zu ermorden.

Unter den vielen Opfern dieses Konflikts hatte ich mehrere persönliche Freunde und Genossen zu betrauern. Einer von ihnen war Camillo Ber-

---

1 Zwei Wochen später erschienen meine Aufzeichnungen über die Mai-Ereignisse in Spanisch, Französisch und Englisch, unter dem spanischen Originaltitel *La Semana tragica de Barcelona* (Die tragische Woche von Barcelona).

neri, mit dem ich seit zehn Jahren befreundet gewesen war. Als italienischer Flüchtling in Paris lebend, kam Berneri kurz nach Ausbruch des Spanischen Bürgerkrieges nach Barcelona, wo er für die italienischen Freiwilligen der Kolonne Durruti die Zeitung »Guerra di Classe« (Klassenkampf) herausgab. Einige Wochen vor den hier geschilderten Ereignissen schrieb er in einem Artikel: »Heute kämpfen wir gegen Burgos (Sitz des Hauptquartiers Francos, A.S.), morgen werden wir gegen Moskau kämpfen müssen, um unsere Freiheiten zu verteidigen.« Das veranlaßte Owtschenko, den russischen Konsul in Barcelona, im Namen der Moskauer Regierung bei unserem Regionalkomitee zu protestieren. Berneri stand auf der Schwarzen Liste der russischen Geheimpolizei, der gefürchteten G.P.U.

Mit anderen italienischen Gesinnungsfreunden bewohnte Camillo Berneri ein Stockwerk des unserem Regionalkomitee gegenüberliegenden Gebäudes. Hier verbrachten auch befreundete italienische Frontsoldaten ihren Urlaub. Der von unserem Fenster nicht sichtbare Eingang des Hauses lag am Platz Angel. Mitbewohner waren der Expediteur der Zeitung, Barbieri, mit seiner Frau sowie Tosca Pantini, die Witwe eines an der Front gefallenen italienischen Genossen. Frau Barbieri bot mir ein Zimmer in der Wohnung an. »Für einen mehr zu kochen, macht uns nichts aus«, sagte sie. Ich akzeptierte im Prinzip, verschob aber den Umzug. Das rettete mich.

Die auf den Platz Angel vom Innern der Stadt auslaufenden Straßen waren von Regierungstruppen und Kommunisten verbarrikadiert, der Platz selbst Niemandsland. Am Abend des 5. Mai kamen zwölf Bewaffnete, sechs in der Uniform der katalanischen Mozos de Escuedra (Katalanische Sicherheitsgarde) und sechs in Zivilkleidung mit dem roten Armband der von den Kommunisten kontrollierten U.G.T. in die Wohnung und führten Berneri und Barbieri ab. Führer der Gruppe war ein Zivilist mit dem roten Armband und der Erkennungsmarke 1109. Nach Mitternacht fand man die Leichen der beiden Italiener in einer nahegelegenen Straße. Die Obduktion ergab, daß sie hinterrücks erschossen worden waren. Barbieri, der sich nie öffentlich politisch betätigt hatte, wurde nur darum ermordet, weil man ihn in Berneris Wohnung angetroffen hatte. Frau Berneri kam aus Paris zum Begräbnis. Immer noch klingt mir ihr Aufschrei in den Ohren, als ich sie an die Totenbahre Camillos führte.

Ein weiteres Opfer des stalinistischen Terrors in Katalonien war Andres Nin. Obwohl er bei Ausbruch des Mai-Konflikts der Regierung nicht mehr angehörte, wurde er als das geistige Haupt der P.O.U.M. abgeholt, nach Madrid transportiert und dann, wie sich später herausstellte, im kommunistischen Gefängnis von Alcala de Henares ermordet. 1921 hatte ich Nins Übertritt zum Kommunismus mißbilligt, respektierte aber seine Überzeugung, als er sich später von Stalin trennte. Seine marxistischen Auffassungen teilte ich nicht, ich achtete ihn aber als Mensch und seine

Ermordung ging mir nahe.

Die Kommunisten betrachteten die Anhänger der P.O.U.M. zu Recht oder Unrecht als Trotzkisten, und Trotzkisten waren in ihren Augen Kollaborateure des Imperialismus. Bob Smillie von der britischen Independent Labour Party (Unabhängige Arbeiterpartei) war, wie George Orwell und andere junge Engländer, nach Barcelona gekommen, um am Kampf gegen den Faschismus teilzunehmen. Er schloß sich einer P.O.U.M.-Brigade an. Das war für die stalinistischen Kommunisten ein Verbrechen. Bob besuchte mich mehrere Male. Selten habe ich einen so sympathischen, zutiefst aufrichtigen, warmherzigen, stets lächelnden Jungen kennengelernt. Während der Mai-Ereignisse gekidnappt, verschwand er für immer. Fenner Brockway*, Sekretär der I.L.P. und Unterhausabgeordneter, kam eigens nach Barcelona, um den Fall aufzuklären. Ich reiste mit ihm zur Zentralregierung nach Valencia, wir forschten bei allen offiziellen und inoffiziellen Stellen nach, doch alles blieb vergeblich. Die Ermordung unseres jungen englischen Freundes mit dem gewinnenden Lächeln und dem offenen Charakter – ich nannte ihn »smiling Smillie« (lächelnder Smillie) – bewegt mich noch heute.

Kurt Landau, Trotzkist bis zum Spitzbart, hatte ich in Bert Brechts Pariser Hotelzimmer kennengelernt, als Brecht seine kurze trotzkistische Periode hatte. Wie für viele Verfolgte des Naziregimes war auch für den aus Wien stammenden Landau Paris nur eine Etappe seiner Emigration. Wenige Monate nach Ausbruch des Spanischen Bürgerkrieges kam er nach Barcelona, um an dem ersten großen Kampfe gegen den Faschismus teilzunehmen. Er wohnte im Vorort Saria, wo es keine Barrikaden gab. Nach Beendigung der Maikämpfe setzte auch dort – entgegen allen Vereinbarungen, an die sich die Kommunisten nicht hielten – die illegale Verfolgung besonders von Trotzkisten ein. Landau fühlte sich bedroht und bat mich um Rat. Ich stellte ihm im Regionalkomitee meinen Archivraum nebst Liege zur Verfügung.

Als ich wenige Tage darauf als Beauftragter der C.N.T. ins Ausland reiste, um die sozialistischen Parteien und Gewerkschaften in England, Skandinavien, Polen und der Tschechoslowakei über die Lage in Spanien zu informieren – eine Reise, die drei Wochen dauern sollte –, schärfte ich Landau ein, er möge in unserm Hause bleiben. Zwei Wochen nach meiner Abreise aber glaubte er, nun außer Gefahr zu sein, und kehrte in seine Wohnung zurück. Ein verhängnisvoller Irrtum: seine Schergen hatten ihn erwartet. Er verschwand für immer. Die Umstände seines Todes wurden nie aufgeklärt. [1]

1 Der Fall Landau wurde ein Vierteljahrhundert später in den Wahlkampf in der Bundesrepublik hineingezogen. Landau hatte einen Bericht über die Lage in Spanien verfaßt, von dem er, wie es hieß, ein Exemplar dem Korrespondenten der norwegischen Arbeiterpresse, Willy Brandt, aushändigte, der sich zu jener Zeit

Katja Landau, eine überzeugte Wiener Sozialistin, war bei der Verhaftung ihres Lebensgefährten mitgenommen und inhaftiert worden, wurde aber nach einiger Zeit freigelassen. In den vierziger Jahren sahen wir uns fast täglich im Internationalen Hilfskomitee (I.R.R.C.), Zweigstelle México, wo wir beide halfen. Gelegentlich erzählte sie mir von ihren Gefängniserfahrungen in Barcelona. Über Kurts Schicksal haben wir nie gesprochen. Ich vermied es, weil ich nicht alte Wunden aufreißen wollte; sie bewahrte darüber Schweigen. Der Grund: Sie war nun mit einem spanischen Kommunisten verheiratet.

Von meiner Informationsreise aus dem Ausland zurückgekehrt, erhielt ich eines Tages den Besuch eines Deutschen namens Werner Meister, der sich mir als Sozialdemokrat vorstellte und mir eine deutschsprachige Sekretärin empfahl; eine solche suchte ich gerade, da meine bisherige Schreibkraft Spanien verlassen hatte. Zwei Tage später stellte sich die Bewerberin vor. Ich verschob die Einstellung um eine Woche. Tages darauf kam eine junge Französin, Suzanne, und am nachfolgenden Tag ein deutschsprechender Mann. Beide warnten mich vor der »Sekretärin«, bei der es sich um eine Spionin der G.P.U. handele, die der Polizeiagent Meister mir zugedacht habe.

Auf einer Autoreise von Valencia nach Barcelona sah ich an einer Straßenkreuzung Meister mit einem kleinen Koffer allein an einer Straßenkreuzung stehen. »Das ist ein Spitzel im Dienste der Kommunisten«, sagte ich zu meinen Reisebegleitern, zwei Junganarchisten. »Sollen wir ihn erschießen?« fragten sie. Die Autostraße war menschenleer, niemand hätte etwas davon erfahren. »Spart euch die Patronen«, erwiderte ich, »dieser Judas kommt auch ohne uns in die Hölle.«

Dreißig Jahre später traf ich Selke, den Mann, der mich vor Meister gewarnt hatte, im Internationalen Arbeitsamt in Genf wieder, wo er als Übersetzer arbeitete. Da ich damals in der gleichen Institution tätig war, sahen wir uns häufig. Eines Tages erzählte er mir, daß jenes Mädchen, die »Sekretärin«, seine Freundin ge-

in Barcelona aufhielt. Dieses Exemplar soll, so wurde behauptet, infolge der Querverbindungen Brandts zu moskaufreundlichen Elementen oder durch Irrtum oder Fahrlässigkeit in die Hände der Kommunisten gelangt sein, die dadurch auf Landaus Aktivität aufmerksam gemacht wurden. Ich hörte davon aus zweiter Hand. Als Willy Brand 1961 zum erstenmal für das Amt des Bundeskanzlers kandidierte, erschien ein Buch *Die Kandidaten*, dessen Autor Hans Frederik Landaus Tod mit Willy Brandt in Verbindung bringen wollte. Brandts politische Gegner hofften, durch Aufrollung dieser Angelegenheit ihn und seine Partei zu diskreditieren.

wesen sei, er es aber trotzdem für notwendig gehalten habe, mich zu warnen. Die erste Warnerin, Suzanne, war später mit Rolf Reventlow (nach dem Zweiten Weltkrieg Sekretär der SPD für Niederbayern) verheiratet. Werner Meister habe ich nie wiedergesehen. Ich nehme an, daß er inzwischen die Schwelle zur Hölle überschritten hat.

Die Niederlage

Die blutigen Mai-Ereignisse hatten sowohl auf katalanischer wie auch auf gesamtrepublikanischer Ebene eine Regierungskrise ausgelöst. Ministerpräsident Largo Caballero* – er war als Generalsekretär der sozialistischen Gewerkschaft U.G.T. auf diesen Posten berufen worden – trat zurück. Der neue Mann an der Spitze war Dr. Juan Negrin*, prominentes Mitglied der Sozialistischen Partei, der Stalin und den spanischen Kommunisten näher stand als seinen eigenen Parteigenossen. (In der Sozialistischen Partei gab es drei Richtungen: die Anhänger Largo Caballeros, Juan Negrins und Indalecio Prietos*.)

Die Anarchosyndikalisten lehnten den Eintritt in die neue Regierung ab und beteiligten sich auch nicht an der katalanischen Regionalregierung. Sie hatten mit der Regierungsbeteiligung keine guten Erfahrungen gemacht; ihre Stärke war die sozialrevolutionäre Aktion und der direkte Kampf, nicht die Politik. Mit ihren 2,178 Millionen Mitgliedern und 125 000 Soldaten glaubten sie als pressure group mehr für ihre Sache erreichen zu können als durch die Regierungspolitik.

Doch sie irrten sich. Der Bürgerkrieg gegen Franco und seine italienischen und deutschen Verbündeteten erforderte nicht nur Gewehre, Munition und Panzerwagen, die die Anarchosyndikalisten in beschränktem Maße in ihren kollektivierten Fabriken selbst herstellen konnten, sondern auch Kanonen und Flugzeuge, die von Rußland geliefert wurden. Die russischen Waffenlieferungen aber wurden von der Regierung kontrolliert und landeten meist bei Militäreinheiten unter kommunistischem Kommando. Nichtbeteiligung an der Regierung bedeutete in dieser Situation Verzicht auf Kontrolle und auf Mitbestimmung im Kampf gegen die Franco-Putschisten.

Erst in der zweiten Regierung Negrin, seit 5. April 1938, stellten die Anarchosyndikalisten einen Minister und in Katalonien waren sie dann mit zwei Ministern in der Regierung vertreten. Das entsprach bei weitem nicht ihrem Kräftepotential und genügte vor allem nicht, um ihren Einfluß geltend zu machen. Im Gegensatz zu ihnen waren die Kommunisten in der Regierung mit mehr Ministern vertreten als sie bei Berücksichtigung demokratischer Spielregeln erhalten hätten; Parlamentswahlen hat es während des ganzen Bürgerkrieges nicht gegeben. Ihren wachsenden Einfluß verdankten die Kommunisten zwei Faktoren: erstens der russischen Waffenhilfe und zweitens der Koalition mit den bürgerlichen Parteien gegen die Arbeiter und die besitzlose Landbevölkerung.

Die neue politische Situation begünstigte die konterrevolutionären Machtpläne der Kommunisten. Im Auftrag des kommunistischen Gouverneurs Mantecón lösten die von dem kommunistischen Divisionsführer Lister befehligten Militäreinheiten die landwirtschaftlichen Kollektive in Aragonien mit Waffengewalt auf, während zur gleichen Zeit die anarchistischen Kolonnen an der Front gegen die Franco-Truppen kämpften. [1] Die Anarchosyndikalisten hatten grundsätzliche Bedenken gegen einen Bürgerkrieg im republikanischen Lager, den sie auch wegen des Waffenmangels nicht riskieren konnten. [2] So schluckten sie auch diese bittere Pille.

Eine im Juni 1937, fünf Wochen nach Beendigung der Mai-Kämpfe, in Valencia abgehaltene Landeskonferenz der C.N.T. sprach sich für eine einheitliche Kriegführung mit allgemeiner

---

1 In Rußland hatte Stalin kurz zuvor die Bauern in die Kolchosen gezwungen und Hunderttausende von armen, als Kulaken verschriene Muschiks dem Tode überantwortet!

2 Die russische Waffenhilfe sollte sich bald als skandalöser Betrug erweisen. Hierzu schreibt mein alter Freund Diego Abad de Santillan, bei Ausbruch des Bürgerkriegs Sekretär der FAI (Iberisch-anarchistische Föderation) und später Wirtschaftsminister Kataloniens, in seinen Erinnerungen: »Durruti war von der aragonischen Front mit seinen Kämpfern nach dem von den Francotruppen bedrohten Madrid geeilt. Dort angekommen, rief er mich nachts zwischen 2 und 3 Uhr in meiner Wohnung zu Barcelona an. Seine Erregung war berechtigt: »Du hast mir Gewehre gegeben, die nicht funktionieren. Sende mir Handgranaten.« Das habe ich sofort veranlaßt. Es handelte sich um Gewehre schweizer Herkunft aus dem Jahre 1880, die uns die Russen mit Patronen aus jener Zeit lieferten. Und ich hatte geglaubt, eine Schlacht gewonnen zu haben, als uns einige tausend dieser Schießeisen gesandt worden waren, die aus Zeitmangel noch nicht erprobt werden konnten. Mit diesen Waffen aus dem Jahre 1880 sandten wir Durruti nach Madrid. Die Republik bezahlte Stalins ›generöse‹ Hilfe mit dem Golde der spanischen Staatsbank.«

Wehrpflicht, für eine gesamtrepublikanische Organisation der Kriegsindustrie unter Mitwirkung der Gewerkschaften, für einen Sicherheitsrat zur Aufrechterhaltung des inneren Friedens, für einen Rat zur allgemeinen Wirtschaftsentwicklung, für Kommunalisierung der Wohnhäuser in den Städten und des Ackerbodens auf dem Lande, für die Legalisierung der Kollektivierungen in ganz Spanien (bisher waren sie nur in Katalonien gesetzlich anerkannt) sowie für gewerkschaftliche Kontrolle von Produktion und Distribution aus. Die bürgerlich-kommunistische Koalitionsregierung lehnte die Verwirklichung dieses Programms ab. Die Syndikalisten hätten, um sich durchzusetzen, Gewalt anwenden müssen, was zu einem neuen inner-republikanischen Bürgerkrieg während des Kampfes gegen Franco geführt hätte. Dieses Risiko konnten sie nicht eingehen.

Die Lage an den Fronten verschlechterte sich. Negrins »Siegesregierung« (Gobierno de la Victoria) von Stalins Gnaden wurde bald zu einer Niederlagenregierung. Bei der Offensive in Segovia fielen bei einem einzigen Einsatz 3000 von 10 000 beteiligten Soldaten der Republik. Der von den russischen Ratgebern geplante Vorstoß auf Brunete bei Madrid kostete 23 000 Gefallene. Nach Ansicht nichtkommunistischer Militärsachverständiger waren die Niederlagen zu einem erheblichen Teil auf die Unfähigkeit der russischen Berater zurückzuführen. Die Militärexperten der Anarchosyndikalisten – wir hatten freilich nur wenige republikanische Berufsmilitärs in unseren Reihen – sagten voraus, daß bei Fortsetzung der bisherigen Strategie der Krieg für die Republik verloren sei. Diese Warnung war gerechtfertigt – Francos Truppen stießen immer tiefer in unser Gebiet vor. Die republikanische Regierung, bereits im Herbst 1936 von Madrid nach Valencia geflüchtet, sah sich gezwungen, ihren Sitz nach Barcelona zu verlegen. Das war der Anfang vom Ende.

Der Krieg rückte näher. Die Luftangriffe wurden häufiger, Öl- und Benzindepots gingen in Flammen auf, auch Fabriken und Wohnviertel wurden nicht verschont. Eines Nachts gegen drei Uhr – ich hatte meine Lagerstätte neben meinem Büro im Hauptquartier der Anarchosyndikalisten – wurde ich durch Bomben aus dem Schlafe geweckt. Mein erster Gedanke: hinunter in den Keller! Doch ich blieb liegen und meditierte. Was einen Anfang hat, kommt auch zu einem Ende, mit einer Ausnahme: Wenn die Schenkel eines spitzen Winkels sich ins Unendliche verlängern, muß auch der Abstand zwischen ihnen unendlich sein. Dieses Beispiel, das ich Jahre vorher in Spinozas »Ethik« gelesen hatte, beschäftigte meine Gedanken, als ich wach im Bette lag. Noch einmal ein furchtbarer Einschlag, dann alles still. Ich schlief ein. Um sieben Uhr morgens rief Mariano Vazquez, Sekretär des Nationalkomitees der C.N.T., der das Haus inspizierte, mir durch die vom Luftdruck der Bombeneinschläge zertrümmerte Zimmertür zu: »Augustin, vives?« (Lebst Du noch‹) »Ja, gesund und munter!« entgegnete ich und stand auf. Es war der 19. Juli 1938, der zweite Jahrestag des Putschversuchs. Francos Flieger hatten es auf unser Gebäude abgesehen, von dem ein Flügel zertrümmert worden war. [1]

Anfang 1939 näherten sich Francos Armeen Barcelona. Am Morgen des 25. Januar stand die feindliche Vorhut vor der Stadt. Auf den Straßen lagen zerrissene Papiere, Schriftstücke und kompromittierende Zeitungen. Überall verängstigte Gesichter. Jetzt gab es nur eine Parole: rette sich, wer kann. Zur Mittagszeit sprang ich auf einen mit Flüchtlingen überfüllten Lastwagen. Während der Fahrt zur Grenze im Norden wurden wir von feindlichen Fliegern verfolgt. Frauen und Kinder schrien um Hilfe. Bei meinem Bemühen, ein Kind vor dem Herunterfallen zu schützen, fiel ich selbst vom Wagen und brach mir den Arm. In Gerona, dem letzten Sitz der Negrinschen »Siegesregierung«, ging alles drunter und drüber. Ein Arzt war nicht aufzutreiben. Ich mußte so schnell wie möglich nach der französischen Grenzstadt Perpignan zur Behandlung. Es gelang mir, einen Wagen aufzutreiben, der mich nach Frankreich brachte. Wenige Stunden später wurde die Grenze gesperrt, wer dann kam, wurde in einem Auffanglager interniert. Das hatte mir mein Armbruch erspart. Lope de Vega, der Dichter der zweitausend Theaterstücke, sollte Recht behalten: No hay mal que por bien no venga (Auch ein Übel hat sein Gutes).

In der Nachhut von Francos Truppen kam Hitlers Gestapo. Einigen meiner auf republikanischer Seite kämpfenden deutschen

---

1 Das Schicksal hat mich auch bei anderen Gelegenheiten verschont. Eines Tages riß eine durch einen Luftangriff, bei dem der Fliegeralarm zu spät gekommen war, zerschmetterte Glasscheibe meinem Begleiter auf der Straße den linken Oberarm ab. Bei einer Autofahrt verlor mein Chauffeur durch eine in der Nähe eingeschlagene Bombe, die die Vorderscheibe des Wagens zerschlug, ein Auge. Ich blieb unverletzt.

Genossen gelang die Flucht nicht mehr; sie wurden in ein Konzentrationslager in Deutschland verschleppt. Da ich den Häschern entgangen war, wurde ich ausgebürgert. Der »Deutsche Reichsanzeiger und Preußische Staatsanzeiger« teilte in seiner Nummer 121 vom 30. Mai 1939 mit: »Augustin Souchy wird laut Gesetz vom 14. Mai 1933 der deutschen Staatsangehörigkeit für verlustig erklärt.«

Ich hatte mich nie zu Hitlerdeutschland bekannt und fühlte mich durch diesen Verlust nicht getroffen. Lange vorher war mir von dem für seine Freiheit kämpfenden Spanien in Anerkennung meines Einsatzes für die Sache der Republik die spanische Staatsbürgerschaft verliehen worden.

In Frankreich nahm ich meine Tätigkeit als Korrespondent für meine schwedischen und amerikanischen Blätter wieder auf. Mit Ausnahme einer kurzen Reise nach England, wo ich auf Einladung Fenner Brockways [1] an einer Sommerschule der Independent Labour Party Vorträge hielt, blieb ich bis zum Ausbruch des Zweiten Weltkriegs in Paris.

1 Fenner Brockway war eine der markantesten Persönlichkeiten, die ich kennengelernt habe. Als England im Ersten Weltkrieg die allgemeine Wehrpflicht einführte, kam er als junger conscientious objector (Kriegsdienstverweigerer aus Gewissensgründen) ins Gefängnis. Später wurde er einer der Führer der Independent Labour Party. Nach dem Zweiten Weltkrieg zum Lord geadelt, ist er seither Mitglied des Oberhauses. Noch heute ist der jetzt 89jährige in der sozialen Fortschrittsbewegung aktiv. Sein Leben, sein Wirken und seine Publikationen können einer idealistischen Jugend zum Vorbild dienen.

Im Januar 1939 war ich dem Internierungslager entgangen, doch als Frankreich sechs Monate später bei Ausbruch des Zweiten Weltkriegs alle auf seinem Territorium lebenden gebürtigen Deutschen internierte, traf es auch mich. Wir wurden in das Innere des Landes verschickt. Unsere Gruppe – etwa achtzig Personen – kam in das Dorf Marolles bei Blois an der Loire. Man zwang uns nicht zur Arbeit, doch die Jüngeren meldeten sich freiwillig zur Einbringung der Getreideernte, während wir Älteren beim Küchendienst halfen. Ein österreichischer Jurist war Küchenchef, ich half beim Kartoffelschälen, außerdem organisierte ich Unterhaltungsabende am Wochenende.

Ich nahm Kontakt mit den Dorfbewohnern auf, was mir zu gewissen Erleichterungen verhalf. Wir waren in mehreren Bauernhöfen einquartiert. Die Gruppe, der ich zugeteilt war – etwa zwölf Personen –, hauste auf einem Heuboden. Wir schliefen auf Stroh. Der Dachdecker des Dorfes, ein Sozialist, stellte mir Bretter und ein Drahtnetz zur Verfügung, ich stopfte das Gestell mit Stroh voll, besorgte mir alte Säcke und bastelte mir so einen rustikalen Diwan zusammen, der mir als Liege diente und auf dem Lagergenossen sich »rekreieren« konnten, wenn ihre Frauen sie besuchen kamen.

Der Dorfpfarrer, mit dem ich mich angefreundet hatte, erlaubte mir, seine Bibliothek zu benutzen. Bei der Lektüre von Corneilles »Cinna« (1640) stieß ich auf eine Stelle von frappierender gedanklicher Identität mit dem, was Goethe später seinem Faust in den Mund legte. Meiner Neigung folgend, Verse, die mir gefallen, auswendig zu lernen, schrieb ich mir auf:

Quand nous avons quitté ce jour qui nous éclaire
cette sorte de vie est bien imaginaire;
et le moindre moment d'un bonheur souhaité
vaut mieux que cette froide et vaine éternité.

In deutscher Übersetzung:

Scheint uns das Tageslicht nicht mehr,
dann ist jenes andere Leben imaginär,

und der kleinste Moment eines ersehnten Glücks
gilt mehr als jenes kalte und eitle Nichts.

Und im »Faust« heißt es:

Das Jenseits mag mich wenig kümmern,
schlägst du erst diese Welt zu Trümmern.
Die andere mag danach erstehn.
Aus dieser Erde quellen meine Freuden,
und diese Sonne scheinet meinen Leiden.

Beide Dichter drücken den gleichen Gedanken in jeweils eigenen
Worten aus. Das Schöpferische liegt hier in den Worten, in der
Form, nicht im Inhalt. Goethe war kein Plagiator. Wie Corneille
lehnte auch er den Aberglauben an ein Weiterleben nach dem
Tode ab.
Für die seelische Ausgeglichenheit meiner Schicksalsgenossen
sorgend, parodierte ich nach dem damals weitverbreiteten Schlager »Die Liebe der Matrosen« ein Lagerlied, das nach Abschluß
unserer Veranstaltungen aus voller Kehle gesungen wurde, wie
die Nationalhymne bei patriotischen oder die »Internationale«
bei proletarischen Zusammenkünften.Der Text lautete:

Und als der Krieg brach aus,
holt man uns aus dem Haus,
man führt uns nach Marolles
und läßt uns nicht mehr raus,
und läßt uns nicht mehr raus.

Wir haben kein Statut,
uns ist dabei zumut,
als sei der Zustand rechtlos,
doch sonst geht es uns gut.

Wir sind die Jungens von Marolles,
von der Arbeit gern befreit,
doch um Essen stets bereit.
Wir leben hier auf fremder Scholle,
sind vereint in Freud und Leid
und vertreiben uns die Zeit.

Doch auch der Krieg wird einmal enden,
dann kommt die Freiheit nicht zu früh,
dann sind die Jungens von Marolles auch die ersten,
die sich melden zu der Heimatkompanie.

Trivial wie alle Schlager, entsprach das Lied dem Geschmack einer nicht ausgewählten, sondern zufällig zusammengekommenen Gruppe von Menschen unterschiedlichen kulturellen Niveaus. Dem Lagerkommandanten gefiel es so gut, daß er mich bat, es ihm ins Französische zu übersetzen.

Ich blieb ein halbes Jahr in Marolles. Nach einer Verordnung, laut welcher mit einer Französin verheiratete und über achtundvierzig Jahre alte Internierte freigelassen werden konnten, durfte ich nach Paris zurückkehren.

Doch nicht lange sollte ich mich meiner Freiheit erfreuen können. Ein bald darauf verkündeter neuer Erlaß bestimmte, daß alle in Deutschland geborenen Männer und Frauen gleich welchen Alters interniert werden müßten.

Mein neues Lager befand sich in dem Dorfe Audierne an der bretonischen Küste unweit Quimper. Wir wurden in den Gebäuden einer nahe am Meer gelegenen stillgelegten Fischkonservenfabrik untergebracht. Einzelzellen gab es nicht, dennoch glich das Ganze einem Gefängnis. Auf dem kalten Zementfußboden, auf dem wir die ersten Nächte schlafen mußten, zog ich mir einen Blasenkatarrh zu. Ein freudloses, monotones Lagerleben stand uns bevor. Da alles improvisiert war, hatte man keine Arbeit vorgesehen. Das Fehlen von Beschäftigung förderte die Haftpsychose.

Unsere Gruppe war in ihrer Zusammensetzung ein Spiegelbild der Gesellschaft draußen mit ihren ökonomischen und kulturellen Unterschieden. Einige spielten Poker mit hohem Einsatz. Geldleute ließen sich von den Parias ihre Leibwäsche waschen. Rudolf Olden*, ehemaliger Mitarbeiter der »Weltbühne«, saß mit dem österreichischen Literaten Leo Lania* am Schachbrett.

Tage, Wochen und Monate krochen dahin. Von den französischen Wachmannschaften erfuhren wir, daß die deutsche Wehrmacht Paris eingenommen hatte, die französische Regierung nach Bordeaux geflüchtet war, General Petain in Vichy eine Regierung von Hitlers Gnaden gebildet hatte und General de Gaulle von London aus den Widerstand organisierte.

Um einer Invasion vom Meer her vorzubeugen, besetzten die deutschen Truppen die französische Küste. Eine von Norden her an der bretonischen Küste vordringende Heeresgruppe hatte

Quimper eingenommen und rückte auf unser Dorf vor. Im Lager herrschte Aufregung. Die meisten von uns, politische oder jüdische Flüchtlinge, hatten von der deutschen Besetzung Schlimmes zu befürchten. Im Auftrag der Gesamtheit der Lagerinsassen ging ich mit einem Lagergenossen zum Kommandanten. »Wir sind Freunde Frankreichs«, sagte ich. »Meine engsten Verwandten sind Franzosen. Sie werden uns nicht unserm gemeinsamen Feind Hitler ausliefern wollen!« Der Kommandant erklärte, er sei im Prinzip mit uns einig, könne jedoch ohne Anweisung seiner Vorgesetzten nicht die Verantwortung für unsere Freilassung übernehmen. Ich erwiderte: »Die Regierung existiert nicht mehr. Das Marionettenkabinett Petain kollaboriert mit dem Feinde.«

Der Kommandant zögerte. Die deutschen Truppen waren nur noch wenige Kilometer von unserem Lager entfernt. Die Unruhe wuchs, die Nervosität drohte in eine Revolte umzuschlagen. Endlich gab der Kommandant nach. Wir durften in Fünfergruppen nacheinander das Lager verlassen.

Zu spät! Schon die erste Gruppe mußte umkehren, die Wehrmachttruppen waren in Sichtweite. Die Mauer des Fabrikhofes grenzte an ein Getreidefeld. Dort war unsere Rettung. Einer half dem anderen beim Klettern über die Mauer. Der ehemalige bayerische sozialdemokratische Abgeordnete Hoffmann, beleibt und schwerfällig, schaffte es nicht. Mit einem derben Resignationsfluch ergab er sich in sein Schicksal. Mir selbst, elastisch wie ich war, gelang trotz meiner neunundvierzig Jahre der Sprung ins Freie. Bis Einbruch der Dunkelheit hielten wir uns im Weizenfeld versteckt. Jeder ging von den andern getrennt seine eigenen Wege, Gruppenbildung wäre riskant gewesen.

Mein nächstes Ziel war die Familie Le Gall in Quimper, deren Bekanntschaft ich einer ungewöhnlichen Begebenheit zwölf Jahre vorher verdankte. Es war 1929 in Berlin, als meine Frau – geborene Pariserin – eines Tages aus der französischen Buchhandlung mit einer jungen Französin nach Hause kam, die ihre Stellung als Gouvernante verloren hatte, weil ihr die gewünschte Pariser Aussprache fehlte! Germaine, Tochter des Schuldirektors Le Gall aus Quimper, blieb einige Wochen bei uns, bis sie eine neue Stellung gefunden hatte. Im folgenden Jahr verbrachten wir während unserer Sommerferien einige Tage bei der Familie Le Gall in Quimper.

»Sie haben unsere Tochter aus den Großstadtgefahren eines fremden Landes gerettet«, sagte Monsieur Le Gall, nachdem er die Geschichte meiner Odysee vernommen hatte, »und übrigens sind Sie für uns Franzose!« Madame Le Gall lieh mir ihr Fahrrad, auf dem ich die Fahrt nach Paris antrat. Ich fuhr über das nahegelegene Saint Nazaire, wo mir ein Genosse, den ich von einem Gewerkschaftskongreß kannte, eine französische Identitätskarte verschaffte. Keiner der am Ein- und Ausgang der Ortschaften kontrollierenden deutschen Unteroffiziere kam auf den Gedanken, einen Deutschen vor sich zu haben. Die Bauern hielten mich für einen Flüchtling aus Nordfrankreich, sie gaben mir Brot und Milch. Bei heiterem Himmel schlief ich im Freien, bei Regenwetter in Kuh- oder Schweineställen. Die Fahrt dauerte vier Tage.

In Paris schlug die Concièrge (Hausmeisterin) die Hände über dem Kopf zusammen. »Monsieur Souchy, les Fritz (so nannten die Franzosen die Hitlerdeutschen) haben sich bei mir bereits nach Ihnen erkundigt. Seien Sie vorsichtig!« Bei meiner Familie konnte ich nicht bleiben. In einer Dachkammer im I. Arrondissement unweit Chatelet fand ich Unterschlupf. Paris hatte sein gewohntes Gesicht verändert. In allen Bezirken klebten Plakate mit der ominösen Aufschrift »Verboten«, und darunter stand, was alles bei Strafandrohung untersagt war. Kenner des Deutschen wiesen sarkastisch auf den phonetischen Gleichklang hin, den die drei Silben des deutschen Wortes ver-bo-ten in der französischen Aussprache mit der Redewendung »vers beaux temps« (Schönen Zeiten entgegen) haben. Schön sollten die Zeiten nicht sein, denen wir entgegengingen.

Meine Lage war ernst. An eine Arbeit zur Bestreitung des Lebensunterhaltes war nicht zu denken, ich konnte mich nicht für die Zuteilung von Lebensmittelkarten melden und war der Gefahr ausgesetzt, von der Gestapo entdeckt zu werden. Familienangehörige und Freunde rieten mir, in die unbesetzte Zone nach Mittel- und Südfrankreich auszuweichen.

In Vierzon, der letzten besetzten Stadt in Richtung Süden, half mir ein Gesinnungsfreund über die Demarkationslinie. Er arbeitete mit seinem Sohn in der Stadt, wohnte aber im unbesetzten Gebiet außerhalb. Wie er pendelten Hunderte morgens in die Stadt und abends zurück. In der Stoßzeit war die Kontrolle oberflächlich. Mein Kamerad ging mit seinem Sohn durch die Sperre, der Junge brachte mir den mit einem Lichtbild versehe-

nen Ausweis des Vaters, den ich benutzen sollte. Risikolos war
der Übergang nicht. Auf dem Ausweis sah man das Bild eines un-
tersetzten Mannes von 1,66 m Größe, mit rundem Gesicht,
schwarzem Schnurrbart und Glatze. Ich war 1,72 m groß, mein
Gesicht oval, mein volles Haar blond. Nonchalant zog ich den
Ausweis hervor, um ihn umständlich zu öffnen. Der Kontroll-
mann winkte ab, hinter mir stand eine lange Menschenschlange.
Das Täuschungsmanöver war geglückt.

In Brive-la-Gaillard half ich bei der Weinlese. Als sie beendet
war, stand ich erwerbslos da. Meine nächste Etappe war Toulouse, Zentrum der spanischen Bürgerkriegsemigranten, von denen
sich Tausende und Abertausende recht und schlecht durchs Leben schlugen. Doch in Toulouse hatte ich keine Chancen. Marseille, die große Hafenstadt am Mittelmeer, war die letzte
Hoffnung der Emigranten aus den europäischen Diktaturlän-
dern, und dorthin lenkte auch ich meine Schritte.

Vor den internationalen Hilfskomitees stauten sich italienische,
spanische, jüdische und deutsche Flüchtlinge. Viele von ihnen
waren dem Konzentrationslager entronnen. Hier sah ich nicht
ganz unerwartet meinen alten Freund Wollin wieder, von dem
ich bereits berichtet habe. Seine erste Emigration hatte von 1905
bis 1917 gewährt, seine zweite 1921 begonnen, und sie dauerte
bis an sein Lebensende.

Wollins Lebensgefährtin, den Bürden und Leiden des Emigran-
tendaseins nicht gewachsen, war frühzeitig gestorben, seine
Kinder waren in alle Winde zerstreut. An der Kasse eines Kinos
verdiente er sich seinen kargen Lebensunterhalt, tagsüber arbeitete er an seinem großen Werk über »Die unbekannte Revolution«. Auf seinem Bett im kleinen Hotelzimmer lagen Papiere
und Dokumente ausgebreitet. Kein Sekretär half ihm, er hatte
nicht einmal eine Schreibmaschine. Dennoch vermochte er seine
Arbeit zu vollenden. Die Veröffentlichung von »La Révolution
Inconnue« aber sollte er nicht mehr erleben. Er starb vorher an
Auszehrung. Sein Buch erschien nach dem Ende des Krieges in
Paris und wurde später in mehrere Sprachen übersetzt.

Schwierige Ankunft

Mexiko hatte sich bereiterklärt, die nach Frankreich geflüchteten spanischen Republikaner aufzunehmen. Als Flüchtling aus dem von Franco eroberten Spanien mit spanischer Staatsbürgerschaft konnte auch ich dieses Angebot in Anspruch nehmen. Anfang 1942 war nicht vorauszusehen, wie lange der Krieg dauern und wer siegen würde. Mexiko bedeutete Ende der Unsicherheit, der Verfolgungen und Gefahren. Ich ergriff die sich bietende Gelegenheit.

Zwei Monate dauerte es, ehe die Formalitäten für die Einreise nach Mexiko, die Ausreise aus Frankreich und das Reisegeld aus den Vereinigten Staaten geregelt werden konnten. Anfang 1942 brachte uns ein französisches Mittelmeerschiff nach Casablanca, wo wir in den portugiesischen Ozeandampfer »Sao Thomé« umstiegen. In Jamaica wurden Schiff und Passagiere von den Engländern kontrolliert. Harry Domela, Imitator des deutschen Kronprinzensohnes und in der Weimarer Republik als Hochstapler verurteilt, wurde festgehalten. Alle anderen Flüchtlinge, etwa siebenhundert, erhielten freies Geleit.

Es war der 15. April 1942, als die »Sao Thomé« im Hafen von Veracruz einlief. Die geborenen Spanier verließen das Schiff noch am gleichen Tage. Vierunddreißig nicht in Spanien geborenen Passagieren wurde die Einreise verweigert. Zu ihnen gehörte auch ich.

Wir waren bestürzt. Die Mitteilung, daß wenige Monate vorher ein Schiff mit Flüchtlingen nach Europa hatte zurückkehren müssen, nachdem es von mehreren lateinamerikanischen Ländern abgewiesen worden war, steigerte unsere Unruhe. Aus welchem Grunde ließ man uns nicht ins Land? Daß möglicherweise der eine oder andere von uns mit falschem Paß reise – eine List, so alt wie das Flüchtlingselend – konnte nicht der Anlaß sein. Der Schiffskapitän erklärte, er werde bald gezwungen sein, die Anker zu lichten, da seine Gesellschaft sich weigere, zusätzliche Hafengebühren zu zahlen.

Wir hatten Kontakt zu Vertretern von Behörden und Hilfskomitees aufgenommen. Das jüdische Zentralkomitee aus Mexiko-

Stadt – dreißig von uns waren Juden – hatte zwei Delegierte nach Veracruz gesandt, die sich um uns bemühten. Ich wandte mich an meine spanischen Freunde und an politisch tätige Mexikaner, mit denen ich seit Jahrzehnten, vor allem in meiner früheren Eigenschaft als Sekretär der Internationalen Arbeiter-Assoziation, in Verbindung gestanden hatte. Man versprach, sich für uns einzusetzen. Doch Tag um Tag verstrich ohne Ergebnis. Unsere Nervosität wurde immer größer. Unter Berufung auf mein Mandat als Delegierter der Internationalen Liga für Menschenrechte, das mir während des Spanischen Bürgerkrieges vom Generalsekretär der Liga, Professor Victor Basch (Paris), übertragen worden war, sandte ich das folgende Telegramm an den mexikanischen Staatspräsidenten Avilo Camacho:

»Vierunddreißig antifaschistische Flüchtlinge aus faschistischen Ländern Europas mit legalen, von mexikanischer Gesandtschaft Vichy ausgestellten Visen kamen im Vertrauen hierauf und auch auf die Zusicherung des mexikanischen Ministers Rodriguez y Aguilar mit Schiff Sao Thomé vor neun Tagen nach Veracruz, wo ihnen die Einreise verweigert wird – stop – Nach Europa zurückgesandt zu werden bedeutet Konzentrationslager, wo die meisten von uns drei Jahre interniert waren – stop – Wir appellieren an Ihre Excellenz, der von mexikanischen Organisationen gestellten Bitte um Aufenthaltsgenehmigung stattzugeben.«

Gleichzeitig telegrafierte ich an meinen alten Freund Roger Baldwin*, Sekretär der American Civil Liberties Union, New York:

»Vierunddreißig antifaschistischen Flüchtlingen, Männern, Frauen und Kindern mit legalen, von der mexikanischen Gesandtschaft in Frankreich ausgestellten Visen zur Zeit auf portugiesischem Schiff Sao Thomé Hafen Veracruz wird Einreise nach Mexiko verweigert – stop – Unternimm bitte alles, damit uns Einreise gewährt wird, danke.«

Ein weiteres Telegramm sandte ich an den Repräsentanten des in Mexiko etablierten spanischen Flüchtlingskomitees, Indalecio Prieto.
Nach neun Tagen gespannter Erwartung war unser Schicksal immer noch ungewiß. Meine mexikanischen Freunde waren bereit, mich allein an Land zu bringen. Am Abend des 24. April kam einer von ihnen an Bord und teilte mir mit, daß man mich in der Nacht mit einem Boot heimlich abholen werde. Dieses gutgemeinte Angebot konnte ich jedoch nicht annehmen. Ich war

unter den Abgewiesenen der Einzige mit politischer Vergangenheit. Meine Flüchtlingsgenossen setzten ihre Hoffnung auf meine Demarchen. Ich konnte sie nicht enttäuschen. Doch der Kapitän wollte nicht länger als zehn Tage warten.
Die Entscheidung mußte in den nächsten vierundzwanzig Stunden fallen. Sie kam und sie war günstig. Roger Baldwin hatte nach Empfang meiner Kabelnachricht ein Telegramm an englische Parlamentarier gesandt, mit der Bitte, sich für uns einzusetzen. Am 25. April brachte die englische Ausgabe der in Mexiko erscheinenden großen Zeitung »Novedades« die uns freudig erregende Notiz:

»Im Außenministerium wurde bekanntgegeben, den britischen Oberhausmitgliedern und anderen Prominenten Londons, die Präsident Avila Camacho telegrafisch um Einreisegenehmigung gebeten hatten, sei gedrahtet worden, daß ihrem Ersuchen stattgegeben werde.«

Die Spannung hatte sich gelöst, Befürchtungen waren zerstreut, düstere Vorbedeutungen verscheucht, freudige Hoffnung stand auf den Gesichtern aller. Ein Erfrischungsbad in den kühlen Fluten des Golfes von Mexiko brachte uns Erleichterung und Labung.
Wenige Tage später erklärte Mexiko dem Dritten Reich den Krieg. Das deutsche Nazi-Haus in der Calle Lopez in Mexiko-Stadt wurde beschlagnahmt und der Federación de Campesinos, dem mexikanischen Bauernbund, übergeben. Anstelle der Hitlerbilder prangte nun im Patio (Innenhof in altspanischen Privathäusern) ein Steinbildnis des revolutionären Bauernführers Emiliano Zapata*. Die bekannten Nazis, von denen die mexikanische Regierung nichts Gutes erwartete, wurden in der alten Feste Perote interniert.
Angesichts dieser neuen Umstände durften wir nicht in die Hauptstadt. Man wies uns die etwa zweihundert Kilometer entfernte Stadt Puebla als Wohnsitz zu, eine Hochburg des Katholizismus. Selbst Freimaurer gehen hier in die Kirche. Im nahegelegenen Cholula gibt es, wie mit einiger Übertreibung gesagt wird, mehr Altäre als Wohnhäuser.
Meine Arbeit als Korrespondent schwedischer Zeitungen erforderte meine Anwesenheit in der Hauptstadt. Der bekannte Gewerkschaftsführer Enrique Rangel, den ich seit 1929 kannte, als er mit mir an einem lateinamerikanischen Syndikalistenkongreß

in Buenos Aires teilgenommen hatte, war inzwischen Kongreß-
abgeordneter geworden. Er ging mit mir zum Innenminister Miguel Aleman, dem späteren mexikanischen Präsidenten, und
stellte mich mit den Worten vor: »Ein deutscher Antinazi, Revolutionär und alter Anarchist, der uns bei der Bildungsarbeit in
den Gewerkschaften helfen wird. Ich möchte Sie bitten, ihm
Aufenthaltserlaubnis in der Stadt Mexiko zu gewähren.« Der
Minister reichte mir die Hand und sagte: »Le felicito, compañero« (Ich gratuliere Ihnen, Genosse). Das kam einer sofortigen
Bewilligung des Daueraufenthaltes gleich.

Mexiko war, nach den Vereinigten Staaten, das von politischen Flüchtlingen aus Europa und auch aus anderen lateinamerikanischen Ländern
bevorzugte Land. Hier hatte Trotzki Asyl erhalten, als kein europäisches
Land ihn aufnehmen wollte. Hier sollte ich spanische, deutsche, russische und italienische Genossen wiedersehen, die ich aus früheren Jahren
kannte.
Unerwartet war die Wiederbegegnung mit Jack Abrams, dem alten Gesinnungsfreund, der nach der Niederschlagung des Kronstädter Aufstands 1921 wie so viele andere russische Revolutionäre und Sozialisten
nach Berlin gekommen war, um der Verfolgung durch die Bolschewisten
zu entgehen. Er hatte vor dem Ersten Weltkrieg in den USA gelebt, von
wo er als begeisterter Anhänger der Russischen Revolution 1919 ausgewiesen worden war. »Erinnerst du dich«, sagte er zu mir, »daß du mir
1922 behilflich warst, die Grenze von Deutschland nach Belgien illegal zu
überschreiten, als Belgien mir das Durchreisevisum verweigerte? Du
sandtest die Hälfte eines im Zickzack durchgeschnittenen Briefes nach
Aachen. Die andere Hälfte, die du mir mitgabst, zeigte ich dem Aachener
Genossen, der mich unbehelligt über die Grenze brachte, so daß ich nach
Antwerpen weiterreisen konnte, wo ich ein Schiff nach Mexiko nahm.«
Seitdem waren zwanzig Jahre verflossen. Abrams hatte sich in Mexiko
niedergelassen, betrieb eine Druckerei und war Vorsitzender des Kultur-
ausschusses der Jüdischen Gemeinde. Für die ersten Wochen stellte er
mir ein Zimmer in seiner Wohnung zur Verfügung.

Nach Deutschland, Schweden, Dänemark, Frankreich und Spanien sollte nun Mexiko meine neue Heimat werden, die ich in
zwei Jahrzehnten schätzen und lieben lernte.

»Sozialistischer Schimmel« gegen »kapitalistischen Rappen«
Mexiko war das Zentrum der spanischen Bürgerkriegsemigranten, deren Zusammenkünfte ich regelmäßig besuchte, besonders
die der Anarchosyndikalisten. In der Erwartung, daß nach der

Niederlage der Achsenmächte auch das Franco-Regime zusammenbrechen werde, konstituierte sich in Mexiko eine republikanische Exilregierung. Doch unsere Hoffnung erfüllte sich nicht. Die spanische Republik wurde ebenso von Roosevelt wie von Stalin abgeschrieben. Mexiko blieb für die meisten spanischen Emigranten Endstation.

Bald nach meiner Ankunft nahm ich Kontakt mit den mexikanischen Gewerkschaften auf, für die ich kein Unbekannter war. Ich half ihnen bei der Bildungsarbeit. Einer meiner Vorträge vor Gewerkschafts- und Genossenschaftsfunktionären über die Kollektivierung und Sozialisierung während des Spanischen Bürgerkrieges inspirierte Enrique Rangel, einen gewerkschaftlichen Wirtschaftskongreß zu organisieren. Es gab in Mexiko eine gewerkschaftliche Richtung, die der anarchosyndikalistischen Ideenwelt nahestand. Nach ihrer Meinung sollten die Gewerkschaften nicht nur für höhere Löhne und bessere Arbeitsbedingungen kämpfen, sondern sich auch auf die Übernahme der Produktion vorbereiten. Während der Regierungszeit des vorigen Präsidenten, Lazaro Cardenas*, waren hunderte von Betrieben, Fabriken, Gruben, Dienstleistungsunternehmen von den Arbeitern übernommen und als Produktionsgenossenschaften weitergeführt worden. Das konnte in gewissem Sinne als mexikanische Variante der von den Syndikalisten während des Spanischen Bürgerkrieges durchgeführten Kollektivierungen betrachtet werden.

Der Krieg hatte auch für Mexiko eine neue Lage geschaffen, vor allem auf wirtschaftlichem Gebiet. Die Umstellung der nordamerikanischen Industrie auf Waffenproduktion führte zum Ausfall von Lieferungen. Mexikanische Schuhe und Textilien wurden sogar nach den Vereinigten Staaten exportiert. Nichtsdestoweniger war Mexiko immer noch überwiegend ein Agrarland. Die Landwirtschaft selbst litt unter der unentwickelten Infrastruktur. Die Revolution von 1910–1917 hatte zwar politische Freiheiten und den Eingeborenen das Recht auf ihren Ackergrund gebracht, doch die industrielle Rückständigkeit hemmte noch immer den wirtschaftlichen und damit auch den sozialen Fortschritt. In Südmexiko verfaulte Ananas auf den Feldern, weil es an Transportmitteln und Konservenfabriken fehlte. Die Dörfer hatten kein elektrisches Licht, obwohl der Papaloastrom riesige Kraftreserven bot.

Die Nutzbarmachung der natürlichen Reichtümer erforderte Kapital und Arbeit. Die Gewerkschaften verfügten über Arbeitskräfte und wollten die Initiative zur Erschließung neuer Erwerbsmöglichkeiten ergreifen. Zu diesem Zweck wurde im Sommer 1942 in Jalapa, der Hauptstadt des Gliedstaates Veracruz, ein gewerkschaftlicher Wirtschaftskongreß abgehalten, an dem ich als technischer Berater teilnahm. Wir verabschiedeten Resolutionen zur Gründung einer Konservenfabrik für Tropenfrüchte, zum Bau einer Autostraße durch den Dschungel und zur Inangriffnahme eines Kraftwerkes. Voller Begeisterung glaubten wir, daß der sozialistische Schimmel den kapitalistischen Rappen überholen könne. Mexiko war doch ein Revolutionsland, ja Lateinamerikas Revolutionsland par excellence, neun Zehntel seiner Volksvertreter gehörten der Revolutionspartei an! Sollte es angesichts dieser günstigen Machtverhältnisse nicht möglich sein, den sozialen Fortschritt ohne kapitalistische Ausbeutung zu erreichen?

Eine Abordnung des Kongresses legte dem Gouverneur von Veracruz die Beschlüsse vor. Die Gewerkschaften stellten Arbeitskräfte und Techniker. Bodenschätze und natürliche Reichtümer waren vorhanden. Die Aufgabe der Regierenden sollte es sein, die erforderlichen Mittel bereitzustellen. Der Gouverneur fand den Plan ausgezeichnet, doch der Gliedstaat Veracruz hatte kein Geld. Dafür war die mexikanische Bundesregierung zuständig. Die Gewerkschaftszentrale wandte sich an den Staatspräsidenten. Doch im Staatssäckel waren für die Verwirklichung dieser Projekte keine Fonds vorhanden. Die Demarchen zogen sich in die Länge. Monat um Monat verstrich, es verging ein Jahr. Kein Ergebnis. Inzwischen griffen Privatunternehmen die Pläne auf. Die erste Konservenfabrik wurde von einer privatkapitalistischen Gesellschaft errichtet, später kam eine zweite hinzu, schließlich auch eine, die mit Staatsmitteln gebaut wurde, aber ohne gewerkschaftliche Regie. So war der privatkapitalistische Rappen doch schneller als der sozialistische Schimmel.

Auf den Spuren der mexikanischen Revolution

Mexiko befand sich mit Deutschland im Kriegszustand, doch die Mexikaner waren deutschfreundlich geblieben. »Wenn Deutschland den Krieg gewinnt«, sagte mir ein Kongreßmann der Revolutionspartei, »verlieren ihn die Gringos (Nordamerikaner), dann aber werden wir uns die Länder New Mexico, Arizona und Texas zurückholen, die uns die Yankees im vergangenen Jahrhundert geraubt haben.« »Wieviel Einwohner hat Deutschland?« fragte mich ein Gewerkschaftsführer. »Rund siebzig Millionen.« Seine Antwort: »Und die bringen es fertig, mit der ganzen Welt Krieg zu machen, das sind Kerle!«

Hitler war für die Mexikaner der beste aller Deutschen. Ich trat diesem Irrtum entgegen, wo immer es mir möglich war. Nach der Niederschlagung des Aufstandes im Warschauer Ghetto veranstaltete ich im Namen der Deutschen Liga für Menschenrechte mit Hilfe der Gewerkschaften eine Protestversammlung im Palació de Bellas Artes (Palast der Schönen Künste), zu der ich auch den Staatspräsidenten einlud, der zwar nicht erschien, aber ein Sympathietelegramm sandte. Mir lag nicht zuletzt daran, deutlich zu machen, daß nicht alle Deutschen Judenmörder waren.

Bald darauf trat ich eine Vortragsreise nach dem Süden des Landes an, die mehrere Monate dauern sollte.

In Mexikos südlichster Hafenstadt am Pazifik, Salina Cruz, hatte das Komitee der Zivilverteidigung im Theater Alcantar einen Kulturabend veranstaltet. Mein Vortrag wurde von mexikanischer Zimbelmusik, Deklamation, Gesang und typischen Tänzen umrahmt. Der Conferencier stellte mich dem Publikum als »Caballero de la Libertad« (Ritter der Freiheit) vor. Ich sprach zunächst über »Kriegsziele der totalitären Staaten« und dann über »Friedensideale der Demokratien«. Nach der Veranstaltung erzählte mir der Bürgermeister auf der Strandterrasse eines Cafès in der milden Tropennacht spannende Szenen aus den Tagen der mexikanischen Revolution, an der er selbst teilgenommen hatte. Der alte Revolutionär bedauerte, daß es ein Vierteljahrhundert nach Beendigung der Revolution immer noch Gefängnisse gab; doch sorge er dafür, daß der Strafvollzug in seiner Stadt milde gehandhabt werde.

Tags darauf konnte ich mich bei einer Besichtigung des Stadtgefängnisses davon überzeugen, daß er die Wahrheit gesprochen hatte. An einer schattigen Stelle des Gefängnishofes spielten die Gefangenen Karten. Das Essen wurde ihnen von ihren Angehörigen gebracht. In einer Ecke des gemeinsamen Schlafsaales diente eine mit einem Paravant abgeschirmte Pritsche für Venusfreuden bei Frauenbesuch. Bei wichtigen persönlichen familiären Angelegenheiten erhielten die Häftlinge Ausgeherlaubnis. Unter den Inhaftierten befand sich ein schwedischer Seemann, der im Alkoholrausch Dummheiten begangen und sein Schiff nicht mehr erreicht hatte. Nach Mexiko-Stadt zurückgekehrt, legte ich seinen Fall dem schwedischen Konsulat vor. Kurz darauf kam er frei.

Die Chamula-Indianerin auf dem Marktplatz in Simojovel, Chiapas, hatte den Kaffee verstohlen abgeschmeckt, ehe sie ihn mir mit den Worten reichte, er sei gerade so, wie die Gringos ihn gern tränken. Als ich zahlte, war die Dämmerung der Nacht gewichen. Unter dem Licht der Petroleumlampe sah ich, daß die Frau über und über mit dem für Lepra charakteristischen weißen Ausschlag bedeckt war. In Mexiko gab es, wie kurz vorher die Zeitungen berichtet hatten, zwanzigtausend meist nicht internierte Leprakranke.

Ich hatte aus der Tasse getrunken, an der die Leprakranke nippte. In der Schenke sagte mir der zufällig anwesende Ortsarzt, der Ausschlag der Marktfrau sei ein harmloses Ekzem. Als er aber dozierte, Whisky sei das beste Mittel gegen Malaria, und einen Whisky spendiert haben wollte, hatte ich kein Vertrauen mehr in seine Diagnose. Ein angetrunkener Gast am Nebentisch sprach von Goldadern und Bernsteinlagern auf seinem Grundstück in den Bergen, er sei aber zur Zeit ohne Geld. Auch er wollte am Whiskygelage teilnehmen.

In Ermangelung eines Mückennetzes rieb ich vor dem Schlafengehen meinen Körper mit Petroleum ein, um die Malariamücken abzuwehren. Als ich gegen Morgen endlich einnickte, sah ich im Traum einen Trauerzug von Leprakranken. Über dem Eingang eines Tores zu dem sich die von dem Arzt mit der Whiskyflasche angeführte Prozession hinbewegte, standen die Worte aus Dantes »Göttlicher Komödie«: »Ihr, die ihr hier eintretet, laßt alle Hoffnung fahren!« Die Marktfrau, Letzte im Zuge, nahm mich bei der Hand und zog mich mit. Als sie die Schwelle überschritt, riß ich mich im letzten Augenblick los. Dabei erwachte ich.

Es war ein schlechter Trost, als mir später in Mexiko-Stadt der spanische Arzt Dr. Arenas sagte, daß die Inkubationszeit der Lepra sieben Jahre dauern könne. Fünfundzwanzig Jahre später erklärte mir der französische Oberarzt eines Lepraheimes in Madagaskar, Lepra sei nicht in jedem Falle ansteckend. –

Der Kommandant der südlichen Verteidigungszone in Oaxaca, dem ich von Enrique Flores Magón, einem der Väter der mexikanischen Revolution, empfohlen worden war, hieß mich herzlich willkommen. »Helfen Sie uns, den Idealismus in der Jugend zu erwecken«, sagte er. »Die heutige Jugend strömt in die Kasernen, weil sie hier lesen und schreiben lernt, was sie nach Ablauf der Dienstzeit zu einem besser bezahlten Job befähigt. Doch ihr fehlt der revolutionäre Elan, den wir in unserer Jugend hatten.« Der Kommandant war ein Revolutionsgeneral, ein Mann des Volkes.

Nie hätte sich der deutsche Militärdienstgegner von 1914 träumen lassen, daß er dreißig Jahre später in einer vom Gouverneur und vom Zonengeneral einberufenen, von Hunderten von Soldaten und Offizieren besuchten Versammlung einen Vortrag über die Kriegsziele der totalitären Mächte und die Friedensgarantien der Demokratie halten würde. Die »Velada«, wie man solche Veranstaltungen auf Spanisch nennt, fand am 10. April 1943 im Theatersaal Macedonio Alcala in Oaxaca statt, der Hauptstadt des mexikanischen Gliedstaates gleichen Namens, Wohnsitz der Zapoteken, die Mexiko und der Welt den ersten Indianerpräsidenten, Benito Juarez*, geschenkt haben (der 1867 Kaiser Maximilian hinrichten ließ).

Was war mit mir geschehen? Hatte ich meinen pazifistischen Idealen abgeschworen? Der Inhalt meiner Vorträge gibt Antwort auf diese Frage. Die Zeiten hatten sich geändert. Das pazifistische Mexiko der vierziger Jahre konnte nicht mit dem militaristischen Deutschland des Weltkriegs und auch der Nachkriegszeit verglichen werden. Als Mexiko 1942 an der Seite der Alliierten in den Krieg gegen die Achsenmächte eintrat, wurde die allgemeine Wehrpflicht eingeführt. Diese patriotische Pflicht sah in der Praxis so aus, daß junge Leute am Sonntag zwei Stunden mit einem Holzknüppel als Gewehrsymbol paradierten. Als etwas später eine mexikanische Schwadron an einem US-Militärunternehmen gegen die Japaner teilnahm, um Mexikos Teilnahme am Krieg für die Demokratie zu demonstrieren, erzählte man sich einen typisch mexikanischen Witz: Zwanzig Mexikaner hatten hundert Japaner gefangengenommen und entwaffnet. Doch im Quartier kamen sie nur mit einem einzigen Gefangenen an. »Und die übrigen Neunundneunzig?« »Dieser eine knauserige Kerl bot nicht einen einzigen Peso Lösegeld an«, lautete die Antwort, unter Anspielung auf die mordida, die sprichwörtliche mexikanische Bestechungspraxis.

Vor Antritt meiner Reise in den Süden hatte ich mit Otto Rühle, Victor Serge, dem Franzosen Marceau Pivert, dem mexikanischen Abgeordneten Enrique Rangel und den vielen spanischen Exilgenossen in privaten Zusammenkünften und auch in öffentlichen Versammlungen über die Neuordnung der Welt nach Beendigung des Krieges diskutiert. Meine eigenen Ansichten zu diesem Thema veröffentlichte ich in einer Broschüre mit dem Titel »Finalidad de Guerra y Garantias de Paz« (Kriegsziele und Friedensgarantien). Diese Schrift enthielt die Grundgedanken für den Themenkreis meiner Vorträge. Die Programmpunkte lauteten:

1. Rede-, Presse- und Versammlungsfreiheit in allen Ländern.
2. Aufhebung des Paßzwanges und Freizügigkeit von Land zu Land.
3. Mehrsprachiger Volksschulunterricht in allen Grenzgebieten mit verschiedenen Nationalitäten.
4. Revision der Textbücher für den Geschichtsunterricht im Sinne einer objektiven Darstellung der historischen Ereignisse mit dem Ziel der Völkerversöhnung.
5. Ausarbeitung eines internationalen Rechtskodex auf der Grundlage der Freiheit und Gleichberechtigung aller Völker.
6. International kontrollierte Abrüstung bei gleichzeitiger Kontrolle der Rüstungsindustrie aller Länder.
7. Keine Kriegserklärung und keine Kriegshandlungen ohne vorherige international überwachte Volksabstimmung, der eine gleichfalls international kontrollierte Aufklärungskampagne vorangehen muß.
8. Radikale Maßnahmen im Weltmaßstab zur sofortigen Eindämmung und raschen Abschaffung der Armut, wobei der Schwerpunkt auf die Hilfe für die rückständigen Länder gelegt werden muß. Durchführung von Agrarreformen mit dem Ziele einer gerechten Landverteilung.
9. Internationale Organisation einer gerechten Rohstoffverteilung unter Beteiligung der Gewerkschaften auf lokaler, nationaler und internationaler Ebene.
10. Einsetzung von internationalen Sachverständigenkommissionen zwecks Ausarbeitung von Maßnahmen zur Aufhebung der Zollgrenzen und Einführung einer europäischen und schließlich einer internationalen Währung.
11. Internationale Konventionen zur Hebung und Angleichung der Sozialversicherung der Lohnempfänger.
12. Beseitigung der Kolonialherrschaft, Recht aller Völker auf Selbstverwaltung ohne Einmischung von außen.

Unreife »Weltverbesserungspläne« eines jungen Phantasten? Vielleicht. Aber ich war damals immerhin schon einundfünfzig

Jahre alt. Und noch viel ältere Menschen beschäftigten sich mit
ähnlichen Ideen, beispielsweise H. G. Wells, der weltbekannte
Autor der »Zeitmaschine«, der in einem während des Zweiten
Weltkrieges veröffentlichten Buche in die gleiche Richtung wies.
Heute, fünfunddreißig Jahre später, ist immerhin ein Teil dieser
Forderungen verwirklicht, und in den kommenden Jahrzehnten
wird noch weit mehr utopisches Denken seinen materiellen Nie-
derschlag finden.

Ich paßte mich bei meinen Vorträgen dem Kulturkreis des mexikanischen Auditoriums an und vermied abstrakte Formulierungen. Ich stieß auf Verständnis, es gab geistige Berührungspunkte,
ein Fluidum menschlicher Sympathie. Freilich wurde ich auch
mit lokalen Problemen konfrontiert. »Muy bien« (Sehr gut), rief
nach meinem Vortrag der Lehrer eines Städtchens aus, »aber
wann wird man endlich mit dem Bau der Straße zur nächsten
Bahnstation beginnen, die man uns schon vor langer Zeit versprochen hat?« Er nahm es mir nicht übel, daß ich seine Frage
nicht beantworten konnte.

Im Dorfe Desparamadero (Oaxaca), etwa drei Stunden Fuß-
marsch von der Eisenbahnstation Loma Bonita entfernt, pflanz-
ten fünfzig Ejidatarios [1] mit ihren Familien Mais, Bohnen, Reis
und Paprikaschoten an. Dazu kamen ein kleiner Bestand von
Kaffeebäumen sowie Zuckerrohr. Auch Haustiere wurden gehalten. Einen Monat vor der Regenzeit wallfahrt man zur Got-
tesmutter von Catemaco, um sie um Regen zu bitten, den sie
auch prompt sendet. Nie hat sie versagt. Drei Monate nach dem
Regen ist die Ernte reif.

»Ihr habt fruchtbares Ackerland. Warum bildet ihr nicht eine Genossenschaft, um euch einen modernen Traktor mit dazugehörigem Pflug zu
kaufen? Ihr könntet mehr Boden bebauen, größere Ernteerträge erzielen
und zu höherem Einkommen gelangen?«
»Para qué? (Wozu?) Wir haben, was wir benötigen.« »Ihr habt aber doch
keine Schule im Dorf!« »Wir hatten einmal einen Lehrer und dann auch
eine Lehrerin. Doch die blieben nicht lange hier. Seitdem hat uns die Regierung keinen Lehrer mehr geschickt.«
1922 wurden in Loma Bonita viertausend Hektar Land aus dem ehemaligen Besitz der amerikanischen Agricultural Company zur Verteilung

1 Ejido (lat. exitus) bedeutet Gemeindeland. Ejidatario ist ein Bauer, der auf
  Grund der Agrarreform ein Stück Gemeindeland zugeteilt erhält.

freigegeben. Auch der Schuhmacher, Sohn eines Landarbeiters, hatte seinen Anteil erhalten, den er aber nicht bebaute, da er seinen Beruf vorzog. Für ihn galt das spanische Sprichwort »Zapatero a tus zapatos aúnque pasas malos ratos« (Schuster bleib bei deinen Leisten).

»Haben auch Sie ihren Anteil Land erhalten?« fragte ich einen Mann, der in den Furchen eines Ananasfeldes Unkraut jätete. »No señor (Nein, mein Herr). Ich kam vor zwei Jahren aus der Sierra hierher. Die Gemeindeverwaltung fordert sechshundert Pesos für die Ejidal-Zuteilung. Wenn ich soviel Geld hätte, würde ich von Mr. Pethers zehn Hektar zum Preise von zweihundert Pesos je Hektar auf Teilzahlung kaufen. Doch bei meinem niedrigen Lohn werde ich nie so weit kommen.«

Mr. Pethers, Sohn eines im vorigen Jahrhundert nach den USA ausgewanderten Schwaben, war der Pionier des mexikanischen Ananasbaues. 1908 mit einigen Farmern in die Gegend gekommen, brachten die unternehmungslustigen Yankees die Ananas von den karibischen Inseln mit. Bei Ausbruch der Revolution verließen sie fluchtartig das Land. Nach den Revolutionsjahren als einziger zurückgekehrt, widmete Pethers sich ganz der Ananaspflanzung. Er wurde von der gesamten Bevölkerung der Stadt hoch geachtet. Er half den Eingeborenen mit Rat und Tat, verpachtete sein Land zu den niedrigsten Preisen und erließ mitunter kinderreichen Familien die ganze Pachtsumme. Als er hoch in den Achtzigern starb, wurde eine Schule nach ihm benannt.

Loma Bonita, der Schöne Hügel, war für mich über ein Jahrzehnt ein bueno retiro, ein Ort meditativer Zurückgezogenheit. Hier hatte mein alter Freund Dr. Pedro Vallina, eine legendäre Figur der spanischen Freiheitsbewegung, nach der Flucht aus Spanien seine ärztliche Praxis eingerichtet. In seinem Haus schrieb ich mein Buch »Nacht über Spanien«, wobei ich ihm wertvolle Fingerzeige verdankte.

Unter den Huicholes

Auf einer in Mexiko-Stadt abgehaltenen Landeskonferenz der Libertarios luden mich die Delegierten aus Nayarit zu einer Vortragsreise in ihre Region ein.

In der einige hundert Kilometer nördlich von Acapulco gelegenen Pazifikstadt Santiago Ixcuintla hielt ich in der dortigen Akraten-Gruppe [1] den ersten Vortrag. Die Akraten waren Sozialreformer, die nicht die politische Macht anstrebten, sondern die Regeneration der menschlichen Gesellschaft von der Basis her. Ihr Initiator war Gustavo Leal, der nur drei Jahre die Volks-

1 Akratie (griech.) = Herrschaftslosigkeit.

schule besucht, es dann aber durch Selbststudium zur Sekunda-
reife gebracht hatte. Tagsüber formte er in der Werkstatt seines
Vaters auf einer handgetriebenen Drehscheibe Töpfe und Krüge,
die er zweimal wöchentlich in einem mit einem Stirnband befestigten Korbe auf dem Rücken zum Markte trug.

Santiago war Sitz einer UNESCO-Schule, in der ich einen Vortrag über Bauerngenossenschaften hielt. Dieses Thema war mir
besonders wichtig, da ich die Beobachtung gemacht hatte, daß
unter der Landbevölkerung Mexikos Genossenschaften kaum zu
finden waren, im Gegensatz zu den zahlreichen Genossenschaften (Produktions- und Dienstleistungsgenossenschaften) im
Bergbau, in Fabriken und im Verkehrsgewerbe. Der Rektor der
Schule, Señor Bonilla, war der Meinung, der mexikanische
Campesino (Landbewohner) sei für Genossenschaften noch
nicht reif. Ich entgegnete ihm in der Diskussion, daß man ins
Wasser gehen müsse, um schwimmen zu lernen.

In dem Städtchen Yago war kein Versammlungslokal aufzutreiben; so versammelten sich die Zuhörer im Friseurladen eines Gesinnungsfreundes. Das grelle Licht der Karbidlampe zog Stra-
ßenpassanten an, die vor der offenen Tür stehenblieben, um sich
anzuhören, was das fremde Bleichgesicht predigte. Nach Beendigung der Versammlung drückte mir ein Mariachi (Bänkelsän-
ger) einige Kupfermünzen in die Hand, wie man es ihm gegenüber auch tat.

In Tuxpan, einem verträumt am Santiagofluß liegenden Dorfe,
hockten bei Sonnenuntergang Tabakbauern vor der Tür des Genossen Verdin, um zu diskutieren, welches Buch sie als nächstes
für ihre Bibliothek kaufen sollten. Zum persönlichen Bücherkauf
reichten ihre Einnahmen nicht. Vorgeschlagen waren Ruben
Romeros mexikanischer Revolutionsroman »Mein Pferd, mein
Hund, mein Gewehr«, Upton Sinclairs »König Kohle« und
Kropotkins »Wohlstand für alle«. Man entschied sich für Kropotkin. Nach meinem Vortrag fragte mich Petra, die Lebensgefährtin Verdins, die mit ihrem Kind am Arm zu der Versammlung gekommen war, worin der Unterschied zwischen den von
mir gebrauchten Worten Kultur und Zivilisation liege. Meine
Antwort: »Zivilisation, liebe Petra, sind Sitten, Gebräuche und
Lebensweise deines Stammes, Kultur ist dein eigenes Streben
nach Kenntnissen und Wissen, die das Leben bereichern und verschönern. Diese kannst du dir selbst erringen, in jene bist du hin-

eingeboren.« »Bueno«, erwiderte die intelligente Huicholin, »du bringst uns also Kultur.«

In Tepic, der Hauptstadt des Gliedstaates Nayarit, sprach ich in der Werkstatt des Tischlermeisters Baez. Die Teilnehmer saßen auf Hobelbänken und halbfertigen Möbelstücken. Durch die zum Garten geöffnete Tür drang der Duft von Gardenien und Kaffeeblüten hinein. In der Diskussion sagte der philosophierende Tischlermeister: »An Revolutionen hat es bei uns in Mexiko nicht gefehlt. Unsere große letzte Revolution stieß das Tor zum Fortschritt auf, die Unwissenheit schlägt es wieder zu. Ein Volk von Analphabeten kann sich nicht selbst regieren.«

Im Fischerort San Blas wurde ich eines Morgens vor Sonnenaufgang durch ein melodisches Mañanaständchen [1], das eine Gruppe von Bänkelsängern einer in der Nähe wohnenden Angebeteten darbrachte, aus dem Schlaf geweckt. Es war Zeit aufzustehen, denn ich hatte mich für eine Haifischjagd verabredet. Am Strande lag ein tags zuvor erlegter Riesenhai von fünfzehn Meter Länge. Das Fleisch des alten Tieres war zu hart für Fischfilets, die Leber aber wurde zu Tran verarbeitet. Daß Lebertran, den ich als Kind mit Widerwillen schlucken mußte, auch aus Haifischleber gewonnen wird, habe ich erst hier erfahren.

Die Jagd auf dem Wasser war ein gefährliches Wagnis. Die See war schwarz vor hungrigen Tieren. Der Jäger hatte mit seiner Harpune einen Hai in der Flanke getroffen. Das Fleisch gab nach, das Tier riß sich los, das Wasser im Umkreis wurde rot von Blut. Blitzschnell verschwanden die Haie von der Wasseroberfläche, einige unter unserem kleinen Boot, das gefahrdrohend zu schwanken begann. »Rapido, rapido« (Schnell, schnell), rief der Harpunier dem Motormann, beides junge Burschen unter zwanzig, zu und erläuterte mir: »Es ist schon mal vorgekommen, daß ein Boot umkippte und die Insassen im Magen der Tiburone verschwanden.« Mit Volldampf schoß das Boot aus der Gefahrenzone.

Nach überstandener Gefahr nahmen meine Begleiter mich in die Kirche mit, wo sie Gott für ihre Rettung danken wollten. Vor dem Kircheneingang standen die Gläubigen bis auf die Straße.

---

1 Die Mañanita (eine aus Spanien nach Mexiko gebrachte Sitte) wird vor Sonnenaufgang gesungen, im Gegensatz zur italienischen Serenade, dem Sonnenuntergangsgesang.

Ich traute meinen Ohren nicht, als ich den Priester mit keifender Stimme ausrufen hörte: »Juden, Freimaurer und Protestanten sind die Feinde der katholischen Christenheit.« Und das in Mexiko, wo seit 1857 Kirche und Staat getrennt und die Präsidenten Freimaurer sind, wo in den Volksschulen kein Religionsunterricht erteilt werden darf und wo Priester sich im Ornat nicht auf der Straße zeigen dürfen! Nun wurde mir klar, warum der spanische Theaterdirektor (wie er uns im Café in Mexiko-Stadt erzählte) bei seinen Vorstellungen in der Provinz dem Kirchensprengel stets ein Zehntel seiner Einnahmen gibt. Tut er das nicht, dann spielt er vor leeren Bänken und hat keine Einnahmen.

Auf der Marihuanainsel

Die Marihuanapflanze wurde nicht nach Mexiko gebracht, sie ist im Lande selbst beheimatet. Auch das Wort Marihuana ist aztekischen Ursprungs. Das Café Tenampa am Platz Garibaldi in Mexiko-Stadt ist eines der vielen Zentren der Marihuanahändler. Wer zum wiederholten Male erwischt wird, riskiert, bei erschwerenden Umständen auf die unweit der Küste im Stillen Ozean gelegene Insel Maria Madre verbannt zu werden.

In der malerisch gelegenen Hafenstadt Mazatlan wartete ich bei meinem aztekischen Gesinnungsfreund Flavio Perez auf die Einreisegenehmigung für diese Insel. Perez hatte mir sein Bett angeboten, er selbst legte sich neben seinem zwölfjährigen Sohn Flavito auf die Pritsche. Im hinteren Zimmer schliefen die vier halb erwachsenen Töchter mit ihrer Mutter. Vater Perez schob jeden Morgen um halb sechs seinen Karren mit der Handpresse zum Kirchplatz, wo er den zur Frühmesse kommenden Gläubigen Apfelsinensaft verkaufte. Danach schaffte er Brennholz für die primitive Tortilla(Maisfladen-)bäckerei herbei, die Mutter Perez mit ihren beiden Jüngsten betrieb. Die beiden Ältesten erlernten die Schneiderei. Trotz fleißiger Arbeit lebte die Familie an der Grenze der Armut. Man praktizierte keinen religiösen Kult, doch das Familienleben war vorbildlich.

»Wenn du zur Insel kommst, vergiß nicht, mir einen Lori mitzubringen«, schärfte mir Flavito ein.

Die Überfahrt zur Insel mit dem paradiesischen Klima dauerte eine Nacht. Die Verbannten standen dem Tor ihres Marihuanahimmels näher als dem Vorhof zur Hölle. Ihre Bewachung konnte nicht allzu streng sein, denn sie brachten es fertig, auf der

Insel selbst Marihuana anzupflanzen und hinauszuschmuggeln. Kost und Logis hatten sie gratis, Sträflingskleidung trugen nur die Armen, wer Geld hatte, ging in Zivil. Der Friseur der Insel, ein zu lebenslänglicher Haft Verurteilter, lebte mit seiner Familie in einem geräumigen Bungalow aus feinstem Zedernholz, hatte einen Blumengarten vor dem Eingang und einen Geflügelhof hinter dem Hause.

Die Internierten fingen Papageien, verfertigten Ohrgehänge aus Muscheln und Taschen aus Schlangenhaut, oder sie schnitzten Figuren, die sie Besuchern verkauften. Marihuanakranke gab es unter ihnen nach Angabe des Arztes nicht, obwohl alle das Kraut rauchten. Frauenmangel war das größte Problem für sie, denn auf siebenhundert Gefangene kamen dreißig Frauen. Die Verheirateten wohnten in Familienbungalows. Der Gouverneur hatte recht, als er mir sagte, vor Diebstahl sei man auf der Insel sicherer als auf dem Festland. Mein Rock hing den ganzen Tag über im Empfangsraum, am Abend fand ich ihn unberührt am selben Platze. Der Verbannte, der mir den Papagei für Flavito verkaufte, hatte kein Kleingeld. »Wollen Sie einem ehrlichen Manne trauen? Ich geh' wechseln und bringe Ihnen den Rest ins Büro.« Am Abend brachte er mir das Geld aufs Schiff, nachdem er mich vergeblich auf der Insel gesucht hatte.

Erfreut über seinen Lori, begann Flavito sofort, dem Papagei die magischen Worte der mexikanischen Revolution beizubringen: »Tierra y Libertad« (Land und Freiheit).

Bei den Yaquis

Kein anderer Indianerstamm hat seine Unabhängigkeit gegen die spanischen Eroberer so hartnäckig verteidigt wie die Yaquis. Siebenundsechzig Jahre sollte es dauern, bis sie unterworfen waren. Auch in der Revolution zu Anfang unseres Jahrhunderts waren die Yaquis als Krieger gefürchtet. Man sagte ihnen nach, daß sie unter ihrem Häuptling Pluma Blanca (Weiße Feder) ihren Feinden nicht nur den Skalp, sondern die ganze Haut vom Körper abzogen. »Ins Yaquigebiet hineinzukommen, dürfte nicht schwer sein«, sagten mir meine spanischen Freunde in Mexiko, »daß du aber lebend wieder rauskommst, das kann dir niemand garantieren.«

Ich hatte den Yaquidichter Ambrosio A. Castro gelesen, der das eintönige Grau seiner sonnenverbrannten Heimat malerisch beschreibt und im knorrigen Mezquitebaum einen verzauberten Helden sieht. Ein Stamm, der sich aus Liebe zu seiner Heimat gegen fremde Eindringlinge wehrt, ist nicht zu fürchten. Ich ließ mich nicht einschüchtern. Das erste Yaquidorf, in das ich kam, war wie ausgestorben. Männer, Frauen und auch Kinder arbeiteten auf den Feldern oder beim Kanalbau. Nur vereinzeltes Hundegebell. Endlich ein alter Yaqui vor seiner Hütte, der mit seinem Vollbart einem südeuropäischen Bauern glich. Er schnitzte in einen Holzstab kugelförmige Kerben zum Rosenkranz-Beten.

Bald konnte ich mich davon überzeugen, daß die Wirklichkeit anders aussah als die Legenden erwarten ließen. Als gläubige Christen praktizieren die Yaquis die mittelalterlichen Riten des spanischen Katholizismus. In der Karwoche werden alljährlich Passionsspiele veranstaltet, bei denen der Christusdarsteller blutig geschlagen wird, hat er doch für die Sünden der ganzen Menschheit zu büßen. Die Kinder werden von den Eltern ohne Rücksicht auf persönliche Neigungen verheiratet. Ehebruch wurde in früheren Zeiten mit dem Tode und noch Anfang unseres Jahrhunderts mit Auspeitschung bestraft. Beim Tode des Gatten darf die Witwe vierzehn Tage lang kein Fleisch essen und keine Milch trinken. Erst als Kinos aufkamen und junge Yaquis aus den Vereinigten Staaten von ihrer Saisonarbeit zurückkehrten, gerieten die alten Bräuche in Verfall.

Zweitausend Yaqui-Familien bewohnen einen neunzig Kilometer langen Landstreifen mit trockenem Hinterland am Golf von Kalifornien. In den zwanziger Jahren wurde ein amerikanisches Angebot zum Bau eines Staudammes aus nationalistischen Gründen abgelehnt. Dreißig Jahre später verwirklichte die mexikanische Regierung das Projekt. Während meines Aufenthaltes in der Region gingen die Arbeiten der Vollendung entgegen. 250 000 Hektar Trockenland sollten bewässert und 300 000 Kilowattstunden Elektrizität erzeugt werden. Jede Yaqui-Familie erhielt fünfzehn Hektar bewässertes Ejidalland. Baumwolle und Weizen sind die Hauptprodukte.

Der Häuptling Luis Molino Rubio in Vicam, dem ich amerikanische Zigaretten mitbrachte und der mir als Gegengeschenk eine geschnitzte Ritualmaske überreichte, hielt nicht viel vom Ejidalsystem. Die Ejidalbank, sagte er, zahlt 1500 Pesos für die Tonne Baumwolle, auf dem freien Markt kann man bis zu 2300 Pesos dafür erzielen. Von der Saisonarbeit in den USA zurückgekehrte junge Yaquis ziehen es vor, sich mit ihren Ersparnissen eine eigene Parzelle zu kaufen.

Wirtschaftlich haben sich die Bewässerungsanlagen und bessere Getreidesorten bezahlt gemacht. Die Produktion stieg beträchtlich, das Yaquigebiet ist Mexikos Weizenkammer geworden.

Der ehemals gefürchtete Häuptling Pluma Blanca lag alt und krank auf seinem primitiven Lager; über ihm hing an der Mauer sein Hut mit der Oberstkokarde aus Pancho Villas* Händen. Seine Tochter, die ihn pflegte, klagte wie jede Hausfrau über die Teuerung. Die Indianerromantik war längst entschwunden.

Gewerkschaftskonflikte

Eines Tages traf ich in Mexiko-Stadt auf der Straße einen Spanier, den ich von dem Flüchtlingsschiff her kannte, mit dem wir beide ins Land gekommen waren. Als er mich erblickte, rief er mir zu: »Dein Freund, der Gewerkschaftssekretär Rangel, hat mich ruiniert.« »Wieso?« »Ich startete, wie du weißt, mit finanzieller Hilfe meiner engeren Landsleute eine kleine Schuhfabrik. Als ich nach zwei Jahren den Schuldenberg abgetragen hatte, stellten die Arbeiter Lohnforderungen, die ich nicht bewilligen zu können glaubte. Rangel vertrat ihre Sache vor dem Arbeitsgericht und gewann den Prozeß. Der Streik dauerte fast zwei Monate. Und schließlich sollte ich auch noch für die Streiktage den vollen erhöhten Lohn auszahlen. Das konnte ich nicht. Der Gerichtsvollzieher pfändete meine Maschinen. Ich habe alles verloren.«

Die Angelegenheit hatte eine tragikomische Seite. Der aus Mallorca stammende Spanier, gelernter Schuhmacher, war in Spanien Gewerkschaftssekretär gewesen.

Fast täglich kann man von Betriebsniederlegungen als Folge von Arbeitskonflikten hören. Mexikos Arbeitsgesetzgebung räumt den Arbeitern große Rechte ein. In der Hauptstadt trägt eine Straße den Namen »Articulo 123«: Das ist jener Artikel der Revolutionsverfassung, der den Schutz der Arbeiter festlegt. Laut Gesetz müssen Streikposten von der Polizei geschützt werden. Einstellung und Entlassung von Arbeitern kann nur im Einverständnis mit der Gewerkschaft erfolgen. Der Gewerkschaftsboß – es handelt sich meist um Betriebsgewerkschaften wie in den USA – hat großen Einfluß auf die Arbeiter.

Dafür ein Beispiel: Eines Morgens kam der Gewerkschaftssekretär

einer Steingutfabrik zu mir, um Einzelheiten eines Vortrags fest-
zulegen, den ich halten sollte. Als er gegangen war, sagte mir
meine Putzfrau Juana, die das Gespräch gehört hatte, der Vater ihres jüngsten Kindes, der in der gleichen Fabrik arbeitete, zahle
seine Alimente nicht. Der Gewerkschaftssekretär las dem Manne
in meiner Gegenwart die Leviten. Eine Zeitlang zahlte er. Bald aber
suchte er sich einen anderen Arbeitsplatz und verschwand.
Mitunter kam es auch vor, daß Streitigkeiten unter den Gewerkschaften die Allgemeinheit in Mitleidenschaft zogen. Eines
nachts streikten die Arbeiter der Elektrizitätswerke der Stadt
Mexiko, weil ihnen, als Folge eines innergewerkschaftlichen
Konflikts, das Filmschauspielersyndikat keine Filme mehr lieh.
Finsternis über Mexiko, weil die Familien der Elektrizitätsarbei-
ter auf ihre wöchentliche kostenlose Kinovorstellung verzichten
mußten. In einer Textilfabrik in Orizaba kam es zu blutigen Zusammenstößen zwischen den Mitgliedern einer abgespaltenen
neuen und denen der alten Gewerkschaft, wobei es einen Toten
und mehrere Verletzte gab.
Bei den Gegensätzen zwischen Arbeitern und Unternehmern
geht es um wirtschaftliche Interessen, bei den Konflikten zwischen Arbeitern um menschliche Probleme.

Bei den Kleinbauern in Niederkalifornien
Der Gouverneur von Niederkalifornien, Braulio Maldonado,
billigte meinen Plan zur Erwachsenenbildung. Ich sollte zunächst vor Schulinspektoren und Studenten über die kulturellen
Beziehungen zwischen Mexiko einerseits, den skandinavischen
und deutschsprachigen Ländern Europas andererseits sprechen.
Mexiko befand sich in einer Bildungseuphorie. Unter dem Motto
»hacer patria« (das Vaterland machen) wurde eine das ganze
Land umfassende Alphabetisierungskampagne eingeleitet. Jeder
Mexikaner, der lesen und schreiben konnte, sollte diese Kunst
einem Analphabeten beibringen. Die Gewerkschaft des Hippo-
droms zu Tijuana beschloß, auf eigene Kosten eine neue Volksschule bauen zu lassen.

Niederkalifornien (Baja California) gehört zu den kulturell am höchsten
entwickelten Regionen Mexikos. Die Entwicklung seiner unmittelbar an
der Grenze gelegenen Hauptstadt Mexicali, die 1910 noch nicht auf der
Landkarte stand, ist phantastisch. Der Aufstieg begann während der Revolution. Fernando Roldan gibt in seinem Buche »El Otro México« eine

realistische Schilderung dieser Geschehnisse. Er berichtet:
Während der Revolutionszeit hatte der Gouverneur, General Cantú, kein Geld zur Auszahlung des Soldes für seine Soldaten und für Beamtengehälter, ebensowenig zum Bau einer dringend benötigten Landstraße. Eines Tages kam ein Chinese zu ihm. »Wollen Sie mir einen Gefallen tun, Herr Gouverneur?« »Und das wäre?« »Ich möchte eine Medizin einführen, doch dazu benötige ich Ihre Genehmigung. Ohne Umschweife: es ist Opium.« Gesprächspause. Der General hatte zwischen seinem Gewissen und dem Schicksal der Stadt zu entscheiden. »Ich danke Ihnen, Herr Gouverneur, hier sind die fünftausend Dollar.«
Mit dem Opium kamen die rührigen Chinesen, der Aufstieg begann. Werkstätten, Cafés, Restaurants schossen aus dem Boden. Unter Cantús Nachfolger, Gouverneur Rodriguez, wurde die Grenze jedoch für das Opium und auch für die Chinesen gesperrt.
Niederkaliforniens zweite Entwicklungsphase begann unter der Präsidentschaft von Lazaro Cardenas. Er enteignete gegen Entschädigung die großen amerikanischen Bodengesellschaften. 10 000 Hektar freigewordenes Land wurden zu billigen Preisen und unter günstigen Kaufbedingungen an Kleinbauern veräußert, 90 000 Hektar in Parzellen zu je 20 Hektar kostenlos an fünftausend besitzlose Campesinos als Ejido gegeben. 1955 waren 750 000 Hektar mit Baumwolle bepflanzt; heute ist Niederkalifornien Mexikos größtes Baumwollgebiet.

In dem eine Autostunde von Mexicali entfernten Dorf Treviño sprach ich unter dem Schatten einer alten Eiche vor Siedlern über Genossenschaften. Es waren aus den USA zurückgekehrte Landarbeiter, die sich mit ihren Ersparnissen als Ejidatarios etablieren wollten. Ich erzählte von den Bauerngenossenschaften Dänemarks und den genossenschaftlichen Keltereien der französischen und italienischen Weinbauern, wies auf die Lage der russischen Muschiks vor der Revolution und unter der Stalinschen Zwangskollektivierung hin. Der letzteren stellte ich die freiwilligen Colectividades der spanischen Campesinos während des Bürgerkrieges und die israelischen Kibbuzim gegenüber. Ich vergaß auch nicht, meine Erfahrungen bei den Ejidatarios im viertausend Kilometer entfernten südlichen Mexiko zu erwähnen. Man schlug mir vor, zu bleiben und als Ejidatario – ich war inzwischen naturalisierter Mexikaner – beim Aufbau einer Genossenschaft mitzuarbeiten. Mit meinen dreiundsechzig Jahren fühlte ich mich in dem heißen Klima einer solchen Aufgabe nicht gewachsen.
Niederkalifornien ist ein Wüstenland, Mexicali eine der heiße-

sten Städte der Erde. Jahrelang fällt hier kein Tropfen Regen. Im Sommer 1955 starben einige hundert Menschen an Hitzschlag. Bis hierher erstreckt sich nicht die Macht Tlalocs, des Regengottes der Azteken. Die Baumwollfelder werden mit Wasser aus einem Staudamm in Arizona/USA zum Preis von zwölf Pesos (ein Dollar) pro Hektar berieselt. Bei zwei Jahresernten können pro Hektar drei Tonnen Baumwolle geerntet werden, das ergibt ein gutes Mitteleinkommen für den Besitzer von zwanzig Hektar.

Es gibt freilich auch Schattenseiten, selbst unter dem ewig blauen Himmel Niederkaliforniens. Ein Ejidatario fuhr mich zu seiner Baumwollpflanzung am Ufer des Rio Colorado. Mitten im Strom ragte ein geborstener Brückenpfeiler heraus. »Der traurige Rest einer kurzlebigen Brücke«, erklärte mir mein Führer. »Die Brücke wurde unter dem Präsidenten Miguel Alemán gebaut. Das war der einzige Betonpfeiler, alle übrigen waren mit Mörtel umkleidete Holzpfähle, die beim Anschwellen des Stromes weggerissen wurden. Seitdem sind drei Jahre verflossen. Das ist nicht der einzige Fall von Betrug. Der Gouverneur ließ uns eine Autostraße zu unseren Feldern bauen, zu deren Kosten wir mit fünf Pesos pro Baumwolltonne beitragen sollten. Fünfzig Meter am Anfang und fünfzig Meter am Ende der Straße waren ordentlich gebaut, alles andere nicht. Man hatte einfach Teer über den Wüstensand gewalzt, der sich nach kurzer Zeit auflöste. Wir beauftragten eine amerikanische Firma mit dem Neubau der Straße. Das kostete uns fünfzig Pesos je Tonne Baumwolle, aber jetzt haben wir eine stabile Straße, wie Sie sehen. Wir fahren darauf.«

»Naßrücken« und »Toleranzzone«

Mexiko hat den kleinen Grenzverkehr mit seinem großen Nachbarn im Norden tief in das eigene Land verlegt. Erst fünfzig Kilometer hinter der politischen Grenze beginnt die Zollgrenze. Das war für die Versorgung der eigenen Grenzbevölkerung unerläßlich. Die Querstraßen gehen durch die Vereinigten Staaten. So gut wie alle Investitionsgüter kommen aus dem Norden. Der Dollar zirkuliert als Zahlungsmittel neben der mexikanischen Landeswährung. Die Löhne sind niedriger als in den USA, aber höher als im Innern Mexikos. Der mexikanische Campesino holt sich vom Autofriedhof des »Gringo« einen defekten Traktor, den er, notdürftig repariert, seinem Ochsengespann vorzieht.

Verlassene Holzhäuser werden aus »Yanquilandia« über die Staatsgrenze gerollt. Auch bei Arbeitern und Bauern kommt Butter auf den Tisch, Lebensmittel werden beim Einkauf nicht mehr in Zeitungspapier gepackt. Der Jeep verdrängt den Maulesel.

Immer noch ziehen Hunderttausende mexikanischer Landarbeiter ins Land der hohen Löhne. Der eine Teil geht legal, der andere Teil kommt schwarz über die Grenze. Die illegalen Grenzgänger – ihre Zahl wird auf mehr als hunderttausend jährlich geschätzt –, die durch den Rio Grande oder Rio Bravo schwimmen, nennt man »Naßrücken« (espalda mojada). Theoretisch kann unerlaubter Grenzübertritt mit fünfhundert Dollar bestraft werden, praktisch wird die Verordnung bei den »Naßrücken« jedoch nicht angewandt. Werden sie entdeckt, schickt man sie zurück. Eine wirksame Überwachung der zweitausendsiebenhundert Kilometer langen Grenze würde sechzehntausend Grenzpolizisten erfordern und hundert Millionen Dollar kosten. Der amerikanische Farmer zieht »Naßrücken« vor, denn er zahlt ihnen niedrigeren Lohn. Amerikanische und mexikanische Gewerkschaften diskutierten oft über das Problem, doch auch sie können nicht viel erreichen, denn »Naßrücken« sind nicht organisiert . . .

»Zona de tolerancia« heißt das Stadtviertel, wo toleriert wird, was anderswo verboten ist. In Mexikos nördlichen Grenzstädten ist die Toleranzzone eine lukrative, mitunter die größte Einnahmequelle. Nach Mitteilung einer Hauptstadtzeitung kommen in Ciudad Juarez auf einen halben Quadratkilometer sechzig Tag und Nacht geöffnete Damenbars. Dreitausend leichtlebige Frauen gehen hier ihrem umstrittenen Gewerbe nach. Am Karneval vor meinem Besuch war eine Hetäre zur Schönheitskönigin erklärt worden. In Tijuana, dem »Sündenpfuhl der Welt«, ist das Vergnügungsgewerbe eine bedeutende Steuerquelle, wie mir der zweite Bürgermeister der Stadt, Meneses, mitteilte. Die Freudenfrauen gehören einem Verein zur Bekämpfung venerischer Krankheiten an, was nicht so paradox ist, wie es auf den ersten Blick scheint, denn wer hätte größeres Interesse an der Bekämpfung von Geschlechtskrankheiten als die Dienerinnen Kupidos!

Die meisten Besucher der Freudenhäuser kommen von jenseits der Grenze, aus den USA. Aber auch von der Saisonarbeit zurückgekehrte mexikanische Landarbeiter, die monatelang in frugaler Enthaltsamkeit dahinvegetieren mußten, leben sich mit raffinierten Mestizinnen aus, wobei sie meist um einen beträchtlichen Teil ihrer sauer verdienten Dollars erleichtert werden. Daß die Kirche dazu nicht Stellung nimmt, ist erklärlich. Kirchensteuern werden in Mexiko nicht erhoben. Da die meist gläubigen Liebesverkäuferinnen den Zehnten ihres Verdienstes der Kirche geben – in der Hoffnung, trotz sündigen Lebenswandels sich doch noch einen Platz im Himmel erkaufen zu können –, decken die Diener Christi den Mantel der Verschwiegenheit über die sündigen Magdalenen.

Das humanitäre Mexiko

Als ehemaliger Gefanger in Schweden (im Ersten Weltkrieg) und Internierter in Frankreich (während des Zweiten Weltkriegs) interessierte ich mich für den Strafvollzug in dem tausend Kilometer südlich gelegenen Gefängnis von Mulegé, wohin keine Autostraße führt und wohin ich deshalb nicht fahren konnte. Der Anthropologe Roldan gibt in seinem Buch »Biografía de Baja California« die folgende Schilderung von diesem Gefängnis:

»Von außen ein Gefängnis wie jedes andere. Im Innern unterscheidet es sich aber von allen anderen Strafanstalten. Am Eingang kein Wächter, die Zellen offen und leer. Im Korridor stößt man auf einen Mann.
›Guten Tag, sind Sie hier Angestellter?‹
›Nein, señor, Gefangener.‹
›Der einzige?‹
›Nein, wir sind vierzig Mann hier.‹
›Wo sind die anderen?‹
›Bei der Arbeit, einige beim Dattelpflücken, andere beim Fischfang, die dritten bei der Errichtung eines neuen Krankenhauses hinter dem Hügel.‹
›Und die Wächter?‹
›Auch bei der Arbeit!‹
›Zur Bewachung der Gefangenen?‹
›Nein, die Gefangenen brauchen keine Bewachung. Sie sind bei ihrer Arbeit wie wir bei unserer. Gelegentlich arbeiten wir zusammen.‹
›Aber wer bewacht euch denn?‹
›Wir bewachen uns selbst.‹
›Und niemand flüchtet?‹
›Niemand!‹
›Und Sie selbst arbeiten nicht?‹
›Doch, ich bewache das Gefängnis.‹«

Diese Schilderung erinnerte mich an meinen Besuch in einem Ge-
fangenenlager der spanischen Anarchisten bei Teruel während
des Bürgerkrieges. Auch dort gab es keinen Unterschied zwischen Gefangenen und Wächtern. Die einen wie die anderen lei-
steten die gleiche Arbeit, hatten die gleiche Kost, schliefen auf
dem gleichen Lager. Ein gefangener Faschist ging beim Besuch
seiner Braut mit ihr allein hinaus ins Freie.
Im südlichen Niederkalifornien, mehr als tausend Kilometer von
der modernen Zivilisation entfernt, gibt es, wie Roldan schreibt,
keinen Boden für Verbrechen. Der einzelne sondert sich nicht
von der Gemeinschaft ab. Die Bewohner dieses Landstrichs sagen stolz, daß auch Verbrecher moralisch wiedergeboren werden, wenn die reinigende Umgebung der Halbinsel sie um-
fängt.

Glaube und Brauchtum

Nicht von Besessenen und Exorzisten soll hier die Rede sein,
nicht von nervenkitzelnden Schauergeschichten, mit denen Hol-
lywoods Filmmanager Dollargeschäfte machen, vielmehr von
den Glaubensmythen eines alten Kulturvolkes, von Riten und
Brauchtum, die sich bis in die Zeit der Weltraumflüge erhalten
haben.

Der Volksglaube der Mexikaner über den Sinn von Leben und Tod ist
eine Mischung vorkolumbianischer Kulturfragmente und jüdisch-christ-
licher Religionsdogmen. Die kosmogonischen Vorstellungen im heiligen
Buch der Maya, dem Popol Vuh, ähneln erstaunlich der Schöpfungsge-
schichte des Alten Testaments. Der höchste Gott brachte das Licht,
schied Wasser und Erde voneinander, schuf Pflanzen und Tiere und
formte den Menschen aus Lehm. Der Aztekengott Quetzalcoatl wird in
Gestalt der gefiederten Schlange verkörpert, ein Ausdruck der Einheit alles Lebenden. Das erdgebundene Kriechtier und der sich hoch in die
Lüfte erhebende Ikarus bilden eine mythische Symbiose.
Die religiösen Riten der Azteken erinnern an christliche Bräuche. Neu-
geborene wurden mit Wasser besprengt und erhielten Namen von Halb-
göttern, Bejahrte gestanden ihre Verfehlungen dem Priester, die Gebeine
der Toten konnten durch Blut der Götter zu neuem Leben kommen. Historisch und chronologisch bemerkenswert ist die Kollektivpsychose,
die im Mittelalter gleichzeitig die heidnischen Azteken und die christlichen Europäer befallen hat. Als im xv. Jahrhundert in Europa Hexen und
Ketzer am Scheiterhaufen starben, schnitten auf den Pyramidentempeln
im Aztekenreich Priester aus den lebendigen Leibern von Kriegsgefange-

nen die Herzen heraus, um sie ihrem Kriegsgott Huitzilopochtli zu opfern.

Mexiko vollzog Mitte des vorigen Jahrhunderts die Trennung von Kirche und Staat. Nichtsdestoweniger bekennen sich bis auf den heutigen Tag über neunzig Prozent der Mexikaner zum römisch-katholischen Glauben. In den Volksschulen wird kein Religionsunterricht erteilt, doch jede mexikanische Mutter sorgt dafür, daß ihr Kind im zehnten Lebensjahr die Kommunion erhält. Der Glaube an das Eingreifen höherer Mächte in das einzelne Menschenschicksal ist im Volke tief verwurzelt. Über dem Sitz des Autobusfahrers hängt ein Christusbild mit der Aufschrift: »Dios es mi copiloto« (Gott ist mein Beifahrer). Mit dem Heiligenbild als Kopilot fühlen sich Fahrer und Fahrgäste in sicherer Hut. Ist bei einer Fernfahrt durch die Berge eine schwierige Hürde glücklich genommen, dann legt jeder seinen Obulus in den am Abhang unter einem Kreuz angebrachten Spendenkasten.

In den religiösen Vorstellungen der Indios wohnen Glaube und Aberglaube eng beieinander. In einem Gebirgsdorf der Sierra Madre Occidental kam der Hausvater um Mitternacht hinaus – ich schlief neben meinem Pferde in der an zwei Bäumen befestigten Hängematte vor seiner Hütte –, um mit einem geweihten Rutenbündel die bösen Geister zu verscheuchen, die auf die Seele seines am Wundfieber sterbenden Kindes lauerten, wie er mir todernst versicherte. In einem anderen Dorf hängte ein Zapotekindianer einen Kater mit den Hinterbeinen an einem Baume auf, in dem Glauben, nach Verendung des Tieres werde seine an Malaria erkrankte Frau genesen. In der Hauptstadt gehören abergläubische Vorstellungen dieser Art der Geschichte an, doch ganz frei vom Geisterglauben ist man auch dort immer noch nicht. Nach der Beerdigung der Mutter eines meiner mexikanischen Freunde blieb der Platz der Verstorbenen an dem gedeckten Kaffeetisch unbesetzt (vorher hatte man auf den Knien vor dem Hausaltar für das Seelenheil der Verstorbenen gebetet), und auch der Kaffee war in ihre Tasse eingegossen, denn ihr Geist, so glaubte man, schwebte unter uns und genoß das Aroma.

Die kirchlichen Feiertage altspanischer Observanz wurden mexikanisiert. Zu Ostern finden in dem Dorfe Ixtapalapa unweit der Hauptstadt Passionsspiele à la Oberammergau statt. In den

Kirchen liegt auf einer Bahre der Leib Christi mit einer Imitation geronnenen Blutes auf seinen Wunden. Am Ostersonnabend schlägt man draußen Judasfiguren in Stücke. Während des Zweiten Weltkrieges hing in einer belebten Geschäftsstraße der Hauptstadt an einem quergespannten Strick ein Judas in Hitlergestalt. Die Menge schlug auf ihn ein und sprengte ihn zuletzt mit einer in seinem Bauche eingebauten Miniaturhöllenmaschine in die Luft.

Allerheiligen und Allerseelen werden auf besondere Art gefeiert. Hampelmänner werden in Form von Totengerippen feilgeboten. Auf Zucker- und Marzipantotenköpfen mit Rosinen in den Augenhöhlen erinnern Schokoladenbuchstaben an die verstorbene Maria oder Lupita, den Pablo oder Pedrito, die man sentimental auf der Zunge zerschmelzen läßt. Am 1. November ißt man zum Morgenkaffee Totenkuchen. In traditionsgebundenen Familien wird fertiggekochtes Essen auf den Tisch gestellt, damit sich in der Geisterstunde die Seele der Verstorbenen – Mutter, Vater oder Kind – an seinem Geruch laben kann. Tags darauf werden die Speisen auf den Friedhof mitgenommen und am Grabe gegessen. Danach stimmt man das Lieblingslied des Toten an.

Auf dem Platz vor dem Friedhof ist Totenjahrmarkt für die Lebenden. Der Geruch von auf Holzkohlenfeuer gebratenem Fleisch, von warmen Tortillas, von mit Knoblauch gewürzter Paprikasauce und von brennenden Wachskerzen, mit dem sich der liebliche Duft weißer Gardenien, roter Nelken und vielfarbiger Rosen mischt, bringt dem Mexikaner die Einzigartigkeit seines Lebensstils zum Bewußtsein.

Am Abend sieht man sich Zorrillas [1] verfilmtes Schauspiel »Don Juan Tenorio« an. Am Ende seiner Abenteuer schlägt dem verwegenen Herzensbrecher Don Juan die letzte Stunde. Zu seiner Linken drohen Höllenflammen aus der Tiefe, rechts lockt die Himmelsleiter nach oben. Luzifer und Inès ringen um seine Seele. Der Sünder bereut, es wird ihm vergeben. Die unschuldsvolle Lichtgestalt steigt mit ihm die Stufen hinauf zu den Höhen des Paradieses.

Der Vorhang fällt. »Sind unsere religiösen Traditionen nicht schön?«, fragte mich Elvira, die Frau meines Freundes Benito, in

---

1 José Zorrilla y Moral, spanischer Dichter, 1817–1893. Sein vielgespieltes Theaterstück »Don Juan Tenorio« kam 1844 heraus. (Deutsche Übersetzung 1850)

deren beider Gesellschaft ich das mexikanische Allerheiligen er-
lebte.

Auf Travens Spuren

Während meiner mexikanischen Exiljahre suchte ich in Acapulco
das Haus in Camino del Pie de la Cuesta auf, in dem der legendäre B. Traven [1] mehrere Jahre gelebt hatte. Man erklärte mir,
der »Gringo« sei nach Mexiko-Stadt verzogen. Nach dort zurückgekehrt, schrieb ich ihm einen Brief, in dem ich ihn daran erinnerte, daß ich ihm seinerzeit seinen schwedischen Verleger –
meinen eigenen Verleger und Freund Axel Holmström in Stockholm – vermittelt hatte, und ihn gleichzeitig wissen ließ, daß ich
nun nach Mexiko verschlagen sei und mich freuen würde, ihn
persönlich begrüßen zu dürfen. Mein Schreiben blieb unbeant-
wortet. Eine erneute Bestätigung dafür, daß der Autor seine An-
onymität bewahren und seine wahre Identität niemandem preis-
geben wollte.

Im Café Tupinamba in Mexiko-Stadt, Calle Bolivar, einem
Treffpunkt mexikanischer Schriftsteller und Journalisten, Thea-
terleute und Stierkämpfer, spanischer Exilpolitiker und Intellektueller, drehte sich das Gespräch eines Tages um Traven. Ich berichtete über die in Deutschland weitverbreitete Meinung, Traven sei mit Ret Marut [2] identisch, während ein Genosse unter
Hinweis auf den Roman »Die Brücke im Dschungel« (1929) die

1 Selten hat die Frage nach der Identität eines Schriftstellers die Öffentlichkeit so in
Spannung gehalten wie im Fall Traven. Der Erstdruck seiner Werke in deutscher
Sprache (so »Das Totenschiff«, 1926, »Die Baumwollpflücker«, 1927, »Der
Schatz der Sierra Madre«, 1927, u. a. m.) führte zu der Vermutung, daß der anonym bleibende Autor dem deutschen Kulturkreis entstamme. Doch der in Mexiko lebende Verfasser selbst hat stets hartnäckig geleugnet, Deutscher zu sein,
obwohl er seine Werke in Deutsch schrieb und sie teilweise ins Englische übersetzte. In einem an Pedro Herrera, den Sekretär der Internationalen Solidaritäts-
organisation SIA, mit dem ich während des Spanischen Bürgerkrieges zusam-
menarbeitete, und mich gerichteten und im Mai 1938 in der in Barcelona erscheinenden Tageszeitung »Solidaridad Obrera« abgedruckten Briefe schrieb er, er sei
»weder der Rasse noch dem Blute nach deutscher Abstammung« und erklärte:
»Ich bin in Nordamerika geboren und meine Muttersprache ist Englisch.« – Zur
Diskussion um Traven siehe den Band: *Das Traven-Buch*, herausgegeben von
Johannes Beck, Klaus Bergmann, Heiner Boehncke, Reinbek 1976, und meinen
dort abgedruckten Beitrag »Aus meiner Travenmappe«.

2 Erich Mühsam und Oskar Maria Graf hatten geglaubt, durch Stilvergleiche feststellen zu können, daß der berühmte Romancier identisch sei mit dem jungen

Auffassung vertrat, Traven sei in Wirklichkeit Esperanza Lopez Mateos, seine bekannte Mitarbeiterin, die sich später aus Verzweiflung über einen Unfall, der sie zur Invalidin machte, das Leben genommen hatte.

Es paßte in das Gesamtbild, daß Traven eine Einladung des mexikanischen Staatspräsidenten zur Entgegennahme eines Ordens als Anerkennung für seine Mexikobücher unbeachtet ließ und auf den Orden verzichtete. Traven teilte die Abneigung gegen staatliche Anerkennung mit meinem mexikanischen Freunde Jacinto Huitron, einem Mitkämpfer und Berater des Bauerngenerals Emiliano Zapata in der mexikanischen Revolution. Als Huitron an einer Gedenkfeier teilnahm und erfuhr, daß man ihn mit einem Orden dekorieren wollte, verließ er heimlich das Bankett. Nicht für persönliche Orden und Ehrenzeichen, sondern für Freiheit und Wohlstand des Volkes habe er gekämpft, sagte er mir später.

In seinen Mexiko-Romanen stellt Traven die rauhe Wirklichkeit eines für die Europäer exotischen Landes mit reichen ethnischen Varianten und tiefen sozialen Gegensätzen meisterhaft dar. Seine Erzählkunst ist nicht fiktiv, sie ist realistisch-expressionistisch, wie ich bei meinen jahrelangen Reisen durch alle Teile Mexikos persönlich feststellen konnte. Mit einem nebenbei hingeworfenen Satz wie »Sie arbeitet viel und ißt wenig« charakterisiert Traven in seinem »Schatz der Sierra Madre« die unverwechselbaren Eigenschaften der mexikanischen Indianerin.

Auch der Stoff seines Romans »Das Totenschiff« ist der Wirklichkeit entnommen. Politische und soziale Emigranten sahen im nachrevolutionären Mexiko ein Freiheits- und Wohlstandsparadies. Kapitäne verschiedener Flaggen nahmen auf ihren kleinen Dampfern jeden ohne Paß mit, der das Fahrgeld bezahlte. Besonders zahlreich war die Auswanderung der »toten Seelen« aus San Franciscos »Chinatown«. Mit Hunderten von unregistrierten Passagieren fuhren aus dem Hafen der amerikanischen Pazifikmetropole »Totenschiffe« an der Küste hinunter bis zum Wendekreis des Krebses, um das Kap San Lucas und hinauf im

Publizisten Ret Marut, der 1917–19 in München die Zeitschrift »Der Ziegelbrenner« herausgegeben hatte, 1918 an der bayerischen Räterepublik beteiligt gewesen und bei ihrem Zusammenbruch verhaftet worden war, dann aber flüchten konnte und seitdem verschollen blieb. Das Stilprobenurteil war indes nicht unumstritten: Kurt Tucholsky äußerte sich skeptischer als Mühsam und Graf.

Golf von Kalifornien bis zur Mündung des Coloradostromes in das Land der Verheißung. Nicht alle erreichten ihr Ziel. Jahrzehnte später noch konnte man vor Chinesengräbern über Traum und Wirklichkeit, Hoffnung und Enttäuschung jener meditieren, die auf dem Wege durch die Wüste verdurstet sind. Diejenigen Söhne des Reiches der Mitte aber, die ihr Ziel erreichten, haben durch ihren Gewerbefleiß nicht wenig zum Aufstieg von Mexicali, der Hauptstadt des mexikanischen Kaliforniens, beigetragen.

Ob Traven an einer »Totenschiff«-Fahrt als Mannschaftsangehöriger oder blinder Passagier selbst teilgenommen hat, oder ob er sein Material bloßem Hörensagen verdankte, dieses Geheimnis hat er mit ins Grab genommen. Geblieben ist uns sein Wort aus dem »Totenschiff«-Roman: »Ich brauche keinen Paß, ich weiß, wer ich bin.«

Will ich die US-Regierung stürzen?

Nach einer fast anderthalbjährigen Vortrags- und Studienreise in Frankreich, Deutschland, Österreich, Schweden, Italien, Israel und Jugoslawien kehrte ich 1952 nach Mexiko zurück. Ein in Mexiko tätiger schwedischer Freund, den ich seit meinem Schwedenaufenthalt im Ersten Weltkrieg kannte, hatte im Bundesstaat Veracruz zwischen den Städten Cordoba und Orizaba ein Grundstück mit verwilderten Bananen-, Apfelsinen- und Kaffeepflanzungen gekauft, das von niemandem bewohnt war. In dieses Naturidyll zog ich mich für einige Monate zurück. Ich schlief auf der mitgebrachten Hängematte in dem halb verfallenen Indianerrancho, kochte mir zum Frühstück mit Kaffeeblättern (der Kaffee war noch nicht reif) eine Brühe, pflückte mir zum Mittagessen Bananen, am Abend Apfelsinen und Mangos, die Tochter meines aztekischen Nachbarn brachte mir täglich frisch gebackene Maisfladen. Die Flora war paradiesisch, die Fauna kurzweilig, nur die roten Ameisen wurden mir lästig, doch ich ließ sie am Leben, schließlich waren sie hier zuhause, nicht ich. Tagsüber schrieb ich vor der Hütte in Spanisch mein Buch über Israel [1]. Fern von der modernen Zivilisation, von Autohupen und Benzingestank, aber auch ohne elektrisches Licht, erfreute ich mich an dem Schneegipfel des sechstausend

---

1 El Nuevo Israel, un viaje a Kibbuzia (Das neue Israel, eine Reise nach Kibbuzia)

Meter hohen Orizaba-Vulkans am Rande des Horizonts.

1955 plante ich eine neue Europareise. Wiederum ging ich auf das amerikanische Konsulat in Mexiko-Stadt, um mir ein Transitvisum für die USA geben zu lassen. Der Konsul zeigte mir mein 1922 in Chicago veröffentlichtes Buch »The Workers and Peasants in Russia, how do they live?« (Wie leben die Arbeiter und Bauern in Rußland?) und fragte mich, ob ich der Verfasser sei. Ich bejahte. Seine Reaktion: »No Visa!«

Der Beamte handelte in Übereinstimmung mit den gesetzlichen Vorschriften seines Landes. Inzwischen nämlich war, was ich nicht gewußt hatte, das McCarran-Gesetz erlassen worden. Dieses Gesetz, McCarren-Walter-Act von 1952 [1] bestimmte, daß Personen mit »radikaler« – revolutionär-sozialistischer, kommunistischer oder anarchistischer – politischer Vergangenheit nur dann die Einreise- und Aufenthaltsgenehmigung für die USA erhielten, wenn sie ihrem politischen Credo abschworen und sich selbst zum »defector«, zum Renegaten erklärten, der sich während der letzten fünf Jahre nicht mehr in seiner ehemaligen Bewegung betätigt habe.

Was sollte ich tun? Von Mexiko auf dem zeitraubenden und kostspieligen Umweg über Brasilien nach Europa reisen? Das wollte ich nicht. So wandte ich mich an meine Freunde in den USA und bat sie, mir zu helfen. Sie setzten sich für mich ein. Es kam zu einer monatelangen Korrespondenz zwischen ihnen und mir. Worin die Schwierigkeiten lagen, das läßt sich am deutlichsten aus dem nachfolgenden Brief ersehen, den Serafino Romualdi in Washington, Sekretär der amerikanischen Gewerkschaftsorganisation AFL (American Federation of Labor) für die Zusammenarbeit mit den lateinamerikanischen Gewerkschaften, an Simon Farber, den Redakteur der »Justice« [2] richtete, einer Zeitschrift, bei der ich Mitarbeiter war:

»Lieber Simon,
endlich ist es mir gelungen, vom State Department (Außenministerium) die letzten Informationen in der Angelegenheit Augustin Souchy zu erhalten. Ohne Umschweife: Das State Department hat ausfindig gemacht,

---

1 Der McCarran-Walter-Act von 1952, von dem demokratischen Senator Patrick
   Anthony McCarran initiiert, führte strenge Regelungen für die Einreise und
   Einwanderung in die USA ein.
2 »Justice« war das Organ der International Ladies Garment Workers Union (Internationale Gewerkschaft der Damenoberbekleidungsindustrie) in New York.

daß Souchy zwar ein entschiedener Antikommunist, gleichzeitig aber ein Anarchist jener Sorte ist oder gewesen ist, die, wie behauptet wird, nach dem McCarran-Gesetz nicht in die Vereinigten Staaten einreisen dürfen. Der Beamte, mit dem ich darüber sprach, war vor einigen Wochen in Mexiko City, wo er Souchys Visumgesuch mit Stefansky [1] erörterte und diesem erklärte, welche Wege Souchy noch offen stünden, um die Schwierigkeiten zu überwinden.

Zwei Schritte sind möglich.

Zunächst: Das State Department könnte das Justizministerium ersuchen, Souchy den Sonderstatus einer Person zuzugestehen, deren Aufenthalt im nationalen Interesse unseres Landes liegt. Gründe hierfür könnten gefunden werden, ich habe sie in längeren Ausführungen dargelegt. Die Entscheidung über diesen Schritt liegt allerdings beim State Department. Meiner Meinung nach würde das Department ihn nicht für ratsam erachten, ehe es ausfindig gemacht hat, ob Souchy aus freien Stücken bereit wäre, zum »defector« erklärt zu werden.

Falls Souchy bereit wäre, diesen Weg zu gehen, müßte er erklären, daß er kein Anarchist sei und während der letzten fünf Jahre nicht gewesen sei. Meines Wissens kann nach den Regierungsverordnungen das Wort »Anarchist« in verschiedener Weise ausgelegt werden. Eine davon ist, daß Personen nicht zugelassen werden können, die für den gewaltsamen Sturz unserer Regierung sind.

Meine Antwort war: Ich sei nicht sicher, ob Souchy, ein Mann von höchst moralischem Charakter und berechtigtem Stolz auf seine Überzeugung, zu einer solchen Demütigung bereit wäre, um ein Einreisevisum in die Vereinigten Staaten zu erhalten. Wie dem auch sei, die Entscheidung liegt letztlich bei ihm selbst. Ich würde Dir vorschlagen, ihm zu raten, daß er sich an Stefansky wendet, ehe er sich für das eine oder andere entscheidet.

Ich habe alles unternommen, was in meiner Macht steht, um Souchy zu helfen, und es gereicht mir zur Genugtuung, zu wissen, daß Souchy ohne die Sonderbestimmung des McCarran-Gesetzes sein Visum längst erhalten hätte. Im übrigen glaube ich nicht, daß unter den gegebenen Umständen Roger Baldwin von der American Civil Liberties Union etwas erreichen könnte außer Ehrenerklärungen, die, denen von mir und anderen Gewerkschaftsvertretern beigelegt, dazu beitragen können, daß die Einreiseerlaubnis für Souchy als mit den Interessen unseres Landes in Einklang stehend betrachtet wird.«

Serafino Romualdi, Latin American Representative of the A.F.L.

Mit einem längeren Brief vom 15. März 1956 dankte ich Romualdi für seine Bemühungen. Damit verband ich eine Darlegung

---

1 Stefansky war Sozialattaché der amerikanischen Botschaft in Mexiko, seine Frau die Tochter eines Gesinnungsgenossen der Anarchistin Emma Goldman.

meines ideologischen Standpunkts. Zur Frage der Gewaltanwendung schrieb ich in diesem Brief:

»Ich habe nie Gewalttaten verübt, nie an Gewaltaktionen anderer teilgenommen und nie Gewalthandlungen propagiert. In meiner Jugend war
ich vielmehr Tolstoianer und heute, mit dreiundsechzig Jahren, bin ich
gleichfalls Gegner von Gewalttaten.« Ich zitierte die historischen Worte
des Bischofs von Soissons an den Frankenkönig Chlodwig: »Beuge dein
Haupt, stolzer Sicambre, verbrenne die Götter, die du angebetet, bete
an, was du verbrannt hast.« [1] Wörtlich fuhr ich fort: »Ich widerrufe
nicht. Meine Götter waren nicht Haß und nicht Gewalt, sie waren und
sind Liebe und Toleranz, Aufrichtigkeit und Gerechtigkeit, Freiheit und
Friede für alle Menschen auf Erden.«

Monat um Monat verging ohne Antwort. Über ein Jahr dauerte
es, bis das State Department sich bereiterklärte, mir das Visum zu
erteilen. Welche Überlegungen schließlich zu diesem Bescheid
geführt haben, vermag ich nicht zu sagen. Ich weiß nur eins: »defector« bin ich nicht geworden. Das dürfte wohl auch der Grund
dafür sein, daß mein Name immer noch nicht aus der Schwarzen
Liste gestrichen wurde. Als ich ein Jahrzehnt später erneut ein
Einreisevisum für die USA beantragte, mußte das Konsulat erst
im State Department in Washington anfragen. Die Antwort war
positiv. Man scheint sich nun doch davon überzeugt zu haben,
daß ich nicht beabsichtige, die Regierung der Vereinigten Staaten
mit Gewalt zu stürzen!

1976: Noch einmal Mexiko

Anfang der sechziger Jahre hatte ich meinen Dauerwohnsitz in
Mexiko aufgegeben. Als ich anderthalb Jahrzehnte später, im
Sommer 1976, auf einer Vortragsreise in den USA nach New Orleans kam, konnte ich der Versuchung nicht widerstehen, einen
Abstecher nach Mexiko zu machen. Ein zehntägiger Aufenthalt
im Lande gab mir Gelegenheit, das Mexiko von heute mit dem
der vierziger und sechziger Jahre zu vergleichen.
Natürlich besichtigte ich noch einmal das Anthropologische Museum im Chapultepecpark, eines der schönsten und bedeutendsten seiner Art in der ganzen Welt. Die neuerbaute Untergrund-

---

1 Der Frankenkönig Chlodwig I. (466–511) empfing im Jahre 498 in Reims durch
Bischof Remigius die Taufe. Er trat dabei zum katholischen Christentum, nicht
zum Arianismus der ostgermanischen Stämme über.

bahn der Hauptstadt ist architektonisch von hohem Reiz. Das überraschte mich nicht – im Lande der drei großen Freskenmaler Diego Rivera, Orozco und Siqueiros, die ich persönlich gekannt hatte. Die Industrialisierung war fortgeschritten und damit hatte sich auch die Lage der Industriearbeiter verbessert. Auf einem anderen Gebiet aber war man nicht viel weiter gekommen. Die sozialen Probleme eines Großteils der Landarbeiter sind noch immer ungelöst, trotz der Agrarreform vor mehr als einem halben Jahrhundert. Das war der wunde Punkt, dem meine besondere Aufmerksamkeit galt.

Zufällig fand während meiner Anwesenheit in der Hauptstadt ein Treffen von viertausend Bauern aus allen Landesteilen statt, auf dem eine »Union der kleinen Landbesitzer« gegründet wurde. Am 9. August, dem letzten Tag des Kongresses, feierte man den Geburtstag des inzwischen legendären Vorkämpfers der mexikanischen Agrarrevolution, Emiliano Zapata. Die Väter dieser Revolution von 1910–1917 hatten ein verheißungsvolles Erbe hinterlassen, das ihre Söhne nicht zweckentsprechend zu verwalten vermochten; einige wollten es gar nicht, die anderen konnten es nicht. Immer noch lebt die Mehrheit der Campesinos in Dürftigkeit. Ein großer Teil der Bauern bestellt die Felder nur vier Monate im Jahr, obwohl vom Klima her drei bis vier Ernten jährlich möglich wären. Mehr als zwölf Millionen Landbewohner sind in den letzten Jahrzehnten in die Städte abgewandert. In den vierziger Jahren hatte die Bundeshauptstadt Mexiko rund zwei Millionen Einwohner, 1976 waren es über zwölf Millionen! Wie soll ein Entwicklungsland eine solche Binnenwanderung verkraften? Zum Wegzug vom Land in die Städte kommt die Emigration ins Ausland, ins nördliche Kapitalistenland, wo selbst Schwarzarbeiter ein besseres Auskommen finden als im eigenen Revolutionslande. Am 9. August 1976 berichtete die mexikanische Presse, die Regierung in Washington beabsichtige, vierhunderttausend illegale Einwanderer, die meisten von ihnen Mexikaner, auszuweisen, um den »Kontrakteuren«, das heißt gewerblichen Arbeitsvermittlern, das Handwerk zu legen. Diese Nachricht löste Bestürzung aus. Beschwichtigend erklärte der Landwirtschaftsminister, daß in den südöstlichen Bundesstaaten Campeche, Yucatan und Quintana Roo fünfhunderttausend Hektar Land an fünfzigtausend besitzlose Landbewohner verteilt werden sollten.
Diese Maßnahme ist anerkennenswert, aber unzureichend. Hunderttausende warten auf Landzuteilung. Man spricht sogar von mehr als einer Million, genaue Zahlen gibt es nicht. [1]

1 Die Auswanderung aus Agrarländern mit revolutionärer Landverteilung in Industrieländer ohne eine solche ist eine allgemeine Erscheinung. Als Jugoslawien

Mit Bedauern mußte ich feststellen, daß die Emanzipation des indianischen Campesino viel langsamer vor sich ging, als ich zwei Jahrzehnte vorher erwartet hatte. Das lag aber nicht am Fehlen einer proletarischen Diktatur. Die Ursachen sind mannigfache. Eine von ihnen ist der »Faktor Mensch«: Machtmißbrauch, Bürokratie, Korruption und ähnliches auf der einen Seite, Indolenz, Servilismus, Mangel an Eigeninitiative, gemischt mit Mißtrauen in den eigenen Reihen, auf der anderen. Das Erlöschen des Rebellengeistes bei den Massen in der nachrevolutionären Periode begünstigte die Usurpationsgelüste des »liders«, des »Führers«. Die mexikanischen Campesinos gründeten keine Gemeinschaftssiedlungen, womit sie die Arbeit hätten rationalisieren und die Produktion hätten steigern können, wie die jüdischen Einwanderer in Israel; sie organisierten keine colectividades wie die spanischen Bauern während des Bürgerkrieges und keine cooperativas wie die portugiesischen Landarbeiter im Alentejo nach dem Sturz der Diktatur 1974.

In Mexiko wurden Landarbeiter- und Bauerngenossenschaften durch Regierungsdekrete beziehungsweise durch die Präsidenten ins Leben gerufen. Aus der Initiative der Bauern selbst hervorgegangene Genossenschaften habe ich bei meinen vielen Reisen durch das Land nur in ganz wenigen Fällen gefunden. Meiner Ansicht nach ist der Aufstieg des mexikanischen Farmers eine Frage von Jahrzehnten.

Meine vierunddreißig Jahre vorher als politische Flüchtlinge ins Land gekommenen Gesinnungsfreunde – ich befand mich damals unter ihnen – hatten sich in die Verhältnisse eingelebt, waren »mexikanisiert«. Aus einem ehemaligen Maurer war ein wohlhabender Baumeister geworden, ein früherer Zeitungsverkäufer betätigte sich als Kunsthändler, der dritte steht an der Spitze eines angesehenen Verlagshauses, ein vierter hatte es zu einer Geflügelfarm mit 12 000 Legehühnern gebracht. Ich blieb einige Tage auf seinem nahe der Hauptstadt gelegenen Gehöft, dem ranchito. Freund Portilla war indes kein Latifundienbesitzer, kein Ausbeuter fremder Arbeitskraft, das kleine Grundstück gehörte nicht ihm, er war nur Pächter, den Betrieb bewirt-

freie Ausreise erlaubte, wanderten (bis heute) achthunderttausend Arbeiter in die westliche Welt aus. Und wenn die Sowjetunion und die übrigen osteuropäischen Länder ihre Grenzen öffnen würden, so würden sich Millionen auf den Weg aus dem kommunistischen »Paradies« in die kapitalistische »Hölle« begeben!

schaftete er selbst mit seiner Gefährtin, der liebenswürdigen Carmen, und zwei gut bezahlten Arbeitskräften. Ausgebeutet und versklavt waren die eigentlichen »Produzenten«, auf deren Eierlegen das ganze Unternehmen sich aufbaute. Sie erhielten wohl Futter, und auch ihre Verdauungsreste wurden wegge-räumt, doch sie waren in so enge Drahtkäfige einzeln einge-pfercht, daß sie sich nicht bewegen konnten. Tierische Konzen-trationslager, wie ich sie vorher in den israelischen Kibbuzim ge-sehen hatte. Die armen Tiere taten mir leid. Homo sapiens, wo ist deine Menschlichkeit geblieben?

1948: Im vorrevolutionären Kuba

Die Freiheitliche Bewegung Kubas (Movimiento Libertario Cubano), mit der ich seit Jahrzehnten in Verbindung stand, lud mich zu ihrem zweiten Kongreß ein, der vom 21. bis 23. Februar 1948 in Havanna tagte. Ohne am Kampf zur Eroberung der politischen Macht teilzunehmen, initiierte die Bewegung Aktionen zur Verbesserung der sozialen Lage der Unterprivilegierten und zur Schaffung freierer Gesellschaftsformen. Es war eine offene, dogmenfreie Bewegung; sie bestand aus überwiegend jungen Idealisten, die sich in den Gewerkschaften der Arbeiter und Bauern, den Studentenorganisationen und allen authentischen Volksgruppierungen betätigten. Die Freiheitliche Bewegung Kubas lehnte jede Diktatur, auch eine angeblich proletarische Diktatur ab. Der Kongreß forderte eine kollektivistische Wirtschafts- und Sozialordnung auf der Grundlage von freien Produktions- und Konsumgenossenschaften und autonomen Gemeinden, die sich, von den bestehenden Strukturen ausgehend, zu Föderationen zusammenschließen sollten, um dadurch die politische Machtkonzentration des Staates überflüssig zu machen. Es war das Programm eines realisierbaren Ideals. Besondere Beachtung fanden die Probleme der eigentumslosen Landbevölkerung.

1948 war in Kuba Wahljahr. Die Amtszeit des Präsidenten Dr. Ramón Grau San Martin war abgelaufen, die Propaganda für die Wahl eines Nachfolgers in vollem Gange. Dabei ging es nicht um Parteiprogramme, sondern um Personen. Wohin man auch blickte: Bilder von Präsidentschaftskandidaten. Alle Parteien wollten den besten Mann auf den ersten Platz im Staate stellen, doch wer der beste Mann war, darüber gingen die Meinungen auseinander. Schließlich wurde Carlos Prio Socarras, ein Mitglied der Revolutionspartei, zum neuen Präsidenten gewählt. Acht Jahre lang hatte Kuba vom Volke gewählte Präsidenten und ein demokratisches Regime. 1952 kam dann der frühere Präsident Batista aufs neue durch einen Putsch an die Macht, bis er 1958 von einer allgemeinen Erhebung gestürzt wurde. Seit dem 1. Januar 1959 ist Fidel Castro Kubas Diktator.

Auf meinen Vortragsreisen in den Provinzen, nach Beendigung des Kongresses, konnte ich feststellen, daß in Kuba trotz Monokultur und einseitiger Wirtschaftsentwicklung der Lebensstandard der Arbeiter und Bauern höher war als im industriell vielseitigeren Mexiko. In einer Versammlung erklärte ein nach längerem Aufenthalt in den USA zurückgekehrter Kubaner, er habe drüben mehr verdient, die kubanische Sozialversicherung aber sei fortschrittlicher als die im Yankeeland, so daß Kuba seiner Meinung nach bei einem Vergleich nicht schlecht abschneide. Das war elf Jahre vor der Machtergreifung Fidel Castros.

Eine Studien- und Vortragsreise in den Osten des Landes führte mich zunächst in das zentralkubanische Zuckergebiet um Jatibonico, wo ich in einer von der Gewerkschaft einberufenen Versammlung über Konsumgenossenschaften sprach. Seit 1937 der Nationale Zuckerkontrollrat geschaffen worden war, hatte sich die Lage der Beschäftigten in der kubanischen Zuckerindustrie wesentlich verbessert; die Löhne waren höher und die Arbeitsbedingungen besser als in der Zuckerindustrie der übrigen lateinamerikanischen Länder. Die Arbeiter waren am Gewinn beteiligt, bei höheren Zuckerpreisen hatten auch sie ein größeres Einkommen.

Das schwer zu bewältigende Problem war die stille Zeit. Die Zuckerindustrie arbeitete nur sechs Monate im Jahr. In den langen Pausen mußten sich die Arbeiter irgendwie durchschlagen. Ihre Lebensmittel kauften sie vielfach auf Kredit. Nun hofften sie, durch Gründung eines Konsumvereins ihre Lage erleichtern zu können. Sie erwarteten Kredit von der kapitalstarken Konsumgenossenschaft der Elektriker Havannas. Nach meinem Vortrag wurden im Beisein eines Rechtsanwalts die Statuten des Konsumvereins ausgearbeitet. Für die Unterbeschäftigung aber hatte man keine Lösung. Die Bereitstellung von zusätzlichen Arbeitsplätzen wäre nur durch Schaffung neuer Landwirtschaftszweige oder neuer Industrien möglich gewesen. Über das dafür erforderliche Kapital verfügten die Arbeiter jedoch nicht.

Unsere Ankunft in Guantánamo fiel mit dem jährlichen Bauerntreffen zusammen. Weißhäutige und dunkelfarbige Landbewohner (Guajiros) strömten zu Hunderten auf ihren Reittieren in die Stadt. Auf dem Rathausplatz verherrlichte ein Redner vor der Menge die Befreiungskämpfe, wobei natürlich auch der Nationalheld José Martí [1], der »Apostel der Kubanität«, erwähnt wurde. Auffallend ist in Ostkuba das gutturale R, zweifellos ein Einfluß aus dem benachbarten Haiti mit seiner französischen Mundart, denn in der gesamten hispanischen Welt wird das R mit der Zungenspitze gerollt. [2]

Am Morgen nach dem Bauerntag brachen wir zu Pferde auf. Nach einem Tagesritt über steinige Bergwege, durch schlammige Pfützen, vorbei an Zitrusbäumen, Kaffeeplantagen, Zedern- und Mahagoniwaldungen, kamen wir am Abend zur Kolonie Monte Rus, unserm Ziel. Compânero Fernando Ruiz, mein Reiseführer, ritt tags darauf weiter über Berg und Tal, um dem zwei Tagesreisen entfernt wohnenden »Prekaristen« Alvarez die Nachricht von der endgültigen Zusprechung seiner Scholle zu überbringen. [3]

Am darauffolgenden Tag setzten orkanartige Regengüsse ein, die im karibischen Raum besonders heftig sind. Genosse Ruiz konnte nicht zurück, ich mußte mehrere Tage in Monte Rus warten. Das gab mir Gelegenheit, die Geschichte der Kolonie kennenzulernen.

Sie begann 1910 mit der Ankunft einer Gruppe spanischer Freiheitssucher, zu denen der Libertario Campos gehörte. Beeinflußt durch die Lektüre Peter Kropotkins und Elisée Reclus' und durch das Genossenschaftsexperiment Robert Owens [4], gründeten sie eine freiheitliche Gemeinschaftssiedlung. Sie hatten den eschatologischen Glauben an den

1 José Martí (1853-1895), Dichter und Publizist, der geistige Führer der kubanischen Unabhängigkeitsbewegung; er fiel 1895 im Kampf gegen die Spanier.

2 Im allgemeinen unterscheidet sich das kubanische Spanisch in Tempo und Tonfall vom mexikanischen. Der Kubaner spricht laut, schnell, lebhaft, dynamisch, der Mexikaner gelassen, respektierlich. Aus der leisen, singenden Ausdrucksweise der mexikanischen Indios kann man, wie ein hispanischer Philologe mir einmal sagte, immer noch den Nachklang der jahrhundertelangen Unterwürfigkeit seiner Vorfahren heraushören. Aus dem Munde des Kubaners dagegen sprudeln die Worte wie aufklatschender Sprühregen. Der Konsonant am Wortende wird verschluckt, damit der Vokal des neuen Wortes schneller herausplatzen kann.

3 »Precarista« ist ein Bauer in ungeregelten, prekären Eigentumsverhältnissen. Hat er brachliegenden Boden jahrelang, oft ein Jahrzehnt und länger, bebaut, oder ist das Land durch Anlage einer neuen Straße aufgewertet worden, macht plötzlich der de-jure-Eigentümer seinen Rechtsanspruch geltend. Es kommt zu zeit- und geldraubenden Gerichtsverfahren, die nicht selten mit der Vertreibung des Ansiedlers enden. Die Zahl der Prekaristen ging in die Zehntausende. Die Freiheitliche Bewegung nahm sich dieser Fälle an, durch sie kam auch der Prekarist Alvarez zu seinem Recht.

baldigen Sieg der sozialen Revolution, die ein neues Zeitalter einleiten würde. Ihre Kolonie sollte als Modell für die zukünftige Rekonstruktion der Gesellschaftsordnung dienen. Das war ihr Glaube, ihr Ideal, ihr Ziel, an dessen Verwirklichung sie arbeiteten. Sie kauften hundertdreißig Hektar Land zum Preise von fünfundzwanzig Dollar je Hektar und begannen das Land zu bearbeiten. Ein schweres Werk, Boden mit wilden Tropengewächsen in kultiviertes Kaffeeland zu verwandeln, besonders, wenn Kapital und Maschinen fehlen. Packesel waren das einzige Transportmittel für Geräte, Werkzeuge und den Abtransport von Kaffee. Idealismus, Tatkraft und Energie, so hofften die Siedler, würden zum Ziele führen.

Jahre gingen in harter Pionierarbeit dahin, die erwartete Sozialrevolution blieb aus. Die Begeisterung begann zu schwinden, mehr und mehr verdrängte die harte Realität das verblassende Ideal. Die Hälfte der Siedler gab entmutigt auf. Zehn Verbleibende beschlossen die Auflösung der Gemeinschaftssiedlung. Aus Kollektivland wurde Familienbesitz. Gemeinsam werden nur noch allgemein interessierende Angelegenheiten geregelt.

Genosse Campos hatte mir auf dem Kongreß der M.L.C. in Havanna wohlwollend einige Säcke Kaffee als Sympathiegeste für unsere Gesinnungsfreunde, die unter dem Hitlerregime verfolgt worden waren, angeboten. Wegen Transportschwierigkeiten war der Kaffee nicht mehr rechtzeitig vor meiner Studienreise eingetroffen. Nun konnten wir ihn an Ort und Stelle abholen. An diesem Kaffeegeschenk für die deutschen Genossen beteiligten sich alle Mitglieder der Kolonie.

Nachdem der Orkan sich gelegt hatte, kehrte Fernando Ruiz von seiner Mission zurück. Bald war ein Maulesel mit zwei Kaffeesäcken bepackt. Unsere Pferde standen gesattelt bereit. »Un saludo para los compañeros alemanes« (»Ein Gruß den deutschen Genossen«), rief mir Salvador, der Sohn des Genossen Campos, nach.

Nach viermonatigem Aufenthalt in Kuba reiste ich nach Mexiko zurück.

1960: Einer neuen Zeit entgegen?
Als zur Jahreswende 1958/59 der Rundfunk von Buenos Aires die Flucht Batistas aus Kuba verkündete, erhob Fernando Quesada, der Herausgeber der libertären Zeitschrift »Reconstruir«,

---

4 Der englische Fabrikant und Sozialreformer Robert Owen (1771–1858) hatte 1848 in den USA die kommunistische Siedlung »New Harmony« gegründet.

sein Glas Mendozawein auf die Freiheit des kubanischen Volkes. Wir stimmten ein. Der Sieg der Revolution begeisterte uns. Ein Jahr vorher war in Venezuela der Sturz des Diktators Perez Jimenez mit dem Läuten der Kirchenglocken verkündet worden. Kein Zweifel, die Tage der Diktatoren waren gezählt, die Tage der Freiheit angebrochen. Wir sahen mit Optimismus in die Zukunft.

Das ganze Jahr 1959 war für mich mit Vortrags- und Studienreisen in Argentinien, Uruguay, Paraguay und Brasilien ausgefüllt. Bei jeder Gelegenheit verteidigte ich die kubanische Revolution. Das kubanische Volk hatte die Diktatur abgeschüttelt und war auf dem Wege, sich von der wirtschaftlichen Abhängigkeit von den USA zu befreien. Das war der Eindruck, den große Teile der Bevölkerung Lateinamerikas hatten. Die politische Befreiung, so schien es, sollte nur der erste Schritt sein, dem als zweiter Schritt die soziale Emanzipation der unterprivilegierten Schichten folgen würde.

Die Führer der Revolution versicherten, daß sie alle gesellschaftlichen Übel beseitigen würden. Über den Weg zu diesem Ziele aber gab es unter den kubanischen Revolutionären verschiedene Auffassungen. Aus den Erklärungen der kubanischen Libertarios ging hervor, daß sie in vielen Punkten mit der diktatorischen Politik Fidel Castros nicht einverstanden waren.

In den seit meinem ersten Kuba-Besuch 1948 verflossenen elf Jahren hatte sich viel geändert. Meiner Gewohnheit treu, vor allem der eigenen Anschauung zu vertrauen, entschloß ich mich, erneut nach Kuba zu reisen, um mich an Ort und Stelle über den Fortschritt der kubanischen Revolution zu informieren.

Ende März 1960 kam ich in Havanna an. Für meine kubanischen Freunde, die mich herzlich empfingen, war ich kein Fremder, kein Außenseiter. Bald arbeitete ich an der revolutionären Erneuerung mit, nahm an Gewerkschaftsversammlungen und an Zusammenkünften der freiheitlichen Bewegung teil, sprach auf Kundgebungen revolutionärer Organisationen. Am 1. Mai hielt ich auf einer von der Elektrikergewerkschaft Havannas einberufenen Versammlung die Festrede. Ich berichtete von meinen Revolutionserfahrungen in Rußland 1920 und in Spanien 1936/39, wobei ich auf die Wichtigkeit der Verteidigung der Freiheiten hinwies. Die Erfahrung habe gezeigt, sagte ich, daß aus Revolutionsführern nur allzuleicht Diktatoren werden, wenn der revolutionäre Elan und damit die Wachsamkeit der Massen nachläßt. Ich appellierte an jeden einzelnen, sich an den revolutionären Initiativen zu beteiligen, und hob die Bedeutung der Gewerkschaften für die Revolution besonders hervor. Damit hatte ich in ein Wespennest gestochen. Ich setzte mich in offenen Gegensatz zu Ché Guevara, der vom Verschwinden der Gewerkschaften sprach, mit der Begründung, in der von ihm und Fidel Castro konzipierten neuen kommunistischen Gesellschaft werde es keine Privatunternehmer, also keine Ausbeuter mehr geben und Vater Staat werde für alle und alles sorgen.

In einer Botschaft an die kubanische Revolution, die in »Solidaridad«, der Monatsschrift der Hotel- und Restaurantbeschäftigten, vom 15. Mai 1960 erschien, sagte ich:

»Gruß an die kubanischen Revolutionäre!

Genossen, ich kam zu euch, um die Errungenschaften der kubanischen Revolution kennenzulernen. In den wenigen Wochen die ich hier bin, konnte ich mich überzeugen, daß die kubanische Revolution mehr als ein bloßer Regierungswechsel, daß sie eine tiefgehende Transformation der Gesellschaft ist. Sie erinnert mich in einigem an die spanische Sozialrevolution während des Bürgerkrieges. Dennoch besteht zwischen beiden ein Unterschied. In Spanien waren es die Bauern selbst, die ihren eigenen Sozialismus einführten, indem sie den Ackerboden gemeinsam bebauten und die Früchte ihrer Arbeit gerecht unter alle aufteilten. Und auch die Arbeiter in den Städten verwandelten die Privatunternehmen in Kollektivbetriebe, die sie selbst verwalteten. Bei euch in Kuba kam die soziale Umwälzung von oben. Die Agrarreform wurde vom Staate dekretiert und von Regierungsbeamten durchgeführt. Auch die Nationalisierung von Privatunternehmen in den Städten geht bei euch vom Staate aus. In Spanien wurde die freie Kollektivwirtschaft, in Kuba die zentrale Staatswirtschaft eingeführt. In Spanien ging der Ansporn zu den revolutionären Veränderungen von den Arbeitern und Bauern, in Kuba von Fidel Castro und seinen revolutionären Guerilleros aus.

Die kubanischen Guerilleros sind uneigennützig auf den Sieg der sozialen Revolution bedacht, doch ihr Regime ist autoritär: sie allein bestimmen Rhythmus und Zielsetzung der Revolution. Die Massen kommen nicht zum Zuge. Darin liegt die Gefahr für die Freiheit in der Revolution. Freiheitsbeschränkung aber ruft Unzufriedenheit hervor, die Arbeitermassen verlieren das Interesse an der Revolution.

Man spricht davon, daß die kubanische Revolution keine Ideologie habe. [1] Wie ich mich überzeugen konnte, sind die kubanischen Arbeiter und Bauern für Sozialreformen, die ihnen ein besseres Leben und mehr Freiheiten bringen sollen, sie sind für Ziele, die in der ganzen Welt von der sozialistischen Bewegung propagiert und gefördert werden. Bedenklich dagegen erscheint mir der von den Kommunisten propagierte Revolutionsnationalismus, der dem Fortschritt der Revolution nicht dienlich ist.

Ich fühle mich nicht berufen, den kubanischen Genossen Ratschläge zu geben. Ich möchte aber an den Mahnruf der 1. Internationale erinnern: ›Die Befreiung der Arbeiterklasse muß das Werk der Arbeiter selbst sein.‹ Dieses Wort hat seine Bedeutung noch nicht verloren. Der Fortschritt der kubanischen Revolution hängt ab von der Entfaltung der eigenen Initiative der Massen und vom Eindringen des revolutionären Geistes in alle Schichten des arbeitenden Volkes. Zentralistische Tendenzen und diktatorische Machtaneignung von Revolutionsführern sind eine Gefahr für die neu erkämpften Freiheiten und führen zum Verfall der revolutionären Errungenschaften. Der sicherste Weg zur Verwirklichung der Revolutionsziele ist das direkte Eingreifen des Volkes selbst.

Mit diesen kurzen Bemerkungen verbinde ich meinen heißesten Wunsch, daß die kubanische Revolution ein Höchstmaß an Freiheiten und humanitären Zielen verwirklichen möge.«

In der Betonung der Freiheit waren meine kubanischen Genossen mit mir einig. Gleich unter meiner Grußadresse druckte die Zeitung Don Quijotes berühmte Worte an Sancho Pansa:

»Die Freiheit, Sancho, ist eine der kostbarsten Gaben des Himmels für die Menschen; mit ihr können keine Schätze verglichen werden, die Erde und Meere bergen. Für Freiheit und Ehre muß man sein Leben einsetzen. Unfreiheit hingegen ist das größte Übel, das die Menschen treffen kann.«

Um die revolutionären Neuerungen, vor allem die Ergebnisse der Agrarreform, kennenzulernen, bereiste ich das Land mehrere Monate nach allen Richtungen. Das Ergebnis meiner Studienreise veröffentlichte ich nach meiner Rückkehr nach Havanna unter dem Titel »Studien über die landwirtschaftlichen Genossenschaften in Mexiko, Israel, Spanien und Kuba«. Aus meinen Vergleichen ergab sich, daß die israelischen Kibbuzim und die spanischen Colectividades in der Verwirklichung der sozialen Gerechtigkeit am weitesten gekommen sind, die mexikanische Agrarreform sich auf die Verteilung von Ackerland und die Gewährung von billigen Krediten an die armen Bauern be-

---

1 Im ersten Jahr des neuen Regimes hatte Fidel Castro sich noch nicht offen zum Kommunismus bekannt. Das war für ihn eine strategische List. Später erklärte er, er sei immer Marxist-Leninist gewesen.

schränkt, während die kubanischen Cooperativas nach dem Muster der russischen Kolchosen [1] organisiert wurden. Da die Initiative vom Staat ausging und der Bauer, ob er wollte oder nicht, in die Cooperativa eintreten müßte, ist er nur mit halbem Herzen dabei. Eine Lösung der sozialen Probleme auf dem Lande brachte Fidel Castros Agrarreform nicht. Ich betonte in meiner Schrift aber auch, daß eine definitive Beurteilung der kubanischen Agrarreform nach so kurzer Zeit noch nicht möglich sei. Einige Monate später erschien in Buenos Aires ein »Augenzeugenbericht über die kubanische Revolution« von mir, der auch das Agrarproblem einschloß und einen Überblick über alle Aspekte der kubanischen Revolution gab.

Die Syndikalisten brechen mit dem Castro-Regime

Im Juni 1960 veröffentlichten die freiheitlichen Syndikalisten Kubas ein Manifest, in dem sie ihren Standpunkt in der Frage der Revolution darlegten. Sie forderten die Aufhebung der zwangswirtschaftlichen Staatsmaßnahmen und die Reorganisation der Wirtschaft auf freiheitlich-sozialistischer Grundlage. In ihrem Manifest hieß es unter anderem:

»Die Gewerkschaften sind die berufenen Organe der Arbeiterklasse zur wirtschaftlichen Neuordnung der Gesellschaft. Sie allein können das sozialistische Postulat verwirklichen, nach welchem die Regierung über die Menschen abgelöst werden müsse durch die Verwaltung der Sachen. Unterordnung der Gewerkschaften unter den Staat ist Verrat an der Revolution.«

Die Syndikalisten verurteilten die Einführung der allgemeinen Wehrpflicht, die es in Kuba vorher nie gegeben hatte, unter Castro und erklärten:

»Nationalismus und Militarismus sind gleichbedeutend mit Nazifaschismus. Was wir brauchen sind Lehrer, nicht Soldaten, Pflüge, nicht Kanonen, Brot und Butter für das Volk, nicht Waffen. Wir fordern den Aufbau der Gesellschaft von unten nach oben, vom Einfachen zum Zusammengesetzten. Wir haben die Batista-Diktatur nicht bekämpft, um eine neue Diktatur zu errichten, wir wollen alle Diktaturen abschaffen.

---

1 Kolchose: Russischer landwirtschaftlicher Großbetrieb. Die Kolchosen entstanden nach der Oktoberrevolution 1917 zunächst auf freiwilliger Basis mit gewissen Selbstverwaltungsfunktionen. Seit 1929 wurde die russische Landwirtschaft zwangskollektiviert. Boden und Wirtschaftsvermögen sind den Mitgliedern der Kolchose zu gemeinsamer unbefristeter Nutzung überantwortet.

Solange das Volk, wir, die einzelnen nicht frei sind, wird es auch keine freie Gesellschaft geben.«

Die Veröffentlichung dieses Manifestes bedeutete den Bruch der Freiheitlichen Bewegung mit dem neuen Diktator. Castro antwortete mit der Verfolgung von freiheitlichen Sozialisten, Syndikalisten und Anarchisten und dem Verbot der freiheitlichen Presse. Den revolutionären Freiheitskämpfern blieb nur die Wahl zwischen Gefängnis und Arbeitslager in Kuba oder dem Exil. Die bekanntesten Militanten wählten das letztere. [1] Die kubanischen Libertarios setzten auch vom Exil aus ihren Kampf für ein freies Kuba fort. Ich blieb in engem Kontakt mit ihnen. Sie hielten mich über die Lage in Kuba auf dem laufenden und vertrauten mir das Mandat an, sie – gemeinsam mit dem kubanischen Genossen R. J. Alvarez, Sekretär des Movimiento Libertario Cubano in Miami – auf dem 11. Internationalen Anarchistenkongreß in Paris 1971 als ihr Delegierter zu vertreten. Die von ihnen verfaßte Stellungnahme zur Sozialrevolution entsprach meinen eigenen Anschauungen. Die wichtigsten Stellen darin lauteten:

»Wir müssen uns hüten, erneut die Fehler wirklichkeitsfremder Verallgemeinerungen zu machen, und uns mit aller Entschiedenheit gegen jedes totalitäre Regime wenden, das die Menschenrechte mit Füßen tritt. Wir müssen unterscheiden zwischen einem totalitären Regime und jenen Regierungssystemen, die die Menschenrechte anerkennen und anarchistische Organisationen zulassen. Wir müssen dafür kämpfen, daß der technische Fortschritt allen Menschen zugutekommt. Das kann durch Gründung von Produktions- und Konsumgenossenschaften und durch freiheitliche Zusammenschlüsse aller Art erreicht werden. Wir sind der Auffassung, daß die Periode der heroischen Revolutionen der Vergangenheit angehört. Man muß sich endgültig freimachen von der Idee, die Revolution ›aufzwingen‹ und dadurch ›die Anarchie einführen‹ zu wollen. Dagegen sollten wir alle Bewegungen unterstützen, die sich für mehr Freiheiten und für die soziale Gerechtigkeit einsetzen, und gleichzeitig alle Regierungsformen und Bewegungen bekämpfen, die Völker und Menschen versklaven, wie es die totalitären Regime tun. Unsere Militanten

1 Auch auf mich hatte es die Diktatur abgesehen. Kurz nach meiner Ausreise aus dem Lande kam, wie mir erzählt wurde, die Polizei, um mich abzuholen. Warum? Wegen meiner Vorträge? Wegen meiner Publikationen? Darüber gab die Polizei keine Auskunft. Sicher war nur eins: wegen politischer Delikte. Ich war für eine befreiende Revolution, nicht für die Diktatur. Einige Monate später berichtete ich in einer Artikelserie in der »Frankfurter Rundschau« über meine Erfahrungen und Lehren aus der kubanischen Revolution.

sollten sich in der Arbeiter-, Bauern- und Studentenbewegung sowie in allen Volksgruppierungen und allen Volksinitiativen betätigen, um bei jeder Gelegenheit die Freiheit und die soziale Gerechtigkeit zu verteidigen.«

Diese politischen Grundsätze waren auch meine eigenen. Ich nahm das Mandat an und fuhr nach Paris. Alvarez, Sekretär des Movimiento Libertario Cubano, kam aus Miami, um mit mir zusammen die kubanischen Libertarios zu repräsentieren.

Meine Hoffnung, der internationale Anarchistenkongreß würde den freiheitlichen Standpunkt der kubanischen Libertarios gutheißen, erfüllte sich nicht. Unter den Kongreßteilnehmern gab es Ché Guevara-Anhänger, die die Verlesung der Erklärung mit Buh-Rufen beantworteten. [1] Bereits vorher hatten einige spanische Anarchofanatiker, die im Exil lebten, gegen meine Anwesenheit protestiert; hatte ich doch den »konterrevolutionären« Faux-pas begangen, mich nicht mit ihnen in Verbindung zu setzen, als ich ein Jahr vorher im Auftrag der schwedischen Syndikalisten eine Informationsreise nach Spanien unternahm. Zwei volle Tage diskutierte der Kongreß darüber. Daraufhin gaben Alvarez und ich nachfolgende Erklärung ab:

»Die in den sozialen Freiheitskämpfen traditionell verwurzelte Freiheitliche Bewegung Kubas (M.L.C.), die im Kampf gegen Batista in den vordersten Reihen gestanden hat, ließ sich auf dem II. Internationalen Anarchistenkongreß in der Absicht vertreten, die Tragödie der in die blutige totalitäre Diktatur Stalinschen Typs ausgearteten kubanischen Revolution zu erklären. In Anbetracht dessen, daß die schriftlich niedergelegten Gesichtspunkte unserer Bewegung verworfen und unsere ideologischen und taktischen Konzepte feindselig aufgenommen wurden, halten wir unsere weitere Teilnahme an den Arbeiten des Kongresses für nutzlos.«

Anschließend verließen wir den Kongreß. Unsere Erklärung wurde nachträglich vom Movimiento Libertario Cubano en el Exilio gebilligt und publiziert. Der Pariser Kongreß kam an drei weiteren Tagen zu keinen relevanten Ergebnissen. Er war kein Ruhmesblatt in der Geschichte des internationalen Anarchismus.

1 Ché Guevara, der Mitkämpfer Fidel Castros, wurde nach der kubanischen Revolution als Stratege des Guerillakampfes berühmt. Von Ende 1966 bis Anfang 1967 führte er eine Guerillagruppe in Bolivien. Nach seiner Gefangennahme durch bolivianische Regierungstruppen am 8. Oktober 1967 wurde er ermordet.

Die Kommunisten sahen in Castro ihre Chance. Kuba war ein totalitärer Staat russischer Prägung geworden. Daran hat sich bis heute nichts geändert. Kuba ist aktuell geblieben – als abschreckendes Beispiel.

Schweden: Wohlfahrtsstaat ohne Diktatur

Im November 1950 schiffte ich mich im Hafen von New York nach Europa ein, das ich acht Jahre vorher hatte verlassen müssen. Auch in Europa waren noch fünf Jahre nach dem Ende des Zweiten Weltkriegs die Paß- und Visabestimmungen rigoros. In Belgien wurde ich auf der Reise von Frankreich nach Deutschland aus dem Eisenbahnwagen geholt und zurückgeschickt, weil ich kein Durchreisevisum hatte. Ähnlich erging es mir später in der bayerischen Grenzgemeinde Mittenwald, wo man mich, einen gebürtigen Deutschen, nicht einreisen lassen wollte, weil die Visafrist auf meinem mexikanischen Paß abgelaufen war. Melancholisch dachte ich an die liberale Epoche vor dem Ersten Weltkrieg, in der man – mit Ausnahme von Rußland, der Türkei und den Kolonien – in alle Länder der Welt ohne besondere Erlaubnis, ja selbst ohne Paß und Personalausweis reisen konnte.

Zwischen Anfang Dezember 1950 und Anfang Mai 1951 hielt ich in achtundfünfzig Städten und Ortschaften Schwedens Vorträge über die Kultur der Maya und Azteken sowie über die mexikanische Revolution von 1910–17 und ihre Auswirkungen auf die Gegenwart. Zur Jahreswende 1950/51 befand ich mich in Lappland. Im nördlichen Polarkreis fiel die Quecksilbersäule auf fünfunddreißig Grad unter Null. Wenige Monate vorher hatten wir im südlichen Mexiko zur Mittagszeit fünfunddreißig Grad Hitze gehabt. Erstaunlich, daß der menschliche Organismus einen Temperaturunterschied von siebzig Grad aushalten kann. Trotz meines fortgeschrittenen Alters machte mir der Klimawechsel nichts aus.

Nach meinem vieljährigen Aufenthalt in Lateinamerika sah ich Europa mit anderen Augen als früher. Ich konnte nicht umhin, einen Vergleich zwischen Schweden und Mexiko anzustellen. Fünfunddreißig Jahre waren verflossen, seit ich zum erstenmal nach Schweden gekommen war. Während dieser dreieinhalb Jahrzehnte hatte sich viel verändert und politisch wie sozial gab es beträchtliche Fortschritte. Mir war klar, daß Schwedens friedlicher Weg zur politischen Demokratisierung und zur (angestrebten) ökonomischen Gleichheit im Zusammenhang mit seiner geographischen Lage, mit der historischen Entwicklung des Landes und mit seiner völkischen Homogenität gesehen werden mußte. Philosophische Geschichtsauffassungen, einerlei ob idealistisch oder materialistisch, die im Auf und Ab der Entwicklung von Völkern und Kulturen die Verwirklichung allgemeiner abstrakter Prinzipien erblicken, erschienen mir borniert und einfältig. Wo einheimische oder fremde Eroberer die eingesessene Bevölkerung jahrhundertelang in Untertänigkeit halten, entsteht eine Herren- und Knechte-Mentalität, die schwer zu überwinden ist und auch nach der Befreiung noch lange weiterlebt. So war es in Mexiko. In Schweden, einem Lande, das dank seiner halbinsularen Lage nie von kontinentalen Kriegshorden erobert worden war, begünstigten historische und ethnische Faktoren die Herausbildung eines egalitären Zusammengehörigkeitsgefühls, wie ich es in gleicher Stärke in anderen Ländern nicht gefunden habe. (Daß in Chile, das gewisse geographische und ökonomische Gemeinsamkeiten mit Schweden aufweist, die jüngste Entwicklung alles andere als friedlich verlaufen ist, sollte in diesem Zusammenhang zu denken geben.)

Während meines fünfmonatigen Schwedenaufenthalts las ich eines Tages in der Presse den Bericht über ein Kolloquium von Unternehmer- und Arbeitervertretern, das sich mit dem Gleichheitsgedanken in der schwedischen Demokratie beschäftigt hatte; ein Unternehmensvertreter schlug vor, man solle das »Sie« abschaffen und sich einfach duzen. Der alte Anarchist C. J. Björklund erzählte mir, daß einige Zeit vor meiner Ankunft ein Mitglied der königlichen Familie an einer anarchistischen Zusammenkunft in Stockholm teilgenommen und mit den übrigen Anwesenden über literarische Themen diskutiert hatte. Wo Königssöhne intellektuelle und kulturelle Probleme mit Anarchisten erörtern, sind anarchistische Attentate auf gekrönte Häupter nicht zu befürchten!

In der schwedischen Arbeiterbewegung wurde die Einkommensgleichheit propagiert, eine Forderung, der sich die regierende Sozialdemokratie in der Theorie nicht entziehen konnte, die aber unter den gegebenen Umständen schwer zu verwirklichen war. Dennoch gab es Fälle, wo dieses Postulat bereits in die Praxis umgesetzt wurde. So berichtete die syndikalistische Zeitung »Arbetaren«, daß in der südschwedischen Stadt Hälsingborg drei hohe Magistratsbeamte auf die ihnen von der Stadtver-

waltung zuerkannte Gehaltserhöhung von insgesamt dreizehn-
tausend Kronen (umgerechnet etwa neuntausend D-Mark) freiwillig verzichteten, da, wie sie sagten, ihr bisheriges Gehalt für
sie ausreiche. So etwas wäre in Mexiko undenkbar.

Die Einführung von Reformen zum Zweck der sozialen Angleichung in einem ganzen Lande erfordert gründliche Kontrolle,
was gewisse Freiheitsbeschränkungen unvermeidlich macht, die
besonders im Zeitalter des Computers als Eingriffe in die Indivi-
dualsphäre des Bürgers empfunden werden. Der Gesundheits-
paß in der Wiege des Neugeborenen wird allgemein anerkannt,
die hohen, für den bürokratischen Apparat erforderlichen Steuern aber werden mißbilligt. Ich erwähnte in meinen Vorträgen,
daß man in Lateinamerika keine polizeiliche Anmeldung kennt
und Medikamente in allen Apotheken ohne ärztliches Rezept frei
kaufen kann. Das löste unter den reglementierten Bürgern des
Wohlfahrtsstaates Verwunderung aus. Dennoch halte ich die
Behauptung des britischen Publizisten Roland Huntford,
Schweden sei ein neototalitäres Land, für übertrieben. [1]

Ein semantischer Lapsus ist es auch, Schweden als »sozialisti-
sches« Land zu bezeichnen, wie das in den USA geschieht, denn
die private Unternehmerwirtschaft ist nicht aufgehoben. Kon-
sumvereine, Produktionsgenossenschaften, kommunale und
staatliche Wirtschaftsbetriebe sowie allgemeine Alters- und So-
zialfürsorge findet man heute in fast allen Ländern der kapitalistischen Welt. Auch in Schwedens Gemischtwirtschaft gibt es kapitalistische Riesenunternehmen multinationalen Charakters, so
daß man nach kommunistischer Nomenklatur von einem »impe-
rialistischen« Land sprechen könnte, was gleichfalls unrichtig
wäre. Eine vollkommene Gesellschaftsordnung hat freilich auch
Schweden nicht (wo gibt es eine solche?), doch die schwedische
Pluralwirtschaft mit ihren politischen Freiheiten und humanitären Einrichtungen ist jeder totalitären Zwangsgesellschaft privat-
oder staatskapitalistischer Observanz vorzuziehen.

Letzter Internationaler Syndikalistenkongreß
Während des Zweiten Weltkrieges war Schweden das einzige
Land, in dem sich eine syndikalistische Organisation normal be-

---

1 Siehe: *Roland Huntford, Wohlfahrtsdiktatur. Das schwedische Modell.* Frankfurt, Berlin, Wien 1973.

tätigen konnte. Die Zentralorganisation der schwedischen Arbeiter (S.A.C.) hatte etwa fünfundzwanzigtausend Mitglieder und verfügte sogar über zwei Tageszeitungen, »Arbetaren« in Stockholm und »Norrlandsfolket« in Kiruna. Nichts lag näher, als bei Ausbruch des Krieges das Büro der syndikalistischen »Internationalen Arbeiter-Assoziation« (I.A.A.) nach Stockholm zu verlegen.

Erst mehrere Jahre nach dem Kriege war ein neues Syndikalistentreffen möglich. Vom 11. bis 22. Mai 1951 fand in Toulouse in Südfrankreich ein internationaler Kongreß der I.A.A. statt, der einer Bestandsaufnahme der Bewegung und der Koordination internationaler Aktionen dienen sollte. Ich nahm an dieser Zusammenkunft als Delegierter der »Föderation freiheitlicher Sozialisten Deutschlands«, der Nachfolgeorganisation der von den Nazis aufgelösten »Freien Arbeiter-Union Deutschlands, Anarchosyndikalisten« (F.A.U.D.) teil.

Nach dem Zweiten Weltkrieg gab es keine revolutionäre Situation. In Westdeutschland und Italien begnügte man sich damit, nach dem Sturz Hitlers und Mussolinis die parlamentarische Demokratie zu restaurieren, was unter Mithilfe der Sozialdemokratie und dank einiger Sozialreformen auch gelang. In den von russischen Truppen besetzten Gebieten Osteuropas waren nur Parteien und Organisationen erlaubt, die sich bereiterklärten, bei der Errichtung eines totalitären Staatsgebildes nach russischem Modell mitzuwirken. In Spanien hatte General Franco eine Diktatur errichtet, die demokratischen Einrichtungen zerstört, Parteien und Gewerkschaften aufgelöst. Besonders schwer trafen die Maßnahmen der Reaktion die syndikalistische Konföderation der Arbeit (C.N.T.). Trotz alledem blieben die Verfolgten miteinander in Kontakt und setzten ihren Kampf im Untergrund fort, wobei sie von ihren nach Frankreich geflüchteten Genossen unterstützt wurden.

Die Exilorganisation der spanischen Anarchosyndikalisten war es, die den Kongreß in Toulouse organisierte. Dort, nahe der spanischen Grenze, hatten die republikanischen Exilspanier aller politischen Couleur ihr Hauptquartier aufgeschlagen. Der Kongreß fand in einem Gebäude statt, in dem während der Besatzungszeit im Zweiten Weltkrieg spanische Anarchosyndikalisten ihren Widerstand gegen die Deutschen organisiert hatten.

Das politische Klima war ungünstig für den Syndikalismus. Aus

den Berichten der Delegierten ging hervor, daß die syndikalisti-
sche Bewegung an Einfluß verloren hatte. In der französischen
Sektion waren die spanischen Anarchosyndikalisten zahlreicher
als die französischen Mitglieder. Die italienische »Unione Sindi-
cale« hatte nur noch wenige Ortsgruppen. In England, den Nie-
derlanden und Westdeutschland gab es nur noch ideologische
Propagandazentralen, aber keine selbständigen syndikalistischen
Gewerkschaften mehr, und in Portugal war der syndikalistische
Gewerkschaftsbund ein Opfer der Salazar-Diktatur geworden.
In den USA hatte die Industriearbeitergewerkschaft I.W.W. ihre
Stoßkraft eingebüßt. In Argentinien hatte der Peronismus die
einst so mächtige Gewerkschaftsbewegung F.O.R.A. liquidiert.
In Kuba allerdings standen Anarchosyndikalisten an der Spitze
mehrerer Industriegewerkschaften.

Wie nicht anders zu erwarten, beschäftigte sich der Kongreß
vornehmlich mit spanischen Problemen. Anlaß dazu gab die Beteiligung der syndikalistischen C.N.T. an der republikanischen
Regierung während des Bürgerkrieges. Dieses Problem war bereits 1938 auf einem internationalen Syndikalistenkongreß in Paris behandelt worden. Damals beschloß man, daß jede ange-
schlossene Landesorganisation über ihre Taktik selbst entscheiden könne. Dieser Beschluß war noch in Kraft, als sich nach
Kriegsende in Mexiko eine neue spanische Exilregierung unter
Leitung des Linksrepublikaners Giral konstituierte, die zwei von
der illegalen syndikalistischen Organisation Spaniens vorge-
schlagene Kandidaten als Minister aufnahm. Darüber kam es zu
einer Auseinandersetzung zwischen den in Spanien zurückgebliebenen und den nach Frankreich geflüchteten Anarchosyndikalisten. Letztere erklärten sich grundsätzlich gegen eine Regierungsbeteiligung, erstere waren dafür, denn sie hofften, die Existenz einer demokratischen Exilregierung werde das Franco-Regime international isolieren und seinen Sturz beschleunigen.

Dieser Fragenkomplex kam nun auf dem internationalen Kongreß in Toulouse zur Sprache. Jede der beiden Richtungen
erhoffte eine Bestätigung ihrer Auffassung durch das internationale Forum. Der Kongreß sprach sich für die Nichtbeteiligung
an der politischen Macht aus.

Die Diskussion über die Taktik führte auch zu der Frage, wie
sich die Syndikalisten die Verwirklichung einer gerechten und
freien Wirtschafts- und Sozialordnung vorstellten. Ich erklärte

dazu, daß das Ziel nicht durch eine einmalige Revolution erreicht werden könne. Soziale Theorien müssen durch die Praxis glaubwürdig gemacht werden. Die sozialrevolutionären Experimente des 20. Jahrhunderts sind lehrreicher als die sozialistischen Ideologien des 19. Jahrhunderts. Heute wissen wir, daß eine durch Revolutionsdekrete eingeführte uniforme Wirtschaftsordnung nicht die soziale Emanzipation unterdrückter Klassen oder Völker bringt. Das Ziel des antiautoritären Sozialismus – allgemeiner Wohlstand, soziale und individuelle Freiheit, Respektierung der Menschenwürde – kann weder durch Gewalt noch durch autoritäre Programmierung erreicht werden, denn der Mensch ist kein lebloser Baustein, die Gesellschaftsordnung keine unveränderliche Pyramide. Das soziale Glück kann nicht von Kapitänen auf Kommandobrücken befohlen, es muß von sachkundigen Teamgruppen und sozialpolitisch engagierten Menschen täglich neu geschmiedet werden. Internationale Organisationen der Werktätigen dürfen keine Verhaltensweisen vorschreiben, sie können nur Erfahrungen austauschen und eine der Völkerversöhnung dienende freiheitliche Zusammenarbeit planen. Das war die Grunderkenntnis, zu der ich mich nach vierzigjährigen Erfahrungen als »ewiger Student der Revolution« auf dem alten und dem neuen Kontinent durchgerungen hatte.

1922 hatte ich mitgeholfen, die »Internationale Arbeiter-Assoziation« aus der Taufe zu heben, 1951 assistierte ich bei ihrer letzten Zusammenkunft. Später wurde das internationale Sekretariat der Syndikalisten von Stockholm nach Toulouse verlegt, wo es heute ein weltvergessenes Dasein fristet. Andere Internationalen hatten das gleiche Schicksal. Selbst die von Moskau gestützte »Komintern« trat von der politischen Bühne ab, als aus dem revolutionären Rußland ein konservativ-reaktionärer Staat geworden war. Wie der Mensch, so altern auch seine Schöpfungen. Doch das ist kein Grund zum Pessimismus. Junge Generationen treten auf und führen unter neuen Bedingungen und in veränderten Formen den Freiheitskampf weiter.

Kolonie d'Aymare – Kollektivistische Freiheit
Ein Besuch in der etwa hundertfünfzig Kilometer nördlich von Toulouse gelegenen Kolonie d'Aymare bot uns Gelegenheit, die auf dem Kongreß diskutierten Sozialtheorien mit einem freiheitlich-kollektivistischen Experiment zu konfrontieren. Die Auto-

straße führt durch die am Lot-Fluß gelegene Kleinstadt Cahors, deren Brücke noch aus der Römerzeit stammen soll, wie die Einwohner stolz behaupten. Vor der Stadteinfahrt stand ein Schild mit der Aufschrift »Cahors, Ville du Monde« (»Cahors, Weltstadt«). Auf meine Frage, seit wann Cahors »Weltstadt« sei, erinnerte man mich an den jungen Amerikaner Gary Davis, der kurze Zeit vorher am Seineufer in Paris seinen Paß zerrissen und sich zum »Weltbürger Nummer eins« erklärt hatte. Das gab den Anstoß. Cahors – Geburtsort des republikanischen Patrioten Léon Gambetta [1], der Anfang Oktober 1870 das belagerte Paris im Luftballon verlassen und die französische Republik ausgerufen hatte – wollte die erste Stadt der kommenden Weltrepublik, einer universellen Föderation freier Städte sein. Das erinnerte an die Vision des großen Föderalisten des vorigen Jahrhunderts, P. J. Proudhon.

Unser Reiseziel d'Aymare im Department Lot erreichten wir zur Mittagszeit. Hier hatte die von den spanischen Anarchosyndikalisten gegründete »Internationale Antifaschistische Solidarität« (S.I.A.) ein hundertzwanzig Hektar großes Landgut mit dazugehörigen Wohn- und Wirtschaftsgebäuden erworben, um ein Alters- und Ferienheim für die Veteranen des Bürgerkrieges zu errichten. Auch ein freiheitlicher Rundfunksender wurde installiert, dessen Sendungen in spanischer Sprache die französische Regierung jedoch nach kurzer Zeit aufgrund einer Intervention Madrids verbot. Aus Spanien gekommene politische Flüchtlinge, unter denen es zahlreiche Bauarbeiter gab, errichteten Wohnungen für fünfundzwanzig Kolonisten und Feriengäste. Die geräumigen Zimmer mit Zentralheizung und Warmwasser machten einen freundlichen Eindruck. Es gab jeweils fünf Bäder für Männer und Frauen.

Auf dem Nutzland der Kolonie pflanzte man Getreide, Kartoffeln und Gemüse für den Eigenbedarf sowie Tabak zum Verkauf. In einer Edelkastanienwaldung grasten Schweine, auf den Weiden Kühe und etwa hundert Schafe, im Geflügelhof befanden sich zweihundertfünfzig Hühner und in den Stallungen unzählige Kaninchen (– der wöchentliche Kaninchenbraten fehlt in dieser Gegend in keinem Menüplan). Die Mahlzeiten wurden im

---

1 Léon Gambetta, 1838–1882, war 1870/71 Innenminister der »Republik der nationalen Verteidigung«; nach dem Fall von Paris trat er am 6. Februar 1871 zurück.

Speisesaal gemeinsam eingenommen. Wäsche und Kleidung erhielt jedermann nach Bedarf und Geld zum Jahresurlaub aus der Gemeinschaftskasse, wie in einer einträchtigen Familie. Die Feriengäste halfen unaufgefordert bei den Arbeiten des Landwirtschaftsbetriebs mit.

Geschriebene Satzungen gab es in d'Aymare nicht. Alle sechs Monate wurden Vorsitzender, Kassierer und Schriftführer neu gewählt. Es war eine freiwillige Wirtschafts- und Kulturgemeinschaft nach dem Vorbild der während des Spanischen Bürgerkrieges zu Hunderten erstandenen Colectividades, die große Ähnlichkeit mit den israelischen Kibbuzim hatten, wie ich bei meinem späteren Studienaufenthalt in Israel feststellen konnte.

Ich war nicht überrascht, alte Freunde aus dem Spanischen Bürgerkrieg wiederzutreffen. »Unser Lebensstil«, sagte mir einer von ihnen in seiner levantinisch modulierten Ausdrucksweise, »entspricht den Vorstellungen, die wir uns in unserer Jugend von einer freien Gemeinschaft gemacht hatten. Wir leben ohne Ausbeuter und ohne Ausgebeutete, ohne Herrscher und ohne Beherrschte, in harmonischer Eintracht von Mensch und Natur.«

Die französischen Bauern der Umgebung betrachteten die fremden Kolonisten anfangs mit Mißtrauen, änderten aber bald ihre Einstellung zu ihnen. Schon nach kurzer Zeit gab es zwischen beiden gutnachbarliche und freundschaftliche Beziehungen. Ich konnte meine Tagebuchnotizen über den Besuch mit dem lapidaren Satz abschließen: »Gesamteindruck von der freien Kollektivwirtschaft der Kolonie d'Aymare positiv.«

Unter italienischen Anarchisten

Italienische Gesinnungsfreunde luden mich zu Vorträgen nach Italien ein. Anfang September 1951 trat ich die Reise an. Das Reisegeld verdiente ich mir als Berichterstatter ausländischer Zeitungen, Unterkunft und Verpflegung übernahmen die Genossen. Im Ausland standen die italienischen Anarchisten in keinem guten Ruf. Im Laufe eines Jahrhunderts hat es zwei oder drei Attentate gegeben, deren Täter sich Anarchisten nannten. Das genügte zur Diffamierung des Anarchismus. Die Anarchisten, mit denen ich in Italien zusammenkam, waren denkbar friedfertige, friedliebende Menschen.

Die dreieinhalbwöchige Vortragsreise führte mich in die meisten

Großstädte und in einige kleinere Orte. In Ivrea sprach ich auf Einladung eines alten Gesinnungsfreundes, des Bibliothekars Hugo Fedeli (alias Trene) in der Werksbibliothek der weltbekannten Büromaschinenfabrik Olivetti über das Thema »Mexiko, Land der Farben und Künste«, nachdem ich in anderen Vorträgen über die mexikanische Revolution referiert hatte. Leitende Angestellte aus dem Direktorenbüro, Angehörige der Oberklasse, saßen neben Fabrikarbeitern. Gemeinsames Kulturinteresse hatte an diesem Abend die Klassengegensätze ins Unterbewußtsein verdrängt.

Adriano Olivetti [1], Hauptaktionär und Generalsekretär des vom Vater ererbten Unternehmens, war ein Mann von weitem politischen Horizont. Er hatte ein Buch »Demokratie ohne politische Partei« veröffentlicht, in dem er föderalistische Ideen vertrat. Nach seiner Auffassung sollte sich die menschliche Gesellschaft im Industriezeitalter auf Wirtschaftsunternehmen und auf im Innern autonomen Gemeinden aufbauen. Er gründete eine Comunitá-Bewegung, als deren Vorsitzender er ins Parlament gewählt wurde. Hier versandeten seine politischen Ambitionen. Als Sozialreformer hat er nie die Bedeutung seines großen Vorgängers, des englischen Textilfabrikanten und Genossenschaftspioniers Robert Owen, erreicht. Adriano Olivetti war ein moderner Unternehmer mit philanthropischen Neigungen, ähnlich wie seinerzeit Robert Bosch [2] in Stuttgart. Seinen Arbeitern ließ er moderne Wohnungen bauen. Der Kindergarten, den ich mir in Ivrea von innen ansah, konnte es an neuzeitlicher Einrichtung mit amerikanischen Privatkindergärten aufnehmen.

In der Marmorstadt Carrara, einem traditionellen Zentrum der anarchistischen Bewegung, zeigten mir die Genossen stolz die »Anarchistenbrücke«. Ich fragte, was dieser Name bedeute. Die Antwort: Die Brücke verdankt ihr Entstehen anarchistischer Initiative. Carrara war Ende des Zweiten Weltkrieges von deutschen Truppen besetzt. Als sie abziehen mußten, sprengten sie hinter sich die Brücke. Der Bau einer neuen Brücke ließ auf sich warten. Des Amtsschimmels müde, griffen die Anarchisten ein.

1 Adriano Olivetti, 1901–1960, gründete 1948 das »Movimento di Comunità« und wurde im Mai 1958 ins italienische Parlament gewählt. Er schrieb u. a.: L'Ordine politico delle comunitá dello stato, 1947; Società, stato, comunitá, 1952.
2 Robert Bosch, 1861–1942, gründete 1886 die R. B. Werkstätte für Feinmechanik und Elektrotechnik, aus der 1937 die heutige Robert Bosch GmbH hervorging. Neben anderen sozialpolitischen Initiativen ist die Einführung des Achtstundentags in seinem Betrieb bereits im Jahre 1906 erwähnenswert.

»Morgen früh um sieben Uhr beginnen wir mit dem Bau der neuen Brücke. Freiwillige Mitarbeiter sind willkommen.« Sie kamen in Scharen. Andere spendeten Geld, Baumaterial wurde herbeigeschafft. Die Obrigkeit konnte nicht untätig zusehen. Formalitäten, Instanzenwege, Bürokratismus waren überwunden, selbst die Profitgier trat zurück. In kurzer Zeit war die neue Brücke gebaut. Die anarchistische Zauberformel lautete: solidarische Hingabe an das Gemeinwohl, ganz modern ausgedrückt: Bürgerinitiative.

Es gibt Beispiele dieser Art aus verschiedenen Ländern. Ist es Ignoranz oder Absicht, daß Presse und Rundfunk von solchen Anarchistenaktionen kaum je Notiz nehmen?

Nach Abschluß meiner Vorträge in Rom besuchte ich Ignazio Silone *, dessen intellektuelle Aufrichtigkeit ich schätzte. 1921 Mitbegründer der Kommunistischen Partei Italiens, zögerte er nicht, sich von seinen Genossen zu trennen, als unter Stalins totalitärer Diktatur die sozialistischen Ideale zu demagogischen Lügen wurden. 1930 tat er aus der Partei aus. Silone gehörte zu jenen kommunistischen Abtrünnigen, die sich von dem Gott, an den sie geglaubt hatten, abwandten, als sie sich davon überzeugen mußten, daß es kein Gott war. Obwohl er einer der bedeutendsten italienischen Schriftsteller war, erschienen seine Werke während der faschistischen Diktatur zuerst in deutscher Sprache in der Schweiz.

Silones Ablehnung sowohl des kapitalistischen Systems als auch des kommunistischen Totalitarismus, seine ethische Auffassung des Sozialismus und sein Bekenntnis zum Föderalismus waren geistige Berührungspunkte zwischen uns. Wir unterhielten uns über den international bekannten Schweizer Arzt und Sozialtheoretiker Fritz Brupbacher *, der, Bakunin im Herzen, Marx im Kopfe, in seinem letzten Buch »Der Sinn des Lebens« endgültig mit dem Staatssozialismus gebrochen und sich zum freiheitlichen Sozialismus bekannt hatte. Ich berichtete Silone über den tragischen Tod Camillo Berneris 1937 in Barcelona, er gab mir Einblicke in die sozialpolitische Lage Italiens. Seine klugen Augen, die mediterrane Klarheit seiner Formulierungen und sein treffendes Urteil machten einen tiefen Eindruck auf mich.

In Rom wohnte ich bei Pia Zanolli Misefari, der Witwe des unter dem Faschismus bis in den Tod verfolgten Genossen Bruno Misefari. Pia war gerade mit dem Niederschreiben ihrer Memoiren beschäftigt. In ihren unter dem Titel »L Anarchico di Calabria« (Der Anarchist von Kalabrien) veröffentlichten Memoiren schildert sie das dornenvolle Leben von zwei in Liebe vereinten und dem gleichen Ideal ergebenen Menschen in der Diktatur. Das Buch wurde zu einem Bestseller und von der italienischen Regierung mit dem Literaturpreis gekrönt. Die inzwischen alt gewordene Autorin, mit der ich immer noch in Verbindung stehe, hält nach wie vor fest an ihren Jugendidealen, an der Hoffnung auf eine gewaltlose, herrschaftsfreie und friedliche Gesellschaftsordnung.

In Neapel sah ich Giovanna Berneri, die Witwe Camillos wieder. Seit der Beerdigung Camillo Berneris war ich nicht mehr mit ihr zusammengekommen. Nun gab sie die Monatsschrift »Voluntà« heraus, in der das geistige Erbe Camillos weiterlebte. Außerdem hatte sie im Namen ihrer im Wochenbett verstorbenen Tochter Marie Luise Berneri [1] und zum Gedenken an sie in einem Vorort von Neapel ein mit freiwilligen Spenden finanziertes Heim für Kinder bedürftiger Familien eröffnet und seine Leitung übernommen. So praktizierte sie »gegenseitige Hilfe« im Geiste Kropotkins. Sie erzählte mir, daß noch in den dreißiger Jahren in Neapel eine Tochter Bakunins gelebt hatte – eine wertvolle Information für Bakuninbiographen. Wenige Jahre später ist auch Giovanna Berneri gestorben. Die intellektuelle Familie Berneri – Vater, Mutter und Tochter – verdient einen Ehrenplatz in der Plejade der Vorkämpfer für Freiheit und soziale Gerechtigkeit.

Meine Vorträge in Italien über die mexikanische Revolution wurden nachträglich von Ultras in der anarchistischen Presse unter Hinweis auf die heute noch in Mexiko existierenden sozialen Mißstände kritisiert. Der Gegensatz zwischen mir und meinen Kritikern lag in der unterschiedlichen Auffassung von Wert, Möglichkeiten und Grenzen von Revolutionen. Nach meinen geschichtlichen Kenntnissen und eigenen praktischen Erfahrungen kann keine Revolution alle sozialen Übel ein für allemal aus der Welt schaffen. Die große Französische Revolution, die den Feudalismus und die absolute Monarchie beseitigte, vermochte nicht das Aufkommen des ausbeuterischen Privatkapitalismus zu

---

1 Marie Luise Berneri hatte sich in England als Autorin sozialkritischer Schriften und als freiheitliche Publizistin einen Namen gemacht.

verhindern. Die Russische Revolution stürzte den Zarismus, doch die neuen Machthaber errichteten ein staatskapitalistisch-hierarchisches Diktatursystem und einen Polizeistaat, ein Regime, unter dem das Volk noch heute aller Freiheiten beraubt ist und soziale Ungleichheiten fortbestehen.

Die mexikanische Revolution machte einer dreißigjährigen Diktatur und der Militärherrschaft ein Ende; das war einmalig in Amerika. Sie schuf die Voraussetzungen für eine gerechte Verteilung des Ackerlandes an die besitzlose Landbevölkerung und führte die fortschrittlichste Arbeitsgesetzgebung der Welt ein. Sie konnte aber nicht verhindern, daß Nutznießer und Revolutionsgewinnler die Revolutionsideale korrumpierten. Es ist Aufgabe nachfolgender Generationen, neue Mißstände und Übel durch ständige Volksinitiativen zu verhindern oder auch, wenn es auf friedlichem Wege nicht geht, durch neue Revolutionen zu beseitigen. So war es in der Vergangenheit, und alles deutet darauf hin, daß es in nächster Zukunft nicht anders sein wird. Immer noch bewegt sich das Pendel der Geschichte zwischen den beiden Polen Autorität und Freiheit.

Besuch bei Martin Buber

Am 4. Oktober 1951 schiffte ich mich in Neapel nach Israel ein. Wenige Stunden nach der Ankunft des Schiffes in Haifa saß ich in dem Bus, der mich nach Tel Aviv bringen sollte. Als wir an einem christlichen Friedhof mit Kreuzen auf den Gräbern vorbeikamen, wanderten meine Gedanken in Raum und Zeit nach Deutschland zurück, wo unter der Naziherrschaft jüdische Gräber geschändet worden waren.

Zweck meiner Reise war es, die unter dem Namen Kibbuzim bekannten Gemeinschaftssiedlungen kennenzulernen, die ich mit den spanischen Colectividades während des Bürgerkrieges vergleichen wollte. Ich hatte das kurz vorher erschienene Buch Martin Bubers * »Pfade in Utopia« (Heidelberg 1950) gelesen und beschloß, den Verfasser, der wie ich ein Geistesverwandter und Verehrer Gustav Landauers war, in Jerusalem zu besuchen. Der Erneuerer und Vermittler des Chassidismus [1] hatte die beste Lösung des jüdisch-palästinensischen Problems in der Gründung eines binationalen Staates beider ethnischer Gruppen gesehen. Doch er und die ihm Gleichgesinnten waren innerhalb der Zionistischen Bewegung in der Minderheit geblieben. Die große Mehrheit der Bewegung wünschte einen reinen Judenstaat, wie er 1948 ins Leben trat. In unserem Gespräch über die Gemeinschaftssiedlungen erklärte mir Buber die sozialstrukturellen Unterschiede zwischen Kwuza, Kibbuz, Moschaw Shitufi und Moschaw Owdim. Von den spanischen Colectividades während des Bürgerkrieges wußte er nichts.

Kwuza Keriat Anavim

Anderthalb Stunden von Jerusalem entfernt – eine halbe Stunde Busfahrt und eine Stunde Fußwanderung – liegt die Kwuza Keriat Anavim, umgeben von bewaldeten Pinienhügeln. Ich wanderte nicht auf den gleichen Pfaden, wohl aber unter der gleichen

---

1 Der Chassidismus war eine im 18. Jahrhundert im osteuropäischen Judentum entstandene religiöse Bewegung mystisch-praktischer Frömmigkeit. Buber veröffentlichte u. a. Die chassidischen Bücher (1928) und Die Erzählungen der Chassidim (1950).

Sonne, unter der einst, nach den Berichten des Neuen Testaments, Jesus mit seinen Jüngern gewandelt war. Der Bibliothekar im Außenministerium, der mit mir englisch, am Telefon hebräisch, mit seinen Kollegen aber deutsch sprach und, als ich ihm erklärte, daß ich gebürtiger Deutscher sei, aufs Deutsche überging, hatte mir geraten, in Keriat Anavim seinen aus Berlin stammenden Freund Dr. Rosenstein zu besuchen, der seit fünfzehn Jahren im Kibbuz lebe und ein guter Kenner der Gemeinschaftssiedlungen sei.

Ich war an die richtige Person gekommen. Dr. Rosenstein erzählte: Unsere Kwuza wurde 1920 von jüdischen Einwanderern aus der Ukraine gegründet. Die Arbeit der Pioniere war mühselig. Jede Schaufel Erde, jeder Grashalm kostete einen Tropfen Schweiß. Man mußte Löcher in den steinigen Boden hauen und sie mit Erde füllen, danach erst konnte man Bäume pflanzen. Jahre gingen dahin, ehe aus dem kargen Brachland fruchtbringende Obstpflanzungen und Weinberge wurden. Rinder- und Geflügelzucht ergänzen unsern Landwirtschaftsbetrieb. Wir haben auch ein Hotel für Feriengäste erbaut, das sich, nicht zuletzt dank unseres gesunden Höhenklimas, eines guten Rufes erfreut.

Wir sind insgesamt vierhundert Personen, darunter hundertvierzig aktive Chaverim (Genossen), die übrigen Kinder, Alte und Pensionäre. Das Land ist nicht Privateigentum einzelner, es gehört allen zusammen. Arbeit und Verbrauch sind nach dem sozialistischen Grundsatz »Jeder nach seinen Fähigkeiten, jedem nach seinen Bedürfnissen« geregelt. Der einzelne hat keine persönlichen Einkünfte in Geld, doch wir haben, was wir brauchen. Wir essen im gemeinsamen Speisesaal; Kleider, Tabak, und auch – was für die weiblichen Mitglieder Bedeutung hat – Kosmetika werden nach Bedarf verteilt; Geld wird für Ferien und für Reisen aus der Gemeinschaftskasse gezahlt. Ehepaare leben in eigenen Bungalows, Ledige in ihren Wohnungen, Kinder bis zum zweiten Lebensjahr sind in besonderen Heimen der Obhut eines geschulten Pflegepersonals anvertraut, jedoch in ständigem Kontakt mit ihren Eltern; für die Altersklassen von zwei bis sechs und von sechs bis vierzehn Jahren gibt es besondere Heime. Auf gute Schulbildung wird großer Wert gelegt. Bei Volljährigkeit kann der junge Mensch selbst über sein Verbleiben oder Nichtverbleiben in der Siedlung entscheiden. Für Krankheitsfälle ist vorgesorgt. Die verantwortlichen Leiter werden alljährlich durch Neuwahlen abgelöst. Die Jahresferien sind durch Versammlungsbeschluß auf vierzehn Tage festgesetzt. In unserem Gemeinschaftssaal wird wenigstens einmal wöchentlich ein Film gezeigt, und von Zeit zu Zeit erfreuen uns Theater- und Konzertensembles aus Jerusalem oder Tel Aviv. Der Küchendienst wird im Turnus verrichtet, an dem alle teilnehmen, auch ich als Zahnarzt. Behandle ich Patienten, die nicht der Siedlung angehören, dann wird das

Honorar nicht an mich, sondern an die Gemeinschaftskasse abgeführt. Das ist, in großen Zügen, die wirtschaftliche und gesellschaftliche Organisation unserer Kwuza.

Die gleichen Grundregeln galten, wie ich feststellen konnte, für alle Kwuzot und Kibbuzim.

Im religiösen Kibbuz Javne

Gibt es auch religiöse Kibbuzim? Warum nicht? Religion – semantisch Bund, Band, innerer Drang zur Vereinigung und geistigen Wiedervereinigung mit Menschen seinesgleichen und mit dem All – schließt Gütergemeinschaft nicht aus, beide sind verwandte Begriffe und lassen sich durchaus auf einen Nenner bringen. In Gütergemeinschaft lebte die vorchristliche jüdische Sekte der Essener [1], und der religiöse Kommunismus der ersten, aus dem Judentum hervorgegangenen Christengemeinden ist uns aus der Kirchengeschichte bekannt. Für mich war ein religiöser Kibbuz nichts Erstaunliches, es überraschte mich aber, daß es sich um Emigranten aus Deutschland handelte und nicht, wie ich vermutet hatte, um religiöse Juden aus dem Orient.

Einer Gruppe von etwa fünfhundert Einwanderern, die ein Jahr vor Hitlers Machtergreifung aus Deutschland nach Palästina gekommen waren, wurden vom Jüdischen Nationalfond (Kerem Kajemet) fünfhundert Hektar Land zur Verfügung gestellt. Es waren Schicksalsgefährten aus bürgerlichem Milieu, die sich auf der Grundlage ihres religiösen Glaubens zu einer Lebensgemeinschaft zusammenschlossen.
Ich war überrascht, unter den Initiatoren der Siedlung Gesinnungsfreunde zu finden. Chaver Buchaster, gebürtiger Hannoveraner, erklärte mir, er und seine Freunde seien vom Sozialismus Gustav Landauers inspiriert. Landauers »Aufruf zum Sozialismus« (1911) war vom israelischen Gewerkschaftsbund (Histadrut) in hebräischer Übersetzung publiziert worden.
Unsere Gemeinschaftssiedlung, sagte Buchaster, ist erfolgreich. Hätte jeder von uns seine eigene kleine Scholle allein bebaut, dann wären wir auf keinen grünen Zweig gekommen. Die Kollektivwirtschaft ermöglicht ein größeres Produktionsvolumen als Einzelwirtschaften einer gleichen Anzahl individuell arbeitender Kleinbauern. Gemeinsam haben wir un-

---

1 Essener (arab.: Die Frommen): Jüdische Gemeinschaft, von 150 v. Chr. bis 70 n. Chr., die in Gütergemeinschaft und rigoroser Disziplin, teilweise auch in Ehelosigkeit lebte und den Opferdienst ablehnte. Ihre materielle Grundlage waren Ackerbau und Handwerk.

sere Arbeit rationell organisieren können. Wir bauen Getreide an, haben Obstplantagen, einen ansehnlichen Viehbestand. Wir exportieren jährlich 1,25 Millionen Eier. Außerdem betreiben wir einen Sand- und Kalkbruch. Unsere Siedlung Javne ist ein Kibbuz. Eine Kwuza betreibt nur Landwirtschaft, ein Kibbuz Landwirtschaft und Industrie. In ihrem inneren Aufbau und in ihrer Sozialstruktur sind Kwuza und Kibbuz gleich. Von den vierhundertneunzig in unserer Siedlung lebenden Personen stehen zweihundertzwanzig im Produktionsprozeß. Hundertachtzig Kinder – darunter fünfzig Flüchtlingskinder, deren Eltern nicht im Kibbuz wohnen – werden von uns schulisch betreut. Daß wir uns nicht persönlich auf Kosten unserer Mitmenschen bereichern können, empfinden wir nicht als Manko. Wir haben das Bewußtsein der Sicherheit und Geborgenheit, wir sind Angehörige einer »Großfamilie«. Ein Beispiel: Als Nichtraucher verzichte ich auf meine Tabakration, doch ich fühle mich nicht berechtigt, deshalb mehr Schokolade zu fordern als ein Raucher.

Bei einer Abendunterhaltung im Bungalow der aus Hamburg stammenden Familie Adler – Frau Adlers Schwester war in Haifa mit dem Bruder meines von den Nazis ermordeten Freundes Erich Mühsam verheiratet – kamen wir auf das Verhältnis von Eltern und Kindern im Kibbuz zu sprechen. Am Abend vorher hatte ich das Ehepaar Buchaster in den Kinderschlafsaal begleitet, wo Frau Buchaster ihr Kind auszog und zu Bett brachte. Vater und Mutter hatten sich mit dem Gutenachtkuß von ihrem Liebling verabschiedet. Im Ausland wird behauptet, sagte ich, der Schlafsaal der Kleinkinder außerhalb des Elternhauses sei abträglich für das Zusammengehörigkeitsgefühl von Eltern und Kindern und wirke sich negativ auf die Persönlichkeitsentwicklung aus. Wie denken Sie als Mutter von im Kibbuz großgewordenen Kindern darüber?
Die Kinder der Kibbuzfamilien leiden an keinerlei Minderwertigkeitskomplexen, erwiderte Frau Adler. Gatten-, Kinder- und Elternliebe sind bei uns nicht weniger innig als in den Städten. Ein Beweis: Städtische Familien vertrauen ihre Kinder den Kibbuzim zur Erziehung an.
Während unserer Unterhaltung waren die beiden Söhne der Adlers, beide Anfang zwanzig, hereingekommen. Sie hatten die letzten Worte ihrer Mutter gehört. Einer der beiden, ein hochgewachsener kräftiger Bursche, umarmte seine Mutter und sagte zu mir gewandt: »Der Kibbuz ist unsere Gemeinschaft, in diesem Bungalow wohnen unsere Eltern und das ist unsere liebe Mutter.« Wäre ein Kibbuzgegner unter uns gewesen, diese rüh-

rende Szene hätte ihn vielleicht bekehrt.

Schawe Zion: Erster Moschaw Shitufi
Den Verfolgungen durch die Nazis entronnen, kamen 1938 vierzig jüdische Familien aus Württemberg nach Palästina. Der Jüdische Nationalfond stellte ihnen in Nordgaliläa, unweit Akko, fünfzig Hektar Land zur Verfügung. Sie waren weder Sozialisten noch religiöse Idealisten und standen dem freiheitlich-kommunistischen Sozialexperiment der Kwuza fremd gegenüber. Doch die Aufteilung des Landes in Einzelparzellen war für die der Landwirtschaft Unkundigen riskant. Der Ausweg lag in gemeinsamer Bebauung des Bodens nach Art einer Produktionsgenossenschaft. Die Produkte sollten gemeinsam verkauft und die Einkünfte allen Mitgliedern zu gleichen Teilen in Geld ausgezahlt werden. Damit war das neue Genossenschaftsdorf geboren, dem mein nächster Besuch galt.
Schawe Zion liegt im oberen Galiläa, eine gute Busstunde nördlich von Haifa. Zwei mir im Bus gegenübersitzende Frauen sprechen in einer mir fremden Sprache, die mir doch bekannt klingt. Bald komme ich darauf, daß es Sephardisch war, eine Mundart, die dem Spanischen ähnlich verwandt ist wie das Jiddische dem Deutschen. Die Sephardim, im Mittelalter Vermittler der arabischen Wissenschaft und der griechischen Philosophie nach Europa, waren 1492 aus Spanien ausgewiesen worden und hatten sich vornehmlich auf dem Balkan niedergelassen. Nach Gründung des Staates Israel kamen mehrere Gruppen in das Land ihrer Väter zurück. Die Frauen im Bus beklagten sich, daß sie immer noch keine Wohnung zugewiesen erhielten und mit ihren Familien in einem Zelt hausen mußten. »Uns hat der reiche Onkel Rothschild [1] vergessen«, riefen sie mir beim Aussteigen selbstspöttisch lachend zu.
Äußerlich unterschied sich Schawe Zion nicht von den übrigen Siedlungen, nur das Zentralgebäude mit dem großen Speisesaal fehlte. Der Sekretär des Genossenschaftsdorfes gab mir bereitwillig Auskunft.

Auch er beginnt, wie die Sekretäre aller Siedlungen, mit einer Aufzählung der Produktionsresultate und den Erfolgen des Experiments. Bei

---

1 Baron Edmond James de Rothschild, 1845–1934, jüdischer Philanthrop, Förderer der Palästinakolonisation.

der Organisation und Einteilung der Arbeit gab es nie Probleme unter den Genossen. Daß die Arbeitszeit freiwillig und einstimmig auf zehn Stunden im Sommer und neun Stunden im Winter festgesetzt wurde, begründet er damit, daß man für sich selbst arbeite, jeder einzelne sich als Arbeitgeber und Arbeitnehmer in einer Person fühle und längere Arbeitszeit höheres Einkommen bedeute. Der Lohn ist in allen Arbeitskategorien für Mann und Frau der gleiche. Bemerkenswert, daß auch Haushaltshilfe bei einer erkrankten Genossin mit dem gleichen Lohn bezahlt wird wie jede andere Arbeit. Die Gemeinschaft betreibt einen Konsumladen, in dem die eigenen Produkte zum Selbstkostenpreis abgegeben werden; bei anderen Waren wird ein kleiner Unkostenbeitrag aufgeschlagen.

In einer Jubiläumsschrift zum zehnjährigen Bestehen der Siedlung heißt es unter anderem: »Was zeichnet Schawe Zion aus? Fruchtbarer Boden, reichliche Wasserversorgung, mildes Klima, die herrliche Lage am Meer. In vierzig Minuten ist man in Haifa. In mehr als zehnjähriger schwerster Arbeit entstand ein vorbildlicher Landwirtschaftsbetrieb, wo es vorher nichts als Sanddünen, Dornen und Unkraut gab. Heute ist unser Gemüse in Haifa für seine gute Qualität bekannt. Unser Kuhstall gehört zu den besten des Landes. Traktoren, Pflüge, Erntemaschinen, mechanisierte Werkstätten, Schlosserei, Tischlerei etc. dienen dem Aufbau und der Instandhaltung unserer Wirtschaft. Sämtliche Bauten wurden in den letzten Jahren von den Siedlern selbst ausgeführt. Schawe Zion hat Asphaltstraßen, Grünanlagen, Kindergarten, eine Volks- und Landwirtschaftsschule, Kulturhaus und Synagoge. Unser System des Moschaw Shitufi vereinigt die Vorzüge der rationellen Bewirtschaftung eines Großbetriebes mit den Annehmlichkeiten des privaten Familienlebens. Jeder wohnt bei sich selbst, jede Frau kocht am eigenen Herd, jedes Kind sitzt am Tisch seiner Eltern und schläft unter dem gleichen Dach wie Mutter und Vater. Zahlreichen neuen Siedlungen dient unser System als Modell. Wir haben die Absicht, weitere fünfunddreißig Familien aufzunehmen, die unser Werk fortsetzen und uns helfen, es zu verbessern und zu verschönern.«

Genossenschaftsdorf Nahalal

Von weitem sah ich in der galiläischen Ebene einen Kranz von mehreren hundert weißen Häuschen, eingebettet in grünes Blätterwerk und Sträucher mit vielfarbigen Blumen. Es war der Moschaw Ovdim, das Genossenschaftsdorf Nahalal. Hier findet man weder Prachtvillen noch Elendshütten, was davon zeugt, daß es hier weder reiche Grundbesitzer noch arme Tagelöhner gibt. Die tausend Einwohner zählende Siedlung ist im funktionellen, rationellen und urbanistischen Sinne das modernste Dorf, das ich je gesehen habe. An der breiten Ringstraße stehen hinter gepflegten Vorgärten die schmucken Einfamilienhäuser, denen sich Stallungen, Gemüse- und Obstgärten und nach außen keilförmig sich erweiterndes Ackerland anschließen.

In Nahalal hatte sich mein Gesinnungsfreund Nathan Chofzi niedergelassen. (Er veröffentlichte seine Aufsätze in derselben amerikanischen Zeitung wie ich.) Chofzi war 1909 mit einer Einwanderergruppe aus Osteuropa in die damalige türkische Provinz Palästina gekommen. »Anfangs mußten wir den Lebensunterhalt für unsere Familien beim Straßenbau und mit anderen Gelegenheitsarbeiten verdienen«, erzählte er mir. Im engeren Kreis wurde der Freiheitskämpfer Chofzi wegen seines vorbildlichen Lebens als jüdischer Tolstoi verehrt. Er war es, der mit einer sozialistischen und pazifistischen Gruppe 1920 den Moschaw Nahalal gegründet hatte.

Nathan Chofzi erklärte mir die besondere Struktur des Moschaw: er ist ein Genossenschaftsdorf, das die individuelle Arbeit mit der Kollektivarbeit kombiniert. Nahalal war das erste Dorf dieser Art in Palästina und diente bald anderen zum Vorbild. Zur Zeit der Gründung des Staates Israel (1948) gab es im ganzen Lande achtzig Dörfer des Typs Moschaw Ovdim mit insgesamt zwanzigtausend Bewohnern. Als ich meine Bewunderung für die praktische und gleichzeitig sehr ästhetische Anlage des Dorfes ausdrückte, erwiderte Chofzi, das Dorf sei nicht immer so schön gewesen. Die Gegend war sumpfig und malariaträchtig. Es fehlte an Kapital für Meliorationsarbeiten und Häuserbau. Die Schwierigkeiten konnten erst nach jahrelanger harter Arbeit überwunden werden.

Über den organisatorischen Aufbau des Moschaws berichtete mein Gesprächspartner: Jeder Siedler verfügt über soviel Land wie er mit seiner Familie bewirtschaften kann. Die Höchstgrenze liegt bei zehn Hektar. Landbesitzer, die ihren Boden von bezahlten Arbeitskräften bebauen lassen, gibt es im Dorfe nicht. Ist ein Siedler durch Krankheit verhindert, sein Feld selbst zu bestellen, kommt die Dorfgemeinschaft für die Bezahlung einer Hilfskraft auf. Der Bau von Straßen, innerhalb des Ortes, von Wasseranlagen und von Genossenschaftsläden etc. wird in freiwilligen Arbeitseinsätzen, an denen sich alle beteiligen, gratis ausgeführt. Ein- und Verkauf werden genossenschaftlich getätigt. Privatgeschäfte gibt es im Dorfe nicht. Alle Siedler gehören dem Gewerkschaftsbund Histadrut an, womit sie und ihre Familien gleichzeitig gegen Krankheit versichert sind.

Nathan Chofzi hatte anfänglich zehn Hektar Land, nun aber bewirtschaftete er nur noch zwei Hektar. Als strenger Vegetarier hielt er kein Vieh. Er verschmähte auch Kuhmilch und trank nur Mandelmilch.

Bei einer abendlichen Unterhaltung mit einer Gruppe Ansässiger kam das Eigentumsproblem zur Sprache. Privateigentum an Land gibt es im Moschaw nicht. Alles Siedlungsland wird den Einwanderern vom Jüdischen Nationalfonds für die Dauer von neunundvierzig Jahren (die sieben mal sieben Jubeljahre des Alten Testaments!) überlassen. Nach Ablauf dieser Zeit wird der Pachtvertrag erneuert. Die Pachtsumme beträgt nur zwei Prozent des Wertes. Für die Kwuza und den Kibbuz gelten die gleichen Bedingungen. Lebensstandard und Kulturniveau waren die gleichen wie in der Kwuza. Ich fragte meine Gesprächspartner, warum sie den Moschaw gewählt hatten, wo es doch in der Kwuza und im Kibbuz feste Arbeits- und Freizeiten und auch bezahlte Ferien gab. Ihre Antwort: »Wir ziehen unseren privaten Haushalt einem Großhaushalt mit gemeinsamem Speisesaal vor. Wir wollen auch, daß unsere Kinder bei uns im Hause schlafen. In einem Kibbuz können nicht alle Sonderwünsche erfüllt werden. Im Moschaw fühlen wir uns ungebundener. Das ist vielleicht Geschmackssache.«

In Galiläa

Nicht weit vom Jordan gründete 1910 eine Gruppe junger Einwanderer, von A. D. Gordon [1] inspiriert, den ersten Kibbuz, der den Namen Degania erhielt. Der Philanthrop Baron Edmond de Rothschild, der das Geld zum Landerwerb gegeben hatte, erregte sich heftig, als er erfuhr, daß die jungen Pioniere sich für eine sozialistische Struktur ihrer Siedlung entschieden hatten. Für den reichen Bankier war Sozialismus gleichbedeutend mit Nihilismus, und er verabscheute beide. Auguren, die das Mißlingen des Experiments voraussagten, erwiesen sich als schlechte Propheten. Der Erfolg war so groß, daß später ein weiterer Kibbuz erstand, dem man den Namen Degania B gab. Degania A und Degania B sind seither als die ersten Kibbuzim in der ganzen Judenheit bekannt.

Degania A, der von mir besuchte Kibbuz, betreibt neben Land- und Viehwirtschaft eine Sperrholzfabrik. Nach dem Tode Gordons errichteten seine Verehrer die Gordonia, ein naturwissenschaftliches Forschungsinstitut mit dazugehöriger Bibliothek und einem naturgeschichtlichen Museum einschließlich einer Sammlung von Pflanzen und Gesteinen der Region. Im Kibbuz Degania verbringen ausländische Studenten ihre Ferien, wobei sie sich an den Erntearbeiten beteiligen. Im Speisesaal

1 Gordon, 1856 in Rußland geboren und dort zunächst Beamter, ging 1904 nach Palästina, wo er als Landarbeiter tätig war. Sein Beispiel und seine Schriften hatten starken Einfluß auf die Pionierbewegung in der jüdischen Jugend. Er starb am 22. Februar 1922 in Degania.

saß ich einer jungen Chilenin gegenüber, die kurz nach Gründung des Staates Israel mit ihren zionistischen Eltern in das gelobte Land gekommen war. Erfreut, sich in Spanisch unterhalten zu können, sagte sie mir frei heraus, daß ihr das bürgerliche Milieu ihres Geburtslandes Chile mehr zusage als der Lebensstil im Kibbuz; es falle ihr schwer, sich hier einzuleben.

Auf der Weiterfahrt kamen wir durch die zwanzig Meter unter dem Meeresspiegel liegende Talsenke Niedergaliläas. Als der Wagen eine Strecke am Ufer des Sees Genezareth entlangfuhr, konnten wir – der aus Ostpreußen stammende, seit Jahren in Tel Aviv praktizierende Arzt Dr. Jaroslawski und ich – der Verlockung nicht widerstehen, an der Stelle zu baden, wo, wie mein Freund scherzhaft sagte, Jesus und seine Jünger auf die Büßerin Maria Magdalena gestoßen waren. Bald darauf kamen wir durch die Stadt Tiberias mit ihren historischen Monumenten. Dort liegt auch das Grab des Rabbi Akiba [1], von dem die bekannten Worte stammen, daß alles schon einmal dagewesen sei und es nichts Neues unter der Sonne gebe.

Auf meiner zweiten Reise durch Galiläa kam ich durch die biblischen Städte Nazareth und Kanaan, wo auch heute noch die Religionen das tägliche Leben prägen. Der korangläubige Limonadenverkäufer hält seinen Laden am Freitag geschlossen, der jüdische Krämer begeht den Sabbat in gottergebener Ruhe, der christliche Friseur schneidet am Sonntag keine Haare. Im orthodoxen Tempel zu Kanaan zeigte mir der bärtige Pope einen Krug, in welchem, wie er sagte, Jesus bei der in der Heiligen Schrift erwähnten Hochzeit Wasser in Wein verwandelte. In der römisch-katholischen Kirche wies der französische Mönch auf einen Tonbehälter, der, wie er mit archäologischen Argumenten zu beweisen suchte, das Gefäß sein sollte, in welchem sich die mirakulöse Verwandlung vollzogen hatte. Der Streit erinnerte mich an den mittelalterlichen Theologendisput, ob die Engel männlichen oder weiblichen Geschlechts seien. Der muselmanische Gastwirt, dem der Weinkrugstreit der christlichen Geistlichen bekannt war, machte sich über die, wie er sagte, »Impo-

---

1 Rabbi Akiba Ben Joseph, berühmter jüdischer Schriftgelehrter, um 50 n. Chr. geboren. Im Aufstand der Juden gegen die Römer unter Bar Kochba erklärte er diesen für den Messias und starb, von den Römern hingerichtet, im Jahre 136 als Märtyrer.

storen« [1] lustig. In Kanaan, unserem muslimischen Kanaan, fuhr er beim Öffnen der Limonadenflasche, die er mir auf den Tisch stellte, fort, gelten die Worte des Propheten Mohammed, der das Weintrinken verboten hat.

Israel – elf Jahre später

Elf Jahre später, 1962, kam ich über Istanbul, Ankara und Damaskus wieder nach Israel. In dem kleinen Hotel in der Altstadt von Jerusaelm, damals jordanisches Staatsgebiet, schlief ich in einem Saal mit acht jungen Palästinensern, von denen sechs Muslims und zwei Christen waren. Als wir am Morgen vom flachen Dach des Hauses auf die zu Israel gehörende Neustadt von Jerusalem hinunterblickten, sagten meine Zimmerkameraden zu mir, dies sei ihr von den Israelis geraubtes Land, das sie sich aber zurückholen würden. Sie baten mich, ihnen in Deutschland Arbeit zu verschaffen, was leider nicht in meiner Macht lag.

In unserm Gespräch über die beiden verfeindeten Nachbarn Araber und Israelis versuchte ich, die Palästinenser mit dem Hinweis auf die Geschichte zu trösten. Jahrhundertelang, sagte ich ihnen, führten die Europäer gegeneinander Krieg, bis sie schließlich doch zum friedlichen Miteinander bereit waren. Würden die Menschen aus der Geschichte lernen, dann gäbe es einen Ausweg aus dem arabisch-israelischen Dilemma. Wenn die Völker auf nationale Staatsgrenzen verzichten und freie Föderationen von autonomen Städten und Gemeinden gründen würden, dann könnten sie in Frieden und Harmonie neben- und miteinander leben. Juden und Araber haben einen gemeinsamen Stammvater – Abraham. Patriotismus und Heimatliebe dürfen nicht mit Nationalismus und Fremdenhaß gleichgesetzt werden. Meine Schlafgefährten blickten mich skeptisch an. Ich war siebzig, sie standen zwischen zwanzig und dreißig Jahren.

Der Weg von meinem Hotel zum Mandelbaumtor war nur drei Minuten weit, doch es dauerte vierundzwanzig Stunden, ehe ich das Tor durchschreiten durfte. Als ich die erforderlichen Stempel in meinem Paß hatte, stand ich vor einem neuen Hindernis. Zwischen der jordanischen und der israelischen Grenzkontrolle lag ein Niemandsland, das weder jordanisch noch israelische Taxis befahren durften. Wer weiß, wie lange ich hätte warten müssen,

1 Impostoren (lat.): Betrüger.

wenn nicht ein schwedischer Abenteurer, der, aus Indien kommend, auf der Heimreise war, mich in seinem Wagen mitgenommen hätte.

Meine zweite Reise nach Israel galt dem Studium der neuen Entwicklungsphase der Siedlungsgemeinschaften, über die im Ausland einander widersprechende Berichte erschienen waren. Einem Zufall hatte ich es zu verdanken, daß ich einen Tag nach meiner Ankunft an einer Sabbatfeier in dem von argentinischen Juden errichteten Kibbuz Mefalsim teilnehmen konnte. In dem mit Blumen geschmückten Speisesaal hatten sich Chaverot und Chaverim (Genossinnen und Genossen) festlich gekleidet versammelt. Ein anmutiges Mädchen las eine Stelle aus dem Tenach [1] vor, anschließend sang ein Kinderchor eine Hymne an die scheidende Sonne nach einer Schubertmelodie. Der Friedensgruß »Schalom, Schalom« klang zum Abschluß weihevoll durch den Saal.

Meine Enquête dauerte mehrere Wochen. Die Gesellschaftsstruktur war die gleiche, wie ich sie elf Jahre vorher kennengelernt hatte, das Äußere der Siedlungen aber hatte sich verändert; neue Kibbuzim waren hinzugekommen, die alten umgebaut worden.

Den Kibbuz Jávne erkannte ich nicht wieder, so hatte er sich verschönert. Wirtschaftsgebäude, Stallungen, Reparaturwerkstätten lagen außerhalb der Niederlassung mit Windrichtung nach außen, um die Luft im Wohnviertel reinzuhalten. Im Zentrum standen der elegante Speisesaal, Verwaltungsgebäude, Schule, Klubhaus, Synagoge. Die Straßen waren gepflastert, die Wohnbezirke im Stil einer Ferienstadt umgebaut worden. Im Innern der Einfamilienhäuser fand ich modernen Komfort – vom Kühlschrank bis zur Dusche mit Warmwasser. Die Bibliothek hatte sich vergrößert. Es gab Vorträge, Theater und Kinovorstellungen. Sportplatz und Schwimmbassin schlossen sich an die Wohnstadt an. Fanden sich die Familienmitglieder beim Nachmittagstee oder -kaffee auf dem Rasenplatz vor ihrem Heim zusammen, dann schwebte das Fluidum einer harmonischen Großfamilie über dem ganzen.

Der soziale Aufstieg basierte auf dem wirtschaftlichen Aufschwung. Zur Zeit meines ersten Israelaufenthaltes hatte das Land Baumwolle einführen müssen. Nun produzierte man dank

---

1 Tenach (hebr.): Das Alte Testament (Thora, Nebim, Ketubin – Gesetz, Propheten, Schriften).

der Initiative der Kollektivwirtschaften genügend Baumwolle für den Eigenbedarf. 1951 war die Avocado in Israel so gut wie unbekannt, 1962 pflanzte die Kwuza Schiller allein zwanzig Hektar mit der mexikanischen Butterfrucht an, die in der Aztekensprache Ahuacate heißt. Von den Amerikanern nach Kalifornien und von dort nach Israel gebracht, verhilft ihr Anbau und Export den Kibbuzim zu beträchtlichen Einnahmen. Auch Sisalhanf, den es vorher nicht gegeben hatte, wurde nun gewinnbringend angebaut. Das sind nur einige von vielen Beispielen.

Obwohl die Kollektivwirtschaften Fortschritte gemacht hatten, war Israel kein Kibbuzstaat geworden. Von den mehr als zwei Millionen Einwohnern lebten neunzigtausend in Gemeinschaftssiedlungen, und von diesen waren nur fünfundfünfzigtausend erwerbstätig. Achtzig Prozent der Landwirtschaft befanden sich nach wie vor in Privatbesitz, doch die restlichen zwanzig Prozent der Gemeinschaftssiedlungen lieferten – und liefern – dreiunddreißig Prozent der gesamten Agrar- und Viehwirtschaftsprodukte. Die Kibbuzbewohner, nur 3,4 % der Gesamtbevölkerung, tragen mit 8 % zum Bruttosozialprodukt des Landes bei.

Die israelischen Kollektivwirtschaften – Kwuza, Kibbuz und Moschaw – zeigten sich hinsichtlich Rationalisierung und Produktivität nicht nur der Privatwirtschaft des eigenen Landes überlegen, sondern auch der Zwangskollektivwirtschaft in den kommunistisch regierten Ländern. Die russischen Kolchosen und Sowchosen [1] sind nach mehr als einem halben Jahrhundert noch kaum in der Lage, genügend Nahrungsmittel für die Bevölkerung zu produzieren, so daß die Regierung sich gezwungen sah, den Kolchosbauern einen kleinen Teil Ackerboden zur privaten Nutzung zu überlassen; das hier Produzierte kann auf dem freien Markt verkauft werden, wodurch sich Versorgungslücken schließen lassen. Nicht anders ist es im Kuba Fidel Castros, wo die Kleinbauern, die nur dreißig Prozent des Agrarlandes besitzen, vierzig Prozent der Agrarproduktion des Landes liefern.

Wie läßt es sich erklären, daß die israelischen Gemeinschaftssiedlungen trotz ihrer wirtschaftlichen und sozialen Erfolge nur ein Fünftel der Agrarbevölkerung erfassen, während vier Fünftel den Privatbesitz vorziehen? Es gibt eine plausible Antwort auf

1 Sowchosen: Staatliche landwirtschaftliche Großbetriebe in der Sowjetunion.

diese Frage. Die Gemeinschaftssiedlungen sind das Werk von nicht nur zionistisch, sondern auch sozialistisch inspirierten Einwanderern, die in den ersten Jahrzehnten unseres Jahrhunderts aus Osteuropa nach Palästina kamen. Auch die aus Hitlerdeutschland eingewanderten deutschen Juden waren mit dem sozialistischen Gedankengut vertraut. Nach Gründung des Staates Israel aber war die Zahl der Sozialisten unter den Neueinwanderern geringer. Die zweihundertfünfzigtausend jüdischen Immigranten aus den arabischen Ländern standen den sozialistischen Ideen und Sozialexperimenten fremd gegenüber.

Wenn der Satz richtig ist, daß es ohne Sozialisten keinen Sozialismus gibt, dann gibt es auch keinen Kibbuz ohne Kibbuzniks. Wohl werden immer noch sporadisch von idealistischen Einwanderern aus allen Kontinenten neue Siedlungsgemeinschaften gegründet, doch die Zahl derer, die den privaten Erwerbssektor vorziehen, ist beträchtlich größer. Der Kibbuz ist keine Zwangskolchose. Er entspringt dem Gemeinschaftsgefühl freiwillig geeinter Menschen, die unter sich die soziale Gerechtigkeit verwirklichen wollen. Abwesenheit von Zwang verbürgt wirtschaftlichen Erfolg und moralische Stärke. In der Freiwilligkeit liegt aber auch der Keim zahlenmäßiger Begrenzung.

Lohnarbeit – Ende des Kibbuz?

Bereits während meines ersten Aufenthaltes in Israel wurde darüber diskutiert, ob die Lohnarbeit von Nichtmitgliedern in den Siedlungsgemeinschaften mit den sozialistischen Grundsätzen vereinbar sei. Als im Laufe der Jahre die Wirtschaft weiter expandierte, mußte man Lohnarbeiter einstellen. Bei der Obsternte konnte man anfangs mit der Hilfe von Schülern aus den Städten rechnen, die in ihren Ferien aufs Land kamen. Auch ausländische Studenten kommen alljährlich zu Hunderten zur Erntearbeit nach Israel, wo sie ohne Entlohnung mithelfen. Vorübergehend bezahlte Arbeitskräfte gaben keinen Anlaß zu ideologischen Diskussionen. Ernster genommen wird die permanente Beschäftigung bezahlter Lohnarbeiter in der Kibbuzindustrie.

Von den rund 230 Kibbuzim unterhielten mehr als hundert Industriebetriebe (heute sind es 146). Die Hälfte der in Kibbuzunternehmungen beschäftigten Arbeiter stand im Lohnverhältnis. Im Kivat Brenner, dem größten Kibbuz, spricht man von einer Kluft zwischen Managern und Arbeitern. Dennoch bleibt die wirtschaftliche und soziale Gleichheit bestehen. Auch Wirtschaftsleiter müssen noch immer turnusgemäß im Speisesaal bedienen und in der Küche Geschirr spülen.

Nicht alle in Kibbuzbetrieben beschäftigten Arbeiter wollen Mitglieder sein. In dem von deutschjüdischen Einwanderern gegründeten Kibbuz Doroth, der eine Armaturenfabrik betreibt, sind von sechzig Arbeitskräften der Fabrik die Hälfte keine Kibbuzmitglieder. Die Lohnarbeiter sind meist jüdische Einwanderer aus Marokko. Zwei von ihnen, mit denen ich bei der Besichtigung der Fabrik sprach, erklärten mir, sie hätten kein Interesse, Kibbuzmitglied zu werden. »Der Kibbuz zahlt uns einen anständigen Lohn, die Arbeitsbedingungen sind auch gut. Wozu sollen wir dem Kibbuz beitreten? Wir ziehen unsere Unabhängigkeit vor.« Eine an der Maschine arbeitende sephardische Jüdin sagte mit einem Seitenblick auf die Aschkenasim [1] zu mir: »Ils nous appellent les noirs« (»Sie nennen uns die Schwarzen«). Sie fügte jedoch hinzu, daß es ihr hier besser gehe als in ihrer alten Heimat. Sie bewohne mit ihrer Familie ein eigenes Häuschen mit allem Komfort, habe bezahlte Ferien und erhalte einen guten Lohn.

Die bezahlte Arbeit in den Gemeinschaftssiedlungen war das Thema einer heißen Diskussion. Der Kibbuztheoretiker Meir Mandel faßte seinen Standpunkt in dem prägnanten Satz zusammen:

»Entweder der Kibbuz schafft die bezahlte Lohnarbeit ab, oder die Lohnarbeit wird den Kibbuz zugrunderichten.«

Ich hatte eine weniger dogmatische Auffassung, wies auf die Kollektivierung in Spanien während des Bürgerkrieges hin und berichtete von meinen Erfahrungen in den Colectividades der Mancha, wo die Bauern in den von den Großgrundbesitzern verlassenen Herrensitzen für alle Mitglieder gemeinsam kochten, wie es heute die Kwuzamitglieder in Israel tun. In den meisten spanischen Kollektivwirtschaften aber, vor allem in Aragonien, führten die Bauern ihr privates Familienleben fort, verteilten Lebensmittel an jede Familie oder setzten auf Mitgliederversammlungen einen als Vorschuß bezeichneten Familienlohn fest, ohne Rücksicht auf Beruf oder Leistung und Verteilung des Gewinns nach abgeschlossener Jahresbilanz. In ähnlicher Weise wurde auch in den kollektivierten Industriebetrieben die Verteilung des gemeinsamen Arbeitsertrages geregelt.

Den spanischen Anarchosyndikalisten, die diese Sozialrevolu-

1 Aschkenasim: Aus Deutschland stammende Juden.

tion durchgeführt hatten, kam es vor allem darauf an, durch gerechte Verteilung des Arbeitsertrages den ungerechtfertigten Kapitalprofit abzuschaffen. In einigen Orten hatte man lokale Geldscheine drucken lassen. Die Ursache der sozialen Ungerechtigkeit liegt nicht im Lohn als solchem, sondern in der Ausbeutung der Arbeit durch das Kapital. Wenn alle im Kibbuzbetrieb Beschäftigten, einerlei ob sie Mitglieder sind oder nicht, den gleichen Anteil am Arbeitsertrag erhalten, dann ist die soziale Ungerechtigkeit im eigenen kollektiven Wirtschaftsbetrieb abgeschafft. Und das ist das Wesentliche. Diese These vertrat ich auch in einem Vortrag über den spanischen Kollektivismus während des Bürgerkrieges, den ich in Tel Aviv hielt.

Als Folge der fortschreitenden Technisierung im Produktionsprozeß kam es zu sozialstrukturellen Veränderungen, die von den alten Kibbuzpionieren als Verlust des sozialen Inhalts ihrer Lebensgemeinschaft empfunden wurden. Regionale Traktorenstationen, regionale Großkonservenfabriken, regionale Großschlächtereien und Großwäschereien etc. verdrängten die dörflichen Kleinbetriebe. Auch die kleinen Dorfschulen mußten mit modernen Lehrmitteln ausgestatteten Kreisschulen für Kinder eines größeren Bezirks weichen. In diesen Neuerungen sahen die alten Kibbuzniks eine soziale Abwertung ihrer Gemeinde, eine Auflösung der lokalen Demokratie, der sie nostalgisch nachtrauerten. In einer Kibbuzzeitschrift konnte man lesen:

»Wenn bereits in einer kleinen Kibbuzgemeinschaft Schwierigkeiten zwischen dem Leiter eines bestimmten Wirtschaftszweiges und einem Kollegen ›der Masse‹ aufkommen können, wie sollen dann die Probleme der wirtschaftlichen und sozialen Demokratie in einem großen regionalen Kibbuzverband harmonisch gelöst werden können? Der Mensch hat schließlich auch eine Seele, und der größte Teil der Menschheit läßt sich von seinen Gefühlen leiten. Welchen Platz aber soll die Gefühlswelt in einer großen regionalen Wirtschaftsgemeinschaft einnehmen?«

So dachte die alte Pioniergeneration, die sich in der veränderten Welt nicht mehr heimisch fühlte. Ich sagte meinen alten Freunden: Der technische Fortschritt, der die Arbeit der Menschen erleichtert, ist kein Hemmnis auf dem Wege zu gleichem Wohlstand und gleicher Freiheit für alle. 1951, bei meinem ersten Besuch in Israel, waren Kwuza, Kibbuz und Moschaw Inseln sozialer Gleichheit. 1962 hatte sich daran nichts geändert. Ich verließ das Land in der Überzeugung, daß die Siedlungsgemeinschaften auch in Zukunft, trotz technischem Fortschritt und produktionsbedingter struktureller Veränderungen, Vorbilder und Wahrzeichen sozialer Gerechtigkeit bleiben werden.

Erste Eindrücke

Als Tito zwei Jahre nach seinem Bruch mit Stalin verkündete, er
werde in Jugoslawien den authentischen Kommunismus so verwirklichen, wie es in den Büchern von Karl Marx geschrieben
steht, entschloß ich mich, mir das neue Experiment anzusehen.
Aus Israel kommend, wo ich mich 1951 über die freien sozialistischen Gemeinschaften informiert hatte, war ich für diese Studienreise gut vorbereitet. Auch meine Kenntnis des spanischen
Kollektivsystems während des Bürgerkrieges ermöglichte mir
Vergleiche. Schließlich kamen mir meine sechsmonatigen Erfahrungen im nachrevolutionären Rußland des Jahres 1920 zugute.
Das direkte Studium wirtschaftsstruktureller Neuerungen in Re-
volutionsländern und ihrer praktischen Funkionsfähigkeit hatte
ich sozusagen zu meinem Spezialgebiet gemacht.

Ich begnügte mich nicht mit einer einzigen Jugoslawienreise.
Wie ich elf Jahre nach meinem ersten Besuch in Israel eine zweite
Reise nach dort unternahm, um die weitere Entwicklung der
Kollektivwirtschaften kennenzulernen, so reiste ich im Abstand
von jeweils zehn Jahren dreimal nach Jugoslawien, um mich über
die jeweiligen wirtschaftlichen, sozialen und politischen Veränderungen dort zu informieren. Meine Eindrücke von diesen drei
Reisen will ich thematisch zusammenfassen, nicht chronologisch
wiedergeben.

Auf dem Bahnhof in Ljubljana saß neben mir ein Ehepaar, er war
Tischler, sie Straßenkehrerin. Straßenkehren ist keine schwere
Arbeit, bedenklicher ist es, wenn Frauen beim Häuserbau auf ih-
rem Rücken Ziegelsteine schleppen, wie ich es in slawischen
Ländern vor Jahren gesehen hatte. Es war ein Samstagabend. Die
Eheleute warteten auf den Zug nach einem nahen Dorfe, wo sie
sich bei Verwandten für die Woche verproviantieren wollten.
Auf meine Frage, ob denn sechs Jahre nach Kriegsende immer
noch Lebensmittelnot herrsche, erhielt ich die Antwort: »Ei-
gentliche Not nicht, aber Knappheit und Teuerung. Wer viel
Geld hat, kann im freien Handel alles kaufen. Doch in den
Staatsgeschäften ist um neun Uhr morgens alles ausverkauft, in

den Privatgeschäften aber sind die Preise bei unserem geringen Einkommen unerschwinglich.« Ehe sie zum Zuge eilten, konnte ich gerade noch erwidern, dies sei ja genau so wie in den kapitalistischen Ländern.

Im Selbstbedienungsrestaurant saß tags darauf neben mir eine Philologin, die mir erzählte, sie habe ihr seidenes Kleid, das Opernglas und die Kamera verkauft, und nun werde sie auch ihr feines Kaffeeservice veräußern, denn ein Kilo Kaffee koste das Äquivalent von zwanzig Arbeitstagen. Sie habe Verwandte in den USA und hoffe, auswandern zu können. Ein etwa sechzig-jähriger arbeitsloser Buchhalter bat mich, ihm bei der Vermittlung von Arbeit in der Bundesrepublik behilflich zu sein. Fragt man den Straßenbahnschaffner, den Fabrikarbeiter, die Bediene-rin am Schanktisch, ob es ihnen unter dem kommunistischen Re-gime besser gehe als vorher unter dem Kapitalismus, dann zuk-ken sie die Achseln. Der Uhrmacher, der mir die Uhr reparierte, muß, obwohl er keine Hilfskraft beschäftigt, der Berufskammer des nationalisierten Gewerbes genaue Rechenschaft über Ein-nahmen und Ausgaben ablegen und erhält den seiner Kategorie entsprechenden Lohn. Das gleiche erfuhr ich vom Friseur beim Haareschneiden. Alle klagten über den Bürokratismus. In den verstaatlichten Betrieben waren die Löhne nicht erhöht wor-den.

Das waren meine ersten Eindrücke.

Landwirtschaft

Der Sitz der Landwirtschaftlichen Genossenschaftszentrale (Glavni Zadruzni Savez) befindet sich in Zagreb an dem Platz mit dem symbolischen Namen »Tod dem Faschismus«. Privater Großgrundbesitz und Kirchengüter, so berichtete mir die Sekre-tärin, waren beschlagnahmt, in Staatsgüter umgewandelt und mitunter auch in Kleinparzellen für besitzlose Landarbeiter auf-geteilt worden. Etwa siebzig Prozent des Agrarlandes sind im Besitz von Klein- und Mittelbauern. Die Höchstgrenze für Landbesitz beträgt fünfundzwanzig Hektar. Der Anschluß der Kleinbauern an die Genossenschaft, die Zadruga, erfolgt freiwil-lig. Die meisten Bauern behalten einen Teil ihres Bodens – nie weniger als ein Hektar – für sich selbst. Jeder hat sein eigenes Geflügel, seine eigenen Schweine und wenigstens eine Kuh. Zur Zeit meines Besuches gab es 16 500 Zadrugas oder Produk-

tionsgenossenschaften. Der Aufgabenkreis der Genossenschaftszentrale umfaßt Kreditvermittlung, Rechtsauskunft,
Fachberatung, Ausarbeitung allgemeiner Richtlinien für Ein-
und Verkauf. Eine Zwangskollektivierung nach Stalinschem
Muster hat es in Jugoslawien nicht gegeben. In den Staatsgütern
ist die rechtliche und soziale Lage der Arbeiter die gleiche wie die
der Industriearbeiter der niedrigsten Kategorie.
Zwei Beispiele zur Illustration:

Eine gute Eisenbahnstunde von Zagreb entfernt gründeten siebenunddreißig Bauernfamilien im Dorfe Sesvetzi Kraljevic eine Zadruga, in die
sie gemeinsam hundertdreißig Hektar Land mit dazugehörigen landwirtschaftlichen Geräten, zwölf Pferde und fünfundfünfzig Kühe einbrach-
ten. Jeder Drug (Genosse) behielt ein Hektar Land mit dazugehörigem
Arbeits- und Schlachtvieh für sich. Die Bebauung des Privatlandes war
intensiver als die des Genossenschaftsackers und die Betreuung der eigenen Haustiere besser als die in der Genossenschaft. Zu einem Traktor
hatte es die Zadruga noch nicht gebracht, der Pflug wurde vom Pferd
oder vom Ochsen gezogen. Die Erzeugnisse wurden zu vorgeschriebe-
nen Preisen an die Regierungsläden verkauft. Jedes Mitglied erhielt hundert Dinar Tagelohn und nach Abschluß des Erntejahres seinen Anteil
am Gewinn. Den Erlös aus seiner privaten Wirtschaft verkauft der Bauer
zu höheren Preisen auf dem freien Markt. Das Dorf hat fünfhundert
Einwohner, doch nur etwa die Hälfte gehörte der Zadruga an. In Kroatien gab es 1900 derartige Genossenschaftsbetriebe in den Bereichen
Land- und Viehwirtschaft, Weinbau (mit Keltereien), Sägewerke, Mehl-
und Ölmühlen, Fischfang und Elektrizitätsversorgung. Gewisse Züge
der Organisation erinnerten an die Colectividades der spanischen Bauern
während des Bürgerkrieges.
Anders waren Wirtschafts- und Sozialstruktur auf dem ehemaligen
Krongut und jetzigen Staatsgut Belje bei Osijak in Ostkroatien, einem
Großbetrieb mit zweiundzwanzigtausend Hektar Getreide-, Weide-,
Gemüse- und Obstland sowie Verwertungsbetrieben für landwirtschaftliche Produkte. Die Beschäftigten waren Lohnarbeiter geblieben
wie vorher unter dem Feudalherrn. Die Frau des Landwirtschaftsinge-
nieurs zeigte mir ihr schönes Einfamilienhaus mit einem Volkswagen in
der Garage und einem an das Gebäude anschließenden Obstgarten. Sie
erzählte mir, daß sie ihre Ferien mit ihrem Mann in einem herrlichen Ba-
deort an der Adria verbringe. Als ich danach bei einem Rundgang durch
die zum Gut gehörende Fleischkonservenfabrik – die Fleischkonserven
wurden nach England exportiert – eine Arbeiterin an der Maschine fragte, ob auch sie in den Ferien an die Adria reisen werde, blickte sie mich erstaunt an und brachte schließlich gepreßt hervor, einen solchen Luxus
könnten sich nur die »von oben« leisten. Das war ein Schock für mich.

Sah so die neue klassenlose, kommunistische Gesellschaft aus? »Oben«
und »unten« waren soziale Kategorien geblieben.

Arbeiterselbstverwaltung – Theorie und Praxis

Milovan Djilas berichtet in seinem Buch »Die unvollkommene
Gesellschaft«, wie es zur Verkündung des Selbstverwaltungsge-
setzes gekommen war:

»Das Land erstickte unter dem Unkraut der Bürokratie, und die Partei-
führer selbst wurden von Zorn und Entsetzen über die unausrottbare
Willkür der politischen Apparate, die sie selbst geschaffen hatten und die
ihnen die Herrschaft erhielten, erfaßt. Eines Tages – es dürfte im Frühjahr 1950 gewesen sein – kam mir der Gedanke, daß wir jugoslawischen
Kommunisten nun die Möglichkeit hätten, an die Verwirklichung der
›freien Vereinigung der unmittelbaren Produzenten‹ nach Marx zu
schreiten. Die Fabriken würden den Arbeitern zur Verwaltung überlassen werden, lediglich mit der Verpflichtung, Steuern zur Deckung der
militärischen und anderer ›noch immer dringender‹ Bedürfnisse des Staates zu zahlen.« [1]

Als es Djilas mit einiger Überredungskunst gelungen war, Tito
für diesen Plan zu gewinnen, rief der Parteichef – nach Djilas –
erleuchtet aus: »Die Fabriken den Arbeitern! Das hat ja bis jetzt
noch niemand erreicht.« [2] Damit war die Selbstverwaltung geboren.

In dem im Juni 1950 beschlossenen Gesetz über die Selbstverwaltung heißt es:

»Die Grundlage der sozialökonomischen Organisation Jugoslawiens ist
die frei mit den vergesellschafteten Produktionsmitteln verbundene Ar-

1 Die unvollkommene Gesellschaft. Wien, München, Zürich 1969. Hier zitiert
  nach der Taschenbuchausgabe, Reinbek 1971, S. 162. – Milovan Djilas, 1911 in
  Montenegro geboren, seit 1932 Mitglied der Kommunistischen Partei Jugoslawiens, 1938 Mitglied des Zentralkomitees und 1940 des Politbüros, organisierte
  während des Zweiten Weltkriegs zusammen mit Tito den Partisanenkampf gegen
  die Deutschen. Nach 1945 war er Minister, Generalsekretär des Politbüros und
  Vizepräsident. 1954 wurde er wegen einiger kritischer Zeitschriftenartikel aller
  seiner Posten enthoben und zu achtzehn Monaten Gefängnis verurteilt. 1956
  folgte eine weitere Gefängnisstrafe von drei Jahren wegen öffentlicher Billigung
  des Ungarn-Aufstands. In der Haft schrieb er sein Buch »Die neue Klasse« (dt.
  1958), für das er abermals sieben Jahre Gefängnis erhielt. Im Januar 1961 vorzei-
  tig entlassen, wurde Djilas drei Monate später erneut verhaftet und wegen seiner
  »Gespräche mit Stalin« (dt. 1962) zu fünf Jahren Gefängnis verurteilt. Im Dezember 1966 wurde er begnadigt.
2 ebd. S. 163

beit und die Selbstverwaltung der Arbeitenden in der Produktion und bei der Verteilung des Sozialproduktes innerhalb der Arbeiterorganisation und der sozialen Gemeinschaft.«

Diese abstrakte und zu nichts verpflichtende Formulierung wird durch die konkrete Vorschrift ergänzt, daß »zur Sicherung einer fachgemäßen Leitung des Betriebes« der Direktor vom höheren Wirtschaftsverband beziehungsweise vom zuständigen Staatsorgan eingesetzt werden müsse. Wenn der Leiter eines Betriebes von einem Staatsorgan ernannt wird, wo bleibt dann die Selbstverwaltung? – fragte ich mich. In den mir bekannten freiheitlich-sozialistischen Wirtschaftsorganisationen, den Kibbuzim in Israel und den Kollektivwirtschaften in Spanien während des Bürgerkrieges, gab es keine vom Staat ernannten Direktoren. Auch die in der Verfassung enthaltene und von Tito rhetorisch oft benutzte Formel »Staatseigentum ist identisch mit Volkseigentum« stand im Widerspruch zum freiheitlichen Sozialismus.

Ich mußte mich informieren, wie es mit der Selbstverwaltung in der Praxis aussah. Durch Vermittlung des Gewerkschaftsbundes konnte ich mehrere Fabriken besuchen. Zwei Beispiele:

Vor dem Eingang der Textilfabrik Partisanka in Belgrad standen auf einer schwarzen Tafel die Namen der besten Arbeiter, deren Leistungen allen anderen zum Vorbild dienen sollten. Die Hose des Portiers war vielfarbig geflickt. »Sie gehören zum Personal einer Textilfabrik für Kleiderstoffe, können Sie sich keinen besseren Anzug leisten?« Antwort: »Einen Anzug? Der kostet fünfundzwanzigtausend Dinar, mein Monatseinkommen beträgt dreitausend Dinar.«

Die Fabrik arbeitete im Auftrag des staatlichen Verteilungsamtes nach dem amtlich festgesetzten Wirtschaftsplan. Der Direktor wird laut Gesetz von der Zentralinstanz ernannt. Die Arbeitszeit beträgt acht Stunden, die Löhne werden im Einvernehmen mit dem Wirtschaftsministerium nach allgemeinen Richtlinien für die Berufsgruppe festgesetzt. Die Belegschaft wählt einen Betriebsrat von neun und einen erweiterten Ausschuß von siebenunddreißig Mitgliedern. In gemeinsamen Sitzungen werden im Rahmen der für das ganze Land festgesetzten Normen technische und soziale Probleme diskutiert und Entscheidungen getroffen. Das Gutscheinsystem wurde abgeschafft, die Löhne werden nur noch in Geld ausgezahlt, sie bewegen sich zwischen dreitausend und siebentausend Dinar monatlich.

In einer Fabrik für pharmazeutische Produkte war ich zu einer Betriebsversammlung eingeladen. Mein Platz war mit einem Strauß roter Nelken geschmückt, da man erfahren hatte, daß ich Lenin persönlich gekannt habe. Ich richtete einige Begrüßungsworte an die Versammelten. Auf der Tagesordnung stand u. a. eine Beschwerde der Reinmachesparte, deren Sprecher erklärte, daß er und seine Gruppen die eigentlichen Proletarier geblieben seien, denn ihre Löhne seien so niedrig, daß man damit nicht auskommen könne. Beschlüsse wurden nicht gefaßt. Der Fabrikdirektor war auch in diesem Industriezweig von der oberen Instanz ernannt worden. Die Arbeitsorganisation war die gleiche wie in der Textilindustrie.

Im Laufe der Jahre wurde die Selbstverwaltung erweitert. Im Finanzierungsdekret für die selbständigen Betriebe hatte der Staat seine Machtbefugnisse an die Gemeinden abgetreten. Die Banken wurden selbständige Finanzinstitute, die, mit den Gemeinden als Garanten, den Unternehmen Investitionskredite gewähren. In der Verfassung von 1963 heißt es in Artikel 8:

»Die Produktions- und sonstigen Mittel der gesellschaftlichen Arbeit sowie alle Bodenschätze und sonstigen Naturreichtümer sind Gesellschaftseigentum.«

Was unter »Gesellschaftseigentum« zu verstehen ist, wird nicht näher definiert. Kollektiveigentum der Belegschaften sind die Unternehmen nicht. Klar ist nur, daß den Gemeinden die Entscheidungskompetenzen für die Gründung und Leitung von Wirtschaftsunternehmen überlassen wurden. Darin unterscheidet sich der jugoslawische Kommunismus vom russischen: die zentrale Verwaltungswirtschaft wurde abgeschafft.
Die Direktoren und Manager der Betriebe werden von den Gemeinden eingesetzt, nicht von den Arbeitern selbst. Das Mitbestimmungsrecht ist beschränkt. Nach neueren Verordnungen hat der Betriebsrat das Recht, bei der Einstellung und Entlassung von Arbeitern mitzuwirken, doch das ist ein Recht, das in den kapitalistischen USA in der Form des gewerkschaftlichen closed-shop-Systems [1] seit Jahrzehnten institutionalisiert ist und in Mexiko bereits 1917 in die neue Revolutionsverfassung aufgenommen wurde. Auch die 1965 eingeführte Steuerermäßigung für die Unternehmen von neunundvierzig auf neunundzwanzig Prozent des Reinertrags ist nicht relevant, bedenkt man, daß in Spanien während des Bürgerkrieges die kollektivierten Betriebe nur zwölf Prozent Steuern – und das freiwillig – an den Staat abführten.

1 Es werden nur Gewerkschaftsmitglieder eingestellt oder eingetretene Arbeiter müssen nach einer bestimmten Zeit der Gewerkschaft beitreten.

Die wirklichen Verwalter sind nicht die Arbeiter, sondern die Technokraten und Direktoren. Die Arbeiterselbstverwaltung hat, wie der mazedonische Kommunistenführer Crvenkovski auf einer Parteiveranstaltung in Skopje erklärte, zur »Aristokratisierung« geführt. Der technische Stab leitet, bestimmt, verwaltet. Auch bei den Löhnen haben die Arbeiter kein Mitbestimmungs-, geschweige das Selbstbestimmungsrecht. [1] Neue Kursfestsetzungen des Dinar führten zu einer Verschiebung der Proportionen, doch bei meinem letzten Aufenthalt in Jugoslawien – 1971 – hatte das Stubenmädchen im Hotel sechshundert Dinar im Monat, der Kellner neunhundert und der Hoteldirektor dreitausend Dinar. Dieses Gefälle entspricht dem in den westlichen Ländern.

Die niedrigen Arbeitereinkommen führen zu Lohnkämpfen und Streiks wie in der kapitalistischen Welt. Wären die Arbeiter die Verwalter der Betriebe, so wären Arbeitsniederlegungen undenkbar, denn niemand wird gegen sich selbst streiken. Die Arbeiter streikten de facto gegen ihre Vorgesetzten. Auf der 7. Präsidiumstagung der Kommunistischen Partei wurde berichtet, daß es in den vorangegangenen zwölf Jahren unter dem System der Selbstverwaltung zweitausend Streiks gegeben habe. Der Vorschlag, die »zeitweilige Arbeitsunterbrechung« – man vermied ängstlich das Wort Streik – gesetzlich zu regeln, wurde abgelehnt. Doch auf dem zwei Monate später abgehaltenen Kongreß der Selbstverwaltungsunternehmen beschloß man, das Streikrecht anzuerkennen und zu reglementieren. Die gesetzlichen Bestimmungen zur Beilegung von Arbeitskonflikten sind denen in den kapitalistischen Ländern ähnlich. Ein Streik ist legal, wenn die Vertreter der Belegschaft auf der einen und die der Betriebsleitung und der Gemeindeverwaltung auf der anderen Seite sich bei den Lohnverhandlungen nicht einigen können.

Schwierigkeiten besonderer Art ergaben sich aus dem Kapitalmangel der Selbstverwaltungsbetriebe. Während meines Aufenthalts in Belgrad las ich im Zentralorgan der jugoslawischen Kommunisten, der »Borba«, daß jedes dritte Unternehmen mit

1 Tito selbst sagte – nach der Belgrader Zeitung »Politika« vom 7. Mai 1962 – bei der Inbetriebnahme eines Wasserwerks in Split: »Es gibt Fälle, in denen das Spitzengehalt zwanzigmal höher ist als der Grundlohn, und wo die Empfänger niedriger Löhne sich bei der Gewinnbeteiligung mit dreitausend Dinar begnügen müssen, während die Direktoren bis zu achtzigtausend Dinar erhalten.«

finanziellen Nöten zu kämpfen habe. Achtundzwanzig Prozent der Lohnauszahlungen werden mit kurzfristigen Krediten finanziert, für die bis zu dreißig Prozent Zinsen gezahlt werden müssen! Diese Wucherzinsen werden – in einem kommunistischen Lande! – von den sich selbst verwaltenden Banken erhoben. Die Parteiideologen wettern zwar gegen diesen Zustand, fühlen sich aber außerstande, ihn zu beseitigen. Der »Kommunist« (Belgrad) schrieb dazu:

»Die Banken entwickeln sich zu mächtigen Finanzinstituten, in die ein beträchtlicher Teil des Mehrwerts fließt, so daß sie angesichts der ihnen zur Verfügung stehenden Mittel mehr und mehr eine Rolle zu spielen beginnen, die ihnen nicht zukommt und die sie in eine über der Gesellschaft stehende Macht zu verwandeln droht.«

Der Mehrwert mit seinem Pendant, der Ausbeutung, konnte also, nach dem Eingeständnis der kommunistischen Ideologen, auch unter dem jugoslawischen Regime nicht abgeschafft werden. Die nutznießende Minderheit sind die »aristokratischen« Funktionäre.

Die Einführung der Selbstverwaltung hatte auch noch andere unvorhergesehene Folgen. Viele der sogenannten »politischen Unternehmungen«, die unter der Zentralverwaltungswirtschaft aus politischen Gründen finanziert worden waren, mußten wegen Unrentabilität ihre Tätigkeit einstellen. Allein in Kroatien wurden zweihundert Betriebe stillgelegt. Die Zahl der Beschäftigten sank von 1,65 Millionen auf 1,25 Millionen, die der Erwerbslosen stieg mehr und mehr. Gegen diese prekäre Entwicklung fand man kein anderes Mittel als die Öffnung der Grenzen zur Ausreise in kapitalistische Länder. Trotz der Abwanderung von 800 000 Arbeitskräften registrierte man im Jahre 1973 noch immer 74 000 Erwerbslose. Der globale Wirtschaftsplan für die Jahre 1970 bis 1975 sah die Eingliederung der schulentlassenen Jugend in den Produktionsprozeß vor, der permanenten Arbeitslosigkeit aber steht der Staat ratlos gegenüber.

Um die wirtschaftliche Entwicklung voranzutreiben, wurde 1965 die private Wirtschaft durch Gesetz begünstigt. Seither haben gewerbliche Familienbetriebe das Recht, außer fünf Familienangehörigen fünf zusätzliche bezahlte Arbeitskräfte zu beschäftigen. Wie die Zagreber Illustrierte »Vus« berichtete, sprachen sich bei einer Umfrage in Kroatien zweiundfünfzig Prozent

der Befragten für Einführung des Privathandels aus. Noch stärker ist der Trend zur Privatwirtschaft in Jugoslawiens nordwest-
licher Republik Slowenien. In der Februarnummer 1971 der
kommunistischen Zeitschrift »Theoria in Praktika« (Ljubljana)
schrieb der slowenische Ministerpräsident Stane Kavcic mit er-
staunlicher Offenheit:

»Es scheint, daß wir mit den sektiererischen und romantisch-sozialisti-
schen Ansichten fertig geworden sind. Wir bewegen uns nicht mehr im
idealistischen Luftraum. Wir werden private Arbeit in unsere Wirtschaft
einbeziehen, denn wir müssen uns bewußt sein, daß wir damit unsere
gemeinsame Akkumulation vergrößern. Die bisherigen Erfahrungen mit
der sozialistischen Wirtschaft in der Welt deuten darauf hin, daß es im
Sozialismus nicht der Mühe wert ist, alle Produktionsprozesse zu natio-
nalisieren.«

Diese Reflexionen des slowenischen Ministerpräsidenten beziehen sich auf eine fünfundzwanzigjährige Entwicklung, die mit
der Abschaffung der Privatwirtschaft und Einführung der
Staatswirtschaft begann, danach zur lokalen Kollektivwirtschaft
überging und, unter Anerkennung einer begrenzten Privatwirtschaft, bei der Gemischtwirtschaft endete.

Ideologisch-politisches Monopol der Partei
Von politischen Freiheiten im demokratischen Sinne habe ich bei
meinen drei Informationsreisen in Jugoslawien nicht viel entdek-
ken können. Der »Bund der Kommunisten« ist noch immer die
einzige politische Partei. Djilas kam ins Gefängnis, weil er die
neue Herrscherklasse kritisierte. Mihail Mihailov wurde eingesperrt, als er eine sozialdemokratische Partei gründen wollte. Die
Worte Zentralismus und Etatismus sind verpönt, doch es gibt
immer wieder Reibungen zwischen dem auf seinen Hegemonie-
anspruch pochenden Belgrad und den Teilrepubliken, besonders
Kroatien und Slowenien, die sich als konkrete Nationalstaaten
mit eigenen kodifizierten Rechtsnormen verstehen.
Studentische Freiheitsforderungen werden mißachtet. Professor
Branko Prebicevic, Sekretär des kommunistischen Universitäts-
komitees Belgrad, schrieb im Dezember 1969:

»Der Bund der Kommunisten hat niemals den Standpunkt vertreten,
Freiheit sei für jede Meinung gegeben und Gleichheit müsse für alle Richtungen da sein. Darin liegt ja gerade der wesentliche Unterschied zwischen einer revolutionären Organisation und der kleinbürgerlichen Aus-

legung der Freiheit und Demokratie. Einen ideologischen Pluralismus und Koexistenz zwischen Ansichten, die in der Substanz voneinander abweichen, kann es im Zusammenhang mit dem Bund der Kommunisten nicht geben. Das sollte offen und klar gesagt werden, um unnötige Mißverständnisse zu vermeiden.«

Aus diesen Worten spricht unmißverständlich der Herrschaftsanspruch des Dogmatikers. Bei einer in Kroatien veranstalteten Volksbefragung über die Machtausübung erklärten siebzig Prozent der Befragten, daß sie keinen Anteil an der Macht hätten. Im Jahre 1973 wurde der Föderalismus eingeschränkt, aus Furcht, selbst die kleinen bestehenden Freiheiten könnten die Bundesmacht untergraben. Der slowenische Schriftsteller Zarko Petan hatte nicht so unrecht, als er in seinem Buche »Verbotene Parolen« von seinem Land sarkastisch schrieb: »Der Sozialismus ist ein Paradies – für kapitalistische Touristen.«

Auf dem Marktplatz von Sibenik, wo ich am Bücherstand die Memoiren de Gaulles neben Werken russischer Klassiker, aber weder Solschenizyns noch Amalriks Schriften fand, kam ich mit einem jungen Kroaten ins Gespräch, der in der Bundesrepublik arbeitete und zu den Ferien in seine sonnige Heimat an der Adria gekommen war. Er erzählte mir, daß er »draußen« dreimal mehr verdiene als zuhause. »Wer bei uns zu etwas kommen will«, fügte er hinzu, »muß zwei Arbeitsplätze haben, eine Hauptbeschäftigung am Morgen und eine Nebenbeschäftigung am späten Nachmittag. Das bedeutet freilich zwölf Stunden Arbeit pro Tag, und man verdient trotzdem nur halb soviel wie in Deutschland.« Er hatte die Wahrheit gesprochen. Unweit meiner Pension baute sich ein jugoslawisches Ehepaar mit dem in der Bundesrepublik verdienten Geld ein Einfamilienhaus.

Eine Reise ins Blaue . . .

Das spanische Wort Inquietudes – innere Unruhe – dürfte das ausdrücken, was mich trieb, im Alter von fünfundsechzig Jahren eine Reise sozusagen ins Blaue zu unternehmen, ohne festes Ziel und ohne feste Zeit. In der halben Welt hatte ich die Menschen und ihre gesellschaftlichen Institutionen studiert, zwei Weltkriege überlebt, in Bürgerkriegen und Revolutionen mitgewirkt, Gefängnis und Konzentrationslager von innen kennengelernt. Was wollte, was konnte ich noch erwarten? Ich lebte in Mexiko, einem schönen Land mit unvergleichlichem Klima, bei einem Volk mit alten Kulturtraditionen, unter Menschen, mit denen mich enge Freundschaftsbande verknüpften. Abenteuer irgendwelcher Art suchte ich nicht. Eine Insel vollkommener Harmonie erwartete ich nicht. Was war es also, das mich aufs neue hinauszog ins Unbekannte und mir die Lust an einem geruhsamen Lebensabend nahm? Inquietud, diese innere Kraft, jener Begriff, für den der Hispanologe Julio de la Canal nicht weniger als fünfzig Synonyme nennt.

»Du bist ein peregrino de lo ideal« (ein Pilger des Nichtexistierenden), sagte mir mein mexikanischer Freund Enrique Rangel, als ich mich vor meiner neuen Mittel- und Südamerikareise verabschiedete. Er spielte auf den griechischen Wanderphilosophen Peregrinos Proteus an, der sich im Jahre 165 unserer Zeitrechnung öffentlich verbrennen ließ, um seine Todesverachtung unter Beweis zu stellen. So weit gingen meine Ambitionen denn doch nicht. Ich wollte ganz einfach mein Wissen über die anderen lateinamerikanischen Länder erweitern und vertiefen.

Anfang November 1957 reiste ich von der mexikanischen Grenzstadt Tapachula mit der Eisenbahn nach *Guatemala,* der Hauptstadt des gleichnamigen Staates. Der Vorsitzende des Gewerkschaftsbundes, den ich von einer Tagung in Mexiko kannte, berief eine Versammlung von Funktionären ein, vor der ich einen Vortrag über die Bedeutung der Gewerkschaften für den sozialen Fortschritt hielt. In einem zweiten Vortrag sprach ich auf Wunsch über die Rolle der Arbeiter beim deutschen »Wirtschaftswunder« nach dem Zweiten Weltkrieg. In der Bananensiedlung Tiquisate, in die ein Gewerkschaftssekretär mich mitnahm, wirkten die Arbeiterhäuser eintönig und primitiv. Doch sie hatten elektrisches Licht, fließendes Wasser, sanitäre Einrichtungen und Dusche, ein Komfort, den man bei den Indios im benachbarten mexikanischen Dschungel nicht findet. Ausländisches Kapital und der gewerkschaftliche Kampfgeist einheimischer Arbeiter haben zivilisatorischen Fortschritt in den Tropenwald gebracht.

In *El Salvador* gab es relativ wenige spektakuläre Militärputsche, doch das Land wurde von Militärs regiert und der Fortschritt bewegte sich im Schildkrötentempo. Die Machthaber machen viel Aufhebens davon, daß sie mit Hilfe ausländischer Quäker zwei Genossenschaftsdörfer förderten. Ich besuchte diese Dörfer. Über den Hauseingängen standen in großen Lettern die Worte »Christo Rey« (König Christus). Da aber »König Christus« seit fast zweitausend Jahren tot ist und seine »Reichsverweser«, die Priester, es immer noch nicht fertiggebracht haben, das Himmelreich auf die Erde zu bringen, herrschen sie in seinem Namen über ihre Schutzbefohlenen. Bedauerlich, daß es ausländischer Hilfe bedurfte, um den Genossenschaftsgeist zu erwecken.

Nicaragua, die Heimat des großen Lyrikers Rubén Dario und des ersten Guerilleros unseres Jahrhunderts, Augusto C. Sandino (er wurde 1933 ermordet), ist das Land der Umwertung der politischen Werte beziehungsweise Worte: Die Partei des Diktators Somoza nannte sich »liberal«, die »konservative« Jugend kämpfte für politische Freiheiten, die Gewerkschaften waren nationalisiert, das heißt, sie wurden vom Staat kontrolliert. Einen diktaturfeindlichen Vortrag konnte ich dort nicht halten. Der Rektor der Universität, der meinen Aufsatz über Kierkegaard [1] in der mexikanischen Zeitung »Novedades« gelesen hatte, schlug mir vor, über den dänischen »Existenzphilosophen« zu sprechen; ich hatte, obwohl ich kein Fachphilosoph war, seine Bücher im dänischen Originaltext gelesen. Den gleichen Vortrag hielt ich einige Monate später in Quito, der Hauptstadt von Equador.

1 Sören Kierkegaard, 1813–1855, dänischer religiöser Denker und Philosoph, der die protestantische Theologie sowie die deutsche und französische »Existenzphilosophie« des 20. Jahrhunderts entscheidend beeinflußte.

In Alalueja, *Costa Rica,* war ich Gast bei Boris Pisa, einem russischen Anarchisten, der nach der Niederschlagung des Kronstädter Aufstands Rußland verlassen und sich nach einigem Umherirren in der westlichen Welt in Costa Rica niedergelassen hatte. Er erzählte von einem kleinen Erlebnis auf einer kurz zuvor unternommenen Europareise. Er hatte in Frankreich Wollins »La Révolution Inconnue« gekauft, das bekannte Werk über die russische Revolution. [1] An der französisch-schweizerischen Grenze rief der Zollbeamte bei der Gepäckkontrolle erstaunt aus: »Dieses Buch haben Sie?« »Jawohl, was ist Merkwürdiges daran?« »Nichts, indes: der Autor dieses Buches war mein Vater!« » – und mein Genosse und Freund«, ergänzte Boris die überraschende Bemerkung des Zöllners.

Costa Rica ist in Lateinamerika das Mutterland der christlichen Gewerkschaftsbewegung. Auf Initiative des Erzbischofs Sanabria gründete Padre Benjamin Nuñez während des Zweiten Weltkrieges eine Rerum-novarum-Gewerkschaft [2] laizistischen Charakters. Der kämpferische Priester erklärte:

»Die Gewerkschaften erstreben neben Wohlstand die Verwirklichung jener moralischen und ethischen Normen, die allen Religionen gemeinsam sind. Das Wichtigste für uns ist die Persönlichkeit und Menschenwürde. Wir sind weder Kommunisten noch Sozialisten, sondern, wenn ich mir diesen Ausdruck erlauben darf, Personalisten.«

Die von Pater Nuñez inspirierten Gewerkschaften verdrängten dank ihres Kampfgeistes die kommunistischen Arbeiterorganisationen. Die Rerum-novarum-Bewegung wurde in Costa Rica führend und breitete sich über andere lateinamerikanische Länder aus. Mein Gespräch mit dem Weltpriester Nuñez hatte nicht das Seelenheil nach dem Tode zum Gegenstand, sondern die materielle Besserstellung und den kulturellen Aufstieg der benachteiligten sozialen Gruppen auf dieser Welt. Bei meinen anschließenden Besuchen auf den Banananplantagen hatte ich Gelegenheit, die Hingabe und moralische Lauterkeit der parteipolitisch und ideologisch unabhängigen Gewerkschaftsorganisatoren

---

1 Siehe dazu die Ausführungen über Wollin S. 36, 129.
2 Rerum novarum: Sozialenzyklika von Papst Leo XIII. 1891, die zum Zusammenschluß der katholischen Verbände in Italien zur »Confederazione Italiana dei Lavoratori« und zur Gründung christlicher Gewerkschaften auch in anderen Ländern führte.

kennenzulernen. [1]
Die Flugreise von Costa Rica nach *Kolumbien* und *Venezuela*
konnte ich mir nicht leisten. Die Vorträge für die Gewerkschaften ließ ich mir nicht bezahlen und das Honorar für Vorträge in
Universitäten sowie für verschiedene Reiseberichte in ausländischen Zeitungen reichte gerade für Unterkunft und Essen. Das
Reisen mit der Eisenbahn, mit Autobussen und Küstenfahrzeu-
gen war zwar langwierig und beschwerlich, hatte aber den Vorteil, mich in Kontakt mit den kleinen Leuten, mit Arbeitern und
Bauern zu bringen, die von ihren Problemen und Nöten erzähl-
ten.

In den Andenländern

In Caracas, *Venezuela*, begrüßte mich Ludovico Stauss, dem ich
zweiundzwanzig Jahre vorher in Barcelona zur Freilassung ver-
holfen hatte. Auch Professor Juan Campa, ehemaliger Sekretär
der Lehrergewerkschaft in Barcelona und ebenfalls als politischer
Flüchtling nach Venezuela gekommen, sah ich wieder. Er hatte
in Caracas ein Privatgymnasium mit dem Namen »Instituto Einstein« eröffnet. In seinem Internat war noch Platz für mich. So
konnte ich längere Zeit in Caracas bleiben und die wirt-
schaftlich-sozialen Verhältnisse Venezuelas eingehend studieren
und auch einige Vorträge halten.
Daß ich mich nicht zum Diplomaten eigne, wußte ich schon lange. Auf Talleyrands Kunst, die Gedanken durch Worte zu ver-
bergen, habe ich mich nie verstanden. Ich gehöre weit eher zu jenem Typ, von dem es im Spanischen sarkastisch heißt: Er verbringt sein Leben damit, immer das zu sagen, was er denkt, und
dann wundert er sich, daß er es zu nichts gebracht hat. Als ich
dem Dekan für Sozialwissenschaften an der Universität von Caracas erklärte, ich teile seine Ansicht über unseren Diskussions-
punkt nicht, achte ihn aber als Person, da erwiderte er lachend:
»Zitat vom Kirchenvater Augustin!« »Und auch Voltaire«, fiel
ich ein, »drückte den Gedanken in einer anderen Variante aus«.
Wir verstanden uns. Meine Offenheit hatte diesmal einen ver-

1 Costa Rica steht ökonomisch, sozial, politisch und kulturell in Mittelamerika an
erster Stelle. Ob das Land diesen Status dem relativ hohen Prozentsatz von
Kleinbauern, der geringen Zahl indianischer Eingeborener (nur 0,4 Prozent In-
dianer und 2 Prozent Neger) oder anderen Faktoren verdankt, das zu untersu-
chen geht über den Rahmen eines solchen Erinnerungsbuches hinaus.

ständnisvollen Partner gefunden.

Zehn Monate lang reiste ich durch die Andenländer *Venezuela, Kolumbien, Equador, Peru, Bolivien* und *Chile*. Ich konnte meine eigenen Kenntnisse ergänzen und auch einiges an Aufklärungsarbeit leisten. Nach einem Vortrag in Cuzco, dem ehemaligen Sitz der Inkakönige, ließ ich es mir nicht nehmen, einen Ausflug in das Reich der Archäologie zu machen. Machu Picchu, die verlorene Stadt der Inkas, die erst Anfang unseres Jahrhunderts ausgegraben wurde und von Cuzco aus mit einer Serpentinenbahn in wenigen Stunden zu erreichen war, mußte ich mir ansehen. Ich bereute diesen Abstecher nicht: Machu Picchu vereint das Grandiose der ägyptischen Pyramiden, die es noch übertrifft, mit den hängenden Gärten Babylons zu einem achten Weltwunder!

Anfang Oktober 1958 kam ich nach Santiago de Chile. Dort bot mir mein Freund André Germain, französischer Kriegsdienstverweigerer des Ersten Weltkrieges, den ich zu Beginn der zwanziger Jahre in meiner Berliner Wohnung beherbergt hatte, Gastfreundschaft in seinem Hause an. Er war als konsequenter Kriegsgegner während des Zweiten Weltkrieges nach Chile ausgewandert, wo er eine Heimstätte des Friedens gefunden hatte. Auch in ihm war etwas von jener »inquietud«, von der ich besessen war. Er leitete nun die chilenische Sektion des »Kongresses für die Freiheit der Kultur«, der nach dem Zweiten Weltkrieg in der westlichen Welt für die Verteidigung der von diktatorischen Regimen und autoritären Bewegungen bedrohten Freiheit eintrat. Germain lud die Journalisten der chilenischen Hauptstadt zu einer Pressekonferenz ein, auf der ich Rede und Antwort stand. Die kommunistische Zeitung »El Siglo« wußte darüber am 6. Oktober 1958 nichts anderes zu berichten als: »Der Anarchist Souchy kam nach Chile. Selbstverständlich reist er im Auftrag der Yankees.« Sollte ich protestieren? Ich ignorierte die Verleumder.

Bald nach meiner Ankunft in Santiago sollte ich eine weitere Überraschung erleben. Professor Georg F. Nicolai, mit dem ich zwanzig Jahre vorher in Rosario (Argentinien) zusammengetroffen war, lebte seit etlichen Jahren in Chile, wo er einen Lehrstuhl an einer Universität gehabt hatte. André Germain, mit dem er befreundet und dessen Gast er des öfteren war (Nicolai lebte allein und Charlotte, Andrés Pariser Gefährtin, verstand sich vorzüglich auf die französische Kochkunst!), lud ihn anläßlich meiner Anwesenheit zu einem Diner ein. Später besuchte ich Nicolai in seiner Wohnung. Er war inzwischen vierundachtzig Jahre alt geworden, hatte seine Lehrtätigkeit eingestellt, war aber nach wie vor schriftstellerisch tätig. Die kleine Rente, die er erhielt, reichte für sein bescheidenes Leben nicht aus.

Als ich Nicolai 1964, auf meiner dritten Südamerikareise, aufs neue besuchte – Germain war inzwischen an Krebs gestorben – ging es ihm noch schlechter. Nach Europa zurückgekehrt, schrieb ich einen Brief an den damaligen Regierenden Bürgermeister von Berlin, Willy Brandt, mit der Bitte, die Stadt Berlin möge etwas für ihren großen Sohn Nicolai (er war gebürtiger Berliner) tun. Nach einiger Zeit teilte mir das Bundespräsidialamt in Bonn mit, auf Weisung des Bundespräsidenten sei die deutsche Botschaft in Santiago gebeten worden, Nicolai aus den Unterstützungsmitteln des Bundespräsidenten zunächst eine einmalige Beilhilfe von dreihundertfünfzig DM auszuzahlen; die Möglichkeiten einer weitergehenden Hilfe würden noch geprüft.

Doch es war zu spät. Der über neunzig Jahre alte Friedenskämpfer war inzwischen gestorben. Mein in Montevideo lebender Freund Eugen Relgis schrieb seine Biographie, die unter dem Titel »Georg Nicolai, un sabio y un hombre del porvenir« (Georg Nicolai, ein Gelehrter und ein Mann der Zukunft) in Buenos Aires erschien.

Zurück ins Jahr 1958. Nach Cordoba, der argentinischen Universitätsstadt, kam ich am vierzigsten Jahrestag der Studentenunruhen, die 1918 zur Universitätsreform geführt hatten. Autonomie und Demokratisierung der Universitäten hatten damals ihren Siegeslauf in ganz Lateinamerika angetreten. Das Signal dazu war von Cordoba ausgegangen. An Rückschlägen fehlte es freilich auch hier nicht. Auch durch Revolution errungener Fortschritt muß verteidigt werden, soll er nicht der Bürokratisierung zum Opfer fallen. Fehlende Freiheiten und äußerer Druck führen aufs neue zu Unzufriedenheit, zu Problemen und Kämpfen. Diese Gedanken brachten die Studenten in einem Flugblatt zum Ausdruck, das mit dem Motto begann: »Nicht alle haben den Mut, den Herrschenden zu sagen, daß sie anderer Meinung sind.«

Über dieses Thema unterhielt ich mich mit dem Leiter des Uni-

versitätsrundfunks von Cordoba, dem Sohn eines alten Gesinnungsfreundes. Nachdem ich ihm die Lage an den Universitäten
der anderen lateinamerikanischen Länder geschildert hatte,
schlug er mir vor, über meine Erfahrungen in viertelstündigen
Rundfunkreden in seinem Sender zu berichten. Wir arbeiteten
ein Programm für sieben Tage aus. Die kurzen Reden sollten un-
politische Themen haben, von Indianerwörtern in der spanischen Sprache der einzelnen Länder bis zu regionalen Sitten und
Bräuchen. Den Abschluß sollte ein Strauß allgemeinverständli-
cher philosophischer Anekdoten bilden. Der Zyklus fand An-
klang.

Das ganze Jahr 1958 war mit Vorträgen und sozialen For-
schungsreisen in Argentinien, Uruguay, Paraguay und einem
zweiten Abstecher nach Bolivien ausgefüllt. Eine nicht alltägli-
che Begegnung hatte ich in der Provinz Buenos Aires. Nach einem Vortrag über die israelischen Kibbuzim, in einer Anfang des
Jahrhunderts von jüdischen Einwanderern gegründeten Siedlung, sagte mir eine Frau, ich habe Ähnlichkeit mit dem Bruder
einer ihrer Freundinnen aus dem schlesischen Städtchen Heinau,
aus dem sie herstamme. In der Tat hatte ich Verwandte in Heinau
gehabt. Die Frau erzählte mir, daß es in der Familie meines On-
kels keine Nazis gegeben habe und einer meiner Neffen unter
dem Hitlerregime aus politischen Gründen eingesperrt worden
sei. Diese mir bis dahin unbekannte Information über meine
Verwandtschaft erreichte mich beinahe ein Vierteljahrhundert
nach dem Ende der Naziherrschaft in der argentinischen Pampa!

Aufstieg und Niedergang des argentinischen Anarchismus
Die politische Landschaft Argentiniens hatte sich seit meinem ersten Besuch wesentlich verändert. Damals, 1929, stand die Arbeiterbewegung unter dem Einfluß der Anarchisten. »La Protesta« erschien zwanzig Jahre lang als anarchistische Tageszeitung.
Zahlreiche Intellektuelle bekannten sich zu einer freiheitlichen
Ideologie. Bei Arbeitskämpfen kam es mitunter zu Zusammenstößen mit der Polizei, wie in anderen Ländern auch, doch Ge-
waltakte mit blutigem Ausgang gab es kaum. Simon Radowitzkys Attentat auf den Polizeipräsidenten Falcón – der für die Erschießung von acht Arbeitern bei einer friedlichen Maidemonstration verantwortlich war – im Jahre 1909 bildete eine Ausnahme. Radowitzky hatte seine Tat allein vorbereitet und allein

ausgeführt und war allein für sie verantwortlich. Anarchistische Verschwörungen hatte es nicht gegeben.

Dreißig Jahre später war vom einstigen Glanz des argentinischen Anarchismus nur ein Schatten geblieben. Die anarchistischen Organisationen waren aufgelöst, die peronistischen Gewerkschaften ein verlängerter Arm des Staates; »La Protesta« erschien nur noch als Monatsschrift in Zeitungsformat. Der Kern der anarchistischen Bewegung änderte seinen Namen in »Freiheitliche Assoziation«, ihr theoretisches Organ »Reconstruir« erscheint bis heute monatlich. In Buenos Aires und den größeren Städten des Landes setzten die freiheitlichen Gruppen die Propagierung ihrer Ideen und Ideale fort, gründeten Bibliotheken und warben Anhänger in den Universitäten. Auf die politische und soziale Entwicklung des Landes aber hatten sie keinen Einfluß.

Der Niedergang der anarchistischen Bewegung in Argentinien ist eine dem biologischen Prozeß ähnliche Erscheinung. Organisationen kommen und gehen, die Ideen aber leben weiter. Auf den Geist der Erhebung, des Fortschritts und der Freiheit kommt es an. Und dieser Geist ist auch in Argentinien nicht tot – das war der Eindruck, den ich auf meiner zweiten Argentinienreise gewann. Ähnlich dachte auch mein Freund Diego Abad de Santillán, den ich Mitte der zwanziger Jahre in Berlin kennengelernt und mit dem ich während des Spanischen Bürgerkrieges in Barcelona (wo er zeitweise katalanischer Wirtschaftsminister war) zusammengearbeitet hatte. Er lebte nun in Buenos Aires und hatte sich als Historiker einen Namen gemacht.

Madagaskar im Bildungsrausch

Meine zweijährige Wanderung durch Südamerika und Kuba unternahm ich aus eigener Initiative und finanzierte sie zwar schlecht, aber recht aus eigener Tasche. Auf Lateinamerika spezialisiert, zog ich es vor, Kenner auf einem Gebiet zu sein anstatt Dilettant auf allen. Die Idee, nach Madagaskar zu reisen, um dort Vorträge zu halten, entsprang nicht meinem Kopfe. Der »Internationale Bund freier Gewerkschaften« schlug mir vor, in Madagaskar einen Schulungskurs zu leiten. Das Angebot war an keinerlei ideologische Bedingungen geknüpft. Ich akzeptierte ohne Zögern. Wohl hatte ich die Siebzig überschritten, doch ich fühlte mich körperlich fit für den Klimawechsel und geistig auf der Höhe. Mit Lust und Liebe bereitete ich mich auf die neue Aufgabe vor.

Madagaskar befand sich in den ersten Jahren nach Erlangung seiner nationalen Souveränität (1960) in einem Bildungsrausch. Schulbildung war der Weg zu einer gesicherten Lebensstellung. Nicht selten verkaufte der Bauer seine Kuh, um mit dem Erlös den Schulbesuch seines Sohnes zu finanzieren. Nahe der Hafenstadt Tamatave sah ich einen Lehrer in einer Bambushalle dreiundneunzig Kinder verschiedenen Alters unterrichten, während analphabetische Eltern draußen stolz auf ihren Nachwuchs blickten. Die meisten der 45 Prozent Analphabeten des Landes gehörten zur älteren Generation. Hatten 1950 250 000 Kinder die Schule besucht, so waren es 1960 schon 468 000. Das Fehlen ausreichender Lehrstellen und Arbeitsplätze für die Jugendlichen, die alljährlich alphabetisiert die Volksschule verlassen, führt zu einer ökonomisch-kulturellen Gleichgewichtsstörung, die nur nach und nach durch wirtschaftliches Erstarken und zunehmende Industrialisierung des Landes abgebaut werden kann.

Gehören die Deutschen zur »Rasse der Götter«?

Der vom Arbeitsminister in Anwesenheit von Vertretern des Gewerkschaftsbundes und der Wirtschaft eröffnete Kurs fand in der Öffentlichkeit, vor allem in der Presse, große Beachtung. Die

Themen wurden den Erfordernissen des Landes angepaßt. Teilnehmer waren Gewerkschaftsführer, Bank- und Handelsangestellte, Beamte des öffentlichen Dienstes, Krankenschwestern und Leiter landwirtschaftlicher Genossenschaften. Es war ein intensiver Lehrgang, an dem alle Teilnehmer mit größtem Interesse mitwirkten. Ich konnte mich davon überzeugen, daß die Kenntnisse der madagassischen Seminaristen nicht hinter denen europäischer Kursteilnehmer des gleichen Bildungsgrades zurückstanden. Die von ihnen schriftlich gestellten Fragen habe ich aufbewahrt. Hier einige Beispiele:

1. Was ist unter der von Karl Marx geforderten Vergesellschaftung der Produktionsmittel genau zu verstehen?

2. Besteht ein prinzipieller Unterschied zwischen der sozialistischen Ideologie Saint-Simons und der Fouriers?

3. Wenn Proudhon, Marx und Bakunin sich zur sozialistischen Ideologie bekannten, worin unterscheiden sie sich dann?

4. Die Kommunisten behaupten, auch Sozialisten zu sein. Die Sozialisten aber wollen keine Kommunisten sein. Welches sind die Unterscheidungsmerkmale zwischen beiden?

5. Welche Rollen spielen die Gewerkschaften in den kommunistischen Ländern? Gibt es in den Staatswirtschaftsländern eine besondere Gewerkschaftsideologie?

6. Können die Gewerkschaften in den kapitalistischen Ländern erreichen, daß ihnen der gerechte Anteil am Bruttosozialprodukt zufällt?

7. Für wann kann man den Sieg der industriellen Revolution in den Entwicklungsländern erwarten? Werden die Entwicklungsländer auch mit zyklischen Wirtschaftskrisen rechnen müssen?

8. Ist das System der Staatswirtschaft dem Privatkapitalismus, vom Standpunkt der Arbeiterinteressen, vorzuziehen?

9. Ist die Verstaatlichung der Produktionsmittel in einem Agrarlande wie Madagaskar von Vorteil für die Bauern?

10. Unsere dreiundsechzigjährige Kolonialzeit hatte eine Art geistige Kolonisierung zur Folge. Wie können wir uns am schnellsten davon befreien?

11. Kann man die Gewerkschaften als Keimzellen der sozialistischen Wirtschaftsordnung betrachten, die in der Lage wären, das privatkapitalistische System abzulösen?

12. Haben Streiks außer ihrer unmittelbaren Zielsetzung auch moralischen Wert, etwa zur Stärkung der Solidarität?

13. Wäre es denkbar, daß die Internationalisierung des Bankwesens zur Überbrückung der Kluft zwischen Industrieländern und Entwicklungsländern führen könnte?

14. Was können die Gewerkschaften tun, wenn bei Einführung der Rationalisierung Arbeiter entlassen werden?

15. Ist es günstig für die Sache der Arbeiter, wenn Gewerkschaftsführer Stadtverordnete oder Abgeordnete werden?

16. In Europa im allgemeinen und in Frankreich im besonderen bekennen sich die meisten Gewerkschaften zur sozialistischen Weltanschauung; in den Vereinigten Staaten sind sie reine Interessenvertretungen ohne spezifische Ideologie. Was ist wirkungsvoller und vorteilhafter für die Arbeiter?

17. Ist es ratsam, den Gewerkschaftsbeitrag vom Lohne abzuziehen?

18. Waren die Ursachen des Ersten Weltkriegs rein wirtschaftlicher Art oder gab es auch ideologische Motive?

19. Was haben die Frauen bisher zum Entwicklungsprozeß der Menschheit beigetragen?

Dem deutschen Gesandten, der, wie auch ein Vertreter Frankreichs, einen Bericht über die Sozialpolitik seines Landes gab, wurden verschiedene Fragen zur Teilung Deutschlands gestellt. Die vorletzte an ihn gerichtete Frage lautete:

»Die Deutschen haben den Ruf, in der Liebe eine Technik zu haben, die sich bewährt haben soll. Können Sie, Exzellenz, die großen Linien dieser Technik aufzeigen?«

Dann folgte die Frage:

»Ist es glaubwürdig, daß die Deutschen der Rasse der Götter angehören?«

Im Laufe von mehr als vier Jahrzehnten hatte ich auf dem alten und neuen Kontinent Gutes und Schlechtes über die Deutschen erfahren. In Chile rezitierte mir ein Deutschchilene den Vers »Herr schütze mich vor Sturm und Wind und Deutschen, die im Ausland sind«. Daß aber die Deutschen Techniker der Liebe sein und zur Rasse der Götter gehören sollen, wie der madagassische Kursteilnehmer glaubte, hatte ich nie vorher gehört. Was der deutsche Gesandte auf diese Fragen antwortete, habe ich in der Zwischenzeit vergessen.

Rassen und Klassen

Madagaskar ist mit seinen 587 041 qkm Fläche etwas größer als Frankreich, hatte 1960 aber nur 5,3 und 1970 6,6 Millionen Einwohner, während Frankreich von mehr als fünfzig Millionen Menschen bevölkert wird. Ginge es nach dem Reichtum der Natur, brauchte es in Madagaskar keine Armut zu geben. Wer sich verpflichtet, Land zu bebauen, kann bis zu dreißig Hektar gratis erhalten. Nicht an Land fehlt es, sondern an Investitionsgütern, an einer Infrastruktur und an modernem landwirtschaftlichem know-how. Die Insel hat Erze und andere Bodenschätze aller Art, die bei rationeller Ausbeutung allgemeinen Reichtum und Wohlstand für alle ermöglichen. Doch von der Möglichkeit zur Wirklichkeit ist ein weiter und arbeitsreicher Weg, bei dem der Mensch selbst der wichtigste Entwicklungsfaktor ist. Unser Seminar war ein Schritt zur Nutzbarmachung dieses Faktors Mensch. Seminare auf anderen Wissensgebieten sollten folgen.

Auch in Madagaskar fallen, ähnlich wie auf dem afrikanischen Kontinent oder auch in Lateinamerika, Klassenunterschiede vielfach mit Rassenverschiedenheiten zusammen. Die dunkelhäutigen Küstenbewohner afrikanischer Rasse sind den hellbraunen Howas malayisch-indonesischen Ursprungs, die dem Land seine Sprache und Kultur gegeben haben, unterlegen. Eingewanderte Asiaten beherrschen den Binnenhandel. Sieht man von den rund fünfzigtausend Franzosen der Oberklasse ab (Überbleibsel der ehemaligen Kolonialherrschaft), dann sind es die zwölftausend Inder und rund achttausend Chinesen, die den Mittelstand repräsentieren, zu dem auch noch das Heer einheimischer Staatsbeamter gehört, während die Ureinwohner, in ihrer weitüberwiegenden Mehrheit Ackerbauern, die Unterklasse bilden.

»Wie kommt es«, fragte mich der barfüßige Rikschamann afroasiatischer Herkunft, der mich in seinem Handwagen auf den asphaltierten Straßen der Hafenstadt Tamatave umherfuhr, »daß es Inder und Chinesen in unserem Lande zu Wohlstand bringen, während wir Eingeborenen, pauvre (arm) bleiben?« Sein Tageseinkommen überstieg nicht den Wert von fünf Kilo Reis, womit er und seine vier Kinder auskommen mußten. Reis gab es zum Frühstück, zum Mittag- und zum Abendessen, hochwertige Lebensmittel, etwa Fleisch, konnte die Familie sich nicht leisten. Ihm zu antworten, daß die Armut von der »Powerteh«[1] herkomme, wäre zynischer Nonsens gewesen. Da er leidlich Französisch sprach, riet ich ihm, es doch auch einmal mit dem Handel zu versuchen. Auf seine Frage, wo er das Startkapital hernehmen solle, hatte auch ich keine Antwort.

Unter Aussätzigen

Die Lepra, Erbe aus einer Zeit, in der Bazillen und Mikroben noch unentdeckt waren und die Bedeutung der Hygiene noch

---

1 Verballhornung des französischen pauvreté (Armut). Nach Fritz Reuter, Ut mine Stromtid, 1862/64.

nicht erkannt war, stellt die Madagassen auch heute noch vor schwierige Probleme. Die Zahl der Leprakranken belief sich zur Zeit meines Besuches nach Angaben des Gesundheitsministeriums auf rund fünfundzwanzigtausend, gemessen an der Einwohnerzahl eine recht hohe Ziffer. Der sechzigste Gründungstag des ersten Leprakrankenhauses, Saint Vincent de Paul, bot Anlaß zu einer Gedenkfeier.

In der Heilstätte von Ambatoabo waren dreiundachtzig Männer, sechsundfünfzig Frauen und vier Kinder der Obhut von französischen Ärzten und barmherzigen Schwestern anvertraut. Moderne Heilmethoden haben der Lepra ihre Schrecken genommen. Die Krankheit kann zum Stillstand gebracht werden, doch häufig wollen die Befallenen ihre Geschwüre nicht operieren lassen. Aus dem medizinischen Problem wird ein soziales, wenn die Rekonvaleszenten in ihren Dörfern aus Furcht vor Ansteckung nicht mehr aufgenommen werden.

Um diesem Übel abzuhelfen, hat man in der Nähe des Leprosoriums vier Lepradörfer errichtet. Die Bewohner widmen sich ihrem körperlichen Zustand angemessenen leichten Arbeiten. Reis, der im Wasser umgesteckt werden muß, können sie nicht anpflanzen. Doch sie bauen Kartoffeln und Maniok, Bananen und Ananas an. In einem der Lepradörfer begegnete ich einer jungen Frau mit einer von Lepra zerfressenen Hand und einem gesunden Kind auf dem Arm. Die Leproseansteckung kann, nach Angaben des französischen Oberarztes, bei ausreichender Vitaminkost gebannt werden. Caritasvereine und andere private Hilfswerke mildern das Los der Befallenen. »Soziale Probleme gibt es auch jenseits des Kapitalismus«, sagte mir der Sekretär eines Hilfsvereins für Familien von Leprakranken.

Reiserntefest

»Wir Madagassen sind keine Sektierer, auch nicht in der Religion. Wir nehmen vom Ausland, was uns zusagt, halten aber auch an unseren eigenen Glaubenssätzen und Bräuchen fest. Bei uns läßt man sich taufen und beschneiden, man achtet die Lebenden und verehrt die Toten.« So sprach Genosse Rasaminana zu mir, als wir auf dem Wege zum Reiserntefest waren. Bald sollte ich mich davon überzeugen, daß er die Wahrheit sagte. Griechen und Römer hatten ihre Fruchtbarkeitsgöttinnen Demeter und Ceres, die sie verehrten, die Azteken verehrten ihren Maisgott

Centéotl. Das Reiserntefest der Madagassen hingegen gilt konkret der handgreiflichen Reisgarbe, dem eßbaren Reiskorn, das sie sättigt und ernährt; man sucht keine allegorische Verkleidung, man verzichtet auf mythologische Dichtung und Deutung.

Die Reispflanzer waren mit Frau und Kind von weit her gekommen. In langen Reihen zogen sie in ihren Regionaltrachten durch die Straßen der Hauptstadt. Draußen auf der Festwiese saßen auf der Tribüne die einheimischen Würdenträger und ausländischen Diplomaten. Der Staatspräsident verurteilte den Reiswucher, versprach, die Zwischenhändler auszuschalten, und gelobte, dem Zustand ein Ende zu machen, daß der Produzent für das Kilo Reis sechs Francs erhält, der Konsument aber fünfundzwanzig Francs dafür zahlen muß. Festlich gekleidete Männer, Frauen und Kinder führten nach den Klängen einheimischer Musikinstrumente rhythmische Tänze auf, die das Pflügen des Bodens, die Aussaat der Körner, das Umpflanzen im Wasser, das Mähen der Halme und das Binden der Garben symbolisierten. Eine Reisgarbe ist das Emblem der Sozialisten, der stärksten Partei des Landes.

Totenkult

Der madagassische Totenkult ist malayisch-indonesischen Ursprungs und unterscheidet sich sowohl vom indischen als auch vom europäischen Ritus. Der Leichnam des Verstorbenen wird im Familientotenhaus begraben. Friedhöfe gibt es in den Dörfern nicht. Das Mausoleum steht auf dem eigenen Grund und Boden. Fern von der Heimat verstorbene Familienangehörige werden hunderte von Kilometern zu ihrem Geburtsort befördert, um an der Seite ihrer Vorfahren beigesetzt zu werden. Auch die Ärmsten bauen mit Hilfe von Verwandten neben der eigenen Lehm- oder Bambushütte ein steinernes Mausoleum für ihre Verstorbenen. Man stürzt sich in Schulden, um eine prächtige Familiengrabstätte zu errichten. »Das eigene Heim kann ärmlich sein, denn das Leben ist kurz, das Totenhaus aber muß herrlich sein, denn der Tod währt ewig«, sagte mir ein madagassischer Freund.

Einmal im Jahr wird das vermauerte Totenhaus aufgebrochen, um die Gebeine der Toten an die Luft zu tragen. Auf dem Lande hält man an diesen alten Bräuchen fest. In den Städten aber vollzieht sich ein Wandel. Die Hauptstadt Tananarive hatte 1960 190 000 Einwohner, 1972 waren es 362 000. In der Großstadt gibt es nicht genügend Baugrund, um für jede Familie ein Toten- haus errichten zu können. Aus sanitären Gründen dürfen Lei- chen jetzt nur noch in der Regenzeit transportiert werden. Der alte Ahnenkult fällt mit zunehmender Industrialisierung der Ver- städterung zum Opfer.

Die Madagassen halten sich von übertriebenem Nationalismus fern. Als Rechts- und Linksextremisten nach der Erlangung der nationalen Souveränität die Niederreißung des unter der Franzo- senherrschaft in der Hauptstadt errichteten Steindenkmals der Jungfrau von Orléans [1] forderten, in dem sie ein Symbol des Imperialismus sahen, erklärte der farbige Bürgermeister von Tananarive, Jeanne d'Arc sei das Sinnbild eines edlen Patriotis- mus und könne auch den Madagassen zum Vorbild dienen. Das Denkmal blieb an seinem Platze, und nach wie vor blicken all- jährlich die zum Reiserntefest vorüberziehenden Frauen und Mädchen ehrerbietig auf zur Statue der nationalfranzösischen Freiheitskämpferin.

Monsieur Tsiranana, der erste Staatspräsident der souveränen Republik Madagaskar, war gemäßigter Sozialist frankophiler Färbung. Er wurde 1972 gestürzt. Unter dem gegenwärtigen Präsidenten Ratsiraka (seit 1975) beschreitet Madagaskar den Weg des afro-asiatischen Nationalmarxismus.

1 Jeanne d'Arc, 1412–1431, französische Nationalheldin.

Neue Aufgaben

Im Sommer 1963 erreichte mich im mexikanischen Cuernavaca
ein Schreiben meines französischen Gesinnungsfreundes Albert
Guigui aus Genf. Guigui hatte seine Militantenlaufbahn als
Anarchosyndikalist begonnen. Wir haben uns in den zwanziger
Jahren kennengelernt. Nun war er Leiter des Bildungsdeparte-
ments im Internationalen Arbeitsamt (ILO) in Genf, einer
Zweigorganisation der Vereinten Nationen. Er teilte mir mit,
daß es im internationalen Bildungswesen an geeigneten Lehr-
kräften mangele, und schlug mir vor, bei der Arbeiterbildung in
Entwicklungsländern mitzuhelfen.

Der Vorschlag entsprach meiner bisherigen Tätigkeit. Dennoch
hatte ich anfangs aus persönlichen Gründen Bedenken, ihn anzunehmen. Bisher war ich in meinem volkspädagogischen Wirken immer nur meinem eigenen Gewissen verantwortlich und
stets mein eigener Herr gewesen. Sollte ich mich nun, im Alter
von einundsiebzig Jahren, einem großen Verwaltungsapparat
ein- oder gar unterordnen? Würde dieser Schritt mich nicht mit
inneren Konflikten belasten? Sollte ich nun einem fremden
Herrn dienen?

Der Einblick in die mir vorgeschlagenen Aufgaben zerstreute
meine Skrupel. Zunächst sollte ich an einem vierzehntägigen
Kurs in Kingston, der Hauptstadt Jamaicas, mitwirken. Der Zufall wollte, daß der Lehrgang in den (inzwischen renovierten)
Räumen stattfand, in denen wir 1942 auf dem Wege nach Mexiko
von den Engländern einige Tage zur Kontrolle festgehalten worden waren. Die Themen meiner Vorträge konnte ich nach eigenem Ermessen wählen. Im Anschluß daran sollte ich eine drei-
monatige Mission in Honduras übernehmen. Ich sollte Vorträge
über die Geschichte der Arbeiterbewegung, über Sozialpolitik,
Arbeitsrecht, Sozialversicherung und andere ähnliche Themen
halten und dafür Kurse und Seminare organisieren, außerdem in
Zusammenarbeit mit einheimischen Lehrkräften ein Konzept
zur Gründung eines Arbeiterbildungsinstituts ausarbeiten. Die
Aufstellung der Programme blieb meiner Initiative überlassen.

Außer allgemeinen Empfehlungen zur Zusammenarbeit mit den Gewerkschaften, dem Arbeitsministerium und der Universität erhielt ich keine besonderen Instruktionen. Politische Bedingungen wurden mir nicht gestellt, Denkschablonen nicht vorgeschrieben. Ein solches Angebot verpflichtete mich zu keinem Kompromiß, ich brauchte meine Überzeugungen nicht zu verleugnen.

Honduras: Mit dem Segen des Putschgenerals . . .

Honduras ist im Bananenexport das erste, in der wirtschaftlichen und sozialen Entwicklung das letzte Land Mittelamerikas. Der gesetzlich garantierte Mindestlohn war niedrig, die Arbeitsgesetzgebung unzulänglich, eine allgemeine Sozialversicherung nicht existent, das Bildungswesen rudimentär. Angestellte und Beamte des öffentlichen Dienstes hatten kein Koalitionsrecht, folglich keine vertraglich festgelegten Arbeits- oder Dienstbedingungen, weder Krankenversicherung noch Alterspension. Doch an die regierende Partei mußten sie einen Monatsbeitrag entrichten, denn ihr verdankten sie ihren Posten. Ihr Status war daher im Vergleich mit dem ihrer Kollegen in anderen Ländern niedrig. Die Frau eines mir bekannten Kanzleibeamten betrieb ein kleines Lebensmittelgeschäft, um das Familieneinkommen zu erhöhen.

Die Arbeiter der ausländischen Fruit Companies hatten einen höheren Lebensstandard als die der einheimischen Arbeitgeber, was vor allem den Arbeitskämpfen der fünfziger Jahre zu verdanken war. Die Löhne waren höher, Schulunterricht für die Arbeiterkinder und Krankenhausaufenthalt für die Familien gratis, es gab bezahlten Urlaub, und in den Verkaufszentren der Companies konnte man billiger einkaufen. Während meines Aufenthalts im Lande hatte die Landarbeitergewerkschaft eine Baugenossenschaft gegründet und begonnen, für die Arbeiter neue Einfamilienhäuser und sogar ein Ferienheim am Meeresstrand zu bauen. Das alles gab es bei den kreolischen Arbeitgebern nicht. Daher drohten die Transportarbeiter mit Streik, als die ausländischen Gesellschaften den Abtransport der Bananen einer einheimischen Firma übertragen wollten.

Einen Monat lang hatte ich mich intensiv meiner neuen Aufgabe gewidmet. In Tegucigalpa, der Landeshauptstadt, wohnte ich im Hotel Prado, das einem schlesischen Landsmann, Herrn Seidel aus Gleiwitz, gehörte, der unter Hitler mit seiner Familie aus der Heimat geflüchtet war, um der Judenverfolgung zu entgehen. Eines Nachts wurde ich durch einen Kanonenschuß aufgeweckt und aus dem Bett gejagt. Es war ein Pronunciamento, ein Militärputsch. General Lopez Arellano hatte den demokratisch gewählten Präsidenten Dr. Ramón Villeda Morales ab- und sich selbst als neuen Präsidenten eingesetzt. Von einer demokratischen Regierung ins Land gerufen, war ich mir nicht sicher, ob ich unter einem Militärdiktator meine Arbeit in voller Freiheit würde fortsetzen können.

Nach einigem Überlegen entschloß ich mich, den neuen Präsidenten selbst zu fragen, ob er mir eine freie Lehrtätigkeit erlauben würde. Die Herausforderung verfehlte ihre Wirkung nicht. Der Diktator-Präsident wollte sich keine Blöße geben. »Como no!« (Wie könnte es anders sein!), sagte er. »Auch uns interessiert die Volksbildung. Setzen Sie Ihre Arbeit fort.«

Nun hatte ich grünes Licht. Mit dem Segen von oben fühlte ich mich vor Polizeiwillkür abgeschirmt. Ich konnte, unter Berufung auf die Worte des Präsidenten, die Arbeiterbildung auf die Volksbildung im weiteren sozialpolitischen Sinne des Begriffs ausdehnen. So schloß ich in meinen laufenden Vortragszyklus bei der Behandlung der Probleme des sozialen Fortschritts die politischen Herrschaftssysteme, Demokratie und Diktatur, ein. Ohne Honduras zu erwähnen, belegte ich meine Argumente mit Erfahrungen und Beispielen aus dem faschistischen Italien, aus Hitlerdeutschland, aus dem peronistischen Argentinien. Ich vergaß aber auch nicht, auf die Klassenunterschiede und das Fehlen politischer Freiheiten in den kommunistisch regierten Ländern, von Rußland bis Kuba, hinzuweisen. Die Quintessenz meiner Vorträge brachte ich auf die Formel, daß die schlechteste Demokratie der besten Diktatur vorzuziehen sei und daß neben dem Brot die Erkämpfung der Freiheit das Ziel aller sozialen Volksbewegungen sein müsse. Natürlich war ich mir darüber im klaren, daß der Putschpräsident die Volksaufklärung nicht in diesem Sinne verstanden wissen wollte. Bei den Kursteilnehmern aber fanden meine Interpretationen offene Ohren.

Radikale Jesuiten

In der Bananenstadt La Ceiba war nur im Jesuiteninstitut ein Filmprojektor aufzutreiben, den ich für meinen audiovisuellen Vortrag benötigte. Mit Erstaunen konnte ich feststellen, daß die Nachfolger Jesu radikaler waren als Gewerkschaftssekretäre. (Eigentlich hätte ich mich darüber nicht zu wundern brauchen, denn der Meister selbst, der Nazarener, war im Grunde ein Radikaler.) Statt der schwarzen Kutte trugen die Mönche weiße Talare, und daß sie auch innerlich keine Dunkelmänner waren, merkte ich sehr bald. In ihrer Bibliothek fand ich zwei meiner Bücher, über den freiheitlichen Sozialismus und über das neue Israel. Beim Anblick der Elendshütten am Stadtrand auf einem Spaziergang mit einem der Ordensbrüder rief mein Begleiter erregt aus: »Sehen Sie diese Armut! Eine Revolution muß kommen, um solchen Zuständen ein Ende zu bereiten!« Es waren jene Jahre, in denen die soziale Unruhe in Lateinamerika auch einen Teil des Klerus erfaßte, der brasilianische Bischof Helder Cámara[1] den Kapitalismus heftig attackierte und der kolumbianische Expriester Camilo Torres[2] als Guerillero den Tod fand.

In Sao Pedro Sula, der zweitgrößten Stadt des Landes, besichtigte ich Industriebetriebe. Die soziale Rückständigkeit war allgegenwärtig und frappant. In einer Textilfabrik spielten die Kinder neben ihren an den Maschinen arbeitenden Müttern. Die Zeiten der Ludditen [3] und der »Weber« von Gerhart Hauptmann [4]erschienen vor meinem geistigen Auge. Doch in dem hellen, hygienischen Fabriksaal hatten die Kleinen größeren Spielraum als ihre Altersgenossen in einem radikalen Kinderladen in Berlin. Der Betrieb war zu klein, um einen eigenen Kindergarten zu errichten. »Gibt es denn aber in dieser mehr als hunderttausend Einwohner zählenden Stadt keine Tagesheime für Kinder?«, fragte ich. »Damit haben sich die hiesigen Stadtväter noch nicht beschäftigt«, lautete die Antwort.

Mein Abschied von San Pedro Sula war herzlich. Den Abschluß des mehrwöchigen Kurses bildete eine Abschiedsfeier bei Coca-Cola und Limonade. Unter allgemeinem Beifall überreichte mir eine Teilnehmerin einen Blumenstrauß »als bescheidenen Dank für das Geisteslicht, das Sie uns gebracht haben«. Ein Fluidum menschlicher Solidarität lag über uns. Wir schieden voneinander

---

1 Dom Helder Cámara, Erzbischof von Recife in Nordostbrasilien.
2 Camilo Torres, 1929–1966, war Soziologe und Priester. 1965 ließ er sich in den Laienstand zurückversetzen und schloß sich den Partisanen der Nationalen Befreiungsarmee an. Mitte Februar 1966 wurde er in einem Gefecht zwischen Angehörigen der regulären kolumbianischen Armee und Partisanen getötet.
3 Ludditen: Aufrührerische Arbeiter in England zu Beginn des 19. Jahrhunderts, die aus Furcht vor den Folgen der Industrialisierung in den Textilfabriken Maschinen zerstörten.
4 Gerhart Hauptmanns sozialkritisches Theaterstück »Die Weber«, 1892 uraufgeführt, knüpft an die Hungerrevolte der schlesischen Weber im Jahre 1844 an.

im Gefühl von Verbundenheit und Freundschaft.

Der Präsident mochte anders gedacht haben. Nach meiner Abreise aus Honduras wurde der Mann festgenommen, der mir in
der Provinz bei der Organisation der Kurse und Seminare geholfen hatte. Doch da er nicht für meine Tätigkeit verantwortlich
gemacht werden konnte, ließ man ihn bald wieder frei. Die Reaktion des Diktators zeigte, daß mein Wirken nicht ganz erfolglos
und ich selbst mir treu geblieben war.

Entwicklungsland Äthiopien

Ein neuer Bildungsauftrag führte mich 1964 von Honduras nach dem fünfzehntausend Kilometer entfernten Äthiopien. Unter denselben Breitengraden gelegen, mit dem gleichen Klima, gibt es zwischen beiden Entwicklungsländern dennoch gewisse soziale Unterschiede. In der äthiopischen Provinz Kaffa ist der Kaffeebaum beheimatet, doch die lateinamerikanischen Kaffeeländer haben das Ursprungsland in der Produktivität des Kaffeeanbaus übertroffen. Im Gegensatz zu Lateinamerika ist in Äthiopien die Arbeiterbewegung neuen Datums. Die erste Gewerkschaft wurde 1960 gegründet, der erste Kollektivvertrag zwischen Arbeitgebern und Arbeitnehmern 1961 abgeschlossen. 1962 errichtete die Regierung ein Arbeitsministerium, ein Jahr darauf kam es zur Gründung des Äthiopischen Gewerkschaftsbundes (CELÜ). Von da an begann langsam der soziale Aufstieg der Lohnsklaven, denn um solche handelte es sich hier.

In einem Lande, wo es Provinzen gibt, in denen die Einwohnerzahl nach dem Salzverbrauch geschätzt wird, wo die Ergebnisse der Volkszählung von 1958 zwischen zwölf und achtzehn Millionen schwankten (1973 sollen es vierundzwanzig Millionen gewesen sein) und wo die Zahl der Analphabeten unter der Landbevölkerung nach einer Erhebung der Gewerkschaften neunzig Prozent überstieg, waren die Voraussetzungen für ein modernes Arbeiterbildungswesen nicht gerade günstig. Ich erwartete keine sensationellen Erfolge. Dennoch erreichte ich mehr als ich anfangs erhofft hatte.

Von den rund hunderttausend in Industrie- und Handelsbetrieben beschäftigten Lohnarbeitern waren dreißigtausend organisiert. Die Vereinigung vollzog sich auf der Basis von Betriebsgewerkschaften, die weder örtlich zu Lokalföderationen noch beruflich zu Industrieverbänden zusammengeschlossen waren. Es gab auch keine gewerkschaftlichen Kadergruppen. Studenten halfen mir bei meiner Arbeit. Der Gewerkschaftsbund hatte in Addis Abeba ein kleines Büro ohne Versammlungsräume. Zusammenkünfte fanden nach Feierabend in Arbeitssälen oder auf

Fabrikhöfen statt, wobei intelligente Jungarbeiter zur Schulung ausgewählt wurden.

In Äthiopien stieß ich auch zum erstenmal auf Sprachschwierigkeiten. Ich verstand weder Amharisch noch Galla, die beiden Hauptsprachen des Landes. Und nur in der Transportarbeitergewerkschaft verstand die Mehrheit der Mitglieder Englisch oder Italienisch. Bei meinen Vorträgen und Besprechungen ging es nicht um komplizierte soziologische oder nationalökonomische Probleme, sondern um die elementare Frage nach dem kürzesten und geeignetsten Weg zur Verbesserung der Lebensbedingungen, um die Verbesserung des Arbeitsrechts, um die Aufgaben der Gewerkschaften und die Schulung ihrer Mitglieder. In anderthalb Monaten brachte ich diese Pionierarbeit in der Hauptstadt hinter mich. Eine Gruppe von Moniteuren, von Instrukteuren war zusammengestellt. Die gleiche Kleinarbeit erwartete mich nun in der Provinz.

Gewerkschaftsarbeit – mit Pauken und Trompeten

Meine erste Station war Diredawa, die viertgrößte Stadt des Landes, wo ich einen mehrwöchigen Schulungskurs durchführte. Die 2500 Beschäftigten der Textilindustrie – beiderlei Geschlechts – waren begierig, zu hören, was der weiße Wundermann aus fernem Lande zu sagen und zu berichten wußte. Ein trockener Vortrag in einer Fremdsprache hätte sie gelangweilt. Ich mußte mich des audiovisuellen Lichtbildes bedienen. Ein Filmstreifen der Union der Damenbekleidungsarbeiter, New York, der einen Abschnitt aus der Geschichte der amerikanischen Arbeiterbewegung schilderte, erleichterte mir meine Aufgabe.

Die Story begann vor dem Ersten Weltkrieg. Erwerbslose wühlen auf den Straßen in Müllkästen nach etwas Eßbarem. Der Brand in der Triangelfabrik im Jahre 1910, eine entsetzliche soziale Tragödie, bei der über hundert Arbeiterinnen ums Leben kamen, wurde bildhaft vor Augen geführt. Es folgten gewerkschaftliche Werbekampagnen und wirtschaftlicher Aufstieg. Nach dem Zweiten Weltkrieg hatte sich das soziale Panorama verändert. Die Gewerkschaft sorgt für Krankenversicherung, hat bezahlten Urlaub erkämpft, Arbeiterfamilien verbringen ihren Erholungsurlaub in einem komfortablen Strandhotel, man sieht sie baden und rudern. Früher verelendet, haben sie es nun zu einem gesicherten Einkommen gebracht, wohnen in bequemen Wohnungen, beziehen Altersrente. Der Film zeigte, daß auch für Lohnarbeiter die Freuden des Lebens erreichbar sind. Ich mußte diesen Filmvortrag mehrmals wiederholen, denn auch die Arbeiter der Nachtschicht wollten ihn sehen. Das Interesse für den Schulungskurs wuchs.

Die Gewerkschaft der äthiopischen Textilarbeiter war einfallsreich. In einer jahrhundertealten Autokratie, wo Thron und Altar Körper und Seele des Volkes fest im Griff haben, mußten die Arbeiter sich darauf beschränken, ihren Zusammenhalt durch kulturelle Aktivität zu festigen. Eine Zeitung herauszugeben, wäre sinnlos gewesen, denn die Mehrheit der Gewerkschaftsmitglieder kann nicht lesen. Man kaufte Musikinstrumente: Harmonika, Baß und Flöten, Pauken und Trompeten. Fabrikarbeiter, Jungen und Mädchen, lernten ohne Noten musizieren. Der Kapellmeister folgte Euterpes [1] Spuren auf afrikanischen Wegen. Versammlungen begannen und endeten mit Musik. Ich habe ein nächtliches Konzert dieser unakademischen Kapelle unter offenem afrikanischem Himmel miterlebt. Rhythmus und Melodie riefen unter den Zuhörern die gleichen menschlichen Emotionen wach wie die Klänge eines philharmonischen Orchesters unter dem Auditorium in nördlichen Zonen. Ich teilte die Freude der Versammelten. Die Gewerkschaft war, mit Recht, stolz auf ihre kulturelle Leistung.

Wonja und Shoa

Nach Abschluß eines günstigen Kollektivvertrages wollte die Gewerkschaft der Arbeiter in den Zuckerplantagen von Wonja und Shoa das Bildungsniveau ihrer Mitglieder heben. Ich sollte sie beraten.

Des Abends am Ziele angelangt, hatte ich zwischen einem modernen Hotelzimmer im nahegelegenen Städtchen Nazreth (nicht zu verwechseln mit Nazareth in Palästina) und einer Schlafstelle im Arbeiterdorf zu wählen. Ich blieb bei den Arbeitern und hatte damit ihre Herzen gewonnen.

Eine holländische Kapitalgesellschaft war Eigentümerin der Zuckerrohrpflanzungen mit dazugehöriger Zuckerfabrik. Bald hatte ich erkannt, daß der soziale Standard der Arbeiter hier niedriger war als in den Bananenplantagen der nordamerikanischen Kapitalgesellschaften in Mittelamerika. Die Arbeiterhäu-

---

1 Euterpe: (griech.) Muse der lyrischen Dichtung.

236

ser waren primitiver, die Aborte über einem am Dorfrand gezo-
genen offenen Graben errichtet. Eine kluge Idee? Wie man's
nimmt. Gewiß spülte das Wasser alles weg – vor allem die Ästhetik . . . Billige Einkaufsstätten, wie sie inzwischen in Lateinamerika alle ausländischen Großunternehmen für ihre Arbeiter eingerichtet haben – sie wurden vielfach durch Streiks dazu gezwungen –, fehlten hier. Das Schulwesen für die Arbeiterkinder
ließ sich nicht mit dem der United Fruit Company in Mittelamerika oder der Erdölgesellschaft Creole in Venezuela vergleichen.
Wir arbeiteten ein Programm für Abendkurse aus. Das schwie-
rigste Problem, das der Lehrkräfte, vermochten wir nicht zu lösen. Die wenigen Vorträge, die ich während meines kurzen Aufenthaltes hielt, genügten nicht, um Instrukteure auszubilden.

Ausländische Entwicklungshilfe
Barah Dar ist ein kleiner, nahe dem Nilstromgebiet inmitten von
Baumwollpflanzungen gelegener Ort. Die von Italien errichtete
Baumwollverarbeitungsfabrik wurde von einem jugoslawischen
Entwicklungshelfer geleitet. »Nach einer vor kurzem erlassenen
Verordnung«, sagte mir der Fachmann aus Zagreb, »dürfen Kin-
der unter vierzehn Jahren in Fabriken nicht eingestellt werden.
Wie aber soll ich das Alter ohne Geburtsschein feststellen? Ich
schicke die jungen Arbeitsuchenden zum Krankenhausarzt, der
den Reifegrad schätzt.« Das Krankenhaus, ein Geschenk der
Bundesrepublik Deutschland, wurde von einem deutschen Arzt
geleitet. Die Sowjetunion hatte am Orte eine Mechaniker- und
Schlosserschule eröffnet.
Barah Dar ist nur ein Beispiel für die ausländische Entwicklungshilfe in Äthiopien. Die Sowjetunion hat in Addis Abeba ein
Krankenhaus errichtet, in dem nur Kommunistenfreunde gratis
behandelt werden, andere Patienten aber zahlen müssen. Die
USA betreiben u. a. eine große Musterfarm, auf der junge Bau-
ern in modernen Methoden landwirtschaftlicher Bewirtschaftung unterrichtet werden. Schwedische Ingenieure helfen beim
Straßenbau, Israel baute eine Brücke über den Blauen Nil, Jugoslawien einen Staudamm. Am meisten aber trugen und tragen die
Italiener zur Modernisierung des Landes bei. Nach Abzug der
italienischen Truppen – 1941 – blieben zahlreiche Italiener in
Äthiopien. Sie eröffneten Mechaniker- und Tischlerwerkstätten

und andere Handwerksbetriebe, auch Geschäfte, Cafés, Hotels, und ihr Gewerbefleiß kam der wirtschaftlichen Entwicklung sehr zugute. Fast alle Hotels, in denen ich in den verschiedenen Orten wohnte, gehörten Italienern. Es ist bezeichnend, daß der Zentralplatz in Addis Abeba den italienischen Namen piazza trägt; offenbar gibt es kein amharisches Wort dafür.

Ein Erlebnis während meiner Tätigkeit in Barah Dar fällt aus dem Rahmen des Gewöhnlichen. In einem nahegelegenen Dorf wollten die Baumwollpflücker einen Vortrag hören und vor allem einen Film sehen. Da es am Ort keine Elektrizitätsleitungen gab, mußte eine Stromerzeugungsmaschine mitgebracht werden. Nach Einbruch der Dunkelheit versammelten wir uns auf freiem Felde. Schwarze Frauengestalten in weißen Gewändern hockten auf der Erde, mit ihren Kindern auf dem Schoß, das Kommende erwartend. Meine Einleitung mußte in drei Sprachen übersetzt werden, denn außer Amharen und Gallas gab es hier auch Niloten. Daß in finsterer Nacht unter einem strahlenden Lichtschein menschliche Gestalten sich bewegen und sprechen, aber nicht faßbar, ohne Fleisch und Blut sind, dieses Wunderwerk des Weißen Mannes hatten die meisten Dorfbewohner noch nicht gesehen. Ob die Geschichte des Kampfes der New Yorker Bekleidungsarbeiter das richtige Thema für die hier Versammelten war, vermag ich nicht zu beurteilen. Eine Verfilmung von Travens Baumwollpflückerroman wäre wahrscheinlich geeigneter gewesen.

Tags darauf war ich beim Häuptling zum Mittagessen eingeladen. Eßbesteck gab es nicht. Ein Entwicklungshelfer, den ich in Addis Abeba kennengelernt hatte, nahm sich bei seinen Reisen ins Landesinnere Messer und Gabel mit. Ich war kein Zivilisationsfanatiker und aß mit den Fingern wie alle anderen. Die Gastgeberin goß uns vor und nach der Mahlzeit Wasser über die Hände.

Zwei von Zweihundert

Während meines Aufenthalts in Addis Abeba tagte in der Afrikahalle die vierte Regionalkonferenz der freien Gewerkschaften Afrikas, an der ich als Gast teilnahm. Die Tagung befaßte sich mit der interafrikanischen Zusammenarbeit der Arbeiterorganisationen auf sozialpolitischem Gebiet. Am letzten Konferenztag wurde beschlossen, Kaiser Haile Selassie eine Aufwartung zu machen. Einem Arbeiter die Hand zu reichen, dazu war ich stets, zur Verbeugung vor einem gekrönten Potentaten nie bereit. Ich blieb zurück. Doch ich war nicht der einzige. Am anderen Ende des Saales sah ich noch einen Antiautoritären. Es war ein schwedischer Entwicklungshelfer. Wir verstanden uns. Zwei unter Zweihundert scheuten nicht den Affront.

Arbeiterbildung
Hier baut man keine Flugzeuge, keine Autos, keine elektroni-
schen Geräte: man kauft all das und noch viel mehr mit dem Geld
aus dem Erdölerlös. Im Erziehungssektor aber kann sich Venezuela an der Seite der industriell höher entwickelten Nationen
sehen lassen. Nur noch siebenundzwanzig Prozent der Bevölkerung sind Analphabeten.
Seit meinem ersten Besuch in Caracas, sechs Jahre vorher, hatten
sich in der dynamischen Kapitale des reichsten Landes Lateinamerikas die Proportionen verändert, die urbanen und sozialen
Gegensätze aber waren geblieben. Nicht nur die modernen Lu-
xusbauten, auch die Ranchitos, die primitiven Hütten auf den
Hügeln am Stadtrand, hatten sich vermehrt. Nach wie vor
strömten alljährlich Tausende und Abertausende von Jugendlichen vom Land in die Hauptstadt, wo ihnen kleine Brocken des
großen Reichtums zufielen und wo sie, im Schatten des Glanzes
dahinvegetierend, hofften, daß auch ihnen vielleicht einmal der
große Wurf gelingen werde.
Diesmal war ich nicht zu persönlichen Studienzwecken nach Venezuela gekommen, ich kam als Experte des Internationalen Ar-
beitsamtes, mit dem Auftrag, an der Förderung des Arbeiterbil-
dungswesens mitzuwirken. Ich begann meine Mission Anfang
November 1964 und beendete sie Ende Mai 1965.
Kurz nach meiner Ankunft fand der V. Kongreß des Venezolanischen Gewerkschaftsbundes (C.T.V.) statt, an dem ich als Gast
teilnahm. Es war eine imposante Veranstaltung, die von dem
Prestige zeugte, dessen sich die organisierten Arbeiter in diesem
Lande erfreuten. Zur Eröffnung des Kongresses waren der Präsident der Republik und seine Minister, der Oberbefehlshaber
der Streitkräfte, der Erzbischof des Landes und das Diplomati-
sche Korps erschienen. Achthundert Delegierte repräsentierten
über eine Million organisierter Arbeiter und Bauern aller Kategorien. Die Gewerkschaften waren anerkannt als authentische
Interessenvertretung des arbeitenden Volkes.
Nach dem Sturz des letzten Militärdiktators, Perez Jimenez,
1957 hatte die Arbeiterbildung einen rapiden Aufschwung ge-

nommen. Der Gewerkschaftsbund hatte ein eigenes Bildungsse-
kretariat geschaffen. In allen Landesteilen und von allen Gewerkschaften wurden Schulungskurse veranstaltet. 1962 nahmen
10 528, 1963 24 500 und 1964 57 000 Bildungshungrige an diesen
von den Gewerkschaften organisierten Kursen teil. Hier
brauchte ich keine Projekte zur Neugründung von Arbeiterbil-
dungsinstitutionen zu konzipieren wie in Madagaskar, Honduras und Äthiopien, hier handelte es sich darum, innerhalb schon
bestehender Institutionen zu arbeiten und ihnen weitere Impulse
zu geben.

In den zahlreichen Privatschulen des Landes wurden Gehälter
und Arbeitsbedingungen des Lehrpersonals durch Kollektivverträge vereinbart. In den öffentlichen Schulen aber hatten die als
Beamte registrierten Lehrer keine Kollektivverträge und –
Erbschaft des Diktaturregimes – auch kein Koalitionsrecht.
Ein darauf zielender Gesetzesvorschlag lag dem Parlament vor
und sollte noch in der laufenden Legislaturperiode verabschiedet
werden. In dieser Situation bat mich der Vorstand des fünfund-
dreißigtausend Mitglieder zählenden Lehrervereins – eines Ver-
eins ohne Gewerkschaftsstatut, der nach dem geltenden Arbeitsrecht nicht kollektivvertragsberechtigt war – einen Vortrag über
die rechtliche Stellung und die allgemeine Lage der Lehrerschaft
in anderen Ländern zu halten.

In meinem Referat gab ich einen historischen Überblick über die Einstellung nichtmanueller Berufstätiger zu den Gewerkschaften. An die soziale
Kluft zwischen Hand- und Kopfarbeitern im vergangenen Jahrhundert
erinnernd, führte ich als Beispiel die Diskussion über dieses Problem auf
dem internationalen Kongreß des föderalistischen Flügels der 1. Internationale in Genf 1873 an. Arbeiterdelegierte hatten Mißtrauen gegenüber
den Gebildeten, denen sie sich geistig nicht gewachsen fühlten. Schließlich setzte sich aber die Ansicht durch, daß ein Intellektueller ein ebenso
guter Revolutionär sein könne wie ein Handarbeiter.
Dank des verbesserten Schulwesens (so führte ich weiter aus) ist gegenwärtig das allgemeine Bildungsniveau höher als im vorigen Jahrhundert.
Auch der wirtschaftliche und soziale Unterschied zwischen Arbeitnehmern im blauen Kittel und solchen mit weißem Kragen ist heute nicht
mehr so groß wie früher. Der Prozeß der wirtschaftlichen Demokratisierung und sozialen Angleichung nimmt seinen Fortgang. In den meisten
Ländern, auch in Lateinamerika, ist das Studium an staatlichen Universitäten gratis. Damit wird Kindern von Arbeitern und Bauern der Weg zur
höheren Bildung geebnet. Die Grenzpfähle zwischen den Klassen ver-

schwinden immer mehr. Die klassenlose Gesellschaft kommt jedoch nicht durch eine gewaltsame Revolution, sie ist das Ergebnis eines vom technischen Fortschritt beschleunigten Evolutionsprozesses auf sozialem, ökonomischem, geistigem, kulturellem und erzieherischem Gebiet.

Die Lehrer sind dazu berufen, diesen Prozeß zu fördern. Ich wies auf die freie Schulbewegung Francisco Ferrers * in Spanien Anfang unseres Jahrhunderts hin, erinnerte an die Demokratisierung des Hochschulwesens im argentinischen Cordoba, sprach von der Beteiligung der Lehrer an der mexikanischen Revolution und vom gegenwärtigen Kampf der mexikanischen Lehrerschaft, vor allem in den Randstaaten, für ein ausreichendes Gehalt. Weiter berichtete ich, daß in Frankreich die Lehrergewerkschaft ein wichtiger Faktor des demokratischen Fortschritts und in der Bundesrepublik Deutschland die Gewerkschaft Erziehung und Wissenschaft dem Deutschen Gewerkschaftsbund angeschlossen sei. In modernen Demokratien hätten auch Staatsbeamte das Recht zur Gründung von Gewerkschaften.

Ohne Venezuela ausdrücklich zu erwähnen, nannte ich drei Grundpostulate für eine demokratische Lehrergewerkschaft: 1. Verteidigung der wirtschaftlichen und sozialen Interessen ihrer Mitglieder. 2. Mitwirkung am Fortschritt der modernen Pädagogik. 3. Erweckung und Festigung der Menschheitsideale Freiheit, soziale Gerechtigkeit und friedliche Verbundenheit aller Völker. »Acuerdo« (»Einverstanden«), schallte es von den Zuhörern zurück.

Unter Erdöl- und Erzgrubenarbeitern

Im venezolanischen Erdölgebiet am Maracaibosee im Gliedstaat Zulia konnte ich feststellen, daß die Petroleros zur Arbeiteraristokratie gehören: Sie leben in geräumigen Einfamilienhäusern oder Hochhäusern mit modernem Komfort und frequentieren die von den Ölgesellschaften unterhaltenen Schulen und Krankenhäuser. Die Löhne sind höher als in anderen Industrien, dazu kommen zehn Prozent Gewinnbeteiligung und viele andere Errungenschaften der Arbeitersyndikate.

Doch problemlos war das tägliche Leben auch hier nicht. Die örtliche Sektion der Gewerkschaft diskutierte ein ernstes Problem. In den Einkaufsläden der ausländischen Erdölgesellschaften wurden die Waren zu niedrigeren Preisen als anderswo verkauft. Doch wer nicht in der Petroleumindustrie arbeitete oder seine Arbeit bei der Gesellschaft verlor, hatte kein Recht, im billigen Laden einzukaufen. Die Compania war vertraglich nicht verpflichtet, die gesamte Ortsbevölkerung mit billigen Lebensmitteln und Waren zu versorgen. Gleichzeitig berichtete man mir vom SAM, einer Miniaturgenossenschaft besonderer Art. Gruppen von zehn bis zwanzig Personen legten wöchentlich oder monatlich, je nach Übereinkommen, zehn oder zwanzig Bolivares pro Kopf auf einen Haufen; der Gesamtbetrag wurde jedesmal einem anderen der beteiligten SAM-Genossen übergeben.

Um auf die Frage eingehen zu können, wie die Arbeiter selbst billigen Einkauf organisieren können, wählte ich für meinen Vortrag das Thema »Gewerkschaft und Genossenschaft«.

Ich wies auf das Beispiel der englischen Weber von Rochdale hin, die durch die Gründung ihrer »Society of Equitable Pioneers« 1844 die Wegbereiter der Genossenschaftsbewegung wurden, die heute über die ganze Welt verbreitet ist und viele Millionen Mitglieder zählt. Weiter erwähnte ich das Beispiel Schwedens, wo die Arbeiterbewegung Anfang unseres Jahrhunderts neben Gewerkschaften auch Genossenschaften gründete, zwei Organisationsformen, durch die die Arbeiter sich gleichzeitig gegen ihre Ausbeutung als Produzenten und ihre Übervorteilung als Konsumenten verteidigten und mit deren Hilfe sie, wie die Erfahrung zeigt, recht viel erreichen konnten. Ich schlug der Gewerkschaft in Cabimas die Gründung eines Konsumvereins vor, was mir angesichts der gut arbeitenden Gewerkschaft in Verbindung mit dem im SAM zum Ausdruck kommenden Geist gegenseitiger Hilfe keineswegs utopisch erschien. Man applaudierte, akzeptierte meinen Vorschlag und entwarf einen Plan. Ob er Wirklichkeit wurde, vermag ich nicht zu sagen.

In der eine halbe Million Einwohner zählenden Stadt Maracaibo, Zentrum der Erdölindustrie, war gerade Karnevalszeit. Die Gewerkschaft erkor nach altem Brauch die schönste Frau zur Karnevalskönigin. Als Ehrengast lud man mich in das Wahlkollegium ein. Anmutige Geschöpfe stellten sich uns in ihren schönsten Kostümen vor. Auch ich hatte zu schätzen und zu urteilen. Der zweiundsiebzigjährige seriöse Bildungsexperte, Erwecker innerer Geistesgaben, war zum mondänen Schönheitsexperten, zum Beschauer äußerlicher weiblicher Reize aufgestiegen (oder abgesunken?).

Venezuelas zweitgrößte Reichtumsquelle sind die hochwertigen Eisenerzlager im Stromgebiet des Orinoco. Die Erzlager werden von venezolanischen und internationalen Kapitalgesellschaften ausgebeutet. Ich hielt Vorträge in den Städten Matanza, Ciudad Bolivar und Puerto Ordaz.

Eine Überraschung war der 1. Mai 1965. Die Kundgebung begann mit einer Messe vor einem auf dem Felde unter freiem Himmel aufgestellten Altar. Nach dem Gottesdienst wies der Geistliche in seiner Rede darauf hin, daß Josef, der Vater des Christkindes, Zimmermann gewesen und die Kirche bis auf den heutigen Tag mit dem arbeitenden Volk verbunden sei. Der 1. Mai sei daher als Tag der Arbeit ein christlicher Feiertag. Anschließend trat ich vor das Mikrophon und sprach vor der tausendköpfigen Menge von der ersten Maidemonstration für den Achtstundentag in Chicago 1886, bei der es zu blutigen Zusammenstößen gekommen war, die zur Hinrichtung, zum Märtyrertod von vier Anarchisten geführt hatten. Ich berichtete vom Kongreß der Amerikanischen Arbeiterföderation (A.F.L.) 1888 in St. Louis, auf dem beschlossen wurde, den 1. Mai alljährlich als Tag der Arbeit zu feiern. Und ich erinnerte an den Internationalen Sozialistenkongreß 1889 in Paris, der sich auf Vorschlag der französischen Delegation den Beschluß der amerikanischen Gewerkschaften zu eigen machte und die Arbeiter der Welt aufrief, vom Jahre 1890 an in allen Ländern am 1. Mai die Arbeit niederzulegen, um den Achtstundentag zu erkämpfen. Ohne den wohlmeinenden, in diesen Dingen aber unwissenden Sprengelpfarrer zu erwähnen, schloß ich meine Rede mit den versöhnenden Worten: Der 1. Mai kann als Tag der Arbeit, so wie der 24. Dezember als Friedensfest, von Gläubigen und Ungläubigen gleichermaßen gefeiert werden!

Letzter Lehrgang

Das Nationale Institut zur Ausbildung von Gewerkschaftsführern in Caracas hatte einen Dreimonatskurs angesetzt, dessen Leitung ich übernahm. Unter den einunddreißig Gewerkschaftsführern, Kommunal- und Staatsbeamten im Alter von zwanzig bis vierzig Jahren war nur eine einzige Frau. Aus meiner langjährigen Erfahrung wußte ich um die Bedeutung von Sympathie und Freundschaftsgeist für einen erfolgreichen Lernprozeß und bediente mich darum eines Kunstgriffs. Am Ende meines Vortrags über die Geschichte der nordamerikanischen Arbeiterbewegung – dem Vorträge über die Entwicklung der Arbeiterbewegung in Lateinamerika folgten – sang ich auf die Melodie des alten Schlagers »Glory, glory, glory« die amerikanische Gewerkschafts-Parodie:

»Solidarity for ever, solidarity for ever,
Solidarity for ever, for the union makes us strong.« [1]

Ich hatte die Worte in Englisch und Spanisch an die Tafel geschrieben, und alle sangen mit. Das war es, was ich erreichen
wollte. Der innere Kontakt zwischen uns war hergestellt. In den
folgenden drei Monaten wurde die Solidaritätshymne bei pas-
senden Gelegenheiten wiederholt.

Das Programm hatte einen weiten Themenkreis. Wir behandel-
ten Wirtschafts- und Sozialpolitik, Arbeitsrecht und Sozialge-
setzgebung in verschiedenen Ländern des alten und neuen Kontinents, Agrarreformen unter besonderer Berücksichtigung Lateinamerikas, pluralistische und monoforme Wirtschaftsstruktu-
ren, die Verantwortlichkeit bei sozialen Kämpfen, Methoden der
Arbeiterbildung etc. Von den Vorträgen, Diskussionen und Se-
minaren, die ich veranstaltete, ist mir ein Kolloquium in besonderer Erinnerung geblieben. Zu diesem Gespräch über das
Thema »Gewerkschaften, Gemeinden und Genossenschaften«
lud ich den Sekretär der Landarbeiter- und Bauerngewerkschaft,
Ramón Vargas, und den spanischen Ordensgeistlichen Azueta
ein; dieser saß zu meiner rechten, jener zu meiner linken Seite.
Im Verlauf des Gesprächs zeigte sich, daß der linke Platz eigentlich dem Ordensgeistlichen gebührt hätte, denn er war radikaler
als der Gewerkschaftsführer.

Zwölf Wochen lang hatten wir intensiv miteinander gearbeitet,
gelehrt und gelernt, um Klarheit und Wahrheit gerungen. Die
Kursteilnehmer konnten ihr neues Wissen in ihren Heimatorten
weiterverbreiten. Sie applaudierten aus vollem Herzen, nachdem
einer von ihnen im Namen aller zum Abschied den folgenden
Dankesgruß verlesen hatte:

Al Profesor Souchy

Deja usted en este Instituto
un recuerdo muy deseable
deja también sus ideas
de un camino responsable.

Nosotros le despedimos
en son de agradecimiento

1 »Solidarität für immer, Solidarität für immer,
Solidarität für immer, die Gewerkschaft macht uns stark.«

admiramos su voluntad
y su gran entendimiento.

In deutscher Übersetzung:

Dem Lehrer Souchy

Sie bleiben diesem Institut
in teurer Erinnerung,
Sie hinterlassen uns Ihre Ideen
eines verantwortlichen Weges.

Unser Abschied von Ihnen
steht im Zeichen der Dankbarkeit,
Wir bewundern Ihre Energie
und Ihr großes Wissen.

Von der politischen zur sozialen Revolution

Als ich die Schwelle zum biblischen Lebensalter überschritten
hatte, mußte ich daran denken, mich seßhaft zu machen. Aber
wo? Die Welt war meine Heimat, die Menschheit meine Familie.
Im Laufe eines halben Jahrhunderts hatte ich mit Pässen von vier
verschiedenen Nationen die halbe Erde nach Freiheit abgesucht,
die Freiheit gepredigt. In Berlin wie in Stockholm, in Paris wie in
Barcelona, in Mexiko wie in New York, überall wo ich Freunde
hatte, fühlte ich mich zuhause. Mit ruhigem Blut hätte ich mich
in Cuernavaca, dem Ort mit dem angenehmsten Klima, nieder-
lassen können. Doch das ließ mein Temperament nicht zu. War
es das Fatum, die Fortuna, das Schicksal, der Zufall, oder waren
es die Sterne, die mich nach München führten? Hierauf würde
der mexikanische Indio mit seinem stereotypen »Quien sabe«,
dem interrogativen »Wer weiß«, antworten. Jede Antwort, von
der man glaubt, sie sei die richtige, wirft neue Fragen auf. Mir
ging es zunächst weniger um das Wo, sondern um das Was. Ich
wollte meine in zwei Jahrzehnten gemachten Erfahrungen und
Kenntnisse aus Lateinamerika niederschreiben. 1974 kam das
Buch unter dem Titel: »Lateinamerika – zwischen Generälen,
Campesinos und Revolutionären« in Frankfurt heraus. Indes
hatte ich mein Pilgerleben nicht aufgegeben. Ich begab mich
zwischendurch immer wieder auf Vortragsreisen in Deutschland, Österreich, Schweden. 1975 unternahm ich eine politisch-
soziale Erkundungsreise nach Portugal, wo die politische sich
mehr und mehr zu einer sozialen Revolution weiterentwickelte.
Diese Entwicklungsphase mußte ich als alter Revolutionsfor-
scher näher kennenlernen.
Lusitania war der Name, den die Römer dem westlichen Teil der
iberischen Halbinsel gaben, der heute Portugal heißt. Hier
wurde am 25. April 1974 die mehr als vier Jahrzehnte herrschende Diktatur gestürzt, und eine Revolution nahm ihren Anfang, die sich die Verwirklichung der sozialen Gerechtigkeit zum
Ziel setzte. Diese Revolution war bemerkenswert unmarxistisch.

Ihre Initiatoren waren keine Proletarier, sondern Militärs: Generäle und Offiziere mit ihren Kampfeinheiten. Der gewundene, durch Putschversuche von rechts und links mehrfach unterbrochene Weg zur politischen Demokratie braucht hier nicht noch einmal beschrieben zu werden, die Massenmedien haben über diese Ereignisse ausführlich informiert. Die politische Revolution von oben ebnete indes den Weg für einschneidende Veränderungen der sozioökonomischen Struktur von unten, die den Postulaten der ehemaligen anarchosyndikalistischen Arbeiterbewegung Portugals entsprechen. Davon will ich hier aufgrund eigener Eindrücke berichten.

Die Besetzung von Gütern und Fabriken mit anschließender Umwandlung dieser Privatbetriebe in Produktionsgenossenschaften wurde als Werk der Kommunisten hingestellt. Das war eine – zum Teil bewußte – Irreführung. Mit dem Staatskommunismus Moskauer Observanz hatte die direkte Aktion der portugiesischen Arbeiter und Bauern nichts gemeinsam. Vielmehr handelt es sich bei ihr um die Verwirklichung von Zielsetzungen, die bereits in den ersten Jahrzehnten unseres Jahrhunderts auf den Kongressen und Konferenzen des anarchosyndikalistischen Gewerkschaftsbundes C.G.T. [1] formuliert worden waren.

»Die Enteignung der Produktionsmittel halten wir für notwendig. Die Produktionsmittel müssen in den Besitz der Produzenten überführt und von den Betriebsräten verwaltet und die Produkte von den Gewerkschaften gerecht verteilt werden.«

So heißt es in einer Resolution der portugiesischen C.G.T. aus dem Jahre 1919. Und ein Jahr später erklärte der syndikalistische Landarbeiterkongreß im Geiste Bakunins und Kropotkins, daß »der gesamte Landbesitz den freien Gemeinden und den Landarbeitergewerkschaften zur Nutzbarmachung, zur Erzielung optimaler Produktionsergebnisse und zur gerechten Verteilung der Produkte überlassen werden« müsse.

Unter der Diktatur Salazars [2] wurden die syndikalistischen Gewerkschaften aufgelöst, ihre Militanten verfolgt, eingesperrt, nicht selten sogar ermordet. Viele flüchteten ins Ausland. Die

---

1 C.G.T.: Confederaçao Geral do Trabalho = Allgemeiner Gewerkschaftsbund.
2 Antonio de Oliveira Salazar (1899–1970), 1928 portugiesischer Finanzminister, wurde 1932 Ministerpräsident mit diktatorischen Vollmachten und errichtete ein katholisch-autoritäres, ständestaatliches System.

syndikalistische Tageszeitung »A Batalha« wurde verboten. Doch auch nach Liquidation der syndikalistischen Organisation lebte der Geist der Bewegung weiter, und dieser Geist war es, der nach jahrzehntelanger Unterdrückung aufs neue in Erscheinung trat.

Die Berichte von Betriebsbesetzungen und Genossenschaftsgründungen im Lande der Lusitanier erinnerten mich an die Kollektivierung in Spanien während des Bürgerkrieges, die ich aus eigener Anschauung kennengelernt hatte. Ich zögerte nicht, eine Einladung der schwedischen Syndikalisten zur Teilnahme an einer Gruppenstudienreise nach Portugal anzunehmen. Meine Vermutung, daß die Umwandlung von Privatunternehmen in Genossenschaftsbetriebe nicht auf Direktiven der Kommunistischen Partei hin erfolgte, sondern dem Geist und der Initiative des arbeitenden Volkes selbst entsprang, fand ich bestätigt. Weder in der Industrie noch auf dem Lande warteten die Arbeiter und Angestellten auf einen Parteibeschluß oder auf die gesetzliche Erlaubnis zur Kollektivierung. Der Anstoß kam, wie seinerzeit in Spanien, von unten, ging von der Peripherie aus.

Im November 1975 besuchten wir Landgüter und Industriebetriebe, um die Veränderungen der Eigentumsstruktur und ihre Auswirkungen auf die Wirtschaft und die soziale Lage der arbeitenden Bevölkerung kennenzulernen. Die auf dieser Reise gewonnenen Eindrücke und Erfahrungen sollen an Hand einiger Beispiele wiedergegeben werden.

Praja Grande Das Arribas
Sonntag, 9. November 1975. In den Fabriken Lissabons ruht die Arbeit, in dem unweit der Stadt gelegenen Strandhotel – seit einem Jahr Selbstverwaltungsunternehmen – herrscht Hochbetrieb. Das Personal hatte seine eigene Sozialrevolution en miniature durchgeführt. Der Geschäftsführer berichtet:

»Die Verhandlungen mit dem Eigentümer zogen sich monatelang hin. Wir forderten einen Monat Urlaub und eine Weihnachtsgratifikation in Höhe eines Monatslohnes, wie man sie in vielen Unternehmen bereits hat. Die Geschäftsleitung erklärte, dies sei für die Firma finanziell nicht tragbar. Der Betrieb sollte stillgelegt werden. Damit hätten wir unsere Arbeit verloren.

Da machten wir kurzen Prozeß. Eine Betriebsversammlung beschloß, das Hotel in eigene Regie zu nehmen. Wir wählten eine Geschäftsführung aus fünf Personen. Man arbeitete anfangs freiwillig zehn und mitunter bis zu zwölf Stunden täglich. Rundfunk und Presse machten auf unser Unternehmen aufmerksam. Das Ministerium für Tourismus gewährte uns einen Kredit von hunderttausend Escudos. Jeder fühlte sich gestärkt durch die Verantwortung, die er auf sich nahm.

Über Löhne und Arbeitsbedingungen beschließt die Vollversammlung. Das Monatseinkommen der weiblichen Angestellten wurde von dreieinhalbtausend auf fünftausend Escudos erhöht. Wir sind für Angleichung der Löhne, unsere Maxime ist: gleicher Lohn für gleiche Arbeit. Doch die Umstände zwingen uns, gewisse Lohndifferenzen vorläufig noch beizubehalten. Die Jahresferien und die Weihnachtsgratifikation haben wir uns natürlich bewilligt. Den Kredit hatten wir in einem Jahr zurückgezahlt. Wir führten Neuerungen in der Geschäftsführung ein. In der stillen Zeit setzen wir den Zimmerpreis um die Hälfte, den Preis fürs Essen um ein Viertel herab. Neuinvestitionen finanzierten wir mit persönlichen Beiträgen. Der Erfolg war enorm. Die Zahl der Gäste ist gestiegen. Unser Personal konnte von zweiundzwanzig auf vierzig, in der Saison sogar fünfundvierzig Angestellte erhöht werden. Eine Gewinnverteilung hat es bisher noch nicht gegeben. Auch die Eigentumsfrage ist noch nicht gelöst. Auf staatliche Nationalisierung legen wir keinen Wert. Was auch immer kommen mag, wir sind bereit, unsere Errungenschaften zu verteidigen.«

Das Strandhotel Praja Grande war der erste Selbstverwaltungsbetrieb Portugals im Hotelgewerbe. Später kamen weitere Betriebe hinzu.[1]

Schraubenfabrik Florescente Lissabon

Die Fabrik, Portugals größter Schraubenlieferant, wurde vor mehr als einem halben Jahrhundert gegründet. Sie beschäftigte zur Zeit unseres Besuches zweihundertvierzig Arbeiter, darunter fünfzig Frauen. Eine Woche nach dem Sturz der Diktatur, genau am 1. Mai 1974, waren die Arbeiter in den Ausstand getreten. Es ging um Lohnforderungen. Man wählte einen Betriebsrat, genannt »Comision de Trabalhadores« (Arbeiterkommission). Die Verhandlungen zogen sich über Monate hin. Am 28. Februar

[1] Die Frankfurter Rundschau brachte am 19. Februar 1977 ein Interview mit dem portugiesischen Generaldirektor für Touristik, de Freitas, anläßlich seines Besuches in der Bundesrepublik. Auf die Frage, ob es noch Hotels in Selbstverwaltung gebe, antwortete er: »In Selbstverwaltung werden nur noch zwei Hotels geführt.«

1975 besetzten die Arbeiter die Fabrik, stellten eine unbe-
waffnete Wache auf und untersagten dem Unternehmer und seinen Vertrauensleuten den Zutritt.

Zunächst versuchten Regierung und Gewerkschaftsbund die
Arbeiter zur Rückgabe des Betriebes zu bewegen. Doch das blieb
erfolglos. Später erklärten sich die oberen Instanzen mit der
Selbstverwaltung einverstanden. Der Grund: Die Stillegung der
Fabrik hätte zu Engpässen in der Schraubenlieferung geführt.
Das Arbeitsministerium vermittelte Kredite bei den verstaatlich-
ten Banken. Die Betriebsleitung besteht aus acht Personen, ver-
antwortlich ist die Arbeiterkommission (Betriebsrat). Die An-
fangsschwierigkeiten wurden in wenigen Monaten überwunden.
Ein Arbeiter an der Maschine:

»Heute arbeiten wir für uns selbst. Jeder entfaltet seine Initiative ohne
Bürokraten. Gemeinsam mit den Technikern diskutieren wir über Verbesserung und Steigerung der Produktion. Über Löhne und Arbeitsbedingungen bestimmen wir selber in der Betriebsversammlung.«

Im Arbeitsministerium beschäftigte man sich mit der Frage, ob
das Unternehmen nationalisiert werden sollte. Die Betriebsan-
gehörigen waren sich selbst noch nicht einig darüber, was für sie
das Beste wäre. Durchweg waren sie mit der Selbstverwaltung
zufrieden. »Doch wenn eines Tages eine unternehmerfreundli-
che Regierung eure Selbstverwaltung als ungesetzlich abschafft,
was dann?«, fragte ich. »Dann werden wir uns zur Wehr setzen.«

Lisnave bleibt privat

»Warum hat der radikale Revolutionsrat Portugals größtes Privatunternehmen, die 8700 Arbeiter und Angestellte beschäfti-
gende Werft Lisnave, nicht nationalisiert?«, wollten wir wissen.
Die Antwort des Betriebsratsvorsitzenden Carlos Gomes: »Weil
es sich um ein multinantionales Unternehmen handelt. Fünfzig
Prozent des Aktienkapitals gehörten Holländern und Schweden.«

Auf der Lisnave-Werft hatte es nach Ausbruch der Revolution
keinen Arbeitskonflikt gegeben. Die Löhne sind nicht niedriger
als in nationalisierten Unternehmen. Die Arbeitszeit ist dieselbe
wie in allen anderen Betrieben, zweiundvierzig Stunden wöchentlich. Auch hier gibt es einen Monat Urlaub und einen dreizehnten Monatslohn. Nach der Revolution wählte man auf einer

Belegschaftsversammlung eine Arbeiterkommission von siebenundachtzig Mitgliedern (je eines für hundert Beschäftigte) sowie einen fünfzehnköpfigen Betriebsrat. Der Betriebsrat hat Mitspracherecht bei Einstellung und Entlassung von Arbeitern und erhält Einblick in den Produktionsprozeß sowie in die Geschäftsführung einschließlich der abgeschlossenen Kontrakte. Die Arbeitsbedingungen entsprechen denen in den verstaatlichten Betrieben.

Nach einer Verordnung vom August 1974 darf in Unternehmen mit mehr als fünfzig Beschäftigten ein Betriebsrat gewählt werden, dem das Recht zusteht, Produktionsprojekte und Investitionen zu prüfen sowie die Produktion zu bewerten und zu überwachen. Der Lisnave-Betriebsratsvorsitzende Carlos Gomes hält jedoch nicht viel von den Gesetzen einer bürgerlichen Gesellschaft. Der Betriebsrat, sagt er, kann im besten Falle dazu dienen, die Arbeiter auf den Sieg der Volksmacht vorzubereiten. In einer Resolution der Betriebsvollversammlung, die er uns überreicht, heißt es:

»Die Arbeiterkontrolle über die Produktion ist von entscheidender Bedeutung für Vorbereitung und praktische Durchführung der sozialistischen Nationalisierung der Industrie.«

Im roten Süden

Das Wort Alentejo bedeutet: jenseits des Flusses Tejo. Alentejo ist der Landstrich südlich von Lissabon, dessen Sozialstruktur der des benachbarten Andalusien ähnelt: eine kleine Zahl von Großgrundbesitzern und eine große Mehrheit besitzloser Landarbeiter. Hier war es, wo man eine Agrarrevolution erwartete und wo sie auch ausbrach.

Ganz und gar kommunistisch, wie es in die Welt hinausposaunt wurde, ist Alentejo durchaus nicht. In Vimieiro, einer dreitausend Einwohner zählenden Ortschaft, wo zehn private Güter in Selbstverwaltungsbetriebe umgewandelt wurden, erhielten die Kommunisten bei den Wahlen vom 25. April 1975 270 und die ihnen nahestehende M.D.P. (Demokratische Volkspartei) 170 Stimmen, die Sozialisten dagegen kamen auf 930 und die liberalen Volksdemokraten auf 480 Stimmen. Die Kleinbauern und Landarbeiter, die die Höfe ihrer bisherigen Gutsherren besetzten, waren in ihrer Mehrheit keine Kommunisten. Daß man so viele kommunistische Plakate sieht, beweist nur, daß die Partei finanzkräftig ist. Die meisten Einheimischen, mit denen ich sprach, erklärten mir, sie gehörten keiner Partei an.

Die erste Besetzung erfolgte am 11. Februar 1975 auf einem 785 Hektar großen Landbesitz, der seitdem den Namen »Cooperativa Santana« trägt. In kurzer Zeit kamen neun weitere Cooperativas verschiedener Größe – zwischen 700 und 1200 Hektar – hinzu. An einem Wirtschaftsgebäude mit Mühle und Bäckerei konnte man in Riesenlettern die Worte lesen: Ocupado pelas Cooperativas (Von den Genossenschaften besetzt). Was trieb die friedfertigen Landarbeiter und Kleinpächter zur Revolution? Waren etwa Berufsrevolutionäre die Einbläser? Für die Antwort genügt ein Rückblick in die Vergangenheit.

Die Eigentumsverhältnisse hatten sich seit Jahrhunderten nicht verändert. Während der letzten Jahrzehnte hielt die Diktatur ihre schützende Hand über die Latifundienbesitzer, unter denen es Krösusse mit über 17 000 Hektar Land gab. Bei Ausbruch der Revolution hatten fünfhundert Majoratsherrn mehr Ackerboden als fünfhunderttausend Landarbeiter und Kleinpächter; dreitausend Großgrundbesitzer (5,4 Prozent der Gesamtbevölkerung) besaßen mehr als hundert Hektar, die Kleinstbauern (90 Prozent der Bevölkerung) dagegen weniger als einen, vielfach nur einen halben Hektar. Der »Patron« kam nur gelegentlich auf sein Gut, eventuell mit einer Jagdgesellschaft; einen Teil seines Bodens ließ er unbebaut.

In Nordportugal haben siebzig Prozent der Kleinbauern so wenig Land, daß ihre Feldfrüchte nur knapp über ihren eigenen Bedarf hinausgehen. Dreißig Prozent der Gesamtbevölkerung sind in der Landwirtschaft beschäftigt, gegenüber sechs oder gar nur vier Prozent in den Industrieländern. Obwohl Portugal ein Agrarland ist, reicht seine Agrarproduktion nicht aus für die Ernährung der eigenen Bevölkerung. Rund ein Drittel des Lebensmittelbedarfs kommt aus dem Ausland. Die Produktionsmethoden der Landwirtschaft sind veraltet. Die Großgrundbesitzer im Süden hatten wenig Interesse an der Modernisierung ihrer Betriebe gezeigt. Die Rationalisierung der Landwirtschaft war seit langem unumgänglich.

Von der Aprilrevolution 1974 hätte man die strukturelle Veränderung erwarten können, doch die Politiker dachten zunächst nicht daran. Die radikalen Offiziere des Revolutionsrates dagegen sandten »Dynamisierungsbrigaden« in den Süden, um die Landarbeiter für die Revolution zu gewinnen. Doch kommunistischer Agitation hätte es gar nicht bedurft. Kleinbauern und

Landarbeiter wurden von sich aus aktiv. Einige Alte mögen sich an die anarchosyndikalistische Propaganda von ehedem erinnert haben, und auch die Gründung von Colectividades der spanischen Bauern und Agrarproletarier während des Bürgerkrieges mochte nicht ganz unbekannt geblieben sein. Kurz, man schritt zur Selbsthilfe.

José Bento, Landarbeiter, einundfünfzig Jahre alt, Analphabet, wußte nichts von sozialistischen oder kommunistischen Theoretikern, aber er hatte gesunden Menschenverstand und war initiativbegabt. Er arbeitete als Tagelöhner bei einem Großgrundbesitzer. Es gab einige Konflikte mit dem »Patron«. Auf einer Versammlung am 18. Februar 1975 schlug Bento die Besetzung des Gutes und die Gründung einer Cooperativa, einer Produktionsgenossenschaft, vor. Der Vorschlag wurde angenommen. Achtzehn Familien mit achtunddreißig Erwachsenen machten mit. Man wählte ein Verwaltungskomitee aus fünf Personen. Der Gutshof war 705 Hektar groß; dreißig Kühe, zweihundertfünfzig Schafe und fünfundzwanzig Schweine wurden mitübernommen. Wie der in der Stadt lebende Besitzer reagieren würde, darüber zerbrachen sich die Genossenschaftler nicht den Kopf. Ob er Anzeige erstattet hatte, wußte man nicht. Die Staatsmacht schritt nicht ein. Das Agrarinstitut gewährte einen Kredit von dreihunderttausend Escudos. Man beschloß, die Löhne für männliche Arbeitskräfte von hundertfünfzig auf hundertachtzig Escudos und für weibliche Arbeitskräfte von siebzig auf hundertdreißig Escudos zu erhöhen. Die Produktionsgenossenschaft übernahm auch die Zahlungen an die Altersversicherung. Das Rentenalter beginnt mit 65 Jahren. Die Umstellung von der Privat- auf die Kollektivwirtschaft ging ohne größere Schwierigkeiten vor sich. Die Genossenschaftler beschlossen, vom Gutsherrn vernachlässigtes Brachland unter den Pflug zu nehmen. Das Agrarinstitut hat wenige Monate später die Kollektivierung anerkannt. Man vermutete, daß der Staat die Entschädigung für den früheren Eigentümer übernommen hatte. Die Genossenschaft kann das Land bebauen und nutzbar machen, darf es aber nicht verkaufen.

Casebres

Angesichts der Ungewißheit über das Kommende schlossen einige Großgrundbesitzer in Casebres, Kreis Alcasar do Sal, ihre Landwirtschaftsbetriebe. Die dadurch arbeitslos gewordenen siebenundsechzig Männer und vierundfünfzig Frauen besetzten am 1. März 1975 die Wirtschaftsgebäude, gründeten eine Produktionsgemeinschaft und begannen, den Boden, von dem ein Teil ohnehin brachlag, zu bebauen.

Die Cooperativa verfügte über 4300 Hektar Land. Die Lösung der juristischen Probleme, die sich aus der Besetzung ergaben, überließ man dem Agrarinstitut. Die Genossenschaftler wählten drei Kommissionen aus sechs Personen: eine für die Arbeit, die zweite für den Handel, die dritte für Buchführung und Verwaltung. Landwirtschaftsmaschinen wurden von Kleinpächtern beigebracht, die sich der Genossenschaft anschlossen. Die Produktion umfaßt den Anbau von Reis, Mais, Tomaten, Paprikaschoten. Man erntet Oliven und Kork aus Eichenrinde. Das Landwirtschaftsministerium gewährte einen in zehn Jahren rückzahlbaren Kredit. Alle wichtigen Fragen der Genossenschaft werden in der Vollversammlung erörtert und durch entsprechende Beschlüsse geregelt. Der Wochenlohn wurde auf achthundert Escudos für Männer und fünfhundert Escudos für Frauen festgesetzt. Unsere Frage, warum Frauen einen niedrigeren Lohn erhielten, wurde nicht klar beantwortet. Unbewältigte Tradition. Nach und nach werden sich wohl die Löhne für weibliche Arbeitskräfte denen der Männer angleichen. Unter den Einwohnern gab es Sozialisten, Kommunisten verschiedener Glaubensbekenntnisse und auch Anarchisten. Auf parteipolitische Fragen angesprochen, erklärte ein Genossenschaftler: Die Arbeit vereint, die Politik entzweit.

Initiative der Frauen

Einmalig ist die Entstehungsgeschichte der Cooperativa 1 de Maio (Genossenschaft des 1. Mai) in Gambia, Landkreis Setubal. Die Initiative ging von den Frauen aus, von Arbeiterinnen, die auf dem siebenhundert Hektar großen Gutshof des Ingenieurs José Paula Borba beschäftigt waren. Der Gutsherr hatte seinen ständigen Wohnsitz in der Hauptstadt. Nach ergebnislosen Lohnverhandlungen kündigte er seinen Arbeitern. Arbeitslos aber wollten sie nicht werden. Am 14. Juli 1975 besetzten achtundzwanzig Frauen und zwanzig Männer, die Frauen voran, den Herrensitz. Man gründete eine Produktionsgenossenschaft.
Der Anfang war schwer. Ein Antrag auf Kreditgewährung wurde vom Agrarinstitut abgelehnt. Es fehlte an Betriebskapital, vor allem an Geld zur Auszahlung der Löhne. Doch die Klassengenossen der Umgebung zeigten sich solidarisch. Am Wochenende kamen sie in Scharen aus der Stadt, um bei den Erntearbeiten mitzuhelfen. Unter Schwierigkeiten und Entbehrungen kam man über den Berg. Als wir im November 1975 in dieser Gegend waren, herrschte unter den Genossenschaftlern Optimismus. Das Gespenst der Arbeitslosigkeit war gebannt. Man sah zuversichtlich in die Zukunft. Die Frauen der Cooperativa sind stolz auf ihr Werk.

Genossenschaft ohne Enteignung

Aus dem Geiste gegenseitiger Hilfe im Sinne Kropotkins geboren ist die Bauerngenossenschaft in Argea, Landkreis Torres Vedras. Zwei im Oktober 1974 aus Frankreich zurückgekehrte Portugiesen fanden bei der Olivenernte im Dorfe Arbeit. Spanische Emigranten hatten sie über die Colectividades während des Bürgerkrieges informiert. Im revolutionären Portugal war das Kooperationsklima günstig. Es gelang ihnen, Anhänger für die Organisierung einer Genossenschaft zu gewinnen. Ein wohlwollender Bauer stellte einen Hektar Land zur Verfügung. Bald schlossen sich einige Kleinbauern an. Eine ortsansässige Philanthropin überließ der Genossenschaft gratis (nur die Grundsteuer mußte sie bezahlen) mehrere Hektar.

Im Januar 1975 begann man mit 200 Hektar Land, 3000 Weinstöcken, 2000 Olivenbäumen und ausgedehnten Tomatenpflanzungen. Vom Agrarinstitut erhielt die Genossenschaft dreihunderttausend Escudos, von einer verstaatlichten Bank achthunderttausend Escudos Kredit zu günstigen Bedingungen. Nach dem Grundsatz »Jeder nach seinen Bedürfnissen« führten sie eine Art Familienlohn ein. Anfallender Gewinn wird nach Ablauf des Erntejahres gleichmäßig unter alle verteilt. Zwei Lohnarbeitern, die zusammen mit dem überlassenen Boden übernommen worden waren, wurde anheimgestellt, sich innerhalb eines Jahres zu entscheiden, ob sie sich der Gemeinschaft anschließen wollten. Auch die Gründung eines Konsumladens wurde beschlossen. Diese Wirtschaftsgemeinschaft erinnerte mich an den Moschaw Shitufi, die modifizierte Variante des israelischen Kibbuz.

Von der Revolution zur Evolution

Im Laufe von zwei Jahren hatte sich der Schwerpunkt der portugiesischen Revolution vom Offizierskasino und Ministersessel zur Werkbank und zur Ackerkrume verlagert. Daß die Revolution verhältnismäßig wenig Blut gekostet hat, dürfte auf das Militär zurückzuführen sein, das im Lager der Revolutionäre stand. Die Generäle selbst hatten die Revolution ausgelöst. Wie immer und überall gab es unter den Revolutionären radikale und gemäßigte Tendenzen. Nach der Niederschlagung des Fallschirmjägeraufstandes vom 25. November 1975 war die revolutionäre Stoßkraft erschöpft. Die Periode der revolutionären Straßenkämpfe war beendet. Die politische Aktivität konzentrierte sich auf die Vorbereitung der Parlaments- und Präsidentschaftswahlen. Die Wahlen verliefen ruhig, die gemäßigten Kräfte erhielten die Mehrheit im Parlament und auch der neugewählte Präsident war ein Mann der Mitte. Die Zeit war gekommen, Bilanz zu ziehen, zu prüfen, was die Revolution gebracht hatte.

Auf der Habenseite stand vor allem die Abschaffung der Diktatur und Etablierung einer politischen Demokratie, auf die Portugal so lange hatte warten müssen. Doch das war nicht alles. Hinzu kommt der Anfang einer Wirtschaftsdemokratie mit der sozialen Gerechtigkeit als Ziel. Zahlreiche Privatbetriebe wurden in Genossenschaftsunternehmen umgewandelt. Nachdem bereits Hunderte von selbständigen Produktions- und Wirtschaftsgenossenschaften gegründet worden waren, wurde das Agrarreformgesetz vom 29. Juli 1975 verkündet, nach welchem Landgüter von mehr als siebenhundert Hektar enteignet werden dürfen. Später wurde die Höchstgrenze für privaten Landbesitz auf fünfzig Hektar festgesetzt. Am 31. August 1975 waren 406 landwirtschaftliche Genossenschaften – ehemaliger Privatbesitz – amtlich eingetragen. Im Landkreis Beja, Provinz Alentejo, wurden sechzig Prozent der ehemaligen Privatgüter genossenschaftlich verwaltet, im Bezirk Evora sprach man von 250 000 Hektar enteignetem Agrarland.

Die Gründung von sich selbst verwaltenden Genossenschaftsbetrieben erstreckte sich, wie gezeigt, auf die Landwirtschaft und die Industrie. Doch auch da, wo es – aus vielerlei Gründen – nicht zu autonomen Kollektivunternehmen kommen konnte, gab es einen beachtlichen sozialen Fortschritt. In fast allen Betrieben erkämpften sich die Arbeiter das Recht auf Mitbestimmung bei Einstellung und Entlassung von Arbeitskräften, die 42-Stundenwoche, einen Jahresurlaub von einem Monat und einen dreizehnten Monatslohn. In Betrieben mit mehr als fünfzig Arbeitern und Angestellten wird der von der Belegschaft gewählte Betriebsrat gesetzlich anerkannt.

Mit diesen Errungenschaften hat Portugal den Weg der Wirtschaftsdemokratie beschritten. Die revolutionären Impulse scheinen erschöpft zu sein. Alle Anzeichen deuten darauf hin, daß das Land, ähnlich wie ein halbes Jahrhundert vorher Mexiko, in eine Periode der Evolution eintritt. Nun kommt es darauf an, das Erreichte zu verteidigen und zu konsolidieren, reaktio-

näre Tendenzen abzuwehren und die revolutionären Errungenschaften auszubauen.

Das Streben schien mir stets vorzugswürdiger als das Erreichte. Ich scheue mich daher nicht, die Bilanz meines Lebens in dem lapidaren Satz zusammenzufassen: Viel erstrebt, wenig erreicht.

In meiner Jugend glaubte ich an ein tausendjähriges, chiliastisches Reich der Freiheit, Gleichheit und Brüderlichkeit [1]. Heute stelle ich das kontinuierliche Werden über ein imaginär unveränderliches Sein. Am Ende des Ersten Weltkrieges hofften wir Linksradikale, die Russische Revolution würde ein neues Zeitalter einleiten, ähnlich wie die große Französische Revolution von 1789. Die bolschewistische Diktatur, die sich nicht nur gegen die Anhänger des Zarismus, sondern auch gegen andersdenkende Revolutionäre richtete, war für uns eine bittere Enttäuschung.

Man nannte mich »Student der Revolution«. Richtig ist, daß Anteilnahme an den Revolutionen unseres Jahrhunderts einen großen Teil meiner Lebensarbeit ausmachte. Als etwa Fünfzehnjähriger hörte ich von meinem Vater das Märchen vom Dialektischen Materialismus, nach welchem der Sozialismus mit Naturnotwendigkeit den Kapitalismus verdrängen werde. Von diesem Aberglauben habe ich mich später befreit; »Berufsrevolutionär« freilich bin ich nie geworden, denn nie war die revolutionäre Betätigung für mich eine Sache des Lebensunterhalts. Ich sehe in der Revolution nicht ein Endziel, sondern eine vorübergehende akzelerierte Entwicklungsphase. Trotzkis These von der »permanenten Revolution« ist ein sophistischer Propagandaslogan, das Wort stammt von Karl Marx; einen revolutionären Dauerzustand hat es in der Geschichte nie gegeben. Revolutionen brechen aus, wenn unerträglich gewordene politische, wirtschaftliche, soziale oder nationale Verhältnisse die Volksseele in Aufruhr bringen. Revolutionen enden mit dem Erlöschen der Kollektivenergien. So war es auch bei der jüngsten Revolution in Portugal. Tiefe, Dauer, Inhalt und Bedeutung von Revolutionen sind nicht vorhersehbar.

---

1 Chiliasmus (griech.): Erwartung des Tausendjährigen Reiches Christi auf Erden.

Anfangs glaubte ich an die Allmacht der Revolution, später lernte ich ihre Grenzen kennen. Bei revolutionären Entwicklungen lassen sich zwei Phasen unterscheiden: zuerst Sturz der alten Mächte, dann Errichtung einer neuen Revolutionsmacht. Dieser Prozeß vollzieht sich gewaltsam und selten ohne Blutvergießen.

Die Revolutionen des 20. Jahrhunderts hatten, mit wenigen Ausnahmen, ein Janushaupt mit zwei Gesichtern: eines zeigte die befreiende Revolte, das andere die unterdrückende Diktatur. Zur Macht gekommene Revolutionäre verwandelten sich in Diktatoren. So war es von Rußland bis Kuba. Hätten 1921 in Kronstadt die Matrosen zusammen mit den linken Sozialrevolutionären, den Maximalisten, Syndikalisten und Anarchisten gesiegt, dann wäre Rußland heute wahrscheinlich eine authentische Räterepublik mit autonomen Kollektivwirtschaften und politischer Freiheit, ohne die Schande der Gefängnisse, der Arbeits- und Konzentrationslager und der psychiatrischen Anstalten für Regimegegner.

Drei Lehren habe ich aus meinen Erfahrungen gezogen:

1. Individuelle Gewaltanwendung ist kein Mittel zur Errichtung einer freien Gesellschaft. Kollektive Gewalt ist in Revolutionen unvermeidlich, ihre Wirkung aber begrenzt; sie kann dazu beitragen, eine diktatorische und unterdrückende Regierung zu stürzen. Doch die Freiheit ist aufs neue gefährdet, wenn aus den Revolutionsführern Diktatoren werden. Die bekanntesten Beispiele dafür in unserem Jahrhundert sind Lenin, Stalin und Castro.

2. Eine siegreiche Sozialrevolution kann die vorhandenen Reichtümer in einer grandiosen Geste gerecht unter alle verteilen, nicht aber den allgemeinen Wohlstand für alle Zeiten garantieren.

3. Die im Namen des Kommunismus errichteten Parteidiktaturen schafften die im vergangenen Jahrhundert erkämpften politischen Freiheiten ab, doch die vorher propagierte ökonomische Gleichheit blieb aus. Es liegt daher nicht im Interesse der Arbeiter, den politischen Machtkampf von kommunistischen Parteien zu unterstützen, die ihr Konzept der Befreiung auf der Basis neuer Unterdrückung der Menschen realisieren wollen.

Häufig wurde mir die Frage gestellt: Warum kam der Anarchismus nie und nirgends zum Zuge? Ist das nicht auf seine wirklichkeitsfremde Utopie zurückzuführen?

Ich antworte: Jedes Sozialideal hat utopische Züge. Bei der Verwirklichung zeigt sich, was realistisch und was wirklichkeitsfremd ist. Der Anarchismus ist nicht nur utopisch, er hat auch einen eminent praktischen Zug. Die beiden bedeutendsten freiheitlichen Sozialexperimente des 20. Jahrhunderts sind die Kollektivbetriebe in Spanien während des Bürgerkrieges und die Kibbuzim in Israel. In beiden Fällen handelt es sich um die Verwirklichung eines anarchistischen Sozialismus, wie er von Proudhon, Kropotkin und Gustav Landauer konzipiert worden war. Der Eigeninitiative der Beteiligten entsprungen, basierten spanische Colectividades und israelische Kibbuzim auf den Grundsätzen der sozialen Gerechtigkeit und der persönlichen Freiheit. Sie waren und sind funktionsfähig ohne Gesetze, ohne staatliche Verordnungen, ohne äußeren Zwang. Die sozialen Gegensätze waren aufgehoben. Die Colectividad und der Kibbuz haben den Beweis erbracht, daß freie Gemeinschaften praktisch möglich sind und daß der freiheitliche Sozialismus keine unrealisierbare Utopie darstellt.

Das Utopische am Anarchismus ist, wenn man den Dingen auf den Grund geht, eigentlich nichts anderes als ein freiheitlicher Humanismus. Was heute unter dem Namen »Pluralistische Wirtschaftsordnung« bekannt ist, wurde bereits im vorigen Jahrhundert von anarchistischen Theoretikern der marxistischen Staatswirtschaftstheorie als eine sozialistisch-föderalistische Alternative entgegengestellt. Die von den Gewerkschaften heute erhobene Forderung nach Mitbestimmung und Selbstbestimmung in den Betrieben war früher Kampfziel der Anarchosyndikalisten. Die im vorigen Jahrhundert von antimilitaristischen Anarchisten geforderte allgemeine Abrüstung und internationale Kontrolle der Rüstungsindustrie ist heute der Ruf aller Friedenskämpfer.

Auf dem neuen Kontinent besonders in den USA gibt es keinen Anarchistenschreck mehr. Im Sommer 1976 befand ich mich auf einer sechswöchigen Vortragsreise in den USA und Kanada. Am 18. Juli hielt Pfarrer Bruce Southworth in der Community Church zu New York eine Sonntagspredigt über Anarchismus und Politik in Amerika, die auch vom Rundfunk übertragen wurde. Tags darauf sprach ich in der gleichen Kirche über den anarchistischen Weg zum Sozialismus anläßlich des 40. Jahrestages des Ausbruch des Spanischen Bürgerkrieges. Auch in Philadelphia,

Minneapolis und New Orleans fanden meine Vorträge in Kirchen statt. Über der Kanzel hing das Bild eines spanischen Milizionärs. Rundfunkstationen in mehreren Städten luden mich ein, über den Anarchismus zu sprechen. In rund einem Dutzend Städten wohnte ich bei sozial engagierten Professoren, Studenten, Arbeitern, Intellektuellen. So lernte ich ein anderes Amerika als das allgemein bekannte kennen, das Amerika der idealistischen Gesellschaftserneuerer. In diesen Kreisen fand ich sozialen Kampfgeist, vereint mit praktischer altruistischer Solidarität. Mein Gesamteindruck: Die Amerikaner, Nachkommen wagemutiger Einwanderer werden auch ohne westeuropäische Theorien ihre Freiheiten zu verteidigen und die soziale Gerechtigkeit zu erkämpfen wissen.

Ein letztes Wort. Heute sind die sozialen Probleme nicht mehr die gleichen wie zu Beginn des 20. Jahrhunderts. Die Machtverhältnisse haben sich verschoben, die Lebensbedingungen verändert. Der enorme Fortschritt in Technik und Industrie läßt erwarten, daß – bei Ausbleiben einer apokalyptischen Katastrophe – Ende des 21. Jahrhunderts das Massenelend verschwunden und die sozialen Gegensätze erheblich geringer sein werden. Dann wird sich zeigen, daß die »Brot-und-Butter«-Frage nicht das einzige gesellschaftliche Problem ist. Neue Fragen werden auftauchen, die man heute noch nicht kennt. Ein Beispiel: Vor einem halben Jahrhundert war der Begriff Ökologie nur bei Fachleuten gebräuchlich, heute ist die Umweltfrage allgemeines Tagesgespräch. Kämpften um 1900 die Arbeiter ums bloße Brot, so erhob sich Ende der 60er Jahre die studierende Jugend gegen das autoritäre Establishment. Werden im Jahre 2000 vom Freiheitsdrang erfaßte Massen einen neuen Befreiungskampf gegen Diktaturen jeder Form und Art führen müssen?

Ein altes Sozialproblem jedenfalls wird auch der Zukunft immer wieder zu schaffen machen, weil es zugleich ewig neu ist: der Antagonismus zwischen Autorität und Freiheit, wie er mit dem Generationsunterschied von alt und jung unauflöslich verbunden ist. Wie in der Vergangenheit, so wird sich auch in Zukunft das Pendel der Geschichte zwischen den entgegengesetzten Polen Autorität und Freiheit bewegen. Nach Lösung der sozioökonomischen werden soziopsychische Probleme in den Vordergrund treten. Völligen Konformismus wird es auch in einer klassenlosen Gesellschaft nicht geben. In der Vergangenheit führten die politischen und sozialen Gegensätze zwischen den meist zur älteren Generation gehörenden Machthabern und der außerhalb des staatlichen Räderwerks stehenden Jugend zu gewaltsamen Auseinandersetzungen. So ist es auch heute noch. Das braucht aber nicht immer so zu sein. Es ist nicht utopisch, darauf hinzuarbeiten, daß die Widersprüche friedlich ausgetragen werden. Die friedliche Konfrontation, die gewaltlose Regelung von Konflikten zwischen den Generationen und den sozial, wirtschaftlich und ethnisch unterschiedlichen Gruppen ist geistig befruchtend, wirkt sich schöpferisch aus und bringt die Menschheit weiter.

Die von den Anarchisten seit jeher propagierten und heute auch von Regierungen – leider meist nur theoretisch – anerkannten Humanforderungen: Wohlstand für alle, Freiheit für jeden, Respektierung der Menschenwürde – die ich noch mit dem Ruf nach Universalfrieden ergänzen möchte –, werden immer noch und immer wieder von Gewalthabern zynisch verletzt. Solange es Gewaltsysteme gibt, wird sich das nicht ändern. Mein herrschaftsfreies Streben galt daher stets der Errichtung einer gewaltlosen Ordnung an Stelle der organisierten Gewalt.

1892   28. August in Ratibor/Schlesien geboren

1911   In Berlin Schüler von Gustav Landauer

1914   Kriegsdienstgegner. Flucht nach Schweden. Militant der jungso-
        zialistischen Bewegung Schwedens. Mitarbeiter verschiedener
        Zeitungen.

1917   Wegen Propaganda gegen den deutschen Militarismus aus Schwe-
        den ausgewiesen. Nach Norwegen – dort sofort ausgewiesen.
        Dänemark.

1918   In Dänemark Mitarbeiter der syndikalistischen Tageszeitung »So-
        lidaritet«. Illegal nach Schweden, dort verhaftet und wegen fal-
        schen Passes zu sechs Monaten Strafarbeit verurteilt. Aufhebung
        des Urteils nach viermonatiger Haft.

1919   Deutschland. Tätigkeit in der Freien Arbeiter-Union (Anarcho-
        syndikalisten), vor allem in Berlin; Mitarbeiter der Wochenzei-
        tung »Der Syndikalist«.

1920   April bis November in Rußland.

1921   In Frankreich in der anarchistischen Bewegung tätig. Auswei-
        sung. Ende 1921 zum Redakteur der Wochenzeitung »Der Syndi-
        kalist« gewählt.

1921/   Mitbegründer der Internationalen Arbeiter Assoziation (Syn-
1922   dikalistische Internationale – I.A.A.) und Ko-Sekretär (mit Ru-
        dolf Rocker und Alexander Schapiro), bis 1933.

1929   Mehrere Monate in Argentinien. Teilnahme am Kongreß der la-
        teinamerikanischen Anarchosyndikalisten in Buenos Aires, Vor-
        träge in Argentinien und Uruquay.

1931   Nach dem Sturz der spanischen Monarchie mehrere Reisen nach
        Spanien (im Auftrag der I.A.A.).

1933   Nach dem Reichstagsbrand aus Berlin und Deutschland geflohen.
        Aufenthalt in Frankreich. Vortragsreisen in Schweden.

1936   Zwei Wochen vor dem Ausbruch des Bürgerkrieges (Mitte Juli) in
        Spanien. Während des Bürgerkrieges Leiter der Außeninforma-
        tion der C.N.T. (Anarchosyndikalisten) und außenpolitischer
        Berater.

1939   Unmittelbar vor dem Einmarsch der Franco-Truppen in Barce-
        lona (Januar) nach Frankreich geflüchtet. Dort bei Ausbruch des
        Zweiten Weltkrieges (September) interniert.

1941   Beim Heranrücken der deutschen Truppen aus dem Internie-
        rungslager Audierne/Bretagne geflüchtet. Einige Monate als Bau-
        ernknecht untergetaucht.

1942   Im März Einschiffung – über Casablanca – nach Mexiko.

1942–   In Mexiko: Journalist (Mitarbeiter von »Novedades«), Vortrags-
1948   redner. Zahlreiche Reisen innerhalb des Landes. Tätigkeit bei den
        Gewerkschaften und, im Auftrag des Unterrichtsministeriums,
        im Bildungswesen.

1949   Fünf Monate in Kuba. Vorträge in Gewerkschaften, Genossen-
        schaften, Hochschulen, vor Tabak- und Zuckerrohrarbeitern.
        Teilnahme am Kongreß des Movimiento Libertario Cubano.

1950/   Vorträge bei Gewerkschaften und in Volkshochschulen in der
1951   Bundesrepublik Deutschland und in Schweden. Viermonatiger
        Aufenthalt in Israel.

1952   Vorträge in den Vereinigten Staaten. Ende 1952 Rückkehr nach
        Mexiko.

1958/   Vortragsreisen in sämtlichen Ländern Lateinamerikas, von Me-
1959   xiko bis Chile.

1960   Wieder in Mexiko. April bis September in Kuba (nach der Ca-
        stro-Revolution). Zweiter Studienaufenthalt in Israel.

1961/   Vortragstätigkeit in Deutschland, Schweden und Österreich.
1962

1962   Ende des Jahres Beauftragter des Internationalen Bundes Freier
        Gewerkschaften für die Leitung eines Kurses für Gewerk-
        schaftsfunktionäre in Madagaskar (Aufenthalt dort zwei Mona-
        te).

| 1963– | Als Bildungsexperte des Internationalen Arbeitsamtes (Genf) in |
| 1966 | Lateinamerika (Jamaica, Honduras, Venezuela, Chile, Uruguay) und in Äthiopien. |

1964   Vortragsreise in den USA.

1966   Beendigung der Tätigkeit als Bildungsexperte. München. Publizistische Tätigkeit.

1975   Studienreise in das nachrevolutionäre Portugal.

1976   Vortragsreise in den USA und in Kanada.

1977   Studien- und Vortragsreise nach Schweden.

Diktatur och Socialism (schwedisch), Stockholm 1918.
Gustav Landauer Revolutionens filosof (schwedisch), Stockholm 1919.
Chicagomärtyrerna (schwedisch), Stockholm 1919.
Wie lebt der Arbeiter und Bauer in Rußland?, Berlin 1920/21.
Sacco und Vanzetti: Zwei Opfer amerikanischer Dollarjustiz. Berlin 1927. Neudruck Frankfurt 1977.
Den bruna pesten (schwedisch), Stockholm 1933.
Erich Mühsam – Caballero de la libertad (spanisch), Barcelona 1934.
La semana tragica de Barcelona. Barcelona 1937.
Collectivisations – L'Oevre constructive de la Révolution Espagnole, Barcelona 1937. (Spanische Ausgabe Barcelona 1938). Zweite erweiterte Auflage Toulouse 1965. Deutsche Ausgabe 1974 (s.u.).
Entre Campesinos aragoneses (spanisch), Barcelona 1938.
Suecia el Pais des Sol de Medianoche, Mexiko 1946 (spanisch).
El Socialismo Libertario (spanisch), Havanna 1949.
Nacht über Spanien, Darmstadt 1952. Zweite Auflage 1969 unter dem Titel: Anarchosyndikalisten über Bürgerkrieg und Revolution in Spanien.
El Nuevo Israel (spanisch), Mexiko 1954.
Simon Radowitzky (spanisch), Mexiko 1956.
Testimonios sobre la Revolución cubana (spanisch), Havanna und Buenos Aires 1960.
Hat der Anarchismus eine Zukunft? In: Anarchismus – Theorie, Kritik, Utopie (Anthologie, herausgegeben von Achim v. Borries und Ingeborg Brandies), Frankfurt 1970.
Stalinismus und Anarchismus in der spanischen Revolution (zusammen mit Hans Peter Duerr), Berlin 1973.
Die soziale Revolution in Spanien – Kollektivierung der Industrie und Landwirtschaft in Spanien 1936–1939 (Eingeleitet von Erich Gerlach), Berlin 1974.
Lateinamerika: Zwischen Generälen, Campesinos und Revolutionären, Frankfurt 1974.
Übersetzung des Romans »Les Pacifiques« von Han Ryner aus dem Französischen ins Deutsche (unter dem Titel »Nelti«, 1925).
Zahlreiche Zeitschriften- und Zeitungsaufsätze in deutscher, französischer, englischer, schwedischer, dänischer und spanischer Sprache.

Rafael Abramowitsch, 1879–1963, russischer Sozialist (Menschewist). Gehörte während des Ersten Weltkrieges zum internationalistischen Flügel der Menschewiki. 1921 verhaftet, emigrierte er nach seiner Freilassung aus dem bolschewistischen Rußland in die USA, wo er in der Exilorganisation der Menschewiki tätig war. – Publikationen u. a.: The Soviet Revolution 1917–1939, New York 1962.

Pjotr Arschinoff, russischer Anarchist. Mitkämpfer Nestor Machnos (s. u.) und Historiker der Machno-Bewegung (Geschichte der Machno-Bewegung, Berlin 1921/1923, Neudruck Berlin 1969/1973).

Francisco Ascaso, 1901–1936, spanischer Anarchist. Seit Anfang der 20er Jahre Kampfgefährte Durrutis (s. u.). Fiel am zweiten Tag des Spanischen Bürgerkrieges bei der Erstürmung der Kaserne Atarazanas in Barcelona.

Michail Bakunin, 1814–1876, russischer Anarchist; Begründer des kollektivistischen und sozialrevolutionären Anarchismus. Er entstammte einer russischen Adelsfamilie, nahm an der Pariser Februarrevolution von 1848 und anderen Aufstandsbewegungen in Europa teil, war sechs Jahre lang in zaristischer Kerkerhaft (1851–57) und anschließend in Sibirien, von wo er 1861 über die USA nach London fliehen konnte. 1868 Gründung der »Internationalen Allianz der Sozialen Demokratie« in Genf. Konflikt zwischen Marx und Bakunin in der Ersten Internationale, 1872 Ausschluß Bakunins. – Eine dreibändige Ausgabe seiner Werke ist 1921–24 in Berlin erschienen (Neudruck Berlin 1975). Siehe auch: Staatlichkeit und Anarchie. Berlin 1972; Philosophie der Tat. Eingeleitet und herausgegeben von Rainer Beer, Köln 1968.

Roger Nash Baldwin, geb. 1884. Leitete von 1917 bis 1950 die American Civil Liberties Union und war von 1950 bis 1955 deren National Chairman. Langjähriger Vorsitzender der Internationalen Liga für Menschenrechte, seit 1950 deren Ehrenpräsident.

August Bebel, 1840–1913, Führer der deutschen Sozialdemokratie vor dem Ersten Weltkrieg. Drechslermeister, 1869 zusammen mit Wilhelm Liebknecht (s. u.) in Eisenach Gründer der Sozialdemokratischen Arbeiterpartei, seit 1867 im Reichstag.

Alexander Berkman, 1870–1936, aus Rußland stammender Anarchist. Er kam 1886 in die USA und schloß sich dort der anarchistischen Bewegung an. Am 22. Juli 1892 versuchte er Henry Clay Frick, den Chefmanager der Carnegie Steel Co. in Homestead/Pennsylvania zu erschießen – aus Protest gegen den Einsatz von Soldaten gegen streikende Stahlarbeiter, bei dem elf Arbeiter den Tod gefunden hatten. Berkman verbrachte nach diesem fehlgeschlagenen Attentat vierzehn Jahre im Gefängnishaft. Nach seiner Freilassung setzte er seine Tätigkeit als Propagandist des revolutionären Anarchismus fort. Während des Ersten Weltkriegs organisierte er zusammen mit Emma Goldman (s. u.) eine antimilitaristische Kampagne. Ende 1919 wurde er, mit anderen russischen Anarchisten, aus den USA nach Sowjetrußland deportiert. Während des Kronstädter Aufstands im März 1921 hielt er sich in Petrograd auf; er appellierte, gemeinsam mit Emma Goldman, an Sinowjew, den Vorsitzenden des Petrograder Sowjets (s. u.), nicht gewaltsam gegen die rebellierenden Matrosen und Arbeiter vorzugehen. Ende 1921 verließ er das bolschewistische Rußland, seit 1923 lebte er in Frankreich. Am 28. Juni 1936 erschoß Berkman sich in St. Tropez. – Publikationen u. a.: Die Kronstadt-Rebellion, Berlin 1923; Die russische Tragödie, Berlin 1923; Die Tat. Gefängniserinnerungen eines Anarchisten, Berlin 1927 (Neudruck Frankfurt/Main 1976); ABC of Anarchism, 1929.

Camillo Berneri, 1897–1937, italienischer Anarchist. Professor für Philosophie. Ging 1926 aus dem faschistischen Italien nach Frankreich und von dort in verschiedene andere europäische Länder ins Exil. Einige Wochen lebte er bei mir in Berlin. Nach Ausbruch des Spanischen Bürgerkrieges 1936 kam er nach Spanien, wo er die vierzehntägig erscheinende Zeitung »Guerra di Classe« (Klassenkampf) herausgab, in der er auch vor dem kommunistischen Totalitarismus warnte. In der Nacht vom 5. auf den 6. Mai 1937 wurde er in Barcelona von Kommunisten verhaftet und ermordet. – Publikationen u. a.: Klassenkrieg in Spanien – Gegen Faschismus und bürgerliche Republik, Berlin 1974.

Eduard Bernstein, 1850–1932, sozialdemokratischer Theoretiker und Politiker. Sein 1899 erschienenes Buch »Die Voraussetzungen des Sozialismus und die Aufgaben der Sozialdemokratie« wurde grundlegend für den sozialdemokratischen Revisionismus und Reformismus.

Michail Borodin, eig. Grusenberg, 1884–1951, russischer Kommunist. Wurde nach der Oktoberrevolution von der Regierung als Auslandsspezialist nach Mexiko und Großbritannien entsandt; 1923–27 war er Berater der chinesischen Kuomintang-Regierung (Tschiangkaischek).

Archibald Fenner Brockway, geb. 1888, englischer Sozialist. Im Ersten Weltkrieg einer der Organisatoren der Bewegung der englischen Kriegsdienstgegner, 1923–28 Vorsitzender der No More War Movement and War Resisters Internationale. 1923–26 und 1933–39 Generalsekretär,

1939–46 Politischer Sekretär der Independent Labour Party, 1929–31 sowie 1950–64 Labour-Abgeordneter im Unterhaus. Seit 1964 als Baron Brockway Mitglied des Oberhauses. – Publikationen u. a.: Auf der Linken (Inside the Left), Itzehoe 1947 (London 1942).

Fritz Brupbacher, 1874–1944, schweizerischer Arzt, revolutionärer Syndikalist und Antimilitarist. – Publikationen u. a.: Marx und Bakunin, 1913 (Neudruck Berlin 1969); 60 Jahre Ketzer (Selbstbiographie), Zürich 1935 (Neudruck Zürich 1973).

Martin Buber, 1878–1965, jüdischer Religions- und Sozialphilosoph. In Wien geboren, schon früh Zionist, stark beeinflußt von Gustav Landauer, mit dem er persönlich befreundet war, vertrat er einen freiheitlich-genossenschaftlichen Siedlungs-Zionismus. Bis 1938 in Deutschland, zuletzt Professor für vergleichende Religionswissenschaft an der Universität Frankfurt, seit 1938 Professor an der Hebräischen Universität Jerusalem. – Für Bubers Sozialismus-Verständnis grundlegend: Pfade in Utopia, Heidelberg 1950 (Neudruck Köln 1967 unter dem Titel: Der utopische Sozialismus).

Albert Camus, 1913–1960, französischer Schriftsteller, trat für einen freiheitlichen Sozialismus ein. Siehe u. a.: Der Mensch in der Revolte (L'homme revoltè), Reinbek 1969 (und später).

Lázaro Cárdenas, 1895–1970, mexikanischer General und Politiker. 1931 Innen-, 1933 Kriegsminister, 1934–40 Staatspräsident, 1942–45 wieder Kriegsminister. Er förderte die Enteignung des Großgrundbesitzes zugunsten der Bodenverteilung an Wirtschaftsgemeinschaften der Kleinbauern, verstaatlichte das Eisenbahnwesen und enteignete (1938) 90 Prozent der britischen und nordamerikanischen Erdölgesellschaften.

Christian Cornelissen, 1864–1942, holländischer Wirtschaftswissenschaftler und Syndikalist. Zusammen mit Domela Nieuwenhuis (s. u.) arbeitete er in der 1893 gegründeten syndikalistischen Föderation »Nationaal Arbeids-Secretariaat«. – Publikationen u. a.: Théorie de la Valeur. Refutation des théories de Rodbertus, Karl Marx, Stanley Jevons et Böhm-Bawerk, 1903. (Deutsch: Die Werttheorie. Widerlegung der Theorien von Rodbertus, Marx, Stanley Jevons und Böhm-Bawerk.)

Leo Czolgosz, 1873–1901, aus Polen gebürtiger Anarchist. Wanderte in die USA aus und war Eisenbahnarbeiter in Detroit. Am 6. September 1901 erschoß er in Buffalo, N. Y., den amerikanischen Präsidenten William McKinley. Er wurde zum Tode verurteilt und hingerichtet.

Fjodor Iljitsch Dan, eig. F. I. Gurwitsch, russischer Sozialist (Mensche-wist). 1917 Präsidiumsmitglied des Petrograder Sowjet, Gegner der Bol-schewiki. 1922 aus der Sowjetunion ausgewiesen, lebte er anschließend in Berlin, Paris und (seit 1940) in den USA. Nach Martows (s. u.) Tod (1923) war er der Führer der Menschewisten im Exil.

Porfirio Diaz, 1830–1915, mexikanischer Politiker. 1877–80 sowie 1884–1911 (Abdankung nach Ausbruch der Revolution) Präsident; er begünstigte den Großgrundbesitz und das amerikanische Kapital.

Alfred Döblin, 1878–1957, deutscher Schriftsteller. Seit 1912 Facharzt für Nervenkrankheiten in Berlin. 1933 nach Frankreich, 1940 von dort in die USA emigriert. Nach dem Zweiten Weltkrieg zeitweise Berater (für Kulturfragen) der französischen Militärregierung in Deutschland.

Ferdinand Domela Nieuwenhuis, 1846–1919, holländischer Sozialist. Zunächst lutherischer Pfarrer, legte er 1879 sein Amt nieder und trat aus der Kirche aus. 1897 brach er mit der Sozialdemokratie und gründete im folgenden Jahr die libertär-sozialistische Zeitschrift »De Vrije Socialist«.

Eugen Dühring, 1833–1921. Habilitierte sich 1864 an der Universität Berlin für Volkswirtschaft und Philosophie, verlor aber 1877 wegen eines Streits mit der Fakultät das Recht, Vorlesungen zu halten, und war an-schließend Privatgelehrter und freier Publizist.

Buenaventura Durruti, 1896–1936, spanischer Anarchist. Zunächst Schlosser. Mitglied der C. N. T. Zusammen mit Francisco Ascaso (s. o.) unternahm er in den 20er Jahren zahlreiche Überfälle und Attentate. Lebte zeitweise in Deutschland, Argentinien und Frankreich, seit 1932 wieder in Spanien. Im Spanischen Bürgerkrieg Führer der nach ihm be-nannten »Kolonne Durruti«, wurde er am 19. November 1936 tödlich verwundet und starb am darauffolgenden Tag. – Siehe: Hans Magnus Enzensberger: Der kurze Sommer der Anarchie – Buenaventura Durru-tis Leben und Tod, Frankfurt/Main 1972, 1975; Abel Paz: Durruti – Le peuple an armes, Paris 1972.

Sébastien Faure, 1858–1942, französischer Anarchist. Redakteur der anarchistischen Zeitschrift »Le Libertaire«. Gründete 1904 eine bis 1917 bestehende Internatsschule für arme Kinder auf der Basis einer freiheitli-chen Erziehung. Herausgeber der vierbändigen L'Encyclopédie Anar-chiste, Paris o. J.

Francisco Ferrer Guárdia, 1859–1909, spanischer libertärer Pädagoge. Gründete 1901 in Barcelona die erste spanische »Escuela Moderna« (Moderne Schule) für eine nichtkirchliche Erziehung auf rationalistischer und antiautoritärer Grundlage. Von klerikaler Seite wurden diese Erziehungstendenzen heftig angegriffen. Im Juli 1909 kam es in Barcelona zu einer breiten Protestbewegung gegen den unpopulären Marokko-Krieg, die zum Generalstreik und zur Verhängung des Ausnahmezustands führte. Ferrer (der sich bei Beginn der Unruhen außerhalb Spaniens aufhielt) wurde wegen angeblicher Anstiftung des Aufstandes, in Wirklichkeit wegen seiner freiheitlich-antiklerikalen Gesinnung von einem Kriegsgericht zum Tode verurteilt und am 13. Oktober 1909 hingerichtet. Dieser Justizmord erregte auch im Ausland große Empörung und führte zu zahlreichen Protesten. – Publikationen u. a.: Die Schule, Berlin 1975.

Fidus, eig. Hugo Höppner, 1868–1948, deutscher Zeichner und Illustrator, vor allem durch seinen Buchschmuck bekannt geworden.

Garcia Oliver, spanischer Anarchist, Justizminister während des Bürgerkrieges.

Hellmut von Gerlach, 1866–1935, linksliberaler Publizist und Politiker. Gründungsmitglied der Deutschen Friedensgesellschaft, Vorsitzender der Deutschen Liga für Menschenrechte, Chefredakteur der »Welt am Montag« (Berlin). 1933 Emigration nach Österreich, von dort nach Paris.

Emma Goldman, 1869–1940, aus Rußland stammende amerikanische Anarchistin. Seit 1886 in den USA. Herausgeberin der Zeitschrift »Mother Earth« (Mutter Erde), engagierte Vorkämpferin der Frauenbefreiung und der Geburtenkontrolle, antimilitaristische Agitation. Ende 1919 zusammen mit Alexander Berkman (s. o.) und anderen revolutionären Anarchisten und Sozialisten nach Rußland deportiert. Protestierte bei Lenin gegen die Verfolgung von Anarchisten und Syndikalisten durch das bolschewistische Regime und warnte, mit Berkman, Sinowjew vor einem gewaltsamen Vorgehen gegen die Aufständischen von Kronstadt (März 1921). Ende 1921 verließ sie, völlig desillusioniert über den Charakter des bolschewistischen Systems, die UdSSR. Sie lebte fortan in Frankreich, Kanada und anderen Ländern und starb in Toronto/Kanada. – Publikationen u. a.: Anarchism and Other Essays, 1910; Die Ursachen des Niederganges der russischen Revolution, Berlin 1922 (Neudruck Berlin 1968); Living My Life (Autobiographie), 1931. – Siehe ferner: Red Emma Speaks – Selected Writings and Speeches by Emma Goldman. Compiled and edited by Alix Kates Shulman, New York 1972; Richard Drinnon: Rebel in Paradise, Chicago 1961; Alix Kates Shulman: To the Barricades. The Anarchist Life of Emma Goldman. New York 1971.

Alfons Goldschmidt, 1879–?, deutscher Staatswissenschaftler und Publizist. – Publikationen u. a.: Die Wirtschaftsorganisation Sowjetrußlands, 1920; Moskau 1920; Wie ich Moskau wiederfand, 1925.

Jean Grave, 1854–1939, französischer Anarchist. Von 1883 bis 1914 Chefredakteur von »Le Revolté«, später von »La Révolte« und »Temps Nouveaux«.Publikationen u. a. La Socieré mourance et l'anarchie, 1893; La Societé future, 1895.

Rudolf Großmann (Pseudonym: Pierre Ramus), etwa 1870–1942, österreichischer Anarchist und Publizist. Gab von 1919 bis 1927 »Erkenntnis und Befreiung, Organ des herrschaftslosen Sozialismus« und 1927–33 »Der Anarchist – Für soziale und geistige Neukultur im Sinne des Friedens, der Gerechtigkeit und individuellen Selbstbestimmung« heraus. Zahlreiche Publikationen (meist unter dem Namen Pierre Ramus).

Adolf Hoffmann, 1858–1930, sozialdemokratischer Journalist und Politiker. 1902 Mitglied des Reichstags, 1908 Mitglied des preußischen Abgeordnetenhauses. Nach der Novemberrevolution 1918 leitete er zeitweise das preußische Kultusministerium. 1920–24 Mitglied des Reichstags (1920/21 als Kommunist). Seine 1891 erschienene Schrift »Die zehn Gebote und die besitzende Klasse« fand weite Verbreitung und trug ihm den Namen »Zehn-Gebote-Hoffmann« ein (15. Auflage 1922!).

Jean Jaurés, 1859–1914, Führer der französischen Sozialisten vor dem Ersten Weltkrieg. Internationalist und Antimilitarist. Wurde am 31. Juli 1914, unmittelbar vor Ausbruch des Ersten Weltkriegs, von einem französischen Chauvinisten ermordet.

Albert-Otto Jensen, 1879–1949, schwedischer Syndikalist. Zuerst Uhrmacher, dann Publizist. Mitgründer der syndikalistischen S. A. C. (Zentralorganisation der schwedischen Arbeiter) und der Syndikalistischen Internationale (1922). Chefredakteur der syndikalistischen Tageszeitung »Arbetaren« und Herausgeber der Zeitschrift »Syndikalism«. In zweiter Ehe mit Elise Ottesen Jensen (s. u.) verheiratet.

Elise Ottesen Jensen, 1886–1973, in Norwegen geborene schwedische Sexualpsychologin. Vorkämpferin der Geburtenregelung. Lebensgefährtin und Frau des syndikalistischen Publizisten Albert-Otto Jensen (s. o.).

Karl Korsch, 1886–1961, sozialistischer Theoretiker und Politiker. Mitglied von SPD, USPD und KPD, 1926 aus der KPD ausgeschlossen. 1923 Professor für Zivil-, Prozeß- und Arbeitsrecht an der Universität Jena.

Justizminister in der SPD-KPD-Koalitionsregierung in Thüringen 1923, Mitglied des Reichstags (1924). 1933 von den Nazis aus dem akademischen Amt entlassen, emigrierte er zunächst nach England und nach seiner Ausweisung von dort über Schweden, Holland und Frankreich Ende 1936 in die USA. – Publikationen u. a.: Marxismus und Philosophie, 1923 (Neudruck Frankfurt/Main 1966); Schriften zur Sozialisierung. Herausgegeben von Erich Gerlach, Frankfurt/Main 1969; Politische Texte. Herausgegeben von Erich Gerlach und Jürgen Seifert, Frankfurt/Main 1974. Korsch hat 1938 in der »Zeitschrift für Sozialforschung« (Band 7) und 1939 in »Living Marxism« (Band 4) den von Augustin Souchy veröffentlichten Bericht über die Kollektivierung in Spanien rezensiert. (Siehe: Schriften zur Sozialisierung)

Peter Alexandrowitsch Kropotkin, 1842–1921, russischer Anarchist. Entstammte einem russischen Fürstengeschlecht und war zunächst Geograph, verzichtete aber zugunsten seines sozialrevolutionären Engagements auf eine wissenschaftliche Laufbahn. 1874 in der Peter-und-Paul-Festung in Petersburg eingekerkert, konnte er zwei Jahre später nach England fliehen. Anschließend längere Zeit in der Schweiz, wo er von der freiheitlich-sozialistischen Jura-Föderation stark beeindruckt war. Von 1886 bis 1917 lebte Kropotkin in England. Durch seine in diesem Zeitraum veröffentlichten, in viele Sprachen übersetzten Bücher wurde er zum bedeutendsten Theoretiker des kommunistischen Anarchismus. Nach der Februarrevolution 1917 kehrte er nach Rußland zurück, war aber schon bald tief enttäuscht über die zentralistisch-diktatorischen Tendenzen der neuen Machthaber. Er starb am 8. Februar 1921 in Dimitrow. Seine Beisetzung zwei Tage später war die letzte große öffentliche Demonstration des Anarchismus im bolschewistischen Rußland. – Publikationen u. a.: The Conquest of Bread, 1892 (Die Eroberung des Brotes. Wohlstand für Alle. Berlin 1919); Fields, Factories and Workshops, 1898 (Landwirtschaft, Industrie und Handwerk, Berlin 1904); Mutual Aid, 1908 (Gegenseitige Hilfe in der Tier- und Menschenwelt, Leipzig, 1908); Memoiren eines Revolutionärs, Stuttgart 1900 (Neudruck Frankfurt/Main 1969). Die Hauptwerke Kropotkins liegen in Nachdrucken im Karin Kramer Verlag, Berlin, vor. Siehe auch: George Woodcock/Ivan Avacumovic: The Anarchist Prince, London 1950.

Gustav Landauer, 1870–1919, deutscher Schriftsteller und Anarchist. Gründete 1908 den freiheitlich-sozialistischen »Sozialistischen Bund« und gab 1909–15 die Zeitschrift »Der Sozialist« heraus. Im April 1919 Volksbeauftragter für Volksaufklärung (Kultusminister) der zweiten bayerischen Räterepublik. Am 2. Mai 1919 von »weißen« Offizieren und Soldaten in München verhaftet und im Gefängnis Stadelheim ermordet. – Publikationen u. a.: Skepsis und Mystik, 1903; Die Revolution, 1907

(Neudruck Berlin 1974); Aufruf zum Sozialismus, 1911, 1919 (Neu-druck Berlin 1974); Shakespeare, 1920; Der werdende Mensch, 1921; Beginnen. Aufsätze über Sozialismus. 1924. Siehe ferner: Ein Lebens-gang in Briefen. Herausgegeben von Martin Buber, 1929; Gustav Land-auer und die Revolutionszeit 1918–1919 (Reden, Schriften, Erlasse und Briefe). Herausgegeben von Ulrich Linse, Berlin 1974; Erkenntnis und Befreiung. Ausgewählte Reden und Aufsätze. Herausgegeben von Ruth Link-Salinger, Frankfurt/Main 1976; Wolfgang Kalz: Gustav Landauer, Kultursozialist und Anarchist, Meisenheim/Glan 1967; Eugene Lunn: Prophet of community. The romantic socialism of Gustav Landauer. London 1973.

Leo Lania, eig. Lazar Herrmann, 1896–1961. Aus Rußland gebürtiger, vor 1933 in Deutschland lebender, dann emigrierter Schriftsteller; zu-sammen mit Erwin Piscator Begründer des politischen Zeittheaters.

Francisco Largo Caballero, 1869–1946, spanischer sozialistischer Politi-ker. 1932–35 Vorsitzender der Sozialistischen Arbeiterpartei. Führer der sozialistischen Gewerkschaft U. G. T. Von September 1936 bis Mai 1937 Ministerpräsident der republikanischen Regierung. Ging nach dem Bür-gerkrieg nach Frankreich ins Exil, wurde 1942–45 im deutschen KZ Oranienburg festgehalten und starb am 25. März 1946 in Paris.

Louis Lecoin, 1888–1970, französischer Pazifist. Vorkämpfer der gesetz-lich anerkannten Kriegsdienstverweigerung. Lebenserinnerungen: Le Cours d'une Vie, 1965.

Wladimir Iljitsch Lenin, eig. Uljanow, 1870–1924. Seit 1903 Führer der Bolschewiki, des militanten Flügels der russischen Sozialdemokratie. Nach der Februarrevolution 1917 Rückkehr aus der Schweiz nach Ruß-land, nach der von ihm geleiteten Oktoberrevolution erster Vorsitzender des Rates der Volkskommissare (Regierungschef) im bolschewistischen Rußland.

Gaston Leval, geb. 1894, französischer libertärer Sozialist und Publizist. Sohn eines Pariser Kommunarden, 1921 als Delegierter der spanischen C. N. T. in Moskau. Teilnahme am Spanischen Bürgerkrieg. Lebt in Pa-ris, wo er die »Cahiers de l'Humanisme libertaire« (Blätter für den liber-tären Humanismus) herausgibt. – Publikationen u. a.: Das libertäre Spa-nien. Das konstruktive Werk der Spanischen Revolution, 1936–1939. Hamburg 1976 (Paris 1971). Dieses Buch gibt einen detaillierten Bericht über die Kollektivierung in Spanien während des Bürgerkrieges und ist die wichtigste Ergänzung der von Augustin Souchy zu diesem Thema veröffentlichten Arbeiten.

Karl Liebknecht, 1871–1919, Sohn von Wilhelm Liebknecht (s. u.), sozialistischer Politiker. Seit 1900 Mitglied der SPD, 1912–17 Mitglied des Reichstags, Mitgründer des Spartakus-Bundes und (Ende 1918) der KPD. Am 15. Januar 1919 zusammen mit Rosa Luxemburg in Berlin von Freikorpsoffizieren ermordet.

Wilhelm Liebknecht, 1826–1900, sozialdemokratischer Politiker und Journalist. Mitgründer der Sozialdemokratischen Arbeiterpartei (Eisenach 1869), seit 1874 Mitglied des Reichstags. Chefredakteur des sozialdemokratischen Parteiorgans »Vorwärts«.

Nestor Iwanowitsch Machno, 1889–1934, russischer Anarchist. Sohn einer armen bäuerlichen Familie in der Ukraine, zunächst Landarbeiter. Wegen verschiedener Terrorakte 1908 zum Tode verurteilt, aufgrund seiner Minderjährigkeit zu lebenslanger Zwangsarbeit verurteilt und bis zur Februarrevolution 1917 in Moskau in Haft. Nach seiner Freilassung organisiert er in der Ukraine »Kommunen« oder »freie Arbeitssowjets« der Bauern. Die von ihm geführte, vor allem aus Bauern bestehende Guerilla-Armee kämpft gegen die Weißen und die deutschen Besatzungstruppen, später auch gegen die Rote Armee. Ende August 1921 überschreitet Machno die Grenze nach Rumänien. Über Polen und Deutschland geht er nach Paris, wo er 1934 in drückenden materiellen und psychologischen Verhältnissen gestorben ist. – Siehe: Pjotr Arschinoff: Geschichte der Machno-Bewegung, 1921/1923, Neudruck Berlin 1969/1973; Volin (Wollin): Die unbekannte Revolution, Band III, Hamburg 1976/77.

John Henry Mackay, 1864–1933, in Schottland geborener, seit seiner Jugend in Deutschland lebender Schriftsteller (Romane, Erzählungen, Dramen, Gedichte). Vertrat einen individualistischen Anarchismus. – Werke u. a.: Die Anarchisten (Roman), 1891, Neudruck 1976.

Errico Malatesta, 1853–1932, italienischer Anarchist. Nach Teilnahme an verschiedenen lokalen Aufstandsversuchen seit 1878 mit kurzen Unterbrechungen bis 1914 im Exil, hauptsächlich in London. Im Juni 1914 organisierte er die sozialrevolutionäre Bewegung in Ancona (»Rote Woche«), die zu einem kurzen Generalstreik in ganz Italien führte. Bis Ende 1919 wieder im Exil. Im Sommer 1920 Fabrikbesetzungen in Italien. Herausgeber der anarchistischen Tageszeitung »Umanita Nova« bis zum Verbot durch die faschistische Regierung Ende 1922. – Siehe: Max Nettlau: Errico Malatesta – Das Leben eines Anarchisten, Berlin 1922. Neudruck Berlin 1972 unter dem Titel: Die revolutionären Aktionen des italienischen Proletariats und die Rolle Errico Malatestas.

Julij Ossipowitsch Martow, eig. Zederbaum, 1873–1923, russischer Sozialist (Menschewist). Führer des linken Flügels der Menschewiki. Kritisierte nach der Oktoberrevolution scharf die Terrormethoden der Bolschewiki. Im Herbst 1920 ging er nach Deutschland ins Exil. – Publikationen u. a.: Geschichte der russischen Sozialdemokratie, 1926 (ergänzt von F. I. Dan).

Joaquim Maurin, ·1897–1973, spanischer Linkssozialist. Syndikalist, Mitglied der Kommunistischen Partei, aus dieser 1931 wegen Unterstützung Trotzkis ausgeschlossen. Führer des Arbeiter- und Bauernblocks, der 1935 mit der von Andres Nin (s. u.) geführten kommunistischen Linken die P. O. U. M. (Arbeiterpartei der marxistischen Einigung) bildete. Maurin befand sich seit Ausbruch des Bürgerkrieges in Haft und entging dadurch der Verfolgung durch die Kommunisten im Sommer 1937. Bald nach dem Ende des Bürgerkrieges wurde er freigelassen. Er starb in New York.

Gregorij Petrowitsch Maximoff, ?–1950, russischer Anarchosyndikalist. Trat schon als Student der revolutionären Bewegung bei und war nach der Revolution Herausgeber der anarchosyndikalistischen Zeitungen »Golos Truda« (Stimme der Arbeit) und »Novy Golos Truda« (Neue Stimme der Arbeit). Anfang März 1921 während des Kronstädter Aufstands verhaftet. Ging dann nach Berlin und Paris und lebte zuletzt in Chicago. – Publikationen u. a.: The Guillotine at Work. Twenty years of Terror in Russia. Chicago 1940; Constructive Anarchism, Chicago 1952; The Political Philosophy of Bakunin (Herausgeber), Glencoe 1953.

Louise Michel, 1830–1905, französische Anarchistin. Nahm an der Pariser Kommune teil und war nach der Niederwerfung der Kommune von 1871 bis 1880 nach Neukaledonien verbannt.

Pierre Monatte, 1881–1960, französischer Syndikalist. Seit 1909 Chefredakteur von »Vie ouvrière«. Gegner des Militarismus. Nach dem Ersten Weltkrieg zunächst Mitglied der Kommunistischen Partei, 1924 ausgeschlossen. 1925 gründete er die revolutionär-syndikalistische Zeitschrift »La Rèvolution proletarienne«.

Johann Most, 1846–1906, deutscher Anarchist. Gelernter Buchbinder, zunächst Sozialdemokrat, 1878 nach England emigriert, wo er Anarchist wurde. Propagierte in der von ihm gegründeten »Freiheit« die »direkte Aktion«. 1880 wurde er aus der SPD ausgeschlossen. Ende 1882 ging er in die USA, wo er die »Freiheit« neu gründete und die anarchistische Bewegung zeitweise stark beeinflußte. In seinen späten Jahren wandte er sich gegen die »Propaganda der Tat«, zu der er auch in den USA lange

Zeit aufgerufen hatte. – Siehe: Rudolf Rocker: Johann Most. Das Leben eines Rebellen. Berlin 1924. Neudruck: Glashütten/Taunus 1973.

Erich Mühsam, 1878–1934, deutscher Schriftsteller und Anarchist. 1919 Mitglied des Revolutionären Arbeiterrats der bayerischen Räterepublik. Wegen Teilnahme an der Räterepublik bis 1924 in Festungshaft. Gab vor dem 1. Weltkrieg in München die Zeitschrift »Kain« und von 1926–31 die anarchistische Monatsschrift »Fanal« heraus. Am 28. Februar 1933 von den Nazis verhaftet, in der Nacht vom 10./11. Juli 1934 im Konzentrationslager Oranienburg ermordet (offizielle Version: »Selbstmord«). – Publikationen u. a.: Befreiung der Gesellschaft vom Staat, 1932 (Neudruck Berlin 1973).

Willy Münzenberg, 1889–1940, deutscher Kommunist. 1920 Leiter der kommunistischen Jugendinternationale. Buch- und Zeitungsverleger, seit 1933 in Paris, London, Brüssel u. a., von wo aus er den publizistischen Kampf gegen das NS-Regime organisierte.

Juan Negrin, 1894–1956, spanischer sozialistischer Politiker. 1936/37 Finanzminister, von Mai 1937 bis März 1939 Ministerpräsident der republikanischen Regierung.

Max Nettlau, 1865–1944, Historiker des Anarchismus. Aus Österreich gebürtig, 1885–90 in London Mitglied der Socialist League, vor allem unter dem Einfluß Kropotkins Hinwendung zum Anarchismus. Bereits 1897 veröffentlichte er in Brüssel eine umfangreiche »Bibliographie de l'anarchie« (Nachdruck New York 1969). Nach Studien zur Geschichte des Anarchismus in London, Paris, Genf, Barcelona, Wien u. a. lebte Nettlau zuletzt in Amsterdam. Siehe: Biographische und bibliographische Daten von Max Nettlau, März 1940, in: International Review of Social History, Vol. XIV (1969). – Publikationen u. a.: Der Vorfrühling der Anarchie. Ihre historische Entwicklung von den Anfängen bis zum Jahre 1864. Berlin 1925; Der Anarchismus von Proudhon zu Kropotkin (1859–1880), Berlin 1927; Anarchisten und Sozialrevolutionäre (1880–1886), Berlin 1931; Michail Bakunins Gesammelte Werke (Herausgeber), Berlin 1921–24. – Über Nettlau: Rudolf Rocker: Max Nettlau – El Herodoto de la Anarquia, Mexiko 1950 (Deutsche Ausgabe angekündigt).

Georg Friedrich Nicolai, 1874–1964, deutscher Mediziner und Philosoph. Privatdozent für Physiologie an der Universität Berlin. Verfaßte 1914 den »Aufruf an die Europäer« und war Mitglied des im November 1914 gegründeten anti-annexionistischen »Bund Neues Vaterland«. Vom Chefarzt eines Lazaretts zum Krankenwärter und einfachen Soldaten degradiert, floh er mit dem Flugzeug nach Dänemark. Ordentlicher Professor für innere Medizin in Agram (Zagreb), dann in Berlin. Nicolai ging in den 20er Jahren nach Lateinamerika und hatte in Argentinien und Chile mehrere Professuren inne. – Publikationen u. a.: Die Biologie des Krieges, Betrachtungen eines Naturforschers. Den Deutschen zur Besinnung. Zürich, 1916, 1919. Über seine späteren Publikationen siehe S. 71 f. des vorliegenden Buches.

Andres Nin, 1892–1937, spanischer Linkssozialist. Lehrer. Mitglied der C. N. T. in Katalonien. 1921 mit Morin als C.N.T.-Delegierter in Moskau, Teilnahme am Gründungskongreß der Roten Gewerkschaftsinternationale und der 3. Konferenz der Komintern. Nach dem Bruch der C. N. T. mit der Roten Gewerkschaftsinternationale (1922) bleibt Nin als Sekretär der letzteren bis 1930 in Moskau; er gehört zur linken Opposition gegen Stalin. Nach Spanien zurückgekehrt, gründet er die Kommunistische Opposition, die sich 1935 mit Maurins (s. o.) Arbeiter-und-Bauern-Block zur P. O. U. M. zusammenschließt. September-Dezember 1936 Justizminister in der katalonischen Regionalregierung. Im Juni 1937 auf Initiative des russischen Agenten Orlow verhaftet und in der kommunistischen Haft ermordet.

Rudolf Olden, geboren 1884, gestorben während des Zweiten Weltkrieges beim Untergang eines torpedierten britischen Schiffes. Schriftsteller und Publizist; Rechtsanwalt am Kammergericht in Berlin und Redakteur des »Berliner Tageblatt«. Emigrierte 1933 nach Frankreich. Olden wurde vor allem als Verfasser politischer Biographien bekannt (Hitler, 1933; Hindenburg, 1934).

Franz Oppenheimer, 1864–1943, deutscher Volkswirtschaftler und Soziologe. 1919–29 Ordinarius für Soziologie an der Universität Frankfurt. Vertrat einen freiheitlich-genossenschaftlichen Sozialismus und setzte sich aktiv für die Gründung von Siedlungsgenossenschaften ein. Er starb in der amerikanischen Emigration (Los Angeles). – Publikationen u. a.: Die Siedlungsgenossenschaft. Versuch einer positiven Überwindung des Kommunismus durch Lösung des Genossenschaftsproblems und der Agrarfrage. 1896; Großgrundeigentum und soziale Frage, 1898; Der Staat, 1908 (Neudruck 1964); System der Soziologie, 1922–35 (Neudruck 1964); Weder Kapitalismus noch Kommunismus, 1962.

George Orwell, eig. Eric Blair, 1903–1950, englischer Schriftsteller. Wurde vor allem durch seine politische Satire »Animal Farm« (1945, dt.: Farm der Tiere) und durch »Nineteen-Eighty-Four« (1949, dt.: 1948) international berühmt. Orwell ging Ende 1936 nach Spanien und kämpfte in Katalonien in den Reihen der P. O. U. M.-Miliz. Sein 1938 erschienenes Buch »Homage to Catalonia« (dt.: Mein Katalonien) ist einer der bedeutendsten authentischen Berichte über den antifaschistischen Kampf in Spanien und die Kampagne der Kommunisten gegen die Anarchosyndikalisten und die P. O. U. M. in Katalonien im Sommer 1937.

Fernand Pelloutier, 1868–1901, französischer Syndikalist; Sekretär der Féderation des Bourses du Travial.

Angel Pestaña, 1881–1937, spanischer Anarchosyndikalist; Führer des gemäßigten Flügels der C. N. T.

Franz Pfemfert, 1879–1954, deutscher linker Publizist. Gab in Berlin die Wochenschrift »Die Aktion« heraus, die bis 1918 Sprachrohr des literarischen Expressionismus und dann der deutschen Rätekommunisten war. Zuletzt lebte er als Fotograf in Mexiko.

Indalecio Prieto, Führer des rechten Flügels der spanischen Sozialisten; von Mai 1937 bis April 1938 in der Regierung Negrin Verteidigungsminister.

Pierre-Joseph Proudhon, 1809–1865, französischer libertärer Sozialist. Begründer des mutualistischen und föderalistischen Anarchismus, Gegner des autoritären und zentralistischen Staatssozialismus. – Publikationen u. a.: Qu'est-ce que la propriete?, 1840; Système des contradictions économiques ou Philosophie de la misere, 1846; Le droit au travail et le droit de proprieté; Banque du peuple, 1849; Les confessions d'un révolutionnaire, 1849 (Bekenntnisse eines Revolutionärs, Reinbek 1970); Du principe féderatif, 1868–76. Siehe auch: Ausgewählte Texte. Herausgegeben und eingeleitet von Thilo Ramm, Stuttgart 1963.

Karl Radek, eig. Sobelsohn, 1885–1939, aus Polen gebürtiger Sozialist. Nach 1918 Kommunist und in der Komintern tätig. Bis zu Trotzkis Ausweisung in die Türkei (1929) gehörte er zur linken Opposition, wurde dann Gefolgsmann Stalins. Im Januar 1937 wegen »Verschwörung« gegen die UdSSR zu zehn Jahren Gefängnis verurteilt, starb er während der Haft.

Simon Radowitzky, 1890–1956, russischer Anarchist. In seiner Jugend nach Argentinien ausgewandert, wurde er wegen seines Attentats auf den Polizeipräsidenten Falcón 1909 zu lebenslänglicher Zuchthaushaft verurteilt. Nach einundzwanzigjähriger Haft 1930 begnadigt. Von 1939 bis zu seinem Tode lebte er in Mexiko.

Pierre Ramus, siehe unter: Rudolf Großmann

Elisée Reclus, 1830–1905, französischer Geograph und Anarchist. Seit 1851 aus politischen Gründen im Ausland. 1871 Teilnahme an der Pariser Kommune. Nach sechsmonatiger Haft Anfang 1872 zur Ausweisung verurteilt, lernte er in der französischsprachigen Schweiz Bakunin kennen, durch den er zum antiautoritären Sozialismus »bekehrt« wurde. 1892 Professor in Brüssel. – Werke u.a.: Geographie universelle, 1875–94; L'Evolution, La Révolution et L'Ideal anarchique, 1899. Siehe auch: *Max Nettlau*, Elisée Reclus – Anarchist und Gelehrter, Berlin 1928. Lebte seit 1851 ‚aus politischen Gründen im Ausland. 1871 nahm er an der Pariser Kommune teil.

Ludwig Renn, eig. Friedrich Vieth von Goissenau, geb. 1889, deutscher Schriftsteller. Zuerst Offizier. Seit 1928 Kommunist; im Spanischen Bürgerkrieg Kommandeur in der 12. Internationalen Brigade. 1939–47 in Mexiko, seit 1947 in der DDR. – Werke u. a.: Im Spanischen Krieg, Berlin (Ost) und Weimar 1971 (2. Auflage).

Rudolf Rocker, 1873–1958, deutscher Anarchist. Zunächst Sozialdemokrat, wurde er aus Protest gegen den Autoritarismus und Doktrinarismus der SPD Anarchist. 1893–95 als politischer Flüchtling in Paris, anschließend bis 1919 in England. Als Nichtjude lebte er in London unter den ostjüdischen Proletariern von Whitechapel und gab den jiddischsprachigen »Arbeterfraint« (1898–1914) sowie das ebenfalls in Jiddisch erscheinende Monatsblatt »Germinal« heraus. 1919 kehrte er nach Deutschland zurück und war seit 1923 zusammen mit Augustin Souchy und Alexander Schapiro (s. u.) Sekretär der Syndikalistischen Internationale (I. A. A.) in Berlin. Von 1933 bis zu seinem Tode lebte Rocker in den USA. – Publikationen u. a.: Der Bankerott des russischen Staats-Kommunismus, Berlin 1921 (Neudruck Berlin 1968); Johann Most. Das Leben eines Rebellen, Berlin 1924 (Neudruck Glashütten/Taunus 1973); Nationalism and Culture, 1937 (Deutsch: Die Entscheidung des Abendlandes, Hamburg 1949); Anarcho-Syndicalism, Indore 1938; Max Nettlau – El Herodoto de la Anarquia, Mexiko 1950 (deutsche Ausgabe angekündigt). Siehe ferner: Rudolf Rocker: Aus den Memoiren eines deutschen Anarchisten, Frankfurt/Main 1974. Herausgegeben von Magdalena Melnikow und Hans Peter Duerr, eingeleitet von Augustin Souchy.

Kurt Rosenfeld, 1877–1943, sozialdemokratischer Politiker. Rechtsanwalt. 1918/19 preußischer Justizminister, 1920–23 Mitglied des Reichstages. Verteidiger in Prozessen der Deutschen Liga für Menschenrechte. Emigrierte vor Ausbruch des Zweiten Weltkriegs in die USA.

Otto Rühle, 1874–1943, linkssozialistischer Pädagoge und Publizist. Lehrer. Mitglied der SPD, 1919 der KPD, 1920 wegen »anarchistischer«

Abweichung aus der KPD ausgeschlossen, Rätekommunist. 1933 nach Prag, 1936 nach Mexiko emigriert, 1937 Erziehungsberater der mexikanischen Regierung.

Han Ryner, eig. Henri Ner, 1861–1938, französischer Schriftsteller. – Werke u. a.: Les Pacifiques (Deutsch: Nelti, Berlin 1925. Übersetzt von Augustin Souchy); Le cinquième évangile, o. J. (mit Bibliographie).

Nicola Sacco, 1891–1927, in Italien geborener Anarchist. Seit 1908 in den USA. Im Juli 1921 zusammen mit Bartolomeo Vanzetti (s. u.) wegen angeblicher Ermordung des Zahlmeisters einer Schuhfabrik zum Tode verurteilt und trotz jahrelanger internationaler Bemühungen um eine Revision des Urteils am 23. August 1927 durch den elektrischen Stuhl hingerichtet. Das Urteil war offensichtlich durch Saccos und Vanzettis Sympathien für den Anarchismus beeinflußt.

Diego Abad de Santillän, geb. 1897, spanischer Anarchosyndikalist und Historiker. Wanderte mit seiner Familie in seiner Jugend nach Argentinien aus, kam 1912 nach Spanien zurück, ging aber 1918 wieder nach Argentinien, wo er maßgeblichen Anteil am Aufbau der anarchosyndikalistischen Bewegung (F. O. R. A.) hatte. 1931 wieder in Spanien, Mitglied der F. A. I. (Federación Anarquista Ibérica), führender Wirtschaftsexperte des spanischen Anarchosyndikalismus. Im Dezember 1936 Wirtschaftsminister der katalanischen Regionalregierung. Nach dem Ende des Bürgerkrieges in Frankreich und anschließend in Argentinien, wo er sich vor allem als Historiker betätigte. Seit dem Ende der Franco-Herrschaft lebt Santillán wieder in Spanien. – Publikationen u. a.: El Organismo economico de la revolución, 1936; After the Revolution. Economic Reconstruction in Spain Today. New York 1937; Contribución a la Historia del Movimiento espanol, 1962 ff.; Ökonomie und Revolution (zus. mit Juan Peiró). Herausgegeben und aus dem Spanischen übersetzt von Thomas Kleinspehn, Berlin 1975.

Victor Serge, eig. Victor Lwowitsch Kibaltschisch, 1890–1947. Als Sohn emigrierter russischer Revolutionäre in Brüssel geboren, schon früh in den linkssozialistischen und libertären Bewegungen Belgiens und Frankreichs aktiv. Seit 1919 in Sowjetrußland. Mitglied der Kommunistischen Partei und Exekutivmitglied der Komintern. Wegen Zugehörigkeit zur linken Opposition aus der Partei ausgeschlossen, verhaftet und nach Orenburg deportiert (1933). Nach einer internationalen Kampagne für seine Freilassung konnte er im April 1936 aus der Sowjetunion nach Belgien ausreisen. Seit 1940 lebte er in Mexiko. – Zahlreiche politische und literarische Veröffentlichungen. Siehe u. a.: Beruf: Revolutionär. Erinnerungen 1901/1917–1941. Aus dem Französischen. Frankfurt/Main

1967; Für eine Erneuerung des Sozialismus. Unbekannte Aufsätze. Aus dem Französischen. Hamburg 1975.

Ignazio Silone, geb. 1900, italienischer Schriftsteller und Sozialist. 1921 Mitgründer der Kommunistischen Partei Italiens, 1930 Austritt. 1930–44 als antifaschistischer Emigrant in der Schweiz. – Werke u. a.: Fontamara, 1930; Brot und Wein, 1936.

Gregorij Jewsejewitsch Sinowjew, eig. Radomylski, 1883–1936, russischer Kommunist. Seit 1903 Bolschewist, enger Mitarbeiter Lenins. 1919–26 Sekretär der Parteiorganisation von Petrograd (Leningrad); Vorsitzender des Exekutivkomitees der Komintern und Mitglied des Politbüros der Partei. Nach Lenins Tod unterstützte er zunächst Stalin gegen Trotzki, seit 1925 bildete er mit Kamenew und Trotzki die Spitze der Opposition gegen Stalin. 1927 wurde er erstmals aus der KPdSU ausgeschlossen, der er von 1928 bis 1932 und von 1933 bis 1935 wieder angehörte. 1935 wurde er wegen »moralischer Komplizenschaft« bei der Ermordung Kirows zu zehn Jahren Gefängnis, 1936 im ersten Moskauer Schauprozeß zusammen mit Kamenew zum Tode verurteilt und anschließend hingerichtet.

Alexander Schapiro, 1883–1946, russischer Anarchosyndikalist. Seit 1901 in London, dort Mitglied der ersten russischen syndikalistischen Organisationen, enger Kontakt zu Kropotkin. 1907 Sekretär des Internationalen Anarchistischen Büros. Nach der Februarrevolution 1917 nach Rußland zurückgekehrt, engagierte Schapiro sich in der anarchosyndikalistischen Gruppe »Golos Truda«, deren gleichnamige Wochen-, später Tageszeitung er redigierte. Er war vorübergehend im Außenministerium tätig und Mitglied des Allrussischen Exekutivkomitees der Eisenbahn. Ende 1921 verließ er das bolschewistische Rußland, kehrte im folgenden Jahr noch einmal zurück, wurde verhaftet und ausgewiesen. Seit Ende Oktober 1922 in Berlin. Auf dem Internationalen Kongreß der Revolutionären Sozialisten in Berlin vom 25. Dezember 1922 bis 2. Januar 1923 zusammen mit Rudolf Rocker (s. o.) und Augustin Souchy in das Sekretariat der neugegründeten anarchosyndikalistischen Internationale (I. A. A.) gewählt. Später ging er nach New York, wo er bis zu seinem Tode im Jahre 1946 lebte.

Wladimir (Bill) Schatoff, russischer Anarchist. Emigrierte in seiner Jugend aus Rußland in die USA, wo er in der I. W. W. (Industrial Workers of the World) tätig war. 1917 kehrte er nach Rußland zurück, wurde 1920 Transportminister der Fernost-Republik und hatte später eine maßgebliche Position beim Bau der türkisch-sibirischen Eisenbahn. 1936 wurde er nach Sibirien verbannt und dort wahrscheinlich erschossen.

Isaak Nachman Steinberg, 1888–1957, russischer Sozialist. Seit 1906 Mitglied der Sozialrevolutionären Partei. Studierte in Heidelberg Rechtswissenschaften und war Rechtsanwalt in Moskau. Von Dezember 1917 bis März 1918 als Linker Sozialrevolutionär Volkskommissar für die Justiz (Justizminister) in der Koalitionsregierung von Bolschewisten und Linken Sozialrevolutionären. Seit 1923 lebte er in Berlin, von 1933 bis 1939 in London und seit 1943 in New York. – Publikationen u. a.: Als ich Volkskommissar war. Episoden aus der russischen Revolution. München 1929; Gewalt und Terror in der Revolution, Berlin 1931 (Neudruck Berlin 1974); In the Workshop of the Revolution, New York 1953.

Max Stirner, eig. Johann Kaspar Schmidt, 1806–1859. Propagierte einen extrem individualistischen Anarchismus, vor allem in seinem 1845 erschienenen Buch »Der Einzige und sein Eigentum«. Zuerst Mädchenschullehrer, dann Journalist.

Ernst Toller, 1893–1939, deutscher Schriftsteller. Wurde vor allem durch seine expressionistisch-sozialkritischen Dramen bekannt. Er war Vorsitzender des Revolutionären Zentralrats der ersten Münchner Räterepublik (April 1919) und wurde nach dem Zusammenbruch der Räterepublik im Mai 1919 zu fünf Jahren Festungshaft verurteilt. Anfangs des 2. Weltkriegs in die USA emigriert, starb er 1939 in New York durch eigene Hand.

Leo Dawidowitsch Trotzki, eig. Bronstein, 1879–1940. Seit seiner Jugend revolutionärer Sozialist, zeitweise Menschewist, organisierte im Oktober 1905 den ersten Sowjet. Nach der Februarrevolution 1917 kehrte er aus dem Exil nach Rußland zurück. Vorsitzender des Petrograder Sowjets, erster Kommissar für Auswärtige Angelegenheiten (Außenminister) der Sowjetregierung, Kriegsminister und Schöpfer der Roten Armee. Nach Lenins Tod von Stalin aus allen Machtpositionen verdrängt, 1927 aus der Partei ausgeschlossen und Anfang 1929 aus der Sowjetunion ausgewiesen. Im Juli 1940 in Mexiko von einem Agenten Stalins ermordet.

Bartolomeo Vanzetti, 1888–1927, in Italien geborener, in seiner Jugend in die USA ausgewanderter Anarchist. 1921 zum Tode verurteilt, 1927 hingerichtet (zusammen mit Nicola Sacco, s. o.).

Pancho Villa, 1877–1923, mexikanischer Bauernführer. Führte seit 1910 eine Partisanenarmee im Nordwesten Mexikos. 1915 zog er sich aus der aktiven Politik zurück. 1923 ermordet.

Wollin (Volin), eig. Wsewolod Michailowitsch Eichenbaum, 1882–1945,

russischer Anarchist. Seit 1905 Mitglied der Sozialrevolutionären Partei.
Flucht vor der Verbannung nach Paris, wo er sich der anarchistischen
Bewegung anschließt. 1915 zur Haft in einem Internierungslager verurteilt, Flucht nach New York. Juli 1917 Rückkehr nach Rußland, Leitung
der neugegründeten anarchosyndikalistischen Propaganda-Union in Petrograd und Moskau. Von August 1919 bis Anfang 1920 leitet er die
»Aufklärungs-Abteilung« der Machno-Bewegung (s. o.). Seit März 1920
in Moskau inhaftiert, für kurze Zeit freigelassen, Ende 1920 erneut festgenommen. Im Sommer 1921 anläßlich der Tagung der Roten Gewerkschaftsinternationale in Moskau mit anderen eingekerkerten Anarchisten
im Hungerstreik. Nach seiner Freilassung lebte Wollin zunächst in Berlin, seit 1924 in Paris, später in Nimes und Marseille. Er starb am 18. September 1945 in Paris. – Publikationen u. a.: La Révolution Inconnue, Paris 1947. Deutsch: Die unbekannte Revolution, Hamburg 1975–77 (drei
Bände).

Clara Zetkin, geborene Eissner, 1857–1933, deutsche sozialistische Poli-
tikerin. Lehrerin. Leitete von 1891 bis 1916 die sozialdemokratische
Frauenzeitschrift »Die Gleichheit«. Seit 1920 KPD, von 1920 bis 1933
Mitglied des Reichstags.

PERSONENREGISTER

(Das Personenverzeichnis beinhaltet auch Personen aus den Anmerkungen·

A

Abraham; 197
Abramowitsch, Rafael; 51, 268
Abrams, Jack; 133
Adler; 191
Aguilar, Rodriguez y; 131, 149
Aleman, Miguel; 133, 150
Alfons XIII; 88
Alvarez; 167
Alvarez, R. J.; 173–174.
Amalrik; 213
Anweiler, Oskar; 36, 50
Aracumovic, Ivan; 274
d.Arc, Jeanne; 228
Arellamo, Lopez; 230
Arenas; 137
Aristogeiton; 98
Arlandis, 41
Arschinow, Pjotr; 51, 268, 276
Ascaso, Francisco; 87–90, 105, 268, 271
Augustinus; 217
Azueta; 245

B

Baader, Andreas; 102
Babeuf, F. N.; 48
Bakunin, M.; 12, 53, 63–64, 99, 110, 185, 186, 223, 248, 268, 270, 278
Baldwin, Roger Nash; 131–132, 160, 268
Barbieri; 116
Barwich, Franz; 49
Barwich, Heinz; 49
Batista; 165, 168, 172, 174
Bebel, August; 10, 15, 100, 268
Beck, Johannes; 156
Beer, Rainer; 268
Benito, Elvira; 155
Bento, José; 254
Bergegren, Hinke; 28
Bergmann, Klaus; 156

Grave, Jean; 57, 273
Guevara, Ernesto 'Ché'; 170, 174
Guigui, Albert; 229
Gustav V.; 20

H

Habicht, Wilhelm; 12
Hardie, Keir; 14
Harmodios; 96
Hauptmann, Gerhart; 232
Hedén, Erik; 21
Hegel; 71
Herrera, Pedro; 156
Hervé, Gustave; 14
Hill, Joe; 66−67
Hindenburg; 279
Hipparch; 98
Hitler; 56, 62, 73, 77, 101, 103, 122, 126−127, 132, 136, 179, 190,
    200, 230, 279, Nachwort
Hödel, 99
Höglund, Zeth; 21
Hoffmann, Adolf; 10−11, 127, 273
Holmström, Axel; 156
Huitron, Jacinto; 157
Hunford, Roland; 178

I

Ibáñez, Blasco; 88
Iverson, Carl; 27

J

Jackson, G.; 68
Jaroslawski; 196
Jaurès; 273
Jellinek, Frank; 106
Jensen, Albert Otto; 27, 29, 273
Jensen, Elise Ottensen; 27−28, 273
Jerons, Stanley; 270
Jiménez, Pérez; 169, 240
Joseph, Akiba Ben; 196
Jouhaux, Leon; 16, 107
Jover, Gregorio; 88
Juárez; Benito; 138

Weitere Literatur zu den im Buch angesprochenen Personen, Ereignissen und zum Thema „Anarchismus"

Hans Manfred Bock: Syndikalismus und Linkskommunismus von 1918–1923; Hain-Verlag, 1969

Hans Manfred Bock: Geschichte des Linken Radikalismus in Deutschland; Suhrkamp 1976

Gerald Brenan: The Spanish Labyrinth; Cambridge 1943; deutsche Teilübersetzung: Spanische Revolution; Karin Kramer Verlag, 1973

Pierre Broué/ Emile Temime: Revolution und Krieg in Spanien, Suhrkamp 1968 (Paris 1961)

Sam Dolgoff (Ed.): The Anarchist Collectives. New York 1974

Daniel Guérin: Anarchismus; Suhrkamp 1967 (Paris 1965)

Wolfgang Haug: Erich Mühsam – Schriftsteller der Revolution; Trotzdem Verlag 1979

Gustav Landauer: Beginnen, Verlag Büchse der Pandora 1977

Ulrich Linse: Gustav Landauer und die Revolutionszeit; Karin Kramer Verlag 1974

Ulrich Linse: Organisierter Anarchismus im Deutschen Kaiserreich von 1871; Berlin 1969

Eugene Lyons: Sacco und Vanzetti; Unionsverlag 1981

Peter Merten: Anarchismus und Arbeiterkampf in Portugal; Verlag Libertäre Assoziation 1981

Erich Mühsam: Befreiung der Gesellschaft vom Staat; Karin Kramer Verlag 1973

Erich Mühsam: Von Eisner bis Leviné; Guhl Verlag 1979

Max Nettlau: Geschichte der Anarchie; 3 Bde.; Impuls-Verlag 1980

Rudolf Rocker: Aus den Memoiren eines deutschen Anarchisten; Suhrkamp 1974

Clara u. Paul Thalmann: Revolution für die Freiheit; Verlag Assoziation 1977

„Tu was du willst": Anarchismus – Grundlagentexte zur Theorie und Praxis; Ahde-Verlag 1980

Andrea Vogel: Der deutsche Anarcho-Syndikalismus; Karin Kramer Verlag 1977

Volin: Die unbekannte Revolution; 3 Bde. Verlag Association 1975

Will Wyatt: The Man who was B. Traven; Jonathan Cape Verlag London (eine inhaltliche Besprechung erschien in: SCHWARZER FADEN Nr. 4; Reutlingen); die deutsche Übersetzung wird vorbereitet.

Nachtrag zur 4. Auflage

MORDWAFFENLOSER KAMPF GEGEN DEN BEWAFFNETEN FRIEDEN

Unsere Zivilisation bewegt sich immer noch im Zickzack zwischen Humanität, Nationalität und Bestialität. Die Devise der alten Römer: Si vis pacem bellum (Willst du den Frieden, bereite den Krieg vor) ist noch in Geltung. Eine solche Präventivpolitik kann im Zeitalter der Atomwaffen zu einer Weltkatastrophe führen. Trotz Wissenschaft und Fortschritt kam der homo pacificator noch nicht zur Reife. Die herrschenden Präsidenten und Staatsminister erklären immer wieder, daß auch sie keinen Krieg wollen. Doch das sind leider nur leere Worte. Die jahrelangen Friedensverhandlungen der Großmächte haben bisher zu keinem Ergebnis geführt. Die Entscheidung über den Krieg, — eine Operation, bei der Menschen, die sich nicht kennen, gegenseitig hinmorden, — zum Nutzen und Ruhm von Menschen, die sich kennen, aber nicht hinmorden, — darf nicht wenigen Regierenden, auch nicht dem Parlament, überlassen werden, darüber müssen die Völker selbst durch eigene direkte Aktionen entscheiden.

Einen Weg, w i e sich die Volksaktionen zur Abschaffung des Krieges entwickeln können, habe ich in einem Entwurf unter dem Titel *,,Eine Friedenstagung der Zukunft"* in der Baseler Zeitung vom 22. Februar 1980 dargelegt. Mit diesem futurologischen Aufsatz, der auch von anderen Zeitungen abgedruckt wurde, verband ich den Wunsch, die Jugend zu Friedensaktionen anzuregen. Auch die Leser dieses Buches sollen Gelegenheit haben, diese auf die Gegenwart bezogene Utopie kennenzulernen. Sie lautet:

Eine Friedenstagung der Zukunft

Feiertag des Weltfriedens: In der französischen Normandie hatten sich die Friedensmilitanten aus allen Erdteilen eingefunden. Tagsüber erfreute man sich an Sport und Spiel. Nach Eintritt der Dunkelheit rief Trompetenschall zur Sammlung. Der Altmeister des Weltfriedensbundes erzählte, was sich vor Einführung des Weltfriedenstages zugetragen hatte. Eine Sonnenkonservenbüchse — neueste technische Erfindung — warf ihren Lichtschein auf die legendäre Gestalt des Apologeten, dessen Worte in den Herzen der Jugend auf fruchtbaren Boden fielen.

Also begann der Historiker: Nach dem Ersten Weltkrieg hofften die Völker auf einen gesicherten Frieden. Die stärkste Militärmacht, das deutsche Kaiserreich, war zusammengebrochen, in Rußland war nach dem Sturz des autokratischen Zarenreiches eine marxistisch-sozialistische Regierung an der Macht, von der man eine konsequente Friedenspolitik erwartete. England, Frankreich und die Vereinigten Staaten hatten immer noch ihre Militärmacht, waren aber keine ausgesprochenen Militärstaaten. Ein Völkerbund war ins Leben getreten, der sich die Aufgabe stellte, Konflikte der Nationen auf friedlichem Wege zu lösen. In ganz Westeuropa gründeten sich pazifistische Vereinigungen, erstanden antimilitaristische Bewegungen, die alles unternahmen, um den militärischen Geist zu bekämpfen und die Friedensideale zu verbreiten. *Nie wieder Krieg* war die Losung.

Die Hoffnung auf einen permanenten Frieden ging leider nicht in Erfüllung. In Deutschland war der militaristische Geist am Leben geblieben, in der Weimarer Republik eine neue Wehrmacht errichtet worden, die nach Hitlers Machtergreifung offen für einen neuen Krieg rüstete. Die alte Erfahrung, daß Kriege unvermeidlich sind, solange es Militär und Kriegswaffen gibt, sollte sich aufs neue bewahrheiten. Der zweite Weltkrieg kam, und er war das furchtbarste von Menschen selbst bewußt heraufbeschworene Ereignis, das die Welt je erlebt hat. Millionen und Abermillionen nicht nur Soldaten auf den Schlachtfeldern, sondern auch Zivilpersonen in ihren Wohnungen wurden von weit tragenden Geschossen hingemordet, ganze Stadtviertel, die Kulturarbeit von Generationen, dem Erdboden gleichgemacht. In allen Kriegen der vieltausendjährigen Menschheitsgeschichte sind zusammengenommen nicht so viele Menschenleben gemordet worden wie in den sechs Jahren des Zweiten Weltkrieges.

Als die Geschütze verstummt waren und das Menschenschlachten ein Ende genommen hatte, erhoben sich die Friedenskämpfer aufs neue. Pazifisten, Antimilitaristen, Humanisten aller Schulen gruppierten sich in Militantenbewegungen gegen Krieg und Militarismus. Auch einzelne ließen ihre Stimme hören. Der ehemalige Kriegspilot Gary Davis zerriss am Seineufer zu Paris seinen amerikanischen Pass und erklärte sich zum Weltbürger des neuen Weltfriedensreiches. Inspiriert von dieser Friedensgeste, erklärten die Stadtväter des südfranzösischen Ortes Cahors ihre Stadt zur *Ville du monde*. Welt und Menschheit sollten ein einiges einziges Vaterland sein.

In England organisierte die pazifistische Jugend Friedensmärsche, die auf dem europäischen Kontinent ihre Fortsetzung fanden. In den westlichen Ländern wurde die Zahl der Militärdienstverweigerer größer, der Ruf, für eine wirksame Friedenspolitik lauter. Zur Beruhigung führten die meisten westeuropäischen Länder für die Kriegsdienstverweigerer den alternativen Zivildienst ein. Die Kriegsgefahr wurde damit nicht beseitigt, doch es war ein kleiner Fortschritt, der Anfang, dessen Ende die Aufhebung der allgemeinen Wehrpflicht sein sollte.

In der Sowjetunion, wo keine vom Staat unabhängige Volksbewegungen geduldet wurden, wo pazifistische und antimilitaristische Organisationen streng verboten waren, gab es keinen alternativen Zivildienst. Das war ein großes Hindernis für die Friedensbewegung des Westens. Die Abrüstungsverhandlungen der Regierungen hatten stets nur das militärische Gleichgewicht, nie die Abschaffung des Militärs zum Gegenstand. Die russische Regierung brauchte das Militär, um ihre diktatorische Macht im Innern und die 400 000 Quadratkilometer des im Zweiten Weltkrieg eroberten Landes verteidigen zu können. Hatte nicht Stalin erklärt, daß die russische Kriegsindustrie jährlich 60 Millionen Tonnen Stahl benötigte? Angesichts dieser Situation entschlossen sich die westlichen Militärdienstgegner und Antimilitaristen zu einer gesteigerten internationalen Propaganda. Ihre Aktion begann in den Vereinten Nationen. Sie verteilten auf einer Vollversammlung der UNO ein Flugblatt, das folgende Forderungen enthielt:

1. Abschaffung der Geheimdiplomatie und Veröffentlichung der Geheimarchive der Auswärtigen Ämter aller Länder;

2. Organisierung internationaler Volksabstimmungen in allen Ländern gegen den Krieg;

3. Aufhebung der allgemeinen Wehrpflicht und Auflösung der stehenden Heere*;

4. Sofortige Einstellung der Kriegswaffenproduktion und Umstellung der Produktionsstätten für den Frieden;

5. Einsetzung internationaler Kontrollkommissionen zur Überwachung dieser Maßnahmen.

Die Weltöffentlichkeit beschäftigte sich mit diesem Vorfall. Viele schüttelten den Kopf, man nahm die Sache nicht ernst, bezeichnete die Friedenspropagandisten als unreife Utopisten. Doch einige erinnerten daran, daß der Präsident der Vereinigten Staaten, Woodrow Wilson, und auch Lenin nach dem Ersten Weltkrieg die Abschaffung der Geheimdiplomatie gefordert hatten; man wies auch darauf hin, daß in der Schweiz Volksbefragungen und Volksentscheide seit jeher als politische Instrumente direkter Demokratie in der Verfassung festgelegt sind und von der Exekutive respektiert werden, daß in Deutschland nach dem Ersten Weltkrieg über die Fürstenabfindung und über den Bau eines Panzerkreuzers das Volk befragt wurde und daß internationale Kontrollkommissionen keineswegs ein Novum in zwischenstaatlichen Beziehungen sind.

Nach und nach fanden die Forderungen mehr und mehr Gehör. Zu den schärfsten Gegnern der fünf Friedensforderungen gehörte aber die Sowjetunion, deutlicher gesagt, die Re-

---

* Diese Forderung stellte bereits Deutschlands größter Philosoph, Immanuel Kant. In seiner Schrift „Zum ewigen Frieden" (1795) schreibt er: „Stehende Heere (miles perpetuus) sollen mit der Zeit ganz aufhören".

gierung im Kreml. Eine internationale Antimilitaristengruppeübernahm es, das russische Volk über die Situation in den westlichen Ländern betreffs Militarismus aufzuklären. Als Touristen nach Russland gekommen, verteilte sie in Moskau und Leningrad Flugblätter mit den Friedensforderungen. Sie wurden festgenommen, inhaftiert, ausgewiesen. Doch sie hatten erreicht, was sie wollten. Man sprach über das Friedensprogramm, illegale Zeitungen druckten es ab, es gab etwas, was man politische Bewegung nennen konnte. Es kam auch zu geheimen Beziehungen mit der Antikriegsbewegung des Auslands.

An darauf folgenden 1. Mai wurden während der Parade auf dem Roten Platz in Moskau Tausende von Flugblättern mit den fünf Antikriegspunkten aus der Luft unter die Teilnehmer abgeworfen. Das Flugzeug wurde abgeschossen, die zwei Insassen, ausländische Antimilitaristen, kamen ums Leben. Mit dieser Eventualität hatten sie gerechnet, sie opferten freiwillig ihr Leben für das Ideal des ewigen Friedens.

Zu jener Zeit herrschte in der Sowjetunion zwischen Regierung und Volk ein gespanntes Verhältnis als Folge wirtschaftlicher Schwierigkeiten. Man riss sich um die Flugblätter. Rufe wurden laut, die man nie vorher für möglich gehalten hätte: „Krieg dem Kriege! Nieder mit dem Militär! Auf zum Kreml!" Die Machthaber waren verschwunden, die Bewegung breitete sich wie ein Lauffeuer aus. Die Soldaten fraternisierten mit dem Volke gegen ihre Befehlshaber. Gefängnisse öffneten ihre Tore. Arbeitslager wurden aufgelöst. Die Balten, Kaukasier und alle anderen Randvölker erklärten ihre Autonomie. Kolchosen und Sowchosen machten sich selbständig, die staatlich kontrollierten Industriebetriebe verwandelten sich in freie Kollektivwirtschaften; die zentrale Verwaltungswirtschaft wurde dezentralisiert, an Stelle des diktatorischen Einparteistaates war eine Föderation von selbständigen Republiken getreten.

Diese Ereignisse in Rußland verfehlten nicht ihre Wirkung auf die Außenwelt. In mehreren Ländern wurden internationale Friedenskongresse veranstaltet, an denen auch Delegierte aus dem von der Diktatur befreiten Rußland teilnahmen. Die Friedenspostulate wurden erörtert und angenommen. Die allgemeine Wehrpflicht sollte abgeschafft, die stehenden Heere aufgelöst, die Kriegswaffen vernichtet, die Kriegsindustrie auf Friedensproduktion umgestellt und alle diese Maßnahmen unter internationaler Kontrolle durchgeführt werden. Eine tiefe Friedenssehnsucht hatte die Menschheit ergriffen. Friedliebende Völker brauchen kein Militär.

Die Regierungen konnten sich dieser vehementen Bewegung nicht entziehen. Es wurde beschlossen, die Kriegswaffen aller Länder an einem einzigen Tage unter gegenseitiger Kontrolle zu vernichten. Dieser Tag war der 21. Juni, Tag der Sonnenwende der nördlichen und südlichen Hemisphäre, und nun auch der Tag der Menschheitswende vom Krieg zum Frieden. Die Milliarden und Abermilliarden Gelder der Kriegsindustrie und Kriegsvorbereitungen, die bisher der Vernichtung und dem Tode dienten, sollten von nun an zum Leben, zur Beseitigung von Hunger, Not und Elend, zur Besserung der Lebensqualität der Menschen auf allen Kontinenten verwendet werden. Ein neues Zeitalter war angebrochen, das allen Erdenbewohnern Frieden und irdisches Glück brachte.

Also beendete der Altvater des Weltfriedensbundes seine Kunde. Die Versammelten stimmten die universelle Friedenshymne an, die sich durch den Äther verbreitete und auf allen Kontinenten Widerhall fand:

„Und alle Menschen sind ein einig Volk von Schwestern und Brüdern."

Ein Jahr nach Veröffentli chung dieses Artikels sandte ich an die Häuptlinge der Supermächte nachfolgenden Brief:

Mr. Leonid Breschnew   und   Mr. Ronald Reagan
                                      President of the USA
Vorsitzender der KPdSUdSSR   White House
Kreml Moskau UdSSR   *Washington* USA

München, 21. 3. 1981

Hochgestellte Staatsmänner!

Sie stehen an der Spitze der machtvollsten Nationen der Erde. Das Kriegspotential Ihrer Länder ist so gewaltig, daß Sie
mit Ihren Nukleargeschossen das ganze Leben auf unserem
Planeten vernichten können. Bei Ihren SALT-Gesprächen
geht es im besten Fall um das Gleichgewicht der Kräfte,
und das bedeutet konkret Gleichgewicht des Schreckens.
Die Völker wollen aber Frieden, Frieden, nochmals Frieden. Die Initiative für den Dauerfrieden muß von den Su-
permächten ausgehen. Aus diesem Grunde wende ich mich
an Sie.

Zunächst möchte ich Sie daran erinnern, daß im Laufe der
letzten Jahrzehnte die UNO sich mehrmals für eine *allgemeine* Abrüstung ausgesprochen hat. Auf der UNO-Vollver-
sammlung vom 1. März 1960 wurde ein von der USA und
der UdSSR gemeinsam ausgearbeiteter Beschluß gefaßt, in
welchem die *„allgemeine und vollständige Abrüstung"* gefordert wird. Seitdem sind mehr als zwei Jahrzehnte verflossen, doch die USA und die UdSSR haben nichts unternommen, um diesen Beschluß durchzuführen. So kann, so darf
es nicht weitergehen. Wenn die UNO ihre eigenen Beschlüsse nicht durchzusetzen vermag, hat sie keine praktische Bedeutung. Es ist endlich an der Zeit, daß die verantwortlichen Repräsentanten der Großmächte Schritte unternehmen, um den Weltfrieden zu sichern.

Sie werden voraussichtlich die Verhandlungen zu Rüstungs-
beschränkungen wieder aufnehmen. Wenn Sie sich hierbei
auf Teilgebiete beschränken, wie Ihre Vorgänger, auf gewisse Waffengattungen oder eine bestimmte Anzahl von
Waffen, dann werden auch *Sie keinen* Erfolg haben. Der
permanente Friede ist nur durch eine *allgemeine, vollstän-*

305

dige Abrüstung zu erreichen. Welche Ursachen oder Vor-
wände auch immer für einen Krieg vorgebracht werden mögen, die entscheidenden Faktoren, die den Krieg ermöglichen, sind *Militär* und *Kriegswaffen*, ohne die kein Krieg geführt werden kann. Daher ist unerläßliche Voraussetzung
für einen Dauerfrieden *Auflösung* des Militärs und *Vernichtung* der Kriegswaffen, ergänzt mit Stillegung der gesamten
Kriegsindustrie. Hierbei darf man freilich auch nicht den
psychologischen Anreiz, nicht die Triebkraft der Völker
vergessen. Der Krieg zieht alle Menschen in seinen Bann,
man muß daher aufs Ganze gehen, sich an die Massen wenden, an die Allgemeinheit appellieren, sie zum Mitmachen
aufrufen. Ich dachte an eine *Volksbefragung*, an ein *Welt-
plebiszit gegen den Krieg*. Sie haben die Autorität, das von
der UNO zu fordern. Jeder Mitbürger soll das Recht haben,
auf dem Wege über die *direkte* Demokratie seine Stimme gegen den Krieg abzugeben. Dadurch würde das Selbstbewußtsein der einzelnen gehoben werden, niemand könnte
sich übergangen fühlen.
Eine solche Aktion würde auch für Sie, für die aktiven Politiker, eine wünschenswerte Stimulans sein. Das Bewußtsein,
sich auf die Mehrheit des Volkes stützen zu können, würde
den Friedensgedanken stärken. Möglich, daß die Auflösung
des Militärs und die Stillegung der Kriegsindustrie sich nicht
ganz reibungslos vollziehen werden. Profitgierige oder
machtlüsterne Elemente könnten sich widersetzen. Doch sie
sind eine verschwindende Minderheit, die sich gegen die
Millionen und Abermillionen Weltbürger nicht durchsetzen
kann. Dazu kommt auch noch, daß die Produktion für Frie-
densgüter den allgemeinen Wohlstand heben würde im Gegensatz zur defizitären Kriegsindustrie.
Der Übergang aus der permanenten Kriegsgefahr in die neue
Friedensgesellschaftsordnung sollte durch Einführung eines
jährlichen Friedenstages gefeiert werden, dessen Datum auf
den kosmogonischen 21. Juni, den Tag der Sommersonnen-
wende in der nördlichen, der Wintersonnenwende in der
südlichen Hemisphäre, festgelegt werden könnte. Der Übergang vom Krieg zum permanenten Frieden bedeutet eine
Menschheitswende!

Schwärmerei? Utopie? Keineswegs. Friede ist seit jeher die Sehnsucht der Menschheit. Deutschlands größter Philosoph, *Immanuel Kant*, schreibt in seiner 1795 erschienenen Schrift „Zum ewigen Frieden", daß „stehende Heere mit der Zeit ganz aufhören" sollen. Ich möchte auch auf den antimilitaristischen Briefwechsel zwischen Albert Einstein und Sigmund Freud (Juli und September 1932) hinweisen. Doch nicht nur unter den Philosophen und Gelehrten, auch unter den Staatsmännern findet man emotionelle Pazifisten. Einer von diesen war — daran möchte ich Sie, Herr Reagan, erinnern — Ihr ehemaliger USA-Präsident *Dwight D. Eisenhower.* In seinem Friedensmanifest vom Mai 1953 sagt er, daß „begründete Hoffnungen für einen Dauerfrieden sich nicht auf Wettrüsten stützen können. Jedes Geschütz, das wir herstellen, jede Rakete ist letzten Endes nichts anderes als ein Diebstahl an jenen, die da hungern und frieren und nichts zur Bekleidung haben. Ein moderner Bomber kostet so viel wie die Schulgebäude für 30 Städte. Für den Preis eines einzigen Jagdflugzeuges kann man eine halbe Million Scheffel Weizen kaufen, für einen Zerstörer Wohnungen für 8000 Personen bauen." Und in seiner berühmten Rede vom Jahre 1953 sagte Eisenhower: „Some day the demand for world disarmament will, I hope, become so universal and insistent that no man, no nation can resist it." (Eines Tages wird, so hoffe ich, die Forderung nach allgemeiner Abrüstung so allgemein und dringend sein, daß kein Mensch und keine Nation sich ihr widersetzen kann.) Eisenhower rief zu „einer neuen Art allumfassenden Krieges" auf, „der nicht gegen einen menschlichen Gegner geführt werden soll, sondern gegen die brutale Gewalt von Armut und Not".

Welcher Antimilitarist könnte sich schärfer gegen den Krieg aussprechen als Eisenhower es getan hat? Übrigens haben auch Sie, Herr Breschnew, auf einer Ihrer letzten Reden darauf hingewiesen, daß man mit den für das Wettrüsten ausgegebenen Summen den Hunger in der Welt abschaffen könnte. Wenn Sie, die höchstgestellten Persönlichkeiten der USA und der UdSSR, die Abrüstung nicht nur im Munde führen, sondern mit Taten unter Beweis stellen, dann können Sie mit dem Beifall Ihrer Völker rechnen. Die Welt wartet auf Ihre Friedensgeste.

Auch Sie dürften wissen, daß sich nach dem II. Weltkrieg in der ganzen Welt eine starke pazifistische Bewegung entwickelte. In den westlichen Ländern hat der Pazifismus tiefe Wurzeln geschlagen. Die 'War Resisters International' hat ihren Sitz in Brüssel, Belgien. In der Bundesrepublik Deutschland gibt es mehrere zehntausend Kriegsdienstverweigerer. In England bemühen sich seit Jahren die Shop Stewards der Lucaswerke für Umstellung der Kriegsindustrie auf Friedensproduktion. In den Vereinigten Staaten gewinnt die Forderung nach Alternativproduktion — Pflüge anstatt Schwerter — an Bedeutung. Am stärksten ist die Bewegung für Globalabrüstung in Kanada. Die *Dismantle Operation* propagiert eine Weltabstimmung zur globalen Abrüstung. Die Gewerkschaften, die Vereinigten Kirchen, zahlreiche Gemeindevertretungen sind gleichfalls dafür. Auch in der UNO gewinnt die Abrüstungsforderung mehr und mehr Anhänger. Die Weltambiance für die Abrüstung ist günstig.

Das Rad der Geschichte steht nicht still. Der von Eisenhower erhoffte Tag rückt näher. Noch ist es Zeit, das Unheil eines III. Weltkrieges abzuwenden. Ich hoffe, daß dieses Schreiben eines 88jährigen Friedenskämpfers Sie zum Nachdenken, vielleicht auch zum Umdenken, veranlaßt. Wenn es Ihnen gelingt, das Militär abzuschaffen, die Rüstungsindustrie auf Friedensproduktion umzustellen und damit die Menschheit auf den Weg zum Weltfrieden zu bringen, dann werden Ihre Namen in den Reihen der großen Staatsmänner der Geschichte figurieren. Möge Ihnen dieser Gedanke zum Geleit dienen.

Moskau hat mir nicht geantwortet. Die amerikanische Botschaft in Bonn schrieb mir:

„Lieber Herr Souchy,   11. Juli 1981
          Die Botschaft wurde beauftragt, den
Empfang Ihres an Präsident Reagan gerichteten Briefes zu
bestätigen und Ihnen für Ihre Kommentare zur Entwicklung
der Weltpolitik zu danken. Wir schätzen Ihre Bemühungen
und Ihre Interesse.
     Mit besten Wünschen aufrichtig
                    Dempsey B. Mizelle
                    Verwaltungsbeamter

Die Antwort war freundlich, auf meine konkreten Vorschläge ging man freilich nicht ein. Das insgesamt negative Ergebnis meiner Initiative zeigte erneut, daß die Abschaffung des
Krieges nicht von Regierungen zu erwarten ist. Die Antikriegsbewegung muß vom Volke selbst, von allen Völkern
gemeinsam ausgehen. Voraussetzung des Dauerfriedens ist
und bleibt Auflösung der stehenden Heere, — die bereits
von Immanuel Kant gefordert wurde, — Vernichtung aller
Kriegswaffen sowie Umstellung der Kriegswaffenerzeugung
auf Friedensindustrie. Das muß immer wiederholt werden.
Die Initiative der hierzu erforderlichen Aktionen muß von
den antimilitaristischen und pazifistischen Bewegungen ausgehen. Gegenwärtig ist das politische Klima hierfür günstig,
wie der Aufmarsch von hunderttausenden Rüstungsgegnern
in Bonn, die Kundgebung einer Million Friedensfreunde in
New York, der Friedensmarsch skandinavischer Frauen
nach Paris und die von evangelischen Kreisen in der DDR
angeregte Aktion „SCHWERTER ZU PFLUGSCHAREN"
zeigen.
Humanist des Zeitalters der Atombombe erwache! Dulde
nicht, daß deine Nachkommen Arsenale mit Nuklearwaffen
erben. Wirke für eine Zukunft von Frieden, Freiheit und
Wohlstand für Alle.

                                        Augustin Souchy,
                                        August 1982

PS 1 **Die vergessene Revolution**
Sieben Jahre Agrarkooperativen
in Portugal
*Michael Vester, Fritz von Wedel,
Karl Heisel, Wolfgang Sieber (Hg.)*
263 S., A 5 mit 33 Fotos, 17.00 DM

E 2 **Die unmögliche Emanzipation
der Gefühle**
Literatursoziologische und psycho-
analytische Untersuchungen zu
George Sand und Balzac
Gislinde Seybert
mit Bildtafeln von Beate von Essen
200 S., A 5 mit 6 Tafeln, 24,80 DM

E 3 **Schreiben und Arbeiten**
Zur Soziologie und Geschichte der
französischen Arbeiterliteratur von
den Anfängen bis zur Volksfront
Eric Stüdemann
ca. 220 S., A 5, ca. 24,00 DM

MI 1 **Jenseits der Ästhetik**
Zur diskursiven Ordnung der
marxistischen Ästhetik
Alex Demirovic
340 S., A 5, 38,00 DM

MA 1 Materialis Almanach 1, 1982
m. Beiträgen v. K. Hill, F. Kröhnke,
L. Wolfstetter
40 S., A 5, 0,50 DM

serie **lilli**
22 mit lilli-gedicht
wolfgang schmidt
7 blätter a 1, vielfarbig, im
köcher, 140,00 DM

buch **lilli**
mit lilli-gedicht
48 s., vielfarbig, im format 26 x 26 cm
88,00 DM

MP 21 **Freiheit, Gleichheit, Sicherheit**
Von den Widersprüchen des
Wohlstandes
Peter Brückner
ca. 170 S., A 5, ca. 19,80 DM

MP 22 **Negative Totalität**
Erfahrungen an Hegel,
Marx und Freud
Walter Neumann
ca. 160 S., A 5, ca. 18,00 DM

MP 20 **Gegenzüge**
Der Materialismus des Selbst und
seine Ausgrenzung aus dem Marxismus - eine Studie über die Kon-
troverse zwischen Stirner und Marx
Wolfgang Eßbach
360 S., A 5, 24,80 DM

MP 19 **Der unbewußte Hegel**
Zum Verhältnis der Wissenschaft der
Logik zu Marx' Kritik der politischen
Ökonomie
Walter Neumann
152 S., A 5, ca. 17,00 DM

D 8 **Staatliche Wohnungspolitik und
sozialer Wohnungsbau**
Anhang: Wohnungsnot, Wohnungspolitik und Mieterwiderstand in Alt-
bauquartieren
Petra Jost, Michael Krummacher u.a.
114 S., A 5, 7,80 DM

D 9 **Rechtsradikalismus in der BRD**
(Arbeitstitel)
Wolfgang Kreuzberger
ca. 60 S., A 5, ca. 8,80 DM

MT 10 **Solidarität und deutsche Misere**
Erfahrungsmomente der frühen
sozialen Bewegungen bis 1848
Werner Eisner
578 S., A 5, 58,00 DM

**Materialis
Verlag**
Comeniusstraße 8
Telefon: 0611/655265
D - 6000 Frankfurt 60

Fordern Sie doch unseren Verlagsprospekt an !

SELBSTVERWALTUNG

– DIE BASIS EINER BEFREITEN GESELLSCHAFT

200 S., 14,– DM

Die Selbstverwaltungsperspektive ist heute wohl der zentrale Begriff in der Diskussion der 'Alternativen'.

Dennoch haftet ihr der Beigeschmack des lediglich reformerischen Bezugs auf den Kapitalismus an. Denn auch in den Reihen des Betriebs- und Gewerkschaftsmanagements ist man auf sie aufmerksam geworden.

Auf welchen Rahmen muß sich das Konzept der Selbstverwaltung beziehen, um wirklich die bestehenden sozialen und ökonomischen Strukturen zu sprengen, und nicht statt dessen etwa dazu beizutragen, den Kapitalismus vielfältiger, bunter und produktionsintensiver zu machen.

Mit diesen grundsätzlichen Fragen an die Selbstverwaltung befassen sich die Autoren des vorliegenden Bandes –

BOOKCHIN, COLOMBO, GUIDUCCI, LANZA,
PORRELLO, PRANDSTALLER, SCHECTER.

Ihre Beiträge, die auf dem Kongreß über Selbstverwaltung in Venedig 1979 vorgetragen wurden, stecken einen ökonomischen, gesellschaftlichen, technologischen und psychologischen Bezugsrahmen für ein wirklich revolutionäres Selbstverwaltungskonzept ab.

SELBSTVERWALTUNG – nicht auf eine Technik der Organisation beschränkt, sondern als umfassender, utopisch-revolutionärer Gesellschaftsentwurf.

TROTZDEM-VERLAG
7410 Reutlingen, Obere Weibermarktstraße 3
Postscheck Stuttgart, Wolfgang Haug – T.V.,
Kto.-Nr. 138 74–706